Le Routard

Naples

Pompéi et les îles

Cofondateurs : Philippe GLOAGUEN et Michel DUVAL

Directeur de collection et auteur
Philippe GLOAGUEN

Secrétaire général
Gavin's CLEMENTE-RUIZ

Rédacteurs en chef
Amanda KERAVEL (France)
Benoît LUCCHINI (Étranger)

Directrice administrative
Bénédicte GLOAGUEN

Conseiller à la rédaction
Pierre JOSSE

Responsable voyages
Carole BORDES

Direction éditoriale
Élise ERNEST

Rédaction
Isabelle AL SUBAIHI
Emmanuelle BAUQUIS
Mathilde de BOISGROLLIER
Thierry BROUARD
Marie BURIN des ROZIERS
Diane CAPRON
Véronique de CHARDON
Laura CHARLIER
Florence CHARMETANT
Fiona DEBRABANDER
Anne-Caroline DUMAS
Éléonore FRIESS
Géraldine LEMAUF-BEAUVOIS
Olivier PAGE
Alain PALLIER
Anne POINSOT
André PONCELET

2021/22

hachette

TABLE DES MATIÈRES

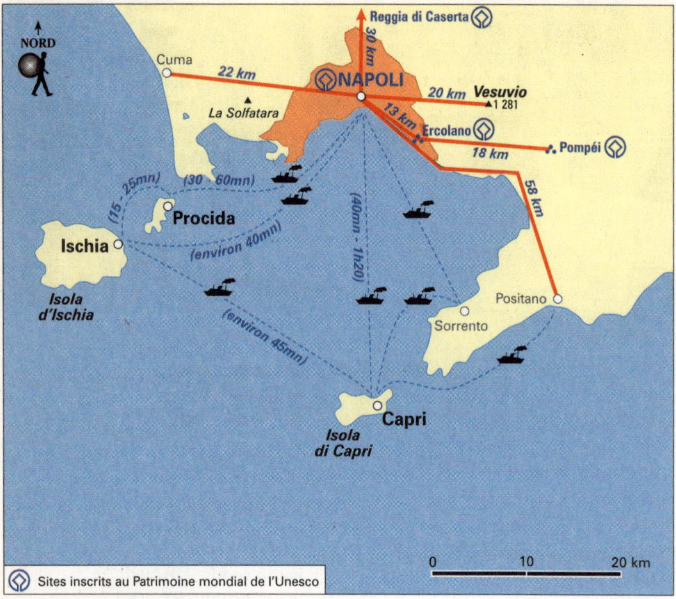

PRÉAMBULE

COMMENT Y ALLER ? 36

NAPLES UTILE 42

☎ **112 :** c'est le numéro d'urgence commun à la France et à tous les pays de l'UE, à composer en cas d'accident, d'agression ou de détresse. Il permet de se faire localiser et aider en français, tout en améliorant les délais d'intervention des services de secours.

Les quartiers espagnols

© Manfred Bortoli/SIME/Photononstop

UNE PANDÉMIE INOUÏE !

Depuis toujours, ***Le Routard* se plaît à dénicher hôteliers et restaurateurs** qui accueillent nos lecteurs avec sourire et professionnalisme. Malgré toute notre vigilance, certains d'entre eux auront malheureusement fermé quand ce livre sortira. De même, les horaires et modalités d'accueil de certains sites et musées auront été momentanément modifiés. Cette terrible **pandémie de Coronavirus** a, on le sait, des conséquences importantes pour tous les professionnels du tourisme. **Nous sommes de tout coeur avec eux !**

Important : dernière minute

Entre deux parutions du *Routard,* des événements fortuits (conditions sanitaines, catastrophes naturelles mais aussi formalités, taux de change, conditions d'accès aux sites, fermetures inopinées, etc.) peuvent modifier vos projets de voyage. Pour éviter les déconvenues, nous vous recommandons de consulter la rubrique « Guide » par pays de notre site • **routard.com** • et plus particulièrement les dernières ***Actus voyageurs.***

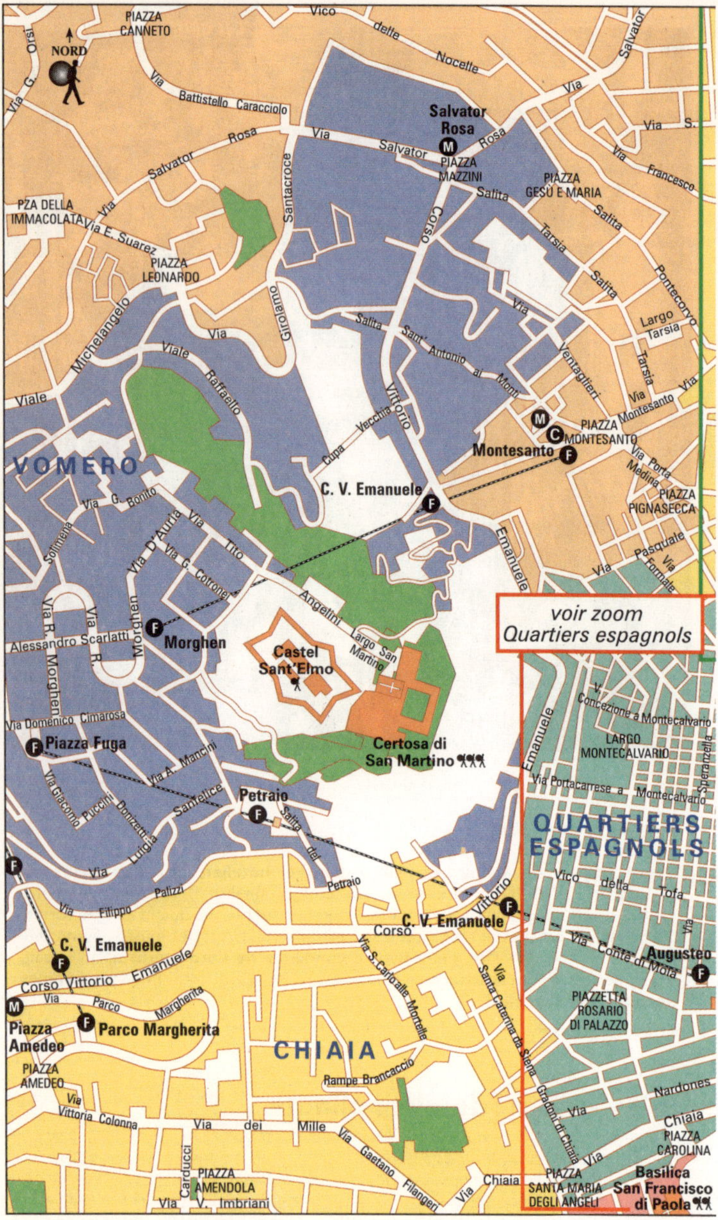
NORD
VOMERO
QUARTIERS ESPAGNOLS
CHIAIA
voir zoom Quartiers espagnols
Salvator Rosa
Montesanto
C. V. Emanuele
Morghen
Castel Sant'Elmo
Certosa di San Martino
Piazza Fuga
Petraio
Augusteo
Parco Margherita
Piazza Amedeo
Basilica San Francisco di Paola
PIAZZA CANNETO
PZA DELLA IMMACOLATA
PIAZZA LEONARDO
PIAZZA MAZZINI
PIAZZA GESÙ E MARIA
PIAZZA MONTESANTO
PIAZZA PIGNASECCA
LARGO MONTECALVARIO
PIAZZETTA ROSARIO DI PALAZZO
PIAZZA AMEDEO
PIAZZA AMENDOLA
PIAZZA CAROLINA
PIAZZA SANTA MARIA DEGLI ANGELI
Largo Tarsia
Largo San Martino
Via Salvator Rosa
Via Battistello Caracciolo
Vico delle Nocelle
Via E. Suarez
Viale Michelangelo
Via Raffaello
Via Girolamo Santacroce
Salita Sant'Antonio ai Monti
Corso Vittorio Emanuele
Cupa Vecchia
Via Tito Angelini
Via G. Bonito
Via D'Auria
Via G. Cotronei
Via Solimena
Via Alessandro Scarlatti
Via R. Morghen
Via Domenico Cimarosa
Via A. Mancini
Via Giacomo Puccini
Via Luigia Sanfelice
Via Filippo Palizzi
Salita del Petraio
Via Parco Margherita
Via S. Carlo alle Mortelle
Via Santa Caterina da Siena
Rampe Brancaccio
Via Vittoria Colonna
Via dei Mille
Via Gaetano Filangeri
Via Carducci
Via V. Imbriani
Via Chiaia
Gradoni di Chiaia
Via Nardones
Vico della Tofa
Via Conte di Mola
Via Portacarrese a Montecalvario
V. Concezione a Montecalvario
Via Speranzella
Via Emanuele
Via Pasquale Fornale
Via Porta Medina
Via Montesanto
Via Tarsia
Salita Tarsia
Salita Pontecorvo
Via Ventaglieri
Via S. Francesco
Via Salvator
Via G. Orsi

Museo Archeologico Nazionale
Museo
PIAZZA MUSEO NAZIONALE
Santa Maria Donnaregina Nuova e Museo Diocesano
Girolamini
Duomo
Acquedotto romano
Pio Monte d. Misericordia
CENTRE HISTORIQUE
PIAZZA SAN GAETANO
San Lorenzo Maggiore
PIAZZA CROCELLE AI MANNESI
PZA VINCENZO BELLINI
PIAZZA MIRAGLIA
Cappella Sansevero
Chiesa di San Gregorio Armeno
Dante
PIAZZA DANTE
San Domenico Maggiore
PZA SAN DOMENICO MAGGIORE
SPACCANAPOLI
Gesù Nuovo
PIAZZA DEL GESÙ NUOVO
Santa Chiara
PIAZZETTA A. SCACCHI
PIAZZA NICOLA AMORE
PIAZZA PORTANOVA
PIAZZA SAN GIOVANNI MAGGIORE
Chiostro di Santa Chiara
PIAZZA MONTEOLIVETO
PIAZZETTA MONTICELLI
PIAZZETTA OREFICI
PIAZZALE CARLO PISACANE
Università
PIAZZA CARITÀ
PIAZZA GIOVANNI BOVIO
PIAZZA GIACOMO MATTEOTTI
voir zoom Centre historique
Toledo
Palazzo Zevallos Stigliano
PIAZZA MUNICIPIO
Bacino del Piliero
Galleria Umberto I
Castel Nuovo
Stazione Marittima
Alibus piazza Municipio
PIAZZA TRIESTE E TRENTO
Teatro San Carlo
Molo Beverello
Palazzo Reale
Bacino Angioino
PIAZZA PLEBISCITO
0 200 400 m

NAPLES

LA RÉDACTION DU ROUTARD

(sans oublier nos 50 enquêteurs, aussi sur le terrain)

Jean-Sébastien, Olivier, Mathilde, Thierry, Alain, Gavin's, Éléonore, Anne-Caroline, André, Laura, Florence, Véronique, Isabelle, Géraldine, Fiona, Amanda, Benoît, Emmanuelle, Bénédicte, Philippe, Carole, Diane, Anne, Marie.

La saga du *Routard* : en 1971, 2 étudiants, Philippe et Michel, avaient une furieuse envie de découvrir le monde. De retour du Népal germe l'idée d'un guide différent qui regrouperait tuyaux malins et itinéraires sympa, destiné aux jeunes fauchés en quête de liberté. 1973 : après 19 refus d'éditeurs et la faillite de leur 1re maison d'édition, l'aventure commence vraiment avec Hachette. Aujourd'hui, le *Routard*, c'est plus d'une cinquantaine d'enquêteurs impliqués et sincères. Ils parcourent le monde toute l'année dans l'anonymat et s'acharnent à restituer leurs coups de cœur avec passion.

Merci à tous les routards qui sont solidaires de nos convictions : liberté et indépendance d'esprit ; découverte et partage ; sincérité, tolérance et respect des autres.

NOS SPÉCIALISTES NAPLES

Géraldine Lemauf-Beauvois : ch'ti et fière de sa région natale vers laquelle elle revient toujours, elle est dotée d'une curiosité qui l'a poussée à voyager aux quatre coins du monde. Géraldine est passionnée d'histoire et d'art, auxquels elle a consacré ses études. Son œil aiguisé, son appétit pour les belles et bonnes choses font d'elle une routarde qui aime partager ses découvertes culinaires et culturelles.

Cédric Fischer : grandir entouré de voyageurs, ça donne la bougeotte ! Mais peu importe la destination. Pour lui, le voyage, c'est d'abord les rencontres... surtout hors piste autour d'une spécialité locale (capital !) et d'un bon cru (tout aussi vital !). L'appel de la route, ce fut en stop dès le lycée et à la fac d'histoire, puis avec le Routard depuis 2000.

Éléonore Friess : que trouve-t-on systématiquement dans son sac à dos ? Outre le classique bazar inutile, un calepin et un stylo 4 couleurs (old school mais pratique !) pour tout noter. Journaliste de formation, elle vadrouille à la recherche de rencontres joyeuses, de beaux panoramas, de fêtes inoubliables ou simplement d'un bon plat (accompagné d'un p'tit verre, c'est encore mieux !).

UN GRAND MERCI À NOS AMI(E)S SUR PLACE ET EN FRANCE

Pour cette nouvelle édition, nous remercions particulièrement :

- **Federica Galbesi,** responsable ENIT France ;
- **Anne Lefèvre,** chargée des relations avec la presse à l'ENIT ;
- **Antonella Botta,** du service marketing à l'ENIT ;
- **Luisa Falchero,** pour son accueil et sa disponibilité à Naples ;
- **Bernard,** pour son soutien permanant et son goût prononcé pour la *gelató ;*
- **Alice Tonasso,** italienne de cœur et française d'adoption ;
- **Umberto,** pour son accueil chaleureux, ses excellentes adresses et les bonnes soirées partagées. Une bise aussi à Valentina ;
- **Gigi,** pour nous avoir fait découvrir Naples autrement, avec curiosité et gourmandise.

Pictogrammes du Routard

Établissements

- Hôtel, auberge, chambre d'hôtes
- Camping
- Restaurant
- Terrasse
- Pizzeria
- Boulangerie, sandwicherie
- Pâtisserie
- Glacier
- Café, salon de thé
- Café, bar
- Bar musical
- Club, boîte de nuit
- Salle de spectacle
- Boutique, magasin, marché

Infos pratiques

- Office de tourisme
- Poste
- Accès Internet
- Hôpital, urgences
- Adapté aux personnes handicapées

Sites

- Présente un intérêt touristique
- Point de vue
- Plage
- Spot de surf
- Site de plongée
- Recommandé pour les enfants
- Inscrit au Patrimoine mondial de l'Unesco
- Pas de côté

Transports

- Aéroport
- Gare ferroviaire
- Gare routière, arrêt de bus
- Station de métro
- Station de tramway
- Parking
- Taxi
- Taxi collectif
- Bateau
- Bateau fluvial
- Piste cyclable, parcours à vélo

« OSONS LE PAS DE CÔTÉ »

Le surtourisme ? Tous concernés. Et pourtant, à l'écart des grands flux touristiques, il existe plein de pépites méconnues, souvent oubliées des circuits trop encombrés. Ici un site ignoré ; là un quartier secret ; plus loin un village caché au charme discret, avec un troquet d'une autre époque. Il existe une infinité de lieux peinards que l'on a envie de mettre en avant avec ce pictogramme. Un vagabondage enfin calme favorisé aussi par les **visites aux heures creuses**. Vive le *slow trip* !

#osonslepasdecote

I.S.B.N. 978-2-01-787151-4

Le port de Capri

« Vedi Napoli e poi muori »
(Voir Naples et puis mourir)
Proverbe italien

« C'est sans comparaison à mes yeux la plus belle ville de l'univers », disait Stendhal, grand amoureux de l'Italie. Le voyage en Italie ne devrait-il pas commencer à Naples ? Oui, car cette ville dégage une **identité folle** : turbulente et éruptive, à l'image du Vésuve, volcan majestueux dominant une immense baie en forme de croissant. Aucune autre ville en Europe ne possède une telle histoire, aucune n'a réussi à traverser les vicissitudes des siècles tout en maintenant sa personnalité, en sauvant son âme. **Bouillonnante, active, humaine,** Naples offre de belles tranches de vie au visiteur qui saura se perdre en flânant dans ses rues.

Sur des trottoirs escarpés, dans la longue avenue Spaccanapoli, **sur les marches d'une église ou à la terrasse d'un café,** on s'imprègne aisément du mode de vie napolitain. Commencez donc la journée accoudé au comptoir, où aristos, bourgeois et gens du peuple se côtoient autour d'un *ristretto*. Perdez-vous ensuite dans les ruelles tortueuses des quartiers espagnols avant de faire le **plein de culture dans les musées du centre historique.** En chemin, ne pas oublier une halte chez un **bon glacier** ! Grimpez ensuite dans un funiculaire, direction la colline du Vomero, qui offre un beau panorama sur Naples et sa baie. À l'heure de l'*aperitivo,* **on file dans le quartier branché et animé de Chiaia** pour siroter un Spritz. Enfin, comme les Napolitains, adoptez le rituel de la *passeggiata* en profitant de la douceur du soir pour flâner sur le front de mer.

Si Naples a longtemps souffert de sa mauvaise réputation : bruyante, sale, mafieuse… les visiteurs ont, depuis longtemps, laissé tomber leurs préjugés. Aujourd'hui, on ne souhaite qu'une chose : que Naples arrive à préserver son âme et son caractère bien tranché de ville du Sud, face à l'afflux touristique. Maintenant, laissez-vous entraîner par ce rythme de vie joyeux, qui vous fera aimer la ville et ses habitants.

La Campanie est aussi victime du pire comme du meilleur. Le pire pour les habitants de Pompéi, surpris par l'éruption du Vésuve en 79 apr. J.-C. ; le meilleur pour les amateurs de vieilles pierres, qui découvrent des villes antiques intactes, figées dans un moment dramatique de leur existence. Ne manquez pas **Pompéi et Herculanum** – les sites archéologiques les plus visités au monde –, tout comme le **Vésuve**, qui rappelle que le volcanisme fait partie intégrante de la région et que celle-ci lui doit en grande partie sa richesse et la fertilité de ses sols.

Et, pour parfaire votre visite, sautez dans un bateau et allez visiter au large de la baie les îles de **Capri, Ischia et Procida,** tellement différentes mais obligatoires lors de votre passage en Campanie.

NOS COUPS DE CŒUR

NAPLES

1 Contempler, depuis la chartreuse San Martino sur la colline du Vomero, le panorama de la baie de Naples avec le Vésuve au loin.

La chartreuse en elle-même demeure une visite incontournable, avec sa superbe église, ses cloîtres mystérieux et ses jardins aménagés à flanc de colline. Dans son musée, ne manquez pas la section des crèches, tradition locale depuis le XVe s. *p. 118*

Bon à savoir : *la chartreuse est fermée le mercredi.*

© Colin Dutton/SIME/Photononstop

Découvrir 3 000 ans d'histoire napolitaine et s'encanailler en parcourant le cabinet secret du Musée archéologique, pour tout savoir des mœurs coquines des Romains… de l'Antiquité.

Il abrite la superbe collection Farnèse avec son célèbre taureau et son splendide Hercule, ainsi que les trésors archéologiques issus des villes ensevelies par l'éruption du Vésuve de 79 apr. J.-C., dont Pompéi (les mosaïques sont admirablement conservées). À voir aussi : le fameux cabinet secret qui renferme des peintures, sculptures et mosaïques aux thèmes érotiques, utilisées à des fins initiatiques mais aussi religieuses. *p. 86*

Bon à savoir : les moins de 14 ans doivent être accompagnés pour la visite du cabinet secret. Musée fermé le mardi. Venir après 16h30 en semaine pour éviter la foule.

S'émouvoir du fabuleux *Christ voilé* à la cappella Sansevero de Naples, étonnante chapelle funéraire baroque.

Le travail du drapé impressionne par sa finesse et son réalisme. Difficile de croire que ce voile a été taillé dans le marbre. Détaillez aussi *La Pudeur* et *La Désillusion,* 2 statues au travail tout aussi remarquable. *p. 98*

Bon à savoir : • museosansevero.it • Chapelle fermée le lundi et le mardi. Photos interdites.

© Paolo/YAY Micro/Age fotostock

4 Découvrir le complesso monumentale di Santa Chiara, panthéon inabouti de la dynastie d'Anjou.

Cet ensemble religieux était destiné aux sœurs clarisses et aux frères mineurs, qui l'occupèrent à partir de 1340. Le cloître des clarisses, de style rococo, est constitué de 66 arches soutenues par 72 piliers. Vous pourrez rêver un moment sous les tonnelles du cloître, à l'ambiance très bucolique. *p. 97*

Bon à savoir : *• monasterodisantachiara.it •*

5 **Prendre le pouls de la ville, en flânant dans les ruelles des quartiers espagnols napolitains.**

Un véritable théâtre à ciel ouvert. On y flâne pour découvrir ses habitants, ses rues étroites où églises et palais magnifiques côtoient des immeubles populaires et délabrés. Ici, la rue est un théâtre grandeur nature : le linge est étendu aux fenêtres, les moteurs des Vespa résonnent dans les *vicoli* (ces ruelles caractéristiques de la Naples ancienne et populaire), et les Napolitains refont le monde sur le pas de leur porte. *p. 100*

6 **Découvrir qu'il existe une ville sous la ville en plongeant dans les profondeurs de la Naples souterraine.**

Si étonnant que cela puisse paraître, il existe une ville sous l'actuelle Naples. Les murs et le sol de Naples sont une formidable machine à remonter le temps. À Napoli Sotterranea, un itinéraire souterrain de 40 m de profondeur vous permettra de découvrir les restes de l'aqueduc d'Auguste (170 km de Sarno à Naples) ainsi qu'un théâtre gréco-romain caché sous une maison ! *p. 92*

***Bon à savoir :** la Galleria Borbonica propose une expérience similaire, peut-être un peu moins riche sur le plan historique (pas de vestiges antiques) mais beaucoup moins touristique. • galleriaborbonica.com •*

© Jon Arnold Images/hemis.fr

7 **Flâner le long de la via Toledo, incontournable artère commerçante entre architecture et shopping.**

Partant de la piazza Dante, elle s'étend vers le sud via la piazza Carità, pour se terminer à la semi-circulaire piazza del Plebiscito. Bordée de magasins, elle est la vitrine commerçante de Naples, donc l'endroit idéal pour un après-midi de shopping (c'est aussi le lieu privilégié de la *passeggiata* des Napolitains). *p. 106*

© Zoonar/Marko Beric/Zoonar GmbH RF/Age fotostock

8 Impensable de quitter Naples sans goûter à l'authentique pizza napolitaine.

C'est la reine de la ville, qu'on déguste ici, pliée « en portefeuille ». Filez aussi dans une authentique *friggitoria,* petite gargote locale où on achète de la friture à grignoter sur le pouce : croquettes à la mozzarella *(crocche), arancini,* et surtout les fameuses pizzas frites. *p. 202*

© Patrice Hauser

9 Rapporter dans sa valise de délicieuses spécialités.

Côté alimentation, les marchés de rue, comme celui de via Pignasecca, sont des sources inépuisables pour dénicher un fromage ou un saucisson sous vide, à glisser dans la valise. Enfin, le cafetier et torréfacteur *Mexico* propose de jolies boîtes en alu avec plusieurs variétés de café. *p. 74, 85*

© Patrice Hauser

© Tetra images/hemis.fr

10 Boire un verre ou dîner les pieds (presque !) dans l'eau, sur une terrasse du Borgo Marinari.

Blotti contre le Castel dell'Ovo, le Borgo Marinari est un havre de paix très prisé le soir par les Napolitains et les touristes. Petit port de plaisance pittoresque, encadré de nombreux restaurants chics et de bars très fréquentés. L'endroit, fort agréable, est tellement à l'écart (un rien, cependant, le sépare de la via Partenope) qu'on peut avoir l'impression d'être non pas à Naples, mais dans le port de plaisance d'une petite station balnéaire. *p. 115*

11 Déguster une *sfogliatella,* la douceur préférée des Napolitains, un coquillage de pâte brisée ou feuilletée fourré à la ricotta, à la cannelle, à la vanille et aux écorces d'orange. Irrésistible, surtout avec un bon café !

Il est difficile de trouver un Napolitain qui ne commence pas sa journée par un café et une *sfogliatella,* généralement servie chaude et saupoudrée de sucre. Ricotta fraîche, cannelle, vanille, écorce d'orange, parfois des fruits confits… tels sont les ingrédients essentiels de la *sfogliatella* en forme de coquillage (aussi appelée *aragostina*) ou de demi-lune qui se présente en 2 versions : *riccia* (pâte feuilletée) ou *frolla* (pâte brisée). *p. 104, 202*

12 **Se rendre à Chiaia, épicentre des nuits chics et choc de la jeunesse napolitaine.**

Les 20-35 ans branchés se donnent massivement rendez-vous les soirs de week-end dans ce quartier plutôt huppé. Les bars *lounge* y sont à touche-touche avec une clientèle festive et bien mise picorant négligemment des tapas au comptoir, tout en s'enfilant des cocktails. Ça finit par être un peu kitsch, les Italiens du Sud ne faisant rien à moitié… Mais au moins, il y a de l'ambiance ! *p. 121*

LES SITES ARCHÉOLOGIQUES

13 **Parcourir le site archéologique de Pompéi, témoignage inestimable de la vie quotidienne pendant l'Antiquité.**

Cité de 66 ha, au commerce florissant, qui devait abriter entre 20 000 et 25 000 habitants, elle fut ensevelie sous les cendres du Vésuve le 24 octobre 79. Un linceul de cendres permit de conserver intacte cette cité romaine au rayonnement exceptionnel. *p. 145*

***Bon à savoir :** départs en train de Naples ttes les 20-30 mn, 6h-22h env. Trajet : 30-40 mn pour les trains rapides ; quelques ultra-rapides font le trajet en 25 mn.*

• pompeiisites.org •

© Boris Stroujko /Adobestock

14 **Ne pas manquer non plus les ruines d'Herculanum.**
Enterrés à plusieurs mètres de profondeur – car plus proches de la coulée du Vésuve –, les édifices sont beaucoup mieux conservés qu'à Pompéi et dégagent une atmosphère à la fois intime et énigmatique. *p. 137*

LES ÎLES

15 **À Capri, grimper jusqu'au monte Tiberio et admirer la vue magnifique sur la baie de Naples.**

Et ne manquez pas l'autre village, Anacapri, plus authentique et perché encore plus haut dans la montagne. Vous verrez le côté factice s'estomper devant ces rochers recouverts de vignes et de villas perdues au milieu des pins et des arbousiers. Et le soir, quand le fœhn euphorisant caresse les aiguilles des pins, quand on se faufile entre les petits passages blanchis à la chaux, l'île reprend son calme et son vrai visage. *p. 162, 172*

16 **À moins de préférer Ischia, une perle au large de Naples.**
Bien qu'à quelques encablures de la cité parthénopéenne, cette île, moins connue que Capri, joue la carte de la discrétion. Prisée par les Napolitains et les curistes, Ischia, l'île verte aux nombreuses sources thermales, offre un cadre de vie (et de vacances) hors du commun. Avec ses airs de belle alanguie, elle invite à la nonchalance. Situés à deux pas de la mer, entre plages et collines, ses parcs thermaux sont exceptionnels. On s'y baigne dans des piscines naturelles d'eau chaude, en plein air, sous le ciel de la Méditerranée. Magique ! *p. 176*

17 **Flâner sur la mignonne et minuscule île de Procida, loin du brouhaha napolitain et de sa grande sœur Capri.**

Totalement à l'écart du tourisme de masse et habitée par des familles de pêcheurs, c'est aussi sans doute la plus belle et la plus authentique des 3 îles. Le temps semble s'y être arrêté, sous le soleil exactement. Procida est un lieu de vie, et non une destination touristique. On n'y vient donc pas pour y « faire des monuments », mais pour prendre son temps et profiter de cette si belle lumière méditerranéenne qui fait scintiller le bleu de la mer. *p. 186*

© Henryk Sadura/Tetra Images/Age fotostock

La piazza del Plebiscito

ITINÉRAIRES CONSEILLÉS

3 jours à Naples

Il est tout à fait possible de découvrir Naples en un week-end, à condition de partir le vendredi soir afin de bénéficier d'assez de temps pour avoir un bon aperçu de la ville. À votre arrivée, pour prendre le pouls de la ville, allez faire un tour du côté de la **piazza dei Martiri (1)** dans le quartier de Chiaia, un endroit très animé qui vous mettra tout de suite dans l'ambiance napolitaine. Le lendemain, ne ratez pas la visite du superbe **Musée archéologique (2),** qui renferme, outre le cabinet secret, des trésors archéologiques comme les mosaïques de Pompéi. Redescendez ensuite la via Enrico Pessina jusqu'à la **via Toledo (3),** une des plus longues rues de Naples, une rue commerçante très prisée des Napolitains. Elle traverse l'un des plus vieux quartiers de la ville : le **quartier espagnol (4),** un véritable théâtre à ciel ouvert, caractéristique de la Naples authentique et populaire. N'hésitez pas à pénétrer dans la **galleria Umberto I (5),** puis poussez jusqu'au **teatro San Carlo (6)** et au **palazzo Reale (7).** Le surlendemain, une visite à la **cappella Sansevero (8)** pour voir le *Christ voilé* s'impose, comme le **chiostro di Santa Chiara (9),** un cloître magnifique aux colonnes en majolique. Le soir, un dîner et une balade sur le ***lungomare* (via Partenope ; 10)** sont l'occasion d'apercevoir le Castel dell'Ovo, l'un des symboles de la ville. Le dernier jour, il est temps de prendre le funiculaire jusqu'au Vomero, quartier résidentiel, qui permet une vue surprenante sur toute la ville depuis la **certosa di San Martino (11).**

4 jours à Naples et une escapade à Capri

Le 1er jour, rendez-vous sur la piazza del Plebiscito, une des places les plus importantes de Naples, avec un regard à droite pour le **palazzo Reale (1)** et le **teatro San Carlo (2),** un regard à gauche pour l'église ; puis parcourez la via Toledo, toujours tout droit (elle se transforme ensuite en via Pessina). Vous êtes sur le chemin du **Museo archeologico (3),** l'un des trésors de Naples. Une fois la visite terminée, perdez-vous dans les ruelles du **centro storico (4)…** Vous capterez alors l'essence de la ville. Le soir, ne manquez pas la promenade sur le *lungomare* et grimpez au **Castel dell'Ovo (5),** du haut duquel vous aurez une vue exceptionnelle sur le golfe napolitain.

Le jour suivant, prenez le funiculaire pour un quartier très agréable, le **Vomero (6),** situé sur les hauteurs de la ville. De là-haut, panorama enchanteur depuis l'impressionnante **certosa di San Martino (7)** avec la vue sur le Vésuve et le golfe. À voir ensuite (qu'on rejoint de préférence par taxi), le riche **museo di Capodimonte (8)** et son parc qui prennent une bonne partie de la journée.

Le lendemain, pourquoi pas une petite escapade à **Capri (9)** ? Il suffit de prendre un bateau au molo Beverello et, en moins de 1h, vous découvrirez les charmes de cette île, à condition de vous éloigner du centre (trop) touristique.

Enfin, le dernier jour sera consacré aux visites de la **cappella Sansevero (10),** du **Duomo (11),** du magnifique **chiostro Santa Chiara (12),** sans oublier durant ce séjour de goûter aux fameuses pizzas napolitaines !

Le cratère du Vésuve

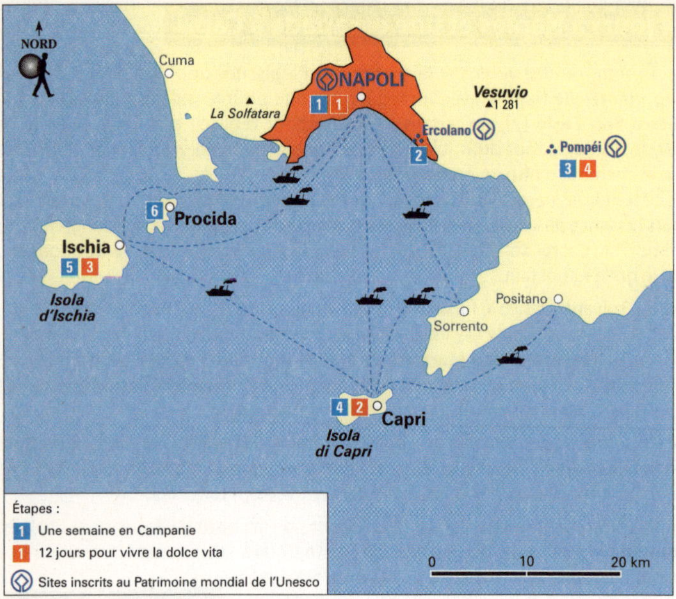

1 semaine en Campanie

Les 3 premiers jours du séjour seront consacrés à **Naples (1)** et à ses richesses culturelles (musées, églises, balades) – voir l'itinéraire proposé plus haut.

Les 4ᵉ et 5ᵉ jours, il faut visiter au moins **Herculanum (2)** ou **Pompéi (3),** 2 sites archéologiques majeurs autour du Vésuve. Pompéi est plus grand, mais Herculanum, mieux conservé, recèle un charme tout particulier. Le moyen de transport le plus simple est de prendre un train direct de la *Stazione Centrale*.

6ᵉ jour, une des îles de Naples : décidez-vous pour **Capri (4)** si vous aimez le chic-frime, pour **Ischia (5)** si vous appréciez les bains thermaux aux vertus curatives, ou pour l'authenticité de la minuscule **île de Procida (6).** Vous pouvez aussi passer 1 nuit sur l'une des îles et ainsi en visiter 2 !

12 jours pour vivre la dolce vita

En 12 jours, vous pourrez prendre le pouls de la ville tranquillement. 5 jours à **Naples (1)** vous permettront de découvrir cette ville aux mille visages, de visiter ses églises, de parcourir ses rues colorées, de déguster sa cuisine savoureuse et ensoleillée, et de vous balader du côté du quartier chic de Mergellina et du ravissant petit village de Marechiaro à l'ouest de la ville. Et pour vivre pleinement cette parenthèse italienne, prenez le bateau pour **Capri (2),** où il faut au moins rester une nuit, pour profiter de cette île prisonnière des touristes le jour mais tellement romantique quand les derniers bateaux sont partis, vous laissant presque seul… À moins que vous ne préfériez **Ischia (3)** et que vous ne vous laissiez tenter par ses eaux thermales réputées dans toute l'Italie. 2 jours, c'est l'idéal. Et, cerise sur le gâteau, Procida, minuscule île de 4 km^2, avec ses plages aux eaux cristallines dans lesquelles il serait vraiment dommage de ne pas plonger. Après avoir bien profité de la mer, pour votre dernier jour, il suffit de prendre un train à la gare de Naples pour vous rendre directement au site de **Pompéi (4),** l'un des sites archéologiques les mieux conservés au monde.

SI VOUS ÊTES…

Culture, musées et églises : Musée archéologique, musée national de Capodimonte, Castel Nuovo, Castel dell'Ovo, Castel Sant'Elmo, palazzo Reale, San Lorenzo Maggiore, monastère et cloître de Santa Chiara, chapelle de Sansevero, cloître de San Martino.

Sites archéologiques : Pompéi, Herculanum.

En famille : Naples, Pompéi, Herculanum, îles (Ischia, Procida, Capri).

Plages : Ischia, Procida.

Le musée Capodimonte

La galleria Umberto I

Interview #experienceroutard

Par la rédaction du *Routard*

Le meilleur souvenir de voyage ?

Un déjeuner au soleil au Borgo Marinari. Cet ancien village de pêcheurs est devenu un petit port de plaisance pittoresque, véritable havre de paix prisé par les Napolitains. Les pieds (presque !) dans l'eau, on s'y régale d'une belle assiette de friture de poissons, en toute simplicité. Reste à apprécier la légère brise marine et le calme des barques colorées qui ondulent sur l'eau.

Un souvenir à rapporter ?

Le *babà,* pardi ! Du beurre, de la farine, des œufs, du sucre et de la levure pour lui donner sa forme de bouchon, un point c'est tout ! Malgré la simplicité de sa composition, le *babà* déchaîne les passions à Naples, ville dont il est la pâtisserie emblématique. On l'aime dans sa version la plus classique, arrosé d'un sirop au rhum. Que les gourmands se rassurent, les babas se vendent en bocaux et on peut donc en rapporter à la maison. Bien imbibés de sirop, ils n'en seront que meilleurs.

Quelle lecture pendant le voyage ?

Qui n'a jamais entendu parler de la saga d'Elena Ferrante ? Un roman-fleuve en 4 tomes qui décrit l'amitié de 2 adolescentes, Lila et Elena, dans le Naples populaire des années 1950-1960. Un magnifique voyage dans l'Italie d'après-guerre et une très belle lecture à commencer avant même son périple pour matérialiser, une fois sur place, les lieux phares du récit. Bon à savoir : le roman a été adapté en série, voilà une bonne occupation pour l'avion !

Une sortie à ne pas manquer ?

Découvrir Naples... côté mer ! Une belle idée pour respirer l'air du large et échapper au tohu-bohu urbain est de marcher jusqu'au quartier de Mergellina, le plus proche du centre. Le soir, à l'heure de la *passeggiata,* on croise des bandes d'amis, des couples et des familles à la recherche d'une place en terrasse ou en train d'attendre pour une bonne glace. Et quand tout est plein à craquer, certains dégainent tables et chaises pour prendre l'apéro sur les rochers !

La spécialité locale à goûter absolument ?

Amis de la légèreté, passez votre chemin ! Naples ne jure que par la *pizza fritta,* garnie sous vos yeux. L'ingrédient phare est la ricotta, à laquelle on ajoute selon ses goûts mozzarella, tomates, charcuteries locales... Les *pizzaioli* la balancent, pliée en 2, dans un bain d'huile pour faire gonfler la pâte et fondre la garniture. Cette bombe calorique se déguste avec les doigts, accoudé à une table haute dans la rue, avec une *Moretti* pour faire glisser tout ça.

LES QUESTIONS QU'ON SE POSE AVANT LE DÉPART

• Infos détaillées dans le chapitre « Naples utile » *p. 42*

➢ Quels sont les documents nécessaires pour aller à Naples ?

– Pour les ***ressortissants de l'Union européenne et de la Suisse,*** la carte nationale d'identité ou le passeport en cours de validité suffit pour entrer sur le territoire italien.
– Pour les ***ressortissants canadiens,*** un passeport valide est nécessaire.
– Les ***mineurs*** voyageant seuls (sans leurs parents) doivent être munis de leur propre pièce d'identité (carte d'identité ou passeport) ainsi que d'une autorisation de sortie de territoire ***signée par l'un des parents.*** Renseignements auprès des services de votre commune et sur • *service-public.fr* •
– Face à la **Covid-19,** l'Europe a mis en place un **certificat de vaccination** pour voyager librement dans les pays de l'Union Européenne. Ce passe sanitaire effectif depuis le 1er juillet 2021 est disponible sur **l'application *TousantiCovid*.** Pour le recevoir, Il suffit d'avoir préalablement flashé son QR code. Il est valable 14 jours après la 2e injection. Il peut être alors lu partout en Europe. Pour les personnes non vaccinées Il faut toutefois se renseigner, avant de partir, sur les mesures sanitaires obligatoires en vigueur (test PCR ou antigénique négatif de moins de 48h pour entrer sur le territoire, selon les régions). Plus d'infos sur • *diplomatie.gouv.fr* •

➢ Quelle est la meilleure saison pour y aller ?

Les intersaisons (mai-juin et septembre-octobre) sont agréables car le temps est chaud sans être caniculaire. De plus, la pression touristique et les tarifs sont moindres qu'en plein été (surtout en août).

➢ Quel budget prévoir ?

La vie au quotidien revient beaucoup moins cher à Naples que dans le reste de l'Italie, sauf à Capri, où les prix flambent. La Campanie a un niveau de vie globalement bas. Bien entendu, le budget dépend aussi de la saison.

➢ Peut-on se déplacer à Naples sans voiture ?

Évidemment ! Surtout, évitez la voiture, une vraie source d'ennuis ici ! D'autant que Pompéi et Herculanum sont très facilement accessibles par les trains régionaux. Pareil pour une escapade dans les îles : de nombreuses traversées quotidiennes font le trajet en partant de Naples (et de toute façon, votre voiture ne sait pas nager, non ?).

➢ Y a-t-il des problèmes de sécurité ?

Pas particulièrement, mais il peut y avoir des vols à la tire dans le centre historique de Naples. Soyez vigilants. Côté Mafia, évidemment rien à craindre pour les touristes !

➢ Y a-t-il un décalage horaire ?

Non, été comme hiver, la France et l'Italie affichent la même heure car les passages heure d'été/heure d'hiver se font aux mêmes dates.

➢ Côté santé, quelles précautions particulières ?

Aucune, à part les vaccins traditionnels. En été, prévoir aussi un répulsif antimoustique.

➢ Peut-on emmener ses enfants ?

Si l'on fait abstraction de la plage, le riche patrimoine transalpin risque de fatiguer vos chérubins. Pour ne lasser personne, alternez les balades, les plages (Procida, Ischia) et les musées. Repérez nos meilleurs sites grâce au symbole . Et question nourriture, c'est le top ! Pizza, pâtes, glaces...

➢ Faut-il parler l'italien pour se faire comprendre ?

Bien sûr, quelques notions d'italien sont toujours utiles et facilitent les échanges, mais dans l'ensemble les Napolitains jouent le jeu, surtout dans le secteur du tourisme... Les jeunes communiquent, par ailleurs, de plus en plus en anglais.

➢ Doit-on redouter la chaleur ?

Oui, en juillet et août, c'est la fournaise à Naples. Profitez-en pour vous échapper sur les îles toutes proches...

COMMENT Y ALLER ?

EN AVION

▲ **AIR FRANCE**

Rens et résas au ☎ 36-54 (coût d'un appel local ; tlj 6h30-22h), sur • airfrance.fr • dans les agences Air France (fermées dim) et dans ttes les agences de voyages.

➢ Dessert ***Naples*** avec 1 à 3 vols directs/j. au départ de Roissy-Charles-de-Gaulle, aérogare 2. Également des vols au départ d'Orly via Milan. De nombreuses liaisons au départ de Bordeaux, Lyon et Marseille via Paris.

Air France propose à tous des tarifs attractifs toute l'année. Pour consulter les meilleures offres du moment sur Internet, allez directement sur la page « Nos meilleurs tarifs » sur *• airfrance.fr •*

Flying Blue, le programme de fidélité gratuit d'Air France-KLM, permet de gagner des *miles* en voyageant sur les vols Air France, KLM, Transavia et les compagnies membres de *Skyteam,* mais aussi auprès des nombreux partenaires non aériens *Flying Blue...* Les *miles* peuvent ensuite être échangés contre des billets d'avion ou des services (surclassement, bagage supplémentaire, accès salon...) ainsi qu'auprès des partenaires. Pour en savoir plus, rendez-vous sur *• flyingblue.com •*

▲ **BRUSSELS AIRLINES**

Rens et résas : ☎ 0892-64-00-30 (0,33 €/mn). • brusselsairlines.com •

➢ Liaisons à destination de Bruxelles depuis Paris-Charles-de-Gaulle, Lyon, Marseille, Nice, Strasbourg, Toulouse et Genève. De Bruxelles, plusieurs vols/sem pour ***Naples*** via Munich ou Francfort.

Les compagnies *low-cost*

▲ **EASYJET**

Rens et résas : • easyjet.com •

➢ De Paris-Orly et Roissy-CDG, vols quotidiens pour ***Naples.***

▲ **RYANAIR**

Rens et résas : • ryanair.com •

➢ De Nantes, vols hebdomadaires pour ***Naples.***

➢ De Toulouse, vols hebdomadaires pour ***Naples.***

LES ORGANISMES DE VOYAGES

En France

▲ **COMPTOIR DES VOYAGES**

• comptoir.fr •

– Paris : 2-18, rue Saint-Victor, 75005. ☎ 01-53-10-30-15. Ⓜ Maubert-Mutualité.

– Lyon : 10, quai Tilsitt, 69002. ☎ 04-72-44-13-40. Ⓜ Bellecour.

– Marseille : 12, rue Breteuil, 13001. ☎ 04-84-25-21-80. Ⓜ Estrangin.

– Nice : 62, rue Gioffredo, 06000. ☎ 04-97-03-64-80.

– Toulouse : 43, rue Peyrolières, 31000. ☎ 05-62-30-15-00. Ⓜ Esquirol.

– Bordeaux : 26, cours du Chapeau-Rouge, 33800. ☎ 05-35-54-31-40.

– Lille : 76, rue Nationale, 59160. ☎ 03-28-04-68-20. Ⓜ Rihour.

En plus de 30 ans, Comptoir des Voyages s'est imposé comme la référence incontournable du voyage sur mesure en immersion, avec plus de 90 destinations sur les 5 continents. Ses conseillers-spécialistes construisent des voyages uniques en

s'adaptant à votre budget, vos goûts et vos envies. Pour favoriser les rencontres et l'immersion dans la vie locale, ils privilégient des hébergements typiques et des expériences authentiques. Sur place, des *greeters* francophones partagent avec vous conseils et bonnes adresses le temps d'un café. Sur votre smartphone, l'application mobile « Luciole » vous informe sur le déroulé de votre voyage et vous guide grâce à un GPS hors connexion.
Comptoir des Voyages est membre d'Agir pour un tourisme responsable depuis 2009, labellisation ATR renouvelée par Ecocert Environnement en 2020.

▲ ITALIE AUTHENTIQUE

• *italie-authentique.com* •
Contactez Italie Authentique, une agence locale de confiance, pour organiser votre voyage sur mesure en Italie. Nos conseillers, fins connaisseurs du terrain et de la réalité du pays, vous accompagnent dans la préparation de votre voyage, en couple, en famille ou en groupe d'amis. Vous avez ainsi accès à un service personnalisé en bénéficiant d'un prix accessible. Étant membre de bynativ, la communauté des agences de voyages locales, Italie Authentique vous propose un maximum de garanties et de services : règlement de votre voyage en ligne et ce de façon sécurisée, possibilité de souscrire à une assurance de voyage et de bénéficier de garanties solides en cas d'imprévu. De quoi voyager de façon authentique et en toute tranquillité !

▲ LA ROUTE DES VOYAGES

– Paris : 10, rue Choron, 75009. ☎ 01-55-31-98-80. Ⓜ Notre-Dame-de-Lorette.
– Angers : 6, rue Corneille, 49000. ☎ 02-41-43-26-65.
– Annecy : 4 bis, av. d'Aléry, 74000. ☎ 04-50-45-60-20.
– Bordeaux : 19, rue des Frères-Bonie, 33000. ☎ 05-56-90-11-20.
– Lorient : 42, av. de la Perriere, 56100. 📱 06-15-48-82-69. Sur rdv lun-mer.
– Lyon : 59, rue Franklin, 69002. ☎ 04-78-42-53-58.
– Toulouse : 9, rue Saint-Antoine-du-T, 31000. ☎ 05-62-27-00-68.
Agences ouvertes lun-jeu 9h-19h, ven 9h-18h. Rdv conseillé.
• *laroutedesvoyages.com* •
25 ans d'expérience de voyage sur mesure sur les 5 continents ! 15 pays en Europe complètent à présent leur offre. Cette équipe de voyageurs passionnée a développé un vrai savoir-faire du voyage personnalisé : écoute, conseils, voyages de repérage réguliers et des correspondants sur place soigneusement sélectionnés avec qui ils travaillent en direct. Son engagement à promouvoir un tourisme responsable se traduit par des possibilités de séjours solidaires à insérer dans les itinéraires de découverte individuelle. Elle a aussi créé un programme de compensation solidaire qui permet de financer des projets de développement locaux.

▲ VOYAGEURS DU MONDE EN ITALIE

• *voyageursdumonde.fr* •
– Paris : La Cité des Voyageurs, 55, rue Sainte-Anne, 75002. ☎ 01-42-86-17-20. Ⓜ Opéra ou Pyramides. Lun-sam 9h30-19h. Avec une librairie spécialisée sur les voyages.
– Également des agences à Bordeaux, Grenoble, Lille, Lyon, Marseille, Montpellier, Nantes, Nice, Rennes, Rouen, Strasbourg et Toulouse, ainsi qu'à Bruxelles et Genève.
Parce que chaque voyageur est différent, que chacun a ses rêves et ses idées pour les réaliser, Voyageurs du Monde conçoit, depuis plus de 30 ans, des projets sur mesure. Les séjours proposés sur 120 destinations sont élaborés par leurs 180 conseillers voyageurs. Spécialistes par pays et même par région, ils vous aideront à personnaliser les voyages présentés à travers une trentaine de brochures d'un nouveau type et sur le site internet, où vous pourrez également découvrir les hébergements exclusifs et consulter votre espace personnalisé. Au cours de votre séjour, vous bénéficiez des services personnalisés Voyageurs du Monde, dont la possibilité de modifier à tout moment votre voyage, l'assistance d'un concierge local, la mise en place de rencontres et de

visites privées et l'accès à votre carnet de voyage via une application iPhone et Android. Voyageurs du Monde est membre de l'association ATR (Agir pour un tourisme responsable) et bénéficie de la certification Tourisme Responsable AFAQ AFNOR.

Comment aller à Roissy et à Orly ?

Toutes les infos sur notre site *• routard.com •* à l'adresse suivante : *• bit.ly/aeroports-routard •*

En Belgique

▲ CONNECTIONS

Rens et résas : ☎ 070-233-313. • connections.be •

Fort d'une expérience de plus de 20 ans dans le domaine du voyage, Connections dispose d'un réseau de 32 *travel shops* dont une à Brussels Airport. Connections propose des vols dans le monde entier à des tarifs avantageux, et des voyages destinés à des personnes désireuses de découvrir la planète de façon autonome. Connections propose également une gamme complète de produits : vols, hébergements, location de voitures, autotours, vacances sportives, excursions...

▲ TAXISTOP

Pour ttes les adresses Taxistop : ☎ 070-222-292. • taxistop.be •

– Bruxelles : rue Théresienne, 7a, 1000.

– Gent : Maria Hendrikaplein, 65, 9000.

– Gembloux : rue Buisson Saint Guilbert, 1 b, 5090.

Taxistop propose un système de covoiturage, ainsi que d'autres services comme l'échange de maisons ou le gardiennage.

▲ VOYAGEURS DU MONDE

– Bruxelles : chaussée de Charleroi, 23, 1060. ☎ 02-543-95-50. • voyageursdumonde.com •

Le spécialiste du voyage en individuel sur mesure. Voir le texte dans la partie « En France ».

En Suisse

▲ ROUTE DES VOYAGES

• laroutedesvoyages.com • ☎ 022-552-34-46. Rdv par tél.

Voir le texte dans la partie « En France ».

▲ VOYAGES ARTISANS AUX PIEDS NUS

– Carouge : rue de Saint-Victor, 3, 1227. ☎ 022-301-01-50. • apnvoyages.ch • En sem sur rdv.

Voyages APN propose des destinations hors des sentiers battus, particulièrement en Europe (Grèce, Italie et pays nordiques), avec un contact direct avec les prestataires, notamment dans le cadre des agritourismes. Certains programmes sont particulièrement adaptés aux familles. L'accent est mis sur le tourisme responsable et durable. Dans ce cadre, une sélection de destinations telles que la Mongolie ou le Burkina Faso est également proposée.

▲ VOYAGEURS DU MONDE

• voyageursdumonde.ch •

– Genève : rue de la Rôtisserie, 19, 1204. ☎ 022-514-12-10. Lun-ven 9h30-19h, sam 9h30-18h30.

– Lausanne : rue du Bourg, 6, 1003 (2e étage). Lun-ven 9h-18h30, sam sur rdv uniquement.

Le spécialiste du voyage en individuel sur mesure. Voir texte plus haut dans la partie « En France ».

Au Québec

▲ EXOTIK TOURS

– Rens sur • exotiktours.com • ou auprès de votre agence de voyages.

Exotik Tours offre une importante programmation en été comme en hiver sur la Méditerranée et l'Europe. L'hiver, des séjours sont proposés dans le Bassin méditerranéen et en Asie. Durant cette saison, on peut également opter pour des combinés plage + circuit. Dans la rubrique « Grands voyages », le voyagiste suggère des périples en petits groupes ou en individuel. Au choix : l'Amérique du Sud, le Pacifique sud, l'Afrique (Afrique du Sud, Kenya, Tanzanie), l'Inde et le Népal.

▲ TOURS CHANTECLERC

• tourschanteclerc.com •

Tours Chanteclerc est un tour-opérateur qui publie différentes brochures de voyages : Europe, Amérique du Nord, Amérique du Sud, Asie et Pacifique sud, Afrique et Bassin méditerranéen en circuits ou en séjours. Il s'adresse aux voyageurs indépendants qui réservent un billet d'avion, un hébergement (dans toute l'Europe), des excursions ou une location de voiture. Également spécialiste de Paris, le tour-opérateur offre une vaste sélection d'hôtels et d'appartements dans la capitale française.

EN TRAIN

➢ Un train part tous les soirs de Paris-Gare de Lyon et de Dijon pour ***Milan*** (Stazione Centrale). Même fréquence pour le trajet retour. Puis, à Milan, train pour ***Naples.*** Compter 4h30 de trajet avec le train rapide *(Frecciarossa).*

Les avantages européens avec la SNCF

Avec les ***Pass InterRail,*** les résidents européens peuvent voyager dans 33 pays d'Europe, dont l'***Italie.*** Plusieurs formules et autant de tarifs, en fonction de la destination et de l'âge.
À noter que le *Pass InterRail* n'est pas valable dans votre pays de résidence (cependant l'*InterRail Global Pass* offre une réduction de 50 % de votre point de départ jusqu'au point frontière en France). • *interrail.eu* •
– Pour les grands voyageurs, l'***InterRail Global Pass*** est valable dans l'ensemble des 33 pays européens concernés ; intéressant si vous comptez parcourir plusieurs pays au cours du même périple. Il se présente sous plusieurs formes au choix.
5 formules flexibles utilisables 4, 5 ou 7 j. sur une période de validité de 1 mois (246-335 € selon formule en version adulte), ou utilisables 10 ou 15 j. sur une période de validité de 2 mois (401-493 € selon formule en version adulte).
5 formules « continues » : *pass* 15 j., 22 j., 1 mois, 2 mois ou 3 mois (443-902 € selon formule en version adulte). Ces formules existent aussi en version 1re classe.
Les voyageurs de moins de 27 ans et les plus de 60 ans bénéficient d'une réduction sur le tarif de l'*InterRail Global Pass* en 1re et 2de classes.
– Si vous ne parcourez que l'Italie, le ***One Country Pass*** vous suffira. D'une période de validité de 1 mois et utilisable, selon les formules, 3, 4, 6 ou 8 jours en discontinu : tarif selon formule. Là encore, ces formules se déclinent en version 1re classe. Pour voyager dans 2 pays, vous pouvez combiner 2 *One Country Pass.* Au-delà, il est préférable de prendre le *Global Pass.*
InterRail offre également la possibilité d'obtenir des réductions ou avantages à travers toute l'Europe avec ses partenaires bonus (musées, chemins de fer privés, hôtels, etc.).

Une autre façon de réserver vos billets de train

▲ TRAINLINE.FR
Une façon simple et rapide d'acheter vos billets de train sur le Web, mobile et tablette. Réservez vos billets pour voyager en France et dans plus de 45 pays européens. Consultez les tarifs et les horaires dans une interface claire et sans publicité. Trainline compare les prix de plusieurs transporteurs européens pour vous garantir le meilleur tarif.
Réservations et paiements sur • *trainline.fr* • et sur mobiles avec l'application *Trainline* pour iPhone et Android.

EN VOITURE

Covoiturage

Le principe est économique, écologique et convivial. Il s'agit de mettre en relation un chauffeur et des passagers afin de partager le trajet et les frais, que ce soit de manière régulière ou de manière exceptionnelle (pour les vacances, par exemple). Les conducteurs sont invités à proposer leurs places libres sur • *blablacar.fr* • (disponible sur Web et sur mobile). L'inscription est gratuite.

Itinéraires

➢ ***À partir de Paris :*** prendre l'A 6 (en direction de Lyon) jusqu'à Mâcon. Puis Bourg-en-Bresse (A 40) et Bellegarde. et Chamonix (N 205), puis traverser le tunnel du Mont-Blanc (compter 46 € la traversée ; 58 € l'A/R ; attention : le retour doit se faire dans les 8 jours suivant la date d'émission). Arrivé en Italie, prendre la direction de Gênes (A 12-E 80), puis rejoindre l'A 1-E 35 et ensuite l'A 1-E 45 pour Naples en passant par Pise et Rome.

➢ ***Par l'autoroute du Sud :*** descendre jusqu'à ***Marseille,*** direction Nice et la frontière italienne, Menton et Vintimille. Le voyage se poursuit sur les autoroutes italiennes à péage via Gênes, Pise, Rome et Naples. L'autoroute A 1-E 25 est suffisamment bien indiquée partout.

➢ ***Par le tunnel du Fréjus :*** autoroute du Sud jusqu'à Lyon, A 43 Lyon-Chambéry-Montmélian, puis la vallée de la Maurienne jusqu'à Modane. Péage pour le tunnel : compter 44 € (54 € l'A/R), puis direction Turin, Pise et Rome.

➢ ***Ceux qui habitent l'est ou le nord de la France*** ont intérêt à prendre l'autoroute en Suisse ***à partir de Bâle.*** Passer par Lucerne et le tunnel du Gothard (16 € l'aller simple, 22 € l'A/R). À prendre en compte : 39 € (vignette annuelle) en Suisse. Puis aller en direction de Milan, Florence, Rome et Naples. Ce sont presque uniquement des autoroutes.

– ***Attention :*** en Italie, sur autoroute, les panneaux indicateurs sont de couleur verte ; les bleus concernent les autres routes, notamment nationales ou secondaires. Et les feux de code sont obligatoires sur les routes italiennes le jour... sous peine d'amende.

EN BUS

2 compagnies se partagent désormais le réseau des bus longue distance : ***Flixbus*** et ***Blablabus.*** De nouvelles dessertes sont régulièrement mises en place entre de nombreuses villes de l'Hexagone et en Europe. Afin de vous aider à faire votre choix, il existe des sites de comparaisons et de réservations de billets. Certains confrontent même plusieurs modes de transports (train, bus, covoiturage) et permettent d'acheter directement son billet : • ***kombo*** • ***comparabus*** •

▲ **CLUB ALLIANCE VOYAGES**
– Paris : 33, rue de Fleurus, 75006. ☎ 01-45-48-89-53. • cluballiance voyages.com • Ⓜ Rennes, Saint-Placide ou Notre-Dame-des-Champs. Lun-ven 11h-19h, sam 14h-19h.
Spécialiste des week-ends (Milan et lacs italiens) et des ponts de 3 ou 4 jours (Rome, Venise, Florence, lac Majeur, lac de Garde...). Propose aussi des circuits économiques de 1 à 16 jours en Italie et dans toute l'Europe, y compris en France. Brochure gratuite sur demande.

NAPLES UTILE

• Carte Naples et ses environs *p. 43*

ABC de la Campanie

- ***Superficie :*** 13 590 km².
- ***Population :*** 5 830 000 hab.
- ***Densité :*** 430 hab./km².
- ***Divisions administratives :*** 4 provinces et 1 ville chef-lieu (Avellino, Benevento, Salerne, Caserte et Naples).
- ***Principales ressources :***
  – agriculture : céréales, vignes, olives... ;
  – industrie : sidérurgie, chimie, chantiers navals, textile, habillement, bois... ;
  – tourisme : env 7 millions de personnes/an.
- ***Sommets principaux :*** mont Miletto (2 050 m), mont Cervati (1 898 m), mont Vesuvio (1 281 m).

AVANT LE DÉPART

Adresses et infos utiles

En France

■ ***Office national italien de tourisme (ENIT) :*** *23, rue de la Paix, 75002 Paris. Infos : ☎ 01-42-66-82-27. • infoitalie.paris@enit.it • enit.it • italia.it • (site très complet à consulter absolument avt de partir). Ⓜ Opéra ; RER A : Auber. Centre d'appel : lun-ven 9h30-12h30.* Agence fermée au public. Pas d'infos par courrier postal, uniquement par e-mail.

■ ***Consulats d'Italie en France :***
– Paris : 5, bd Émile-Augier, 75116. ☎ 01-44-30-47-00 (standard automatique qui oriente en fonction de l'appel lun-ven 9h-17h). • informazioni.parigi@esteri.it • consparigi.esteri.it • Ⓜ La Muette ; RER C : Boulainvilliers. Ouv au public lun-ven 9h-12h, plus mer 14h30-16h30.
– Consulats honoraires et correspondants consulaires à Lyon, Marseille, Metz et Nice. Permanences consulaires à Dijon et Lille.

■ ***Institut culturel italien :*** *hôtel de Gallifet, 50, rue de Varenne, 75007 Paris. ☎ 01-85-14-62-50. • iicparigi@esteri.it • iicparigi.esteri.it • Ⓜ Varenne, Rue-du-Bac ou Sèvres-Babylone. Lun-ven 10h-13h, 15h-18h.* ***Bibliothèque de consultation :*** *☎ 01-85-14-62-55. • bibilioteca.iic.parigi@esteri.it • ; mêmes horaires sauf lun et fermé de mi-juil à début sept.*

■ ***Ambassade d'Italie :*** *51, rue de Varenne, 75007 Paris. ☎ 01-49-54-03-00. • ambasciata.parigi@esteri.it • ambparigi.esteri.it • Ⓜ Rue-du-Bac, Varenne ou Sèvres-Babylone.* Superbe hôtel particulier ouvert au public uniquement lors des Journées du patrimoine en septembre.

Des sites utiles avant votre départ

• ***routard.com*** • Le site de voyage nº 1, avec près de 800 000 membres et plusieurs millions d'internautes

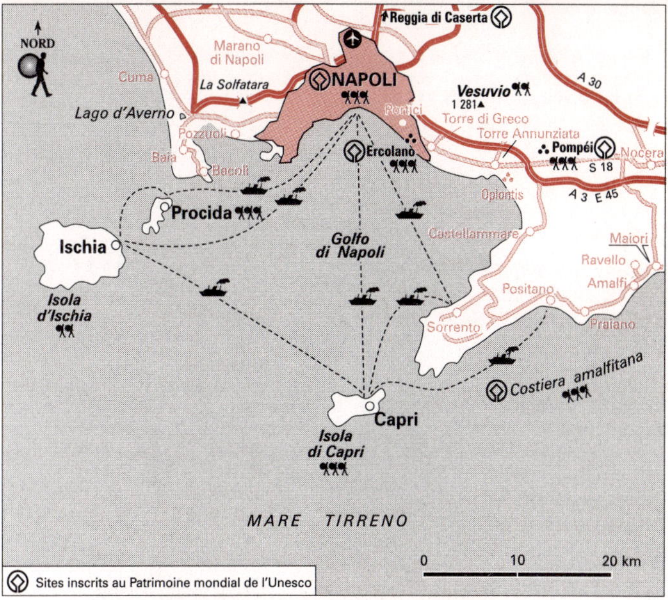

NAPLES ET SES ENVIRONS

chaque mois. Pour s'inspirer et s'organiser, près de 300 guides destinations actualisés, avec les infos pratiques, les incontournables et les dernières actus, ainsi que les reportages terrain et idées week-end de la rédaction. Partagez vos expériences avec la communauté de voyageurs : forums de discussion avec avis et bons plans, carnets de route et photos de voyage. Enfin, vous trouverez tout pour vos vols, hébergements, voitures et activités, sans oublier nos suggestions pour réserver votre voyage au meilleur prix.

● ***museionline.info*** ● Un site incontournable si vous vous apprêtez à visiter tous les musées d'Italie du Nord, répertoriés par catégories : art, histoire, archéologie, histoire naturelle, sciences et technologie avec les prix, les horaires et le site internet de chaque musée. En plus, ce site vous donne la liste des expos temporaires à voir dans la région visitée (régulièrement remis à jour). On vous le recommande chaudement.

● ***italia.it*** ● Le site officiel de l'Office de tourisme italien (en français) fourmille de renseignements ; très utile pour préparer son voyage. Permet aussi de faire un tour d'horizon complet des régions italiennes.

● ***italianculture.net*** ● Un portail d'information en français sur la culture italienne (mode, design, musiques, vins...).

● ***italieaparis.net*** ● Un site qui vous donnera un avant-goût de la Botte ou qui pourra, tout aussi bien, essayer de vous guérir du mal du pays à votre retour. Malheureusement, il ne conseille que des adresses parisiennes ; mais les infos culturelles profiteront à tout le monde !

En Belgique

Office de tourisme : *rue Joseph-II, 22-24, Bruxelles 1000.* ☎ *02-647-11-54.* ● *brussels@enit.it* ● *enit.it* ● *Bureau situé dans l'ambassade et fermé au public ; contact seulement par mail.*

■ ***Ambassade d'Italie :*** *rue Joseph-II, 22-24, Bruxelles 1000. ☎ 02-643-38-50. • ambbruxelles.esteri.it • Lun-ven 9h-12h30, 14h-16h.*

■ ***Consulat d'Italie :*** *rue de Livourne, 38, Bruxelles 1000. ☎ 02-543-15-50. • segr.consolare.bruxelles@esteri.it • ambbruxelles.esteri.it • Lun-ven 9h-12h30, plus mer 14h-16h.*

En Suisse

■ ***Ambassade d'Italie :*** *Elfenstrasse, 14, 3006 Berne. ☎ 031-350-07-77. • berna.ambasciata@esteri.it • ambberna.esteri.it • Lun-jeu 9h-13h, 14h-17h ; ven 8h30-13h, 13h30-16h30.*

■ ***Consulats d'Italie :***

– Genève : rue Charles-Galland, 14, 1206. ☎ 022-839-67-44. • consolato.ginevra@esteri.it • consginevra.esteri.it • Lun-mer et ven 9h-12h30, mar et jeu 14h-17h.

– Autres consulats à Bâle, Lugano et Zurich.

Au Canada

i ***Office national de tourisme :*** *365 Bay St, suite 503, Toronto (Ontario) M5H 2V1. ☎ (416) 925-4882. • toronto@enit.it • enit.it • Sur rdv ou appel.*

■ ***Ambassade d'Italie :*** *275 Slater St, 21st floor, Ottawa (Ontario) K1P 5H9. ☎ (1-613) 232-2401. • ambasciata.ottawa@esteri.it • ambottawa.esteri.it • Lun, mar, jeu et ven 9h-12h ; mer 9h-12h, 14h-16h.*

■ ***Consulat général :*** *136 Berverley St, Toronto (Ontario) M5T 1Y5. ☎ (416) 977-1566. • constoronto.esteri.it • Lun, mar, jeu et ven 9h-12h ; mer 14h-16h.*

Formalités d'entrée

Pas de contrôle aux frontières, car l'Italie fait partie de l'espace Schengen. Néanmoins, quelques précautions d'usage.

– ***Pour un séjour de moins de 3 mois :*** carte d'identité en cours de validité ou passeport pour les ressortissants de l'Union européenne et de la Suisse. Ressortissants canadiens : passeport en cours de validité. En fonction de l'évolution de la pandémie de Covid-19, l'Italie peut demander un test PCR ou antigénique négatif de moins de 72 heures pour entrer sur le territoire, selon les régions. Plus d'infos sur *• diplomatie.gouv.fr •*

– ***Green Pass obligatoire*** (l'équivalent de notre passe sanitaire) pour entrer sur le territoire italien ainsi qu'un formulaire à remplir avant votre départ sur le site app.euplf.eu. Pour suivre l'évolution des mesures gouvernementales, renseignements sur le site italien du ministère de la santé *(• salute.gov.it •)* ou sur celui de l'office de tourisme italien *• italia.it •*

– Les ***mineurs*** doivent être munis de leur propre pièce d'identité (carte d'identité ou passeport) et de l'***autorisation de sortie du territoire*** : formulaire signé par l'un des parents titulaires de l'autorité parentale et de la photocopie de la pièce d'identité du parent signataire. Renseignements auprès des services de votre commune et sur *• service-public.fr •*

– ***Pour une voiture :*** permis de conduire, carte grise et carte verte d'assurance internationale. Munissez-vous d'une procuration si vous n'êtes pas propriétaire du véhicule.

Pensez à scanner passeport, carte de paiement, billet d'avion et *vouchers* d'hôtel. Ensuite, adressez-les-vous par mail, en pièces jointes. En cas de perte ou de vol, les démarches administratives n'en seront que bien plus rapides !

Assurances voyage

■ ***Routard Assurance par AVI International :*** *Le Colisée Gardens, 10 avenue de l'Arche, CS 70126, 92419 Courbevoie Cedex. ☎ 01-44-63-51-00. • routard@avi-international.com • avi-international.com •*

Ⓜ *La Défense.* Enrichie au fil des années par les retours des lecteurs, *Routard Assurance* reste l'assurance voyage référence des globe-trotters. Tout y est inclus, même la **Covid** : frais médicaux, assistance rapatriement, bagages, responsabilité civile... Avant votre départ, appelez *AVI* pour un conseil personnalisé. Besoin d'une **attestation Covid,** d'un avis médical, d'une prise en charge dans un hôpital ? Téléchargez l'appli mobile *AVI International* pour garder le contact avec *AVI Assistance* et disposer d'un vaste réseau médical à travers le monde. *AVI Assistance* est disponible 24h/24 pour une réponse en temps réel. De simples frais de santé en voyage ? Envoyez les factures à *AVI* dès votre retour, ils vous remboursent sous une semaine.

■ ***AVA assurance Voyages et assistance :*** *25, rue de Maubeuge, 75009 Paris. ☎ 01-53-20-44-20. • ava.fr •* Ⓜ *Cadet.* Un autre courtier fiable pour ceux qui souhaitent s'assurer en cas de décès-invalidité-accident lors d'un voyage à l'étranger, mais surtout pour bénéficier d'une assistance rapatriement, perte de bagages et annulation. Attention, franchises pour leurs contrats d'assurance voyage.

■ ***Pixel Assur :*** *18, rue des Plantes, BP 35, 78601 Maisons-Laffitte. ☎ 01-39-62-28-63. • pixel-assur.com • RER A : Maisons-Laffitte.* Assurance de matériel photo et vidéo tous risques (casse, vol, immersion) dans le monde entier. Devis en ligne basé sur le prix d'achat de votre matériel. Avantage : garantie à l'année.

Carte internationale d'étudiant (carte ISIC)

Elle prouve le statut d'étudiant dans le monde entier et permet de bénéficier d'avantages, services et réductions dans les domaines du transport, de l'hébergement, de la culture, des loisirs, du shopping...

La carte ISIC permet aussi d'accéder à des avantages exclusifs sur le voyage (billets d'avion spécial étudiants, hôtels et auberges de jeunesse, assurances, cartes SIM internationales, locations de voitures...).

Renseignements et inscriptions

– ***En France :*** *• isic.fr • Tarif : 13 € pour 1 année scolaire.*
– ***En Belgique :*** *• isic.be •*
– ***En Suisse :*** *• isic.ch •*
– ***Au Canada :*** *• isiccanada.ca •*

Carte d'adhésion internationale aux auberges de jeunesse (carte FUAJ)

Cette carte vous ouvre les portes des 4 000 auberges de jeunesse du réseau *HI-Hostelling International* en France et dans le monde. Vous pouvez ainsi loger dans plus de 80 pays à des prix avantageux et bénéficier de tarifs préférentiels avec les partenaires des auberges de jeunesse *HI.* Enfin, vous intégrez une communauté mondiale de voyageurs partageant les mêmes valeurs : plaisir de la rencontre, respect des différences et échange dans un esprit convivial. Il n'y a pas de limite d'âge pour séjourner en auberge de jeunesse. Il faut simplement être adhérent.

Renseignements et inscriptions

– ***En France :*** *• hifrance.org •*
– ***En Belgique :*** *• lesaubergesdejeunesse.be •*
– ***En Suisse :*** *• youthhostel.ch •*
– ***Au Canada :*** *• hihostels.ca •*

Si vous prévoyez un séjour itinérant, vous pouvez réserver plusieurs auberges en une seule fois en France et dans le monde : *• hihostels.com •*

ARGENT, BANQUES

Banques

Les banques sont généralement ouvertes du lundi au vendredi de 8h30 à 13h30 et de 14h30 à 16h ; certaines sont également ouvertes le samedi matin. La plupart disposent d'un distributeur de billets en façade. Nos amis francophones, en particulier les Suisses et les Québécois, peuvent convertir leurs monnaies d'origine en euros dans les bureaux de change (ouverts tous les jours, même les jours fériés).

Les cartes de paiement

La plupart des restaurants, hôtels et stations-service acceptent les cartes de paiement. Nous vous signalons, dans la mesure du possible, nos adresses les refusant (très rares, à l'exception notable des chambres d'hôtes). Sur place, vous verrez – en principe – sur les vitrines des établissements les acceptant l'autocollant « *Carta Sì* ». Voir également plus loin la rubrique « Voiture » dans « Transports intérieurs ».

En cas d'urgence – Dépannage

Avertissement

Si vous comptez effectuer des retraits d'argent aux distributeurs, il est très vivement conseillé d'avertir votre banque avant votre départ (pays visités et dates). Elle pourra éventuellement relever le plafond de retrait pour les retraits mais aussi pour les paiements... quitte à le faire rebaisser à votre retour. En effet, votre carte peut être bloquée dès le 1er retrait pour suspicion de fraude. C'est de plus en plus fréquent. Bonjour les tracasseries administratives pour faire rentrer les choses dans l'ordre, et on se retrouve vite dans l'embarras !

Notez aussi bien le numéro d'opposition propre à votre banque (il figure souvent au dos des tickets de retrait, sur votre contrat, ou à côté des distributeurs de billets), ainsi que le numéro à 16 chiffres de votre carte. Bien entendu, conservez ces informations en lieu sûr et séparément de votre carte.
Par ailleurs, l'assistance médicale se limite aux 90 premiers jours du voyage et l'assistance véhicule aux cartes haut de gamme (renseignez-vous auprès de votre banque). Et surtout, n'oubliez pas aussi de **VÉRIFIER LA DATE D'EXPIRATION DE VOTRE CARTE BANCAIRE** avant votre départ !
En zone euro, pas de frais bancaires sur les paiements par carte. Les retraits sont soumis aux mêmes conditions tarifaires que ceux effectués en France (gratuits pour la plupart des cartes).
Une carte perdue ou volée peut être rapidement remplacée. En appelant sa banque, un système d'opposition, d'avance d'argent et de remplacement de carte pourra être mis en place afin de poursuivre son séjour en toute quiétude.
En cas de perte, de vol, ou de fraude, quelle que soit la carte que vous possédez, chaque banque gère elle-même le processus d'opposition et le numéro de téléphone correspondant. Le plus simple est de faire opposition en ligne via le site de votre agence bancaire ou leur application mobile, ou en les appelant directement. Sinon, voici les numéros des centres d'assistance des différentes cartes.

– ***Carte Visa :*** *n° d'urgence depuis l'Italie (Europ Assistance), ☎ (00-33) 800-819-014 (24h/24).* • *visa.fr* •
– ***Carte MasterCard :*** *n° d'urgence depuis l'Italie, ☎ 0800-870-866.* • *mastercardfrance.com* •
– ***Carte American Express : n° d'urgence*** *☎ (00-33) 1-47-77-72-00 (n° accessible tlj 24h/24).* • *americanexpress.fr* •

– Sinon, il existe un ***serveur interbancaire*** d'opposition qui, en cas de perte ou de vol, vous met en contact avec le centre d'opposition de votre banque : *depuis la France,* ☎ *0-892-705-705 (service 0,35 €/mn + prix d'appel) ; depuis l'étranger :* ☎ *(00-33) 442-605-303.*

Petite mesure de précaution : si vous retirez de l'argent dans un distributeur, utilisez de préférence les distributeurs attenants à une agence bancaire. En cas de pépin avec votre carte (carte avalée, erreurs de code secret...), vous aurez un interlocuteur dans l'agence, pendant les heures ouvrables.

Besoin urgent d'argent liquide

Vous pouvez être dépanné en quelques minutes grâce au système ***Western Union Money Transfer.*** L'argent vous est transféré en moins de 1h. La commission, assez élevée, est payée par l'expéditeur. Possibilité d'effectuer un transfert auprès d'un des bureaux *Western Union* ou, plus rapide, en ligne, 24h/24 par carte de paiement (*Visa* ou *MasterCard*).
Même principe avec d'autres organismes de transfert d'argent liquide comme ***MoneyGram, PayTop*** ou ***Azimo.*** Transfert en ligne sécurisé, en moins de 1h.
Dans tous les cas, se munir d'une pièce d'identité. Toutefois, en cas de perte/vol de papiers, certains organismes permettent de convenir d'une question/réponse type pour pouvoir récupérer votre argent. Chacun de ces organismes possède aussi des applications disponibles sur téléphone portable. Consulter les sites internet pour connaître les pays concernés, les conditions tarifaires (frais, commission) et trouver le correspondant local le plus proche : *• westernunion.com • moneygram.fr • paytop.com • azimo.com/fr •*
– Autre solution, envoyer de l'argent par ***la Poste*** : le bénéficiaire, muni de sa pièce d'identité, peut retirer les fonds dans n'importe quel bureau de poste du réseau local. Le transfert s'effectue avec un mandat ordinaire international (jusqu'à 3 500 €) et la transaction prend 4-5 jours en Europe. Plus cher, mais plus rapide, le mandat express international permet d'envoyer de l'argent (montant variable selon la destination – 34 pays au total) sous 2 jours maximum, 24h lorsque la démarche est faite en ligne. *Infos : • labanquepostale.fr •*

BUDGET

Hébergement

Recommandation à ceux qui souhaitent profiter des réductions et avantages proposés dans *Le Routard* par les hôteliers et les restaurateurs.

À l'hôtel, pensez à les demander au moment de la réservation ou, si vous n'avez pas réservé, ***à l'arrivée.*** Ils ne sont valables que pour les ***réservations en direct*** et ne sont pas cumulables avec d'autres réductions (notamment sur Internet). Au restaurant, poser votre *Routard* sur la table ne suffit pas : le personnel de salle n'est pas toujours au courant. Parlez-en ***au moment*** de la commande et surtout ***avant*** que l'addition ne soit établie. La loi italienne oblige le restaurateur à vous remettre une *ricevuta fiscale* qui ne peut en aucun cas être modifiée après impression. Ce serait dommage qu'il vous refuse ces avantages pour cette raison. En cas de doute, montrez la notice relative à l'établissement dans *Le Routard* de l'année, bien sûr, et ne manquez pas de nous faire part de toute difficulté rencontrée.

De plus en plus d'***hôtels*** modulent les tarifs de leurs chambres sur Internet en fonction du taux d'occupation, ce qui permet d'optimiser le chiffre d'affaires (comme le font les compagnies aériennes). La fourchette de prix est donc très large et varie énormément suivant la saison et la période (vacances, fêtes religieuses, événements importants...). Le principe est simple, plus l'établissement est plein, plus les prix sont hauts. À l'inverse, on peut parfois profiter de promotions conséquentes quand les chambres restent vides ; variables d'un jour à l'autre, ces promos sont surtout intéressantes pour les hôtels haut de gamme (3 étoiles et plus). Une précision enfin : passer directement par le site internet de l'hôtel revient en général moins cher que par une plateforme, puisque l'hôtelier n'a pas de commission à reverser... Autres possibilités d'hébergement : les ***campings*** (qui sont loin d'être donnés en haute saison), ***auberges de jeunesse, B & B, agriturismi, et la location d'appartements.*** Cette dernière option constitue une alternative avantageuse, surtout à plusieurs. Voir plus loin la rubrique « Hébergement ».

Attention ! Les catégories de prix suivantes devront être revues à la hausse pour les zones balnéaires et les coins les plus touristiques comme Capri. Pour une chambre double en haute saison, avec la plupart du temps le petit déjeuner inclus, compter :

- ***Bon marché :*** moins de 70 € ;
- ***Prix moyens :*** de 70 à 110 € ;
- ***Chic :*** de 110 à 180 € ;
- ***Très chic :*** au-delà de 180 €. Ce sont des établissements exceptionnels. Nous les citons surtout s'ils ont du charme.

Restaurants

– Dans les menus, faire attention au poisson et à certaines viandes, souvent facturés au poids en fonction du prix du jour. L'addition monte très vite.

– On peut se régaler sans se ruiner en avalant debout (le service à table est facturé) une part de pizza *al taglio* (à la coupe), un *panino* (des *panini* !), une salade, une assiette de pâtes ou un plat du jour dans une boulangerie ou une *tavola calda* (sorte de cafét'). Sinon, on peut aussi faire son marché : les produits frais y sont moins chers que dans les supermarchés, et bien meilleurs.

– Pour un copieux repas de spécialités régionales ou familiales (entrée, plat, dessert, boisson, pain et couvert), compter environ 30-35 €. Beaucoup moins si on se contente d'un plat ou d'une pizza. Un peu plus si on se laisse tenter par un poisson frais (généralement facturé au kilo), par une belle déco dans un quartier chic ou par une bonne bouteille de vin (mais la plupart des restos proposent un honnête *vino della casa,* servi au pichet – *sfuso* –, au prix raisonnable de 4-5 €). Au-dessus de 40 €, c'est la classe ou... l'arnaque dans certains endroits touristiques stratégiques.

Voici notre fourchette ; les prix s'entendent par personne pour un repas complet (par exemple *primo* et *secondo* ou bien *antipasto,* plus *primo* ou *secondo*), boisson non comprise.

- ***Très bon marché (ou sur le pouce) :*** moins de 12 €.
- ***Bon marché :*** de 12 à 20 €.
- ***Prix moyens :*** de 20 à 30 €.
- ***Chic :*** au-delà de 30 €.

– Dans un café, la moindre consommation au comptoir commence à environ 1 € et, dans les endroits les plus touristiques, peut coûter jusqu'à 5 fois plus cher si vous vous asseyez.

Pourboire, service et couvert

La grande majorité des restos rajoute le couvert *(pane e coperto)* qui varie entre 2 et 3 €, et peut même atteindre plus de 4 € dans les lieux chics (avec contrepartie, donc : pains maison, beurre...) ou très touristiques (là, c'est de l'arnaque !).

Ajoutez à cela une bouteille d'eau minérale (autour de 2 €), et vous comprendrez rapidement pourquoi l'addition grimpe si vite. Noter que le *pane e coperto* doit être signalé sur la carte quand il existe, ce qui n'est pas forcément le cas dans une *trattoria* !
Quant au pourboire, dont on rappelle qu'il n'est par définition jamais compris dans l'addition, rien ne vous oblige à en laisser ni ne vous dispense de le faire si vous avez été bien servi et avez bien mangé. Les Français ont une telle réputation de radinerie (si, si !) qu'un petit geste fera peut-être changer cette image qu'ils trimballent depuis des lustres ! Il arrive cependant, mais c'est rare, qu'on vous facture le service (10 à 15 %).

Visite des sites et musées

En raison de la Covid-19 et de ses suites, les horaires sont susceptibles d'être momentanément modifiés, et la réservation devient parfois obligatoire pour contingenter le nombre de visiteurs. De même, certains services (audioguide, consigne, ou café et restaurant) proposés par les musées peuvent être éventuellement suspendus. Il est donc impératif de vous renseigner au préalable pour éviter toute mauvaise surprise.

L'entrée des églises est gratuite (sauf certaines cathédrales, ainsi que les accès aux « trésors », certaines cryptes, et parfois l'éclairage des chapelles contenant des œuvres d'exception).
Pour les grands sites ou musées, les tarifs varient en moyenne entre 6 et 10 €, mais peuvent être majorés en cas d'exposition temporaire. L'entrée des musées secondaires coûte généralement de 2 à 7 €. Les professeurs, les étudiants de moins de 24 ans et les jeunes de 18 à 25 ans ressortissants de l'Union européenne ont souvent droit à une réduction de 50 % ; quant aux visiteurs de moins de 18 ans ressortissants de l'Union européenne, ils bénéficient le plus souvent de la gratuité totale dans les sites et musées nationaux, ou tout au moins d'une réduction, à condition d'avoir une pièce d'identité à présenter. Naples et la région Campanie proposent, par ailleurs, différentes formules de cartes de réduction *(Campania Artecard)*, offrant des gratuités et des réductions non négligeables dans les musées, sites et transports en commun.

Campania Artecard

La région Campanie a eu la bonne idée de créer ***une gamme de cartes culturelles,*** baptisées *Campania Artecard*, permettant l'accès aux principaux musées et sites archéologiques ainsi qu'aux transports en commun pour certaines. Vu le prix d'entrée de certains sites et musées, l'*Artecard* se révèle vite rentable, sans que l'on se sente obligé de se transformer en rat de musée. Noter que des tarifs réduits sont proposés aux 18-25 ans ressortissants de l'UE.
Infos sur le site • campaniartecard.it • Possibilité d'acheter les cartes en ligne, mais il faut ensuite les retirer dans un point de vente (frais : 1 €). En principe, les sites et les musées majeurs vendent les *Artecard* mais se retrouvent souvent en rupture de stock.
Vous êtes sûr de les trouver dans les bureaux de l'agence de voyages ***Napoli Official Tour*** *(• napoliofficialtour.com •)* : à l'aéroport de Naples (zone des arrivées) ; piazza Giovanni Bovio (métro Università) et via Domenico Capitelli, 9 (dans le centre historique).
– ***Artecard Napoli*** *(21 € ; 12 € pour les 18-25 ans)* est valable 3 jours. Accès gratuit à 3 grands sites de Naples au choix parmi une longue liste et réduc

jusqu'à 50 % sur les autres musées et sites de la liste. Elle comprend le transport urbain à Naples, mais pas l'*Alibus* pour l'aéroport.
– ***San Gennaro Card*** *(21 €, valable 3 j. avec les transports en commun ; 14 € sans).* Accès à tous les sites dédiés au saint de la ville : Duomo, catacombe di San Gennaro, museo del Tesoro de San Gennaro, museo e certosa di San Martino, Pio Monte della Misericordia, museo dioceano Napoli Donnaregina, la Solfatara et Anfiteatro Flavio.
– ***Artecard Campania 3 days*** *(32 € ; 25 € pour les 18-25 ans)* est valable 3 jours. Accès inclus à 2 sites de la région au choix parmi une longue liste (Naples, Caserta, Pompéi, Ercolano, Oplontis, Paestum, Ravello...), et réduc jusqu'à 50 % à partir du 3e site. Elle comprend les transports régionaux mais pas l'*Alibus* pour l'aéroport de Naples.
– ***Artecard Campania 7 days*** *(34 €)* est valable 7 jours. Fonctionne comme la « 3 days », avec accès inclus à 5 sites au choix de la région et réduc jusqu'à 50 % à partir du 6e site. En revanche, aucun transport n'est inclus. Intéressante pour ceux qui sont motorisés et ont plus de temps.
– ***Artecard Contemporaneo*** *(29 €, 16 € sans les moyens de transport)* permet entre autres l'accès à Caserta, au museo di Capodimonte, au MADRE, au castel Sant'Elmo, ainsi qu'une visite guidée des 2 stations de métro (ligne 1) Toledo et Università.

Le Mai des monuments

Naples organise tous les ans, en mai, le Mai des monuments *(Maggio dei Monumenti),* c'est-à-dire un événement culturel qui propose aux touristes des visites (guidées ou non), des expos, concerts, représentations de théâtre... Cela peut être l'occasion de visiter ***un lieu ou une église habituellement fermé(e) au public.*** Un peu l'équivalent de nos Journées du patrimoine en France. On peut trouver le programme dans les différents offices de tourisme de la ville ou sur le site • *comune.napoli.it* •

CLIMAT

On peut se rendre à Naples presque toute l'année ; le climat y est méditerranéen sur les côtes, avec des étés très chauds et secs, et méditerranéo-africain dans l'extrême Sud, surtout l'été.
Les meilleures saisons demeurent la fin du printemps (même s'il pleut souvent en avril) et le début de l'automne. L'été, l'affluence touristique est telle que, dans certaines villes, on rencontre plus d'étrangers que d'Italiens ! C'est la haute saison : la température et les prix montent. Si vous ne pouvez pas échapper à cette période où la température atteint plus de 40 °C dans certains endroits, adaptez-vous aux us locaux et faites la sieste entre 14h et 17h, et les visites le matin et le soir. Par ailleurs, l'hiver est doux dans le golfe napolitain et sur la côte amalfitaine...

DANGERS ET ENQUIQUINEMENTS

Sécurité

Quelques règles générales qui s'appliquent à l'Italie du Sud comme à toute autre destination touristique :
– ne laissez jamais rien dans vos poches, surtout arrière, trop facilement accessibles ;
– évitez le sac à l'épaule ; préférez-le toujours en bandoulière, et maintenez-le fermement (plutôt sur le ventre) si vous prenez un moyen de transport collectif ;

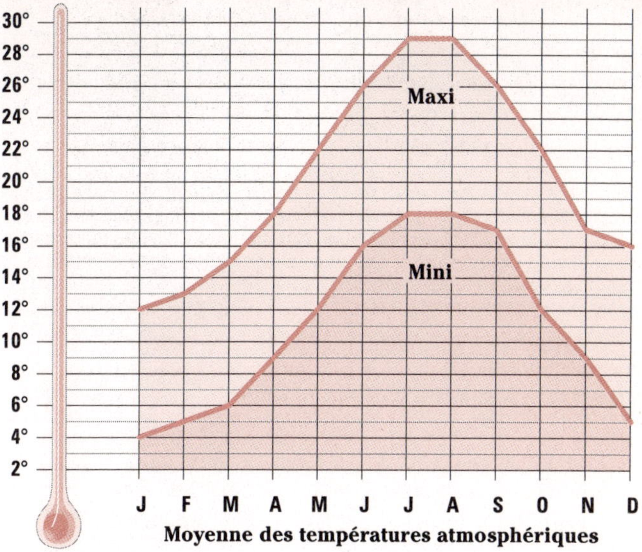

Moyenne des températures atmosphériques

Nombre de jours de pluie

ITALIE DU SUD (Naples)

- à Naples, évitez si possible de vous promener seul le soir dans certains quartiers ;
- si vous avez un véhicule, évitez de vous garer dans les rues et les quartiers déserts, ne placez rien en évidence et laissez-le moins possible vos bagages dans le coffre. Soyez vigilant, même si vous êtes en vacances ;
- en cas de vol, rendez-vous au poste de police le plus proche afin de faire établir un constat pour votre compagnie d'assurances. Enfin, adressez-vous à l'antenne du consulat français seulement en cas de vol ou de perte de papiers d'identité.

Contrefaçons

Comme partout dans les villes touristiques, beaucoup de vendeurs à la sauvette. Mais attention, acheter une contrefaçon est passible d'une grosse amende et même d'une peine d'emprisonnement. Les autorités italiennes et françaises ont renforcé les contrôles...

Amendes

Si vous devez payer une amende (PV) après avoir été verbalisé (excès de vitesse, mauvais stationnement, infraction au code de la route...), faites-le ! Ne quittez pas l'Italie sans avoir payé votre amende : la police italienne vous rattrapera, même en France, et vous devrez payer le double ou même le triple du montant initial. Cela concerne aussi les voitures de location.

ÉLECTRICITÉ

Le réseau électrique italien fonctionne en 220 volts. Toutefois, dans quelques (rares) hébergements, vous ne réussirez pas à brancher les appareils nécessitant des prises avec terre (ce qui est notamment le cas des ordinateurs portables). Demandez un adaptateur à la réception ; sinon, on en trouve dans les supermarchés.

FÊTES ET JOURS FÉRIÉS

Fêtes et festivals

Les festivités religieuses émaillent le calendrier. Chaque localité a son saint patron et ne manque pas de l'honorer avec faste ; chaque quartier a son protecteur, et chaque église son dédicataire. Dans le Sud, la Semaine sainte est l'occasion de processions et de cérémonies très vivantes, héritées de l'occupation espagnole. À ne pas rater si vous le pouvez... Il y a également des fêtes profanes, comme les carnavals, et des fêtes médiévales.
Et n'oublions pas la ***Journée du patrimoine,*** où certains palais et autres sites privés ouvrent exceptionnellement leurs portes au public. *Infos : • fondoambiente.it • musei.beniculturali.it/eventi/giornate-europee-del-patrimonio •* Ou encore la ***Journée mondiale de la femme,*** le 8 mars, où certains musées ouvrent gratuitement leurs portes ce jour-là... aux femmes.
À Naples, on peut aussi profiter du ***Mai des monuments*** (se reporter à la rubrique « À voir » de cette ville).

Jours fériés

Attention aux faux amis : *giorno feriale* signifie « jour ouvrable », soit du lundi au samedi. *Giorno festivo* correspond aux dimanches et jours fériés. Les jours fériés et chômés sont à peu près identiques aux nôtres, même si moins nombreux (l'Ascension et la Pentecôte, par exemple, ne sont pas des jours fériés).
- Le 1er janvier : *Capodanno* ;
- le 6 janvier : *Epifania* ;
- le lundi de Pâques : *Pasquetta* ;
- le 25 avril : *Liberazione del 1945* (fête nationale) ;
- le 1er mai : *festa del Lavoro* ;
- le 2 juin : *festa nazionale* (fête de la proclamation de la République) ;
- le 15 août : *festa dell'Assunta, Ferragosto* ;
- le 1er novembre : *Ognissanti* ;
- les 25 et 26 décembre : *Natale* et *Santo Stefano.*

Sont aussi considérés comme des jours semi-fériés les 14 août, 24 et 31 décembre. Certaines fêtes comme celle du 15 août peuvent durer plusieurs jours et paralyser une grande partie de la vie économique. Les saints patrons, les *sagre* du Sanglier, des Pâtes, du Vin (bref, toutes les occasions sont bonnes !) sont l'objet de manifestations souvent hautes en couleur (lanceurs de drapeaux, dégustations...).

SORCIÈRE D'UN JOUR

Pour les Italiens, l'Épiphanie est le jour de la Befana, une gentille sorcière qui circule à califourchon sur son balai de paille. Elle rend visite aux enfants : aux pas sages, elle dépose du charbon dans les chaussettes pendues à la cheminée et, aux gentils, de jolis cadeaux et de merveilleuses confiseries. Ah ! qu'il est loin le bon temps de l'enfance...

HÉBERGEMENT

Ainsi que l'indique notre rubrique « Budget », l'essentiel de vos dépenses sera consacré à l'hébergement. Attention au mois d'août : c'est un euphémisme de dire qu'il est difficile de trouver une chambre à cette période, même si l'on y met le prix. Mieux vaut alors réserver depuis la France plusieurs semaines à l'avance, voire plusieurs mois si on est exigeant sur la localisation. Songez aussi aux périodes de fêtes, aux festivals locaux, aux salons et aux foires. Si vous séjournez au moins 1 semaine au même endroit, pensez à une location d'appartement : formules moins chères que l'hôtel où la demi-pension est souvent obligatoire en saison. Attention, lorsque vous demandez une chambre double, précisez « *doppia matrimoniale* » si vous êtes en couple, sinon vous risquez de vous retrouver avec 2 lits séparés !

Campings

Les campings étoilés classés par catégories sont généralement ouverts d'avril à octobre, ou parfois seulement de juin à septembre. Toutefois, certains – très rares – restent ouverts toute l'année. Il est courant de payer plus de 30 € pour 2 avec une petite tente et une voiture en haute saison, et la douche chaude n'est pas toujours comprise dans le prix. Hélas, de plus en plus d'établissements sont devenus des parkings pour camping-cars et mobile homes, qui s'avèrent bien plus rentables que les emplacements pour les tentes. Certains disposent d'une piscine (prévoir un bonnet de bain, c'est obligatoire !). En été, ne comptez pas trop trouver la tranquillité dans les campings, souvent surpeuplés et bruyants.
Vous pourrez vous procurer une brochure (payante) avec la liste complète des terrains de camping éditée par la *Confédération italienne de camping, Guida ai Campeggi,* dans des librairies de la péninsule ou consulter leur site, • *guidacampeggi.com* •, avant le départ.

■ ***Fédération française des campeurs, caravaniers et camping-caristes :*** • *info@ffcc.fr* • *ffcc.fr* • Possibilité d'acheter en ligne la *carte FFCC Multi-avantages,* qui permet de bénéficier d'assurances spécifiques, ainsi que de nombreuses publications. La *carte FFCC* comprend également la *Camping Card International,* qui vous permettra d'obtenir de multiples réductions dans les campings d'Europe, dont l'Italie.

Auberges de jeunesse

Bonne nouvelle : les auberges de jeunesse *(ostello della gioventù)* demeurent assez nombreuses en Italie. En plus, elles sont en général bien entretenues. En revanche, contrairement aux AJ privées, elles ne mettent normalement pas de cuisine à la disposition des hôtes. La carte internationale des AJ y

est obligatoire. Vous pouvez vous la procurer en France auprès de *Hostelling International,* représentée à Paris par la Fédération unie des auberges de jeunesse (FUAJ). Coordonnées plus haut dans la rubrique « Avant le départ ». On peut également se la procurer sur Internet. En haute saison, il est conseillé de ***réserver*** à l'avance ***par e-mail*** (c'est la meilleure solution, car vous gardez une trace) ou éventuellement par téléphone ou Internet sur • *hihostels.com* •
Notez qu'il existe aussi des auberges de jeunesse privées *(ostelli),* permettant de compenser le manque de lits « officiels », qui proposent le même type d'hébergement en dortoirs : elles pratiquent d'ordinaire les mêmes tarifs et sont souvent bien mieux situées, toutes proches des lieux d'intérêt.

Les *Bed & Breakfast*

Une formule qui monte... Ceux des centres historiques ont souvent beaucoup de charme, et les prix demeurent relativement raisonnables (sauf en août !). Précisons, cependant, que la plupart des *B & B* sont en réalité une forme d'hôtellerie déguisée, dans le sens où vous ne logez pas réellement chez l'habitant. Bien souvent, le propriétaire n'habite pas sur place : il vous accueille, vous laisse une clé, et vous ne le voyez plus de tout le séjour. Le petit déjeuner se résume en général à un café-croissant à prendre au café du coin, et basta ! En général, peu de chambres (la loi régionale autorise seulement 3 chambres en Campanie, par exemple), donc pensez à réserver.

Hôtels

Ils sont classés en 6 catégories (« L » pour luxe et de 5 étoiles à 1 étoile pour les plus simples). Cette classification peut paraître très surfaite par rapport aux standards français. De plus, les prix sont supérieurs, pour un confort et un service souvent discutables. Par ailleurs, dans la course au gain de place dans les grandes villes, beaucoup de salles de bains disposent d'une cabine de douche exiguë. Avant de réserver, jeter un œil au site internet de l'hôtel, pas mal d'établissements proposent des promos. Voir plus haut la rubrique « Budget ».
– Un conseil : généralement inclus dans le prix de la chambre, le petit déjeuner est souvent cher et décevant. On peut préférer le prendre dans un *caffè* ou une *pasticceria,* servant pâtisseries traditionnelles et vrais cafés italiens !

La location d'appartements et de maisons

C'est la solution idéale et la plus économique, surtout pour une famille ou un petit groupe d'amis : pour le prix d'une nuitée en chambre double dans un hôtel classique, on peut parfois y dormir à 4 ou 6 ! En plus, la kitchenette ou la cuisine permet de faire des économies notables sur les repas.

■ ***Loc'appart :*** *75, rue de la Fontaine-au-Roi, 75011 Paris* ☎ *01-45-27-56-41.* • *locappart.com* • *Accueil téléphonique assuré à Paris par des responsables de destinations ayant une bonne connaissance de l'Italie, lun-jeu 10h30-13h, 14h-19h et ven 9h30-13h, 14h-18h.* Loc'appart propose la location d'appartements/maisons à Naples, sur la côte amalfitaine, et des *agriturismi* dans les Pouilles et en Basilicate, pour un minimum de 3 nuits, à partir du jour d'arrivée de votre choix (pour la plupart). Dossiers suivis par des chargés de destinations à Paris et accueil assuré par des spécialistes sur place qui interviennent en cas de besoin. Une agence sympathique et sérieuse que nous recommandons volontiers. Service d'appartements également proposé dans le reste de l'Italie en ville (Milan, Florence, Rome, Naples, Palerme...) comme à la campagne (Toscane, Ombrie, côte amalfitaine, Sicile).

Échange d'appartements et de maisons

Il s'agit d'échanger son logement contre celui d'un adhérent du même organisme. Cette formule est avantageuse, en particulier pour les couples avec enfants. Voici 2 agences qui ont fait leurs preuves :

■ ***Homelink France :*** *• info@homelink.fr • homelink.fr • Adhésion annuelle avec diffusion d'annonce sur Internet : 125 €.*

■ ***Intervac France :*** *• info@intervac.fr • intervac.fr • 3 formules d'adhésion annuelle avec diffusion d'annonce sur Internet : 99 à 130 €.*

HORAIRES

Les horaires officiels, que nous donnons ***à titre indicatif,*** ne sont pas toujours respectés et demeurent sujet à modifications... On conseille donc de s'adresser à l'office de tourisme, susceptible de vous distribuer gratuitement une liste des lieux de visite assortie de leurs horaires et régulièrement mise à jour (très utile pour les expos temporaires), mais aussi des transports publics (trains, bus, bateaux sur les lacs).

– ***Restaurants :*** de 12h30 à 15h et de 19h30 à 23h (horaires plus larges dans les endroits touristiques). La possibilité d'être servi jusqu'à 23h et au-delà n'a rien d'exceptionnel, à Naples notamment. C'est pratique dans les restaurants où, bien souvent, les touristes étrangers fournissent le gros du 1er service, les Italiens venant prendre le relais en 2de partie de soirée... Attention toutefois aux petites bourgades et aux villages de campagne, où la cuisine peut fermer tôt (vers 21h) s'il n'y a pas foule en salle (surtout hors saison). À l'inverse, à part dans les grandes villes, beaucoup de restos n'ouvrent pas leurs portes avant au moins 13h le midi et 20h le soir.

– ***Banques :*** du lundi au vendredi de 8h30 à 13h30 et de 14h30 à 16h. Certaines sont ouvertes le samedi matin.

– ***Églises :*** ouvertes généralement tôt le matin. Ferment ensuite au moment du déjeuner, pour rouvrir à partir de 15h ou 16h jusqu'à 18h. Éviter de visiter les églises pendant les messes (dimanche matin notamment). Les églises-musées ont des horaires plus étendus ; malheureusement, certains édifices religieux n'ouvrent jamais leurs portes.

– ***Musées :*** les horaires varient beaucoup selon la taille et la fréquentation touristique. En principe, les musées sont fermés le lundi. En principe toujours, les musées et sites nationaux sont ouverts de 9h à 18h (parfois plus tard en été et plus tôt en hiver ; parfois, les musées proposent aussi des nocturnes en semaine jusqu'à 22h). Cependant, de nombreux sites à ciel ouvert sont aussi accessibles de 9h jusqu'à l'heure précédant le coucher du soleil. Bref, difficile de généraliser, car les horaires varient décidément beaucoup. À savoir aussi : ***tous les musées sont fermés le 1er mai, le jour de Noël, et bien souvent le jour de l'An.***

– ***Postes :*** ouvertes du lundi au vendredi approximativement de 8h à 13h30 et le samedi de 8h30 à 12h30.

– ***Bureaux et administrations :*** ouverts le matin seulement.

– ***Magasins :*** en règle générale, ils sont ouverts de 9h à 13h-13h30 et de 16h30 à 20h-21h, et généralement fermés le dimanche ainsi qu'une demi-journée par semaine (souvent le lundi matin, à l'exception des magasins d'alimentation qui ferment en principe le jeudi après-midi en hiver et le samedi après-midi en été).

LANGUE

L'italien est une langue relativement facile pour les francophones. En peu de temps, vous pourrez apprendre quelques rudiments suffisants pour vous débrouiller. Pour vous aider à communiquer, n'oubliez pas notre ***Guide de conversation du Routard en italien.*** L'Italie, c'est aussi le foisonnement des dialectes : sicilien, sarde, catalan, slovène, occitan, bergamasque, grec et albanais. Ne vous découragez pas : il vous restera toujours la possibilité de joindre le geste à la parole.

PARLER AVEC LES MAINS

Voilà une spécificité locale. Plus les Italiens sont excités, plus les mains s'agitent. Autre constatation : les gestes augmentent dès que l'on va vers le sud de l'Italie. Attention, chaque mouvement est codifié et précis. Une explication : l'unité italienne ayant été tardive (1861), peu de gens parlaient italien, la plupart s'exprimant dans leur propre dialecte.

Quelques éléments de base

Politesse

Bonjour	*Buongiorno*
Bonsoir	*Buona sera*
Bonne nuit	*Buona notte*
Excusez-moi	*Scusi*
S'il vous plaît	*Per favore*
Merci	*Grazie*
De rien	*Prego*

Expressions courantes

Parlez-vous français ? anglais ?	*Parla francese ? inglese ?*
Je ne comprends pas	*Non capisco*
Parlez lentement	*Parli lentamente*
Pouvez-vous me dire ?	*Può dirmi ?*
Combien ça coûte ?	*Quanto costa ?*
L'addition, s'il vous plaît	*Il conto, per favore*
C'est trop cher	*È troppo costoso*

Le temps

Lundi	*Lunedì*
Mardi	*Martedì*
Mercredi	*Mercoledì*
Jeudi	*Giovedì*
Vendredi	*Venerdì*
Samedi	*Sabato*
Dimanche	*Domenica*
Aujourd'hui	*Oggi*
Hier	*Ieri*
Demain	*Domani*
Dans x jours	*Fra x giorni*
Tout à l'heure	*Dopo*
Le matin	*La mattina*
L'après-midi	*Il pomeriggio*
Midi/Minuit	*Mezzogiorno/Mezzanotte*

Les nombres

Un	*Uno*	Huit	*Otto*
Deux	*Due*	Neuf	*Nove*
Trois	*Tre*	Dix	*Dieci*
Quatre	*Quattro*	Quinze	*Quindici*

Cinq	*Cinque*	Vingt	*Venti*
Six	*Sei*	Cinquante	*Cinquanta*
Sept	*Sette*	Cent	*Cento*

Transports

Un billet pour...	*Un biglietto per...*
À quelle heure part... ?	*A che ora parte... ?*
À quelle heure arrive... ?	*A che ora arriva... ?*
Gare	*Stazione*
Horaire	*Orario*
À gauche	*A sinistra*
À droite	*A destra*

À l'hôtel

Hôtel	*Albergo*
Pension de famille	*Pensione familiare*
Je désire une chambre	*Vorrei una camera*
À un lit (double)	*Con letto (matrimoniale)*
À un lit ; à 2 lits	*Con un letto ; con due letti*
Lit double	*Letto matrimoniale*
Une serviette de bain	*Un asciugamano*
Un sèche-cheveux	*Un asciugacapelli*
Le papier toilette	*La carta igienica*
Pourrais-je avoir... ?	*Porrei avere... ?*
Il n'y a pas/plus de...	*Non c'è* (*ci sono* au pluriel)/*Non c'è più...*
Est-ce que le petit déjeuner est compris ?	*È inclusa la colazione ?*

LIVRES DE ROUTE

– ***Histoire de l'Italie*** (2003), de Catherine Brice. Perrin, coll. « Tempus ». Ouvrage général sur l'histoire de l'Italie ou « des Italies » retracée depuis la fin de l'âge du bronze à aujourd'hui. Ce livre est notre « botte » secrète pour comprendre tous les aspects du caractère contrasté et bouillonnant des Italiens. Et tout ça en moins de 500 pages, abordable donc ! Réédité en 2019.

FUMETTO

Se traduisant par « petite fumée », ce mot signifie « B.D. » en italien. En effet, les bulles ressemblent à des nuages de fumée !

– ***Naples et l'Italie du Sud*** (2011), de Delphine Hassan. PUF-Clio, coll. « Culture Guides ». Agrégée d'histoire, l'auteure est aussi guide-conférencière ; elle connaît très bien le terrain et sait parler au grand public. Peu de terres européennes sont autant chargées d'histoire que la moitié méridionale de la Botte italienne. Ce livre nous convainc qu'il faut en connaître le riche passé, et la culture trimillénaire, avant de partir.

– ***Chroniques italiennes*** (1837-1839), de Stendhal. Gallimard, coll. « Folio », n° 392, 2018. En fouillant les archives de Civitavecchia, Stendhal se constitua une étonnante collection de procès-verbaux relatant des faits divers qui ensanglantèrent certaines grandes familles italiennes au XVIe s : on y complote, on y aime, on y tue avec cette fièvre et cette exaltation latines qui, même en Italie, ont disparu depuis longtemps.

– ***Porporino ou les Mystères de Naples*** (1974), de Dominique Fernandez. Grasset, coll. « Cahiers Rouges », 2005. Porporino est chanteur, sopraniste à l'Opéra de Naples et, selon la coutume, castrat. S'entremêlent ainsi autour de l'Opéra San Carlo la joie de vivre, l'impertinence du peuple napolitain et le destin de quelques aventuriers comme Casanova.

– ***Sous le soleil de Naples*** (2004), de Jean-Noël Schifano. Gallimard, coll. « Découvertes ». Excellent petit livre bien illustré, écrit avec raison et passion, par un grand connaisseur amoureux de Naples. Traducteur d'Umberto Eco, il y a longtemps vécu, travaillant comme directeur de l'Institut français de Naples. Citoyen d'honneur de la ville (un fait rare pour un Français), Schifano est aussi l'auteur du remarquable ***Dictionnaire amoureux de Naples*** (Plon).

UNE VOIX ANGÉLIQUE

L'école des castrats de Naples culmina au XVIIe s. On disait que leurs voix enfantines et surnaturelles rappelaient celle des anges ! Pour empêcher la mue des adolescents, on effectuait l'ablation des testicules (pratique interdite à la fin du XVIIe s). Quand les femmes furent enfin autorisées à chanter dans les églises, les castrats disparurent peu à peu (le dernier mourut en 1922).

– ***L'Ange aveugle*** (1992), de Tahar Ben Jelloun. Points, 2016. À la suite d'un voyage à Naples, en Calabre et en Sicile, Tahar Ben Jelloun a écrit, à la demande d'un grand quotidien italien, des nouvelles qui ont toutes pour thème la Mafia. Ces récits s'inspirent de faits ou de personnages réels. Tous « vivent la Mafia » ou en vivent à leur manière, jamais passive.

– ***Le Labyrinthe des sentiments*** (1999), de Tahar Ben Jelloun. Points, 2016. Wahida, une jeune prostituée, débarque à Spaccanapoli par hasard. Le vieux poète Gharib Jaoui redonne du souffle à cette (trop) belle Marocaine épuisée par les hommes. Il aurait pu se contenter facilement de lui remplir le corps d'étoiles, mais il choisit de lui gorger le cœur de mots, les mots qu'il faut. Une belle histoire racontée par un grand monsieur manifestement séduit par la respiration de la ville.

– ***La San Felice*** (1863), d'Alexandre Dumas. Gallimard, coll. « Quarto », 1996, 1 736 p. L'histoire se déroule à Naples, sur une courte période, l'éphémère République parthénopéenne (8 mois, de septembre 1798 au printemps 1799). Au travers d'une guerre et de l'amour que se portent les héros, on découvre une ville et son peuple. Le roman met en scène aussi bien des personnages historiques (Nelson, lady Hamilton...) que fictifs. Il ne reste plus, après sa lecture, qu'à parcourir les rues de Naples sur les traces des héros. Et bien sûr aussi, du même génial auteur : ***Le Corricolo, Naples Impressions de Voyage en 1835*** (Éd. Desjonquières).

– ***Gomorra*** (2006), de Roberto Saviano. Gallimard, coll. « Folio », 2018. L'auteur, écrivain-journaliste, lui-même napolitain, a enquêté pendant des années sur la Camorra, la mafia napolitaine. Il en tire une somme très documentée, empreinte de colère, de fatalisme, qui mêle chiffres, noms, autopsie d'un système qui gangrène la région, à des « anecdotes » touchant monsieur Tout-le-Monde, voire l'auteur lui-même parfois. Le lecteur est introduit dans une société prête à tout pour faire de l'argent, dans un univers extrême où tout est permis, la mort étant monnaie courante. Matteo Garrone a tiré du livre un film homonyme, couronné du Grand Prix du Festival de Cannes en 2008. Quant à Roberto Saviano, il a depuis publié d'autres livres : ***Le Contraire de la mort – Scènes de la***

GOMORRA VS GOMORRA

Toujours aussi audacieuse, la Camorra gagne de l'argent sur un film qui dénonce ses propres activités. Gomorra est ainsi sorti en DVD pirate avant même sa sortie en salles. Ce n'est pas surprenant, vu que la Camorra a investi des capitaux en Chine, pays de la contrefaçon. Les DVD sont écoulés dans les rues de Naples par des vendeurs à la sauvette. Quelle ironie, quand on sait que le journaliste Roberto Saviano est menacé de mort par la Mafia pour avoir écrit le livre duquel le film est adapté !

vie napolitaine (Robert Laffont, coll. « Pavillons Poche », 2018) se dresse contre la violence des hommes ; la préface de sa 3e œuvre, ***La Beauté et l'Enfer*** (Robert Laffont, 2010), raconte ce qu'est devenue sa vie depuis la parution de *Gomorra* ; quant au titre d'***Extra pure : voyage dans l'économie de la cocaïne*** (Gallimard, coll. « Folio », 2016)... il est pour le moins transparent (adapté en série TV). Paru en 2018, ***Piranhas*** (Gallimard, coll. « Folio », 2020), portrait de groupe de petites frappes happées par la violence, a été presque simultanément adapté au cinéma. Dans la foulée est parue la suite, ***Baiser féroce*** (Gallimard, coll. « Folio », 2020).

– ***L'Amie prodigieuse*** (2014), ***Le Nouveau Nom*** (2016), et ***Celle qui fuit et celle qui reste*** (2017), et ***L'Enfant perdue*** (2018), d'Elena Ferrante. Gallimard, coll. « Folio ». C'est LA saga du moment, un roman-fleuve qui décrit avec justesse et sensibilité l'amitié de 2 adolescentes, Lila et Elena, dans le Naples populaire des années 1950-1960. Le 1er tome évoque l'enfance et l'adolescence, le 2e le début dans le monde des adultes, le 3e les remous politiques et sociétaux des années 1970 et le 4e les désillusions des années 1980. Un magnifique voyage dans l'Italie d'après-guerre.

– ***La vie mensongère des adultes*** (2020), d'Elena Ferrante. Gallimard, coll. « Du monde entier ». Giovanna, jeune fille de 12 ans, vit une enfance heureuse dans les hauteurs de Naples. Mais lorsqu'elle surprend son père la comparant à sa tante Vittoria, une femme laide et maléfique, elle en est bouleversée. Giovanna décide alors d'aller à la rencontre de cette tante habitant les quartiers pauvres de Naples. Un très beau roman sur l'adolescence et sur la dualité de la ville de Naples.

– ***Le Jour avant le bonheur*** (2010), d'Erri De Luca. Gallimard, coll. « Folio », 2012. L'auteur décrit avec brio la vie de Naples après la Seconde Guerre mondiale, à travers le récit d'un garçon de 13 ans. Ce dernier trouve, grâce à un concierge protecteur et conciliant, les réponses aux questions qu'un garçon de son âge se pose. Une belle histoire qui met aussi en scène la grouillante et superbe Naples. Un autre de ses livres, ***Montedidio,*** décrit admirablement la rue du même nom dans le quartier de Chiaia à Naples.

– ***Le Tour de l'oie*** (2019), d'Erri De Luca. Gallimard, coll. « Du monde entier ». Un roman authentique et autobiographique de l'auteur, avec quelques belles descriptions de sa ville natale...

– ***Périclès le Noir*** (1995), de Peppe Ferrandino. Gallimard, coll. « Série Noire », nº 2373. On suit les aventures de Périclès, personnage grossier et maladroit, poursuivi par la Mafia après une bavure au cours de laquelle il blesse la sœur d'un chef de gang. Il réussit à s'enfuir et à se cacher dans Naples, qu'il connaît comme sa poche. Ferrandino nous fait découvrir tous les coins et recoins de la ville au travers de la fuite du malfrat.

PERSONNES HANDICAPÉES

Signalons d'emblée que le relief des lacs et leurs villages aux ruelles souvent étroites, pavées et parfois escarpées, ne faciliteront pas les déplacements des personnes handicapées.

Cependant, on constate que les Italiens sont plus en avance que nous pour tous les aménagements concernant les personnes à mobilité réduite. Ainsi, de nombreux hébergements sont équipés d'au moins une chambre pour personnes handicapées. N'hésitez pas à appeler pour vous renseigner même si le symbole ♿ ne figure pas dans nos adresses. Cela dit, certains déclarent aussi des aménagements qui se révèlent inexistants.

Les handicapés ainsi que leur accompagnateur bénéficient également d'une gratuité dans les musées municipaux sur présentation de justificatifs. Il leur est aussi fortement recommandé de téléphoner au musée avant de s'y rendre, pour savoir si l'ascenseur est en état de fonctionnement, ou tout simplement pour que le personnel puisse le mettre en service avant leur arrivée.

POSTE

– La poste italienne a mis en circulation un timbre « *Posta prioritaria* », obligatoire vers les pays européens, à 1,15 €.
– Vous pouvez acheter vos timbres *(francobolli)* à la poste ou dans certains bureaux de tabac signalés par un grand « T » blanc sur fond noir (mais tous n'en ont pas). Les boîtes aux lettres, de couleur rouge, sont disséminées un peu partout dans les villes. Le plus sûr étant de déposer vos cartes postales directement au bureau de poste. Évitez les opérateurs postaux privés.

SANTÉ

Carte européenne d'assurance maladie

Pour un séjour de courte durée en Italie, pensez à vous procurer la carte européenne d'assurance maladie. Il vous suffit d'appeler le ☎ *36-46,* de vous connecter par Internet sur votre compte Ameli ou d'en faire la demande sur une borne de votre centre de Sécu. Vous la recevrez sous une quinzaine de jours. C'est une carte plastifiée bleue du même format que la carte Vitale. Elle est valable 2 ans, gratuite et personnelle (chaque membre de la famille doit avoir la sienne, y compris les enfants). Conservez bien toutes les factures pour obtenir le remboursement au retour. Attention, la carte n'est pas valable pour les soins délivrés dans les établissements privés.

Vaccins

– Depuis le 1er juillet 2021, il est obligatoire dans le cadre de la pandémie de Covid de présenter le pass sanitaire européen pour entrer sur le territoire italien. Une fois à jour dans sa vaccination, le certificat Covid Europe est délivré directement sur l'application *TousAntiCovid* (et plus tard par mail sur le site de la Sécurité sociale) en scannant le QR Code. Pour obtenir ce certificat numérique, il faut que la personne soit vaccinée contre la Covid depuis 14 jours, qu'elle a été soumise à un test négatif (test antigénique ou PCR) 24h avant son arrivée en Italie ou qu'elle soit rétablie du Covid.
Le gouvernement italien demande également à remplir un formulaire avant votre départ sur le site • *app.euplf.eu* •
Pour suivre l'évolution des mesures gouvernementales et européennes, renseignement sur le site italien du ministère de la santé • *salute.gov.it* • ou sur celui de l'office de tourisme italien • *italia.it* •
Pour les autres vaccins, aucun n'est obligatoire, mais il est préférable d'avoir son rappel antitétanique à jour, surtout si l'on fait du camping. Prévoyez également un répulsif antimoustiques, car ces sales bestioles vous rejoignent pour faire la java – et en nombre – dès qu'il fait un peu chaud au bord de l'eau.

TABAC

La cigarette est interdite dans TOUS les lieux publics (restaurants, cafés, bars, discothèques et gares). Interdiction strictement respectée. Il faut dire qu'une grosse amende attend le contrevenant (encore plus grosse s'il y a des enfants ou des femmes enceintes à proximité). Il est aussi interdit de jeter son mégot dans la rue : il en coûte une amende de 30 à 150 € (et ça vaut aussi pour les chewing-gums !).
Pour les accros au tabac, les horaires des *tabacchi* sont plutôt réduits parce qu'ils disposent souvent de distributeurs automatiques en façade.

TÉLÉPHONE ET INTERNET

Téléphone

Le téléphone portable en voyage

Un voyageur européen titulaire d'un forfait dans son pays d'origine peut utiliser son téléphone mobile ***au tarif national*** dans les 28 pays de l'Union européenne, sans craindre de voir flamber sa facture. Des plafonds sont néanmoins fixés par les opérateurs pour éviter les excès... Cet accord avantageux signé entre l'UE et ses opérateurs télécoms concerne aussi la consommation de ***données internet 3G ou 4G,*** dont le volume utilisable sans surcoût dépend du prix du forfait national (se renseigner). Cependant, si le voyageur réside plusieurs mois en dehors de son pays, des frais peuvent lui être prélevés...

La connexion internet en voyage

En Italie, tous les hôtels, et de plus en plus de restos, bars, et mêmes certains espaces publics, disposent du ***wifi gratuit.*** Mieux que la connexion 3G et 4G, qui peut entraîner des frais en usage intensif, le wifi permet aussi de profiter d'un débit parfois supérieur.
Une fois connecté au wifi, vous avez accès à tous les services de la ***téléphonie par Internet. WhatsApp, Messenger*** (la messagerie de *Facebook*), ***Viber, Skype*** permettent d'appeler, d'envoyer des messages, des photos et des vidéos aux 4 coins de la planète, sans frais. Il suffit de télécharger gratuitement l'une de ces applis sur son smartphone. Elle détecte automatiquement dans votre liste de contacts ceux qui sont aussi connectés.

Urgence : en cas de perte ou de vol de votre téléphone portable

Le plus simple est de demander la suspension de votre ligne depuis le site internet ou l'appli de votre opérateur. Voici les numéros des 4 opérateurs français, accessibles depuis la France et l'étranger.

- ***Free :*** *depuis la France, ☎ 3244 ; depuis l'étranger, ☎ + 33-1-78-56-95-60.*
- ***Orange :*** *depuis la France comme depuis l'étranger, ☎ + 33-9-69-39-00.*
- ***SFR :*** *depuis la France, ☎ 1023 ; depuis l'étranger, 📱 + 33-6-1000-1023.*
- ***Bouygues Télécom :*** *depuis la France comme depuis l'étranger, ☎ 00-33-800-29-1000.*

Vous pouvez aussi demander la suspension de votre ligne depuis le site internet de votre opérateur.

Appels internationaux

- Renseignements : ☎ *12 (gratuit).*
- Pour appeler la ***police nationale,*** composer le ☎ *113* ; les ***carabinieri*** : ☎ *112* ; les ***sapeurs-pompiers*** *(vigili del fuoco)* : ☎ *115.*
- Pour une ***urgence médicale,*** c'est le ☎ *118.*
- ***Italie → France :*** 00 + 33 + numéro à 9 chiffres de votre correspondant (c'est-à-dire le numéro à 10 chiffres sans le 0).
- ***Code des autres pays francophones :*** Belgique, 32 ; Luxembourg, 352 ; Suisse, 41 ; Canada, 1.
- ***France → Italie :*** 00 + 39 + 0 + indicatif de la ville (précédé du 0) + numéro de votre correspondant.
- ***Italie → Italie :*** principaux indicatifs de villes italiennes, à faire précéder d'un 0.

TRANSPORTS INTÉRIEURS

Le train

Réservations et informations

– L'essentiel des trains en Italie est géré par la compagnie ***Trenitalia.*** Infos et résa : • *trenitalia.com* •

Types de train

– Routard, pour le train, gare aux faux amis ! Le *diretto,* par exemple, n'est pas si direct que ça ! Il relie les différentes gares d'une même région et les villes des régions limitrophes. Il est cependant un peu plus rapide et s'arrête moins souvent que les *regionali,* qui, eux sont des trains omnibus à desserte régionale.
– Les trains *interregionali,* qui relient des distances plus grandes et, le plus souvent, des destinations touristiques, et les trains *Intercity* (plus rapides et plus confortables) sont les trains utilisés en grande majorité.
– Pour rejoindre plus rapidement et plus confortablement les villes de moyenne importance aussi bien que les plus grandes villes de toute l'Italie, vous utiliserez l'*Intercity.* Sur ces trains, la réservation est optionnelle et payante.
– Enfin, les routards pressés et plus aisés emprunteront les trains à grande vitesse *(TAV, Eurostar)* qui relient les grandes villes entre elles (Naples, Rome, Florence, Bologne, Venise, Milan ou Turin). Réservation automatique à l'émission du ticket et donc obligatoire. Le mieux pour la rapidité et le confort, mais aussi le plus cher. N'oubliez pas de composter votre billet (en cas d'oubli ou de manque de temps, partez à la recherche du contrôleur après être monté dans le train).

Le bus

Pratique et généralement plus ponctuel et plus confortable que le train, mais en général plus cher que ce dernier. Les gares routières se situent souvent en centre-ville, et presque toujours à côté des gares ferroviaires. La connexion est donc simplifiée. Il est très facile d'obtenir des renseignements sur les lignes et sur les horaires en s'adressant à l'office de tourisme.
Les tickets de bus des réseaux urbains sont en vente dans les kiosques à journaux, les tabacs, certains distributeurs automatiques, ainsi que dans les magasins autorisés (autocollants les signalant). En revanche, une fois monté dans le bus, il est rare de pouvoir acheter un titre de transport. Les contrôles sont fréquents, et les contrôleurs intraitables...

Le scooter

Qui n'a pas rêvé de parcourir l'Italie à scooter, cheveux au vent ? **Un conseil : si vous n'en avez jamais fait, ce n'est pas le moment de commencer (à Naples, on vous l'interdit tout simplement).** Le port du casque est obligatoire, contrairement à ce qu'on peut souvent voir ! Une dernière recommandation : vérifiez que vous êtes bien assuré, un accident est très vite arrivé, surtout dans cette partie de l'Italie...

ET PIAGGIO NE SE DÉMONTE PAS

Pendant la guerre, Piaggio construisait des bombardiers. Bien entendu, cette activité lui fut interdite après la capitulation italienne. Voilà pourquoi, en 1946, il sortit le 1er deux-roues : la Vespa (qui signifie « la guêpe » à cause de son bruit !). Les roulettes arrière des avions furent réutilisées sur ces pétrolettes.

LE RÉSEAU FERROVIAIRE ITALIEN

Le taxi

Il a mauvaise réputation, et ce n'est pas totalement injustifié. Ne prendre que des taxis officiels, généralement de couleur blanche ou jaune. Des suppléments peuvent être exigés pour des bagages, des services de nuit ou les jours de fête. En cas d'absence de compteur, n'oubliez pas de bien fixer le prix de la course avant de partir, à l'aide de la liste tarifaire qui doit normalement être suspendue derrière le siège du chauffeur ; sinon, changez de taxi !

La voiture

Comme déjà dit plus haut, c'est totalement inutile dans Naples, voire dangereux ! Mais si vous ne pouvez pas vous en passer, voici quelques recommandations.
– ***Côté sécurité,*** éviter de se garer dans les coins déserts la nuit et ne jamais rien laisser de tentant en évidence dans une voiture, ni GPS, ni bagages, ni objets de valeur.
– ***Les routes :*** les limitations de vitesse sont les mêmes en Italie qu'en France, même si nos amis napolitains ne semblent pas vraiment les respecter !

– ***Si vous voulez absolument louer une voiture,*** il est bien plus avantageux de le faire depuis la France dans le cadre d'un forfait « avion + voiture ». Les prix pratiqués sur place sont beaucoup plus élevés. N'hésitez pas à comparer.

Les loueurs demandent toujours de fournir une carte bancaire pour régler la location de voiture et bloquer une somme en guise de caution. Mais attention, il existe une différence entre une carte de débit et une carte de crédit, et il arrive que certaines agences refusent votre location de voiture en cas de paiement par carte de débit. Certains loueurs acceptent les cartes de débit mais ils vous demanderont alors de souscrire une assurance complémentaire souvent très chère en compensation. Il faut donc avoir une carte de crédit. Donc vérifiez bien si une mention « Crédit » (débit différé) ou « Débit » (débit immédiat) est inscrite sur votre carte bancaire, sinon renseignez-vous auprès de votre banque (avant votre départ).

Vous pouvez accéder à ces informations concernant les conditions de location des loueurs sur le site • *bsp-auto.com* • après avoir lancé votre recherche dans la rubrique « Informations détaillées ».

UNE VOIE SANS ISSUE

Sur l'A 3, entre Naples et Reggio Calabria, aucun risque d'excès de vitesse ! Nids-de-poule, chantiers au point mort, embouteillages... Plusieurs décennies après le début du projet, cet axe autoroutier gratuit de 500 km ressemble plus à une nationale et n'est toujours pas terminé, avançant à une moyenne de 7 km par an ! Il faut dire que c'est surtout à la 'Ndrangheta, la mafia calabraise, qu'ont profité une partie des fonds européens pour sa rénovation et les quelques milliards déjà engloutis !

■ ***BSP Auto :*** *☎ 01-86-26-90-80 (tlj 9h-21h30, w-e 20h). • bsp-auto.com • Remise spéciale de 5 % aux lecteurs de ce guide avec le code « ROUTARD21 ».* Les prix proposés sont attractifs et comprennent le kilométrage illimité et les assurances. *BSP Auto* propose exclusivement les grandes compagnies de location sur place, assurant un très bon niveau de service. Le plus : vous ne payez votre location que 5 jours avant le départ.

Les routes

Attention au ***code de la route des Italiens.*** Aux ronds-points, les cédez-le-passage sont assez rarement respectés (malgré la présence des panneaux) et la priorité à droite encore souvent de mise.

À Naples, si vous laissez passer tous les véhicules venant de la droite, vous risquez de ne jamais avancer... Par ailleurs, la conduite italienne étant plus nerveuse que la nôtre, les distances de sécurité ne sont jamais respectées, et le stationnement en double voire triple file est fréquent (y compris dans les endroits où cela se révèle dangereux), tout comme se faire doubler par la droite.

MIRACLES À CHAQUE COIN DE RUE DE NAPLES

Les conducteurs napolitains semblent être dotés d'un fabuleux instinct de conservation. Bien sûr, on peut compter sur la technique et les bons réflexes. Mais il faut aussi mettre toutes les chances de son côté. Ainsi, on décore la lunette arrière d'un autocollant de Padre Pio, de saint François de Paule ou de san Gennaro. Sur les rétroviseurs et les porte-clés pendent des coraux ou des piments rouges contre le mauvais sort. De nombreuses rues sont, elles, protégées par des autels et des icônes. Dévotions et superstitions cohabitent en toute harmonie, au secours des automobilistes, des motards et, au final, des malheureux piétons !

Stationnement

Quand le marquage au sol est ***bleu,*** c'est payant, généralement tous les jours de 9h à 13h et de 16h à 20h. Le ticket de stationnement s'achète alors sur des bornes automatiques avec de la menue monnaie. On peut également se procurer des cartes à gratter dans les *tabaccherie.* Quand les bandes sont ***jaunes,*** le stationnement n'est autorisé qu'aux seuls résidents. Enfin, des lignes ***blanches*** ou absentes indiquent que c'est gratuit, mais vérifiez si un panneau n'interdit pas le stationnement (zone d'enlèvement) ! Un dernier conseil : pensez à vous munir d'un disque horaire, c'est bien utile pour certains stationnements de courte durée (les voitures de location italiennes devraient toutes en posséder un).

URGENCES

On ne vous demande pas de les apprendre par cœur, mais c'est bon à savoir au cas où...

☎ **112 :** c'est le numéro d'urgence commun à la France et à tous les pays de l'UE, à composer en cas d'accident, d'agression ou de détresse. Il permet de se faire localiser et aider en français, tout en améliorant les délais d'intervention des services de secours.

- ***Police :*** ☎ *113.*
- ***Croce Rossa Italiana** (CRI) :* ☎ *118.*
- ***Pompiers** (Vigili del Fuoco) :* ☎ *115.*
- ***Pompiers pour les incendies de forêt :*** ☎ *1515.*
- ***Assistance routière :*** ☎ *803-803.*
- ***Dépannage routier – Automobile Club Italia** (ACI) :* ☎ *803-116.*

INFOS PRATIQUES SUR PLACE

- Pour se repérer, se reporter au plan détachable en fin de guide (plan d'ensemble, zooms et plan des transports napolitains).

Arrivée à Naples

En avion

✈ ***Aeroporto Capodichino*** *(aéroport de Naples ; hors plan d'ensemble par F1)* **:** *à 7 km au nord-est de la ville, dans le quartier de San Pietro a Patierno. À 2 pas du périphérique de Naples, la Tangenziale. (Attention, fermeture de l'aéroport 22h-4h.)* ☎ *081-789-61-11.* • *aeroportodinapoli.it* • ***Office de tourisme à l'arrivée*** *(☎ 081-789-67-34 ;* • *infopointaeroporto@gmail.com* • *; tlj 8h-14h).* Au terminal 1 (départs) : poste, distributeur de billets, bureau de change et tous les loueurs de voitures. Attention, prévoyez un peu de temps – environ 10 mn, un peu plus en haute saison avec des touristes plus nombreux – pour rejoindre le parking des loueurs par navette.

Pour rejoindre le centre de Naples

➢ ***En bus :*** le moyen le plus économique. Le très pratique ***Alibus,*** à prendre à environ 300 m tout droit en sortant de l'aéroport, marque un arrêt ***piazza Garibaldi,*** où se trouve la gare ferroviaire *(plan d'ensemble, G1-2),* puis à la ***Porta di Massa,*** au niveau de la piazza Immacolatella *(plan d'ensemble, F3),* et terminus à la ***Stazione Marittima,*** près du *molo Beverello* (l'un des 2 embarcadères pour les îles) au pied du Castel Nuovo. Départs env ttes les 20 mn 6h45-23h20 depuis l'aéroport et 6h45-23h50 depuis la *Stazione Centrale ;* durée : 25-30 mn quand le trafic est normal (mieux vaut compter 45 mn aux heures de pointe). Billet *Alibus* acheté en kiosque ou dans le bus (sans majoration) : 5 € ; gratuit pour les enfants. Avec le même billet, vous pouvez prendre une correspondance sur un autre bus ou un métro dans la limite de 90 mn après le compostage.

➢ ***En taxi : ATTENTION, LES PRIX SONT FIXES depuis l'aéroport ! Il n'y a pas de majoration pour les bagages, les jours fériés, les courses de nuit...*** Compter 18 € pour aller à la gare centrale (la *Stazione Centrale*) et le centre-ville *(centro antico),* 21 € pour la piazza Municipio, la piazza del Plebiscito et le *molo Beverello* (l'embarcadère pour les îles), 25 € pour les quartiers du Vomero et Chiaia. Ces prix sont valables pour 1-4 passagers. Les prix sont aussi fixes (toujours en partant de l'aéroport) pour rejoindre (aller simple) des sites touristiques comme Herculanum (80 €), Pompéi ou le Vésuve (100 €), Amalfi (140 €), Positano (130 €) ou encore Sorrento (110 €). ***Attention aux arnaques,*** en particulier sur les prétendus suppléments qui ne sont indiqués ni au compteur ni sur la liste de prix (liste prédéfinie des destinations et éventuels suppléments affichée à l'intérieur des taxis). En cas de problème ou de réclamation : ☎ *081-795-29-21.* • *trasporto.pubblico@comune.napoli.it* •

– Quelques taxis sérieux : ***Consortaxi,*** ☎ *081-2222 ;* ***Taxi Napoli,*** ☎ *081-8888 ;* ***La Partenope,*** ☎ *081-0101.*

En train

🚂 ***Stazione Centrale*** *(gare centrale ; plan d'ensemble, G1-2)* **:** *piazza Garibaldi.* • *instazione.shop* • C'est la gare principale. On y trouve une poste, un bureau d'informations touristiques (voir plus loin dans « Adresses et infos utiles ») et des agences de location de voitures. Certains auront peut-être intérêt à descendre à la ***gare de Mergellina*** *(plan d'ensemble, A5)*, qui dessert les quartiers ouest de Naples, autour de la colline de Posillipo. Réfléchissez-y avant de prendre votre billet car il n'y a que quelques trains qui desservent cette dernière.

■ ***Consigne*** *(Deposito Bagagli)* **:** *en face du quai nº 5. Tlj 7h-21h. Compter 6 € pour les 5 premières heures ; puis tarif dégressif.* Un cadenas n'est pas superflu.

■ ***Objets trouvés*** *(Oggeti Smarriti)* **:** *au local* Ki Point, *en face du quai nº 5. Tlj 7h-21h.*

Orientation

Voici une ville-port surpeuplée qui ne cesse de s'étendre vers les hauteurs. Entre mer et collines, le centre de Naples concentre plusieurs quartiers typiques qui se prêtent à la découverte à pied.

Pour faciliter l'orientation, quelques itinéraires faciles suivant les grands axes de circulation.

– La ***piazza Garibaldi*** et le ***quartier de la gare*** offrent peu d'intérêt à part les connexions ferroviaires (vers Pompéi, Herculanum, Caserta, les champs Phlégréens...) et les marchés de rue.

– Le ***centro antico*** ou ***centre historique*** *(zoom Centre historique)* concentre de très nombreux points d'intérêt. On pourrait délimiter grosso modo son périmètre entre la via Toledo à l'ouest, la via Armando Diaz qui se prolonge par le corso Umberto I au sud, la piazza Garibaldi à l'est et la via Foria au nord. Le centre historique est traversé dans toute sa diagonale par l'artère surnommée Spaccanapoli et formée des via Benedetto Croce, via San Biagio dei Librai et via Giudecca Vecchia.

– La ***via Toledo,*** qui se prolonge par la via Pessina, relie le Musée archéologique, au nord, à la piazza del Plebiscito et à la via Chiaia, au sud, en passant par la piazza Dante et la piazza Carità. De la via Armando Diaz jusqu'à la via Chiaia, grouillante de monde, la via Toledo est piétonne et concentre un grand nombre de boutiques. C'est l'artère privilégiée pour la *passegiata* du soir. À l'est de la via Toledo, on pénètre dans les ruelles étriquées des quartiers espagnols.

– Depuis la piazza del Plebiscito au sud des quartiers espagnols, on accède au ***quartier de Chiaia*** par la rue piétonne homonyme. Entre la piazza dei Martiri et la piazza Amedeo, les boutiques de luxe sont légion sur la via dei Mille. La promenade sur la riviera vous conduira vers la gare maritime de Mergellina (l'autre embarcadère pour les îles du golfe de Naples).

– À l'ouest de Chiaia, les quartiers de ***Mergellina, Posillipo*** et ***Marechiaro*** prolongent la côte et offrent des vues superbes. Ce sont les quartiers les plus chers de Naples.

– Le ***quartier résidentiel chic du Vomero,*** sur la colline du même nom, est facilement accessible depuis la via Chiaia (funiculaire de Chiaia) et la via Toledo (par le funiculaire Centrale et par le métro ligne 1).

– Le quartier de ***La Sanità,*** très populaire et peu touristique, s'étend au nord du Musée archéologique. Il est délimité au sud et à l'est par la via Foria, et à l'ouest par la via Santa Teresa degli Scalzi. L'animation se concentre dans la via Vergini.

– Le quartier de ***Capodimonte,*** tout au nord, où se trouvent le musée et les catacombes, est accessible en bus depuis le Musée archéologique. Il est peu intéressant.

Adresses et infos utiles

Pour tout savoir sur Naples, le site internet de l'office de tourisme de la ville : ● *inaples.it* ●, et aussi ● *comune.napoli.it* ● *incampania.com* ●

Informations touristiques

Offices de tourisme *(Azienda Turismo)* **:** • *inaples.it* • *En principe, lun-sam 9h-17h, dim et j. fériés 9h-13h.* Il s'agit du bureau de promotion touristique de la région Campanie. On y trouve des cartes de la ville, un plan des bus, les horaires des bateaux, etc. Personnel parfois francophone.

– Piazza del Gesù Nuovo, 7 (plan d'ensemble et zoom Centre historique, E2, ***1****) : ☎ 081-551-27-01.*

– Via San Carlo, 9 (zoom Quartiers espagnols, D-E4, ***2****) : sous les arcades, en face du théâtre* San Carlo. *☎ 081-40-23-94.* ***Attention,*** *ce bureau est malheureusement souvent fermé.*

EPT *(Ente provinciale per il turismo)* **:** • *eptnapoli.info* • C'est l'office de tourisme de la province de Naples. On y trouve les mêmes infos qu'aux bureaux de la région Campanie.

– Stazione Centrale (plan d'ensemble G2, ***3****) : en plein centre de la gare, près de la billetterie. ☎ 081-26-87-79. Tlj 9h-19h30.*

Napoli Official Tour *(plan d'ensemble, E3,* ***5****)* **:** *piazza Giovanni Bovio, 20 (Ⓜ Universitá) ; également un bureau à l'aéroport (zone des arrivées). ☎ 081-551-24-78.* • *napoliofficialtour.com* • *Lun-sam 9h-17h (parfois plus tard en été). Fermé dim.* On peut acheter dans cette agence privée les ***passes touristiques Campania Artecard,*** souvent en rupture de stock dans les offices de tourisme et les principaux musées. Voir les détails dans la rubrique « Budget » du chapitre « Naples utile » en début de guide.

Santé

Urgences : *☎ 081-752-82-82 (Ambulanza Croce Rossa).*

Pharmacie de garde : ***Farmacia Helvethia*** *(plan d'ensemble, G2), corso Umberto I, 290. ☎ 081-554-8894.*

Représentations diplomatiques

Consulat général de France *(plan d'ensemble, B4)* **:** *via Francesco Crispi, 86. ☎ 081-598-07-11.* • *consulat.naples-cslt@diplomatie.gouv.fr* • *it.ambafrance.org* • *Au 2e étage. Ouv en sem, sur rdv seulement.*

Consulat honoraire de Belgique *(plan d'ensemble, E3)* **:** *via A. De Gasperi, 55. ☎ 081-551-21-09.* • *consbelgio-napoli@libero.it* • *Comme il ne s'agit que d'un consulat honoraire, les horaires et rdv sont déterminés en fonction des disponibilités.*

Institut français de Naples *(palazzo Il Grenoble ; plan d'ensemble, B4)* **:** *via Francesco Crispi, 86. ☎ 081-761-62-62.* • *institutfrancais.it/napoli* • Le point de référence des francophiles et des Français de Naples. Abrite une librairie française. C'est ici que vous trouverez le plus grand choix de livres en français sur Naples et sa région notamment.

Voiture

– ***Si vous séjournez à Naples, la voiture est inutile !*** C'est une source d'ennuis et de tracas plus qu'un moyen agréable et rapide de déplacement. De nombreuses zones du centre-ville de Naples sont des *ZTL* (zones de trafic limité) où les touristes n'ont pas le droit de se garer. Gare au PV souvent cher envoyé directement en France après votre retour y compris pour les voitures de location !

– Pour les environs de Naples, c'est-à-dire Pompéi et Herculanum, ces sites sont très facilement accessibles en train depuis la *Stazione Centrale.* Trajets A/R dans la journée.

Agences de location : toutes les agences ont des comptoirs à Capodichino (aéroport de Naples) et la plupart possèdent aussi des antennes dans le centre-ville, notamment à la gare centrale (plus pratique si l'on visite Naples à pied et qu'on loue ensuite une voiture dans le centre pour filer vers la côte amalfitaine). Voici les principaux loueurs : ***Avis*** *(• avisautonoleggio.it •),* ***Hertz*** *(• hertz.it •),* ***Maggiore*** *(• maggiore.it •),* ***Europcar*** *(• europcar.it •).*

Parkings : à Naples, la circulation intense est un danger pour votre carrosserie et vos rétroviseurs. Mieux vaut ne pas laisser votre véhicule dormir dans la rue. D'autant que les vols ne sont pas rares et que les horodateurs napolitains sont gourmands *(env 2,50 €/h, payables tlj 8h-minuit).* On vous donne l'adresse d'un parking pratique et peu cher, mais il existe une multitude de parkings privés dans tous les quartiers. *Compter 1,50-5 €/h et 15-35 € pour 24h selon taille du véhicule.* Si vous restez plusieurs jours à Naples avant de descendre vers la côte amalfitaine, on vous conseille vraiment de louer votre voiture à la fin de votre séjour napolitain. ***On le répète, la voiture est inutile à Naples.***

– Le **parking municipal Brin** *(hors plan d'ensemble par G2),* géré par la société publique des bus *ANM,* est à conseiller pour son rapport qualité-prix imbattable. *Via Brin (derrière la gare centrale). Ouv 24h/24. Compter 0,50 €/h de 6h à minuit, puis forfait de 5 € de minuit à 6h.*

■ Pour les voitures mal garées, comme partout, c'est la ***fourrière*** ! Il faut téléphoner à la ***police municipale*** *(☎ 081-795-11-11),* en indiquant le numéro d'immatriculation, l'emplacement de la voiture ainsi que la marque. Avec tout ça, la police vous expliquera dans quel centre vous devrez vous rendre pour la récupérer.

Divers

■ ***Librairie La Feltrinelli*** *(plan d'ensemble, D4)* **:** *via S. Caterina a Chiaia, 23. Tlj 9h-21h.* Célèbre chaîne de librairies bien implantée dans toute l'Italie. Sur 3 niveaux, vaste choix de cartes et de livres sur Naples et la Campanie. On y trouve aussi des livres en français, si vous avez oublié votre roman à la maison. *Autres adresses via dei Greci, 70 (zoom Quartiers espagnols, E3) et à la gare centrale, piazza Garibaldi (plan d'ensemble, G1).*

Supermarchés *(supermercati)* **:** la ville fourmille de petits commerces et de supermarchés. *Dans le Vomero,* ***Carrefour*** *(plan d'ensemble, C3 ; via Morghen, 28/30 ; tlj 7h-1h). Dans le centre historique,* ***Superò Sma*** *(zoom Centre historique, D2 ; vico San Domenico Soriano ; tlj 8h30-20h30) et aussi un supermarché discount dans le quartier de la gare,* ***MD Discount*** *(plan d'ensemble, G2 ; via Maddalena, 40 ; lun-sam 8h30-20h30).*

INFOS PRATIQUES SUR PLACE

Transports

La ***Campania Artecard*** offre des gratuités concernant les transports publics selon la formule choisie (se reporter à la rubrique « Budget » du chapitre « Naples utile » en début de guide).

Le taxi

Le taxi vous sera très utile pour rejoindre l'aéroport, pour regagner vos pénates en fin de soirée ou pour parcourir les longues distances. Bien vérifier que le véhicule est équipé d'un compteur *(tassametro)* et que celui-ci fonctionne. La liste des ***tarifs préétablis*** (prise en charge, course minimale, suppléments divers, excursions à prix forfaitaire) ***est obligatoirement affichée dans chaque taxi.*** Vérifiez tout simplement le montant de la prise en charge et ne vous laissez pas berner par le chauffeur qui demande un supplément bagages, un tarif nuit ou autre. Tout est inclus dans le prix affiché sur cette plaquette tarifaire que les chauffeurs ont obligation d'exposer visiblement dans leur taxi.

Les bornes de taxi sont clairement identifiables, vous en trouverez sans peine piazza del Municipio, piazza Carità, via San Carlo (à côté de la piazza Trieste e Trento), piazza del Gesù Nuovo, via Santa Brigida, piazza dei Martiri, piazza Vittoria, via Partenope, à proximité des gares et du port.

Billets et abonnements des transports publics

– ***Les billets (Urbano Napoli) :*** valables pour bus, funiculaires, tramway et métros ***à l'intérieur de la ville,*** ils correspondent à la zone *(fascia)* 1. On peut les acheter dans les *tabaccherie* ou les *edicole* (bureaux de tabac et kiosques à journaux) ainsi que dans les distributeurs de billets dans les stations. Le billet le moins cher est le *corsa singola*

à 1,10 € (sans correspondance possible). On peut aussi l'acheter directement à bord du bus, il est alors majoré à 1,50 €.
La solution la plus judicieuse est peut-être de prendre un forfait journalier à 3,50 €, valable de minuit à minuit, sur tous les moyens de transport de la ville (à l'exception de l'*Alibus* pour l'aéroport) ; ou, pour ceux qui passent la semaine, mieux vaut prendre le coupon hebdomadaire à 12,50 €.
Et si vous êtes tenté par la fraude, sachez que les contrôles sont fréquents, et les préposés intraitables.
– Ceux qui veulent ***combiner la visite de Naples avec les sites de la région*** (Pompéi, Herculanum...) auront intérêt à se procurer l'une des ***Campania Artecard*** incluant les transports urbains et/ou régionaux (se reporter à la rubrique « Budget » dans le chapitre « Naples utile » en début de guide).
– En dehors de la capitale, la région Campanie est segmentée en ***10 autres zones de transport*** (*fasce* 2 à 11) selon l'éloignement par rapport au centre de Naples. Ces destinations régionales sont desservies soit par des ***trains*** suburbains de type RER (lignes ***Cumana, Circumvesuviana*** et ***Circumflegrea***), soit par des ***bus.*** Tout comme pour les coupons *Unico Napoli,* les ***billets Unico Campania*** valables sur ces trajets se présentent en versions horaire, journalière, journalière week-end et mensuelle. Mêmes points de vente. Le système étant assez complexe, voici les 2 zones des pôles d'attraction touristique concernant Herculanum et Pompéi :
- *zone 2 :* Bacoli, Herculanum, Monte di Procida, Torre Annunziata, Torre del Greco ;
- *zone 3 :* Castellamare di Stabia, Pompéi, villages du Vésuve ;
- *zone 4 :* Caserta ;
- *zone 5 :* Amalfi, Cava de' Tirreni, Furore, Maiori, Minori, Massa Lubrense, Positano, Praiano, Ravello, Salerno et environs, Sorrento, Vietri sul Mare.
– Pour toute info, consulter le site • unicocampania.it • ou téléchargez l'application gratuite « Unico Campania » sur votre smartphone. Plusieurs points d'info disséminés dans la ville, dont les principaux se trouvent : *dans les stations de métro Vanvitelli, Dante, Università et Garibaldi et dans les stations de funiculaires Augusteo, Parco Margherita et Ciamrosa.*

Les funiculaires

– 3 funiculaires desservent la ***colline du Vomero*** *(plan d'ensemble, B-C-D2-3)* : le 1er, le ***funicolare di Chiaia,*** part de la via del Parco Margherita, à proximité de la station de métro Piazza Amedeo sur la ligne 2 *(plan d'ensemble, B4)* ; le 2e, le ***funicolare Centrale,*** de la station Augusteo (sur via Toledo, entrée piazza Duca d'Aosta ; *zoom Quartiers espagnols, D4*) ; le 3e, le ***funicolare di Montesanto,*** de la station de métro – ligne 2 – du même nom *(plan d'ensemble, D2),* non loin de la piazza Dante.
– Un 4e funiculaire relie ***Mergellina*** *(plan d'ensemble, A6)* au ***quartier de Posillipo*** (via Manzoni).
– ***Fréquences :*** ttes les 10-15 mn, dès 7h, dernier départ à 22h (prolongations en principe le samedi soir pour le *Centrale*). Infos sur • anm.it •
– ***Billets :*** comme indiqué plus haut, le billet *corsa singola* vaut 1,10 € pour un trajet simple.

Le bus et le tramway

Naples et ses environs sont desservis par près de 90 lignes de bus. Comme les bus changent parfois de parcours, et que des lignes sont créées et d'autres supprimées, le meilleur conseil que l'on puisse vous donner est de glaner les trajets et horaires sur le site • anm.it • et de vous procurer un plan des transports en commun à l'office de tourisme. Attention ! Les trajets aller et retour sont rarement les mêmes, beaucoup de lignes étant circulaires...

Le métro

Il existe 2 lignes de métro à Naples : la ligne 1 et la ligne... 6. La ligne 1 rejoint la piazza Garibaldi *(Stazione Centrale)*

à Piscinola au nord, en passant par la station Vanvitelli (Vomero). Elle doit être prolongée dans les prochaines années et devrait permettre de relier le centre-ville à l'aéroport de Naples (Capodichino). La ligne 6 rejoint le quartier de Mergellina à Mostra (à l'ouest de la ville) et ne traverse donc pas le centre. On peut trouver le métro moins pratique que prévu car les stations sont rares, les passages peu fréquents, et des quartiers entiers ne sont pas desservis. Une quinzaine de stations de métro (celles de la ligne 1, la orange, et celles de la ligne 6, la bleue) sont classées « ***Stazione dell'Arte*** », elles ont été conçues, aménagées, décorées par des designers de talent, comme la station Toledo (ligne 1) où les voyageurs empruntent un escalator passant sous un impressionnant puits de lumière tapissé de carreaux de céramique bleue...
Comme à Rome, le sous-sol de Naples cache un richissime patrimoine archéologique qui contraint souvent les ingénieurs à faire marche arrière, voire à arrêter les chantiers. C'est le cas de la piazza del Municipio, où le creusement du tunnel du métro et la construction d'une nouvelle station ont permis de mettre au jour un bateau d'époque grecque, englouti au Ve s apr. J.-C.
Côté pratique : le service est assuré en semaine de 6h à 22h30/23h (il s'arrête tôt !), plus tard le samedi (1h-1h30). Une rame toutes les 9-12 mn. *Infos sur* • *anm.it* • Dans certaines stations, l'accès est libre, on composte volontairement son billet dans des boîtiers jaunes accrochés au mur. À vous d'être vigilant, sinon gare aux contrôles.

Les lignes ferroviaires suburbaines

3 noms de lignes sont à retenir, correspondant à celles qui vous seront utiles pour la découverte des environs à partir de Naples.
– La ***Circumvesuviana*** est accessible par la station Piazza Garibaldi *(plan d'ensemble, G1-2).* L'entrée au niveau du n° 387 du corso Garibaldi *(plan d'ensemble, G2)* correspond au terminus de la ligne (Porta Nolana) et vaut surtout pour ceux qui veulent trouver une place assise. Le train ***Campania Express*** au départ de la gare centrale de Naples dessert efficacement (en moins de 1h) Herculanum et Pompéi. 4 A/R par j.
– La ***Circumflegrea*** et la ***Cumana*** peuvent être prises au départ de Montesanto *(plan d'ensemble, D2)* et circulent dans toutes les agglomérations de l'ouest de la ville (jusqu'à Torregaveta). Vous n'aurez pas à les utiliser pour visiter Naples.

Metrò del Mare

Les ferries effectuent des trajets estivaux. Ce moyen de transport est idéal pour les vacanciers. Cela évite de prendre la voiture sur la petite route (bien bouchonnée l'été) qui tournicote le long de la côte amalfitaine... et génère du stress. Beaucoup d'Italiens et de touristes empruntent ces routes serpentées de Sorrento à Salerne et de Salerne à Positano, ce qui augmente le trafic. Les principaux ports sont desservis par le métro de la mer dont : Naples Beverello, Capri, et pour ceux qui veulent visiter la côte amalfitaine Amalfi et Positano. Pour plus de renseignements : • *metròdelmare.it* •

LE QUARTIER DE LA GARE

Le jour, le quartier est particulièrement animé avec des marchés et des marchands ambulants un peu partout, sans compter les travaux colossaux entrepris sur la piazza Garibaldi. Le soir, les alentours de la gare centrale sont un peu interlopes, on déconseille d'ailleurs de s'y promener de nuit. Le problème essentiel, en fait, est le relatif éloignement de la gare centrale (et de son quartier) par rapport à la ville historique et aux embarcadères. Peu d'intérêt d'y dormir, donc, sauf si vous avez un train à l'aube ou que vous arrivez vraiment tard à Naples.

Où dormir ?

Bon marché

■ ***Hostel Mancini*** *(plan d'ensemble, G2,* ***10****) : via Mancini, 33. ☎ 081-20-08-00. • info@hostelmancini.com • hostelmancini.com • À 5 mn à pied de la gare centrale, 2e étage avec ascenseur. Compter 18-22 €/pers en dortoir 4-6 pers ; 40-70 € en double avec sdb commune et 60-90 € en double avec sdb privée. Réduc de 10 % si résa en direct sur présentation de ce guide.* L'une des rares AJ de Naples. Coup de bol, elle s'en sort plutôt bien ! Simple, mais bien tenue et agréable, cette petite affaire familiale occupe différents appartements dans un immeuble modeste. Au choix : des dortoirs mixtes ou non (4-6 lits), ou bien des chambres rien qu'à soi pour plus d'intimité, le tout avec salles de bains privées ou communes selon le budget. Les plus de l'adresse : une cuisine bien équipée, un salon TV avec bibliothèque, guitare et jeux vidéo, et, juste à côté, un supermarché discount pour faire ses courses à moindres frais. Accueil chaleureux et ambiance routarde propice aux rencontres.

Prix moyens

■ ☂ ***B & B Hotel Napoli*** *(plan d'ensemble, G1,* ***11****) : piazza Garibaldi, 32. ☎ 081-28-31-22. • napoli@hotelbb.com • hotel-bb.com • Doubles 55-90 €.* Stratégiquement situé à 2 pas de la gare, cet hôtel abrite des chambres sur 5 étages. Toutes au même standard : pas de charme particulier, mais elles sont propres, claires, modernes et confortables (bonne literie). Un hôtel de chaîne en somme. Préférez celles sur cour pour plus de calme. Accueil parfait et grand *rooftop* pour commencer votre séjour en vous offrant un beau panorama sur la ville.

■ ***Hôtel Ibis Styles Napoli Garibaldi*** *(plan d'ensemble, G2,* ***13****) : via G. Ricciardi, 33. ☎ 081-690-81-11. • H3243@accor.com • ibis.com • ♿ Doubles 90-100 €.* À l'angle de 2 impasses, voici un hôtel de chaîne sérieux et recommandable qui abrite environ 90 chambres. Pas immenses mais bien arrangées, elles sont irréprochables, affichent un style contemporain et offrent tout le confort attendu pour ce type d'établissement. Certaines sont accessibles aux personnes à mobilité réduite, ce qui est assez rare pour être remarqué. Les numéros impairs donnent sur la rue et les numéros pairs sur le train (mais il n'en passe pas le soir). Accueil pro.

Où manger ?

Très bon marché

Il Ritrovo dei Sapori – Caseificio Marigliano *(plan d'ensemble, G2, **103**)* **:** *via Sigismondo Castromediano, 10. ☎ 081-344-27-21. Tlj 7h-20h (16h dim).* Panino *env 5 € ; repas 10-12 €.* Une vieille échoppe-mouchoir de poche qu'on dépasserait sans même lever les yeux. Étagères, murs et plafond sont encombrés de bouteilles, *peperoni* séchés et pâtes artisanales. 3 tables en tout et pour tout, et 2 autres sur un bout de trottoir. Au fond, jambons, fromages, légumes marinés et parfois de petits plats cuisinés garnissent un petit étal. Faites confiance au patron, un brin bourru mais qui se déride vite, pour vous concocter un *bel piatto di antipasti* à partager. Ceux qui courent après leur train opteront pour les gros sandwichs bien garnis.

Antica Friggitoria Masardona *(hors plan d'ensemble par G2, **104**)* **:** *via Giulio Cesare Capaccio, 27. ☎ 081-28-10-57. • lucianagiordano24@gmail.com • Tlj, sauf dim, 7h-16h (plus 19h-minuit sam).* Pizze *4-7 €.* *La migliore pizza fritta di Napoli !* Les amateurs ne s'y trompent pas, pour croquer la meilleure pizza frite de la ville, il faut traîner ses pénates jusqu'à ce quartier populaire sans intérêt. Un local riquiqui et propret, des vitres derrière lesquelles s'activent les *pizzaioli,* un bon bain d'huile et hop, on vous emballe votre pizza dans du papier. La classique ricotta-tomate est une valeur sûre ; les estomacs plus accrochés testeront celle à la saucisse ou à la morue. À déguster debout sur le trottoir, en toute simplicité.

Pizzeria Da Pellone *(hors plan d'ensemble par G1, **101**)* **:** *via Nazionale, 93. ☎ 081-553-86-14. Tlj midi et soir, sauf dim.* Pizze *4-8 €.* Tout en longueur avec des mosaïques aux murs, cette pizzeria attire une clientèle de quartier, à la pause déj chronométrée. Le service s'en ressent parfois et peut s'avérer pressant, mais c'est parfait si l'on a un train à prendre. Si vous êtes vraiment impatient, rendez-vous au comptoir dans la rue, où l'on vend la pizza à emporter pliée en 2, style sandwich.

De bon marché à prix moyens

Da Donato *(plan d'ensemble, G2, **100**)* **:** *via Silvio Spaventa, 41. ☎ 081-28-78-28. • dadonato1956@gmail.com • Tlj midi et soir, sauf lun. Congés : août. Résa indispensable le soir et le dim midi.* Pizze *4-10 €, plats 6-15 €.* Une bonne *trattoria* familiale et traditionnelle, qui sert depuis 1956 des *pizze* cuites sous vos yeux, dans un grand four à bois. Également de la cuisine classique italienne tout à fait honorable, et un *vino della casa* bien agréable. Peinte en vert et en partie agrémentée d'un placage de pierres, la salle de resto a des petits airs campagnards. Une référence à Naples.

Où déguster une pâtisserie ? Où boire un bon café ?

Attanasio *(plan d'ensemble, G1, **200**)* **:** *vico Ferrovia, 2/3. ☎ 081-28-56-75. Tlj 6h30-19h30 sauf lun.* Cette pâtisserie est l'une des meilleures du quartier. Les *sfogliatelle,* à base de ricotta, de cannelle et de fruits confits, sortent tout droit du four, sous 2 formes : la *riccia,* triangulaire et croquante, ou la *frolla,* ronde et tendre. Devant ce choix cornélien, on opte pour les 2 ! Également de bons babas. Le week-end, les Italiens viennent y acheter leurs gâteaux pour le déjeuner familial. Pour le café, pourquoi ne pas le prendre chez *Mexico,* sur la piazza Garibaldi, en revenant vers la gare ?

Carraturo *(plan d'ensemble, G1, **201**)* **:** *via Casanova, 97. ☎ 081-554-53-64. Tlj 7h-21h30 sauf mer.* Moins réputée que la précédente, cette pâtisserie historique (1837 quand même) a l'avantage d'offrir aussi un coin *cafeteria* pour qui voudrait savourer sa *sfogliatella* accoudé au comptoir ou bien juché sur une chaise haute avec son *espresso*. Ici aussi, les *sfogliatelle* sortent bien chaudes du four. Mmmmh !

Caffè Mexico *(plan d'ensemble, G1, **202**)* **:** *piazza Garibaldi, 72.* ☎ *081-28-31-21. Tlj 5h30-20h30 (15h dim).* Dans une déco kitsch et tout orangée, très seventies, on se presse ici pour avaler rapido presto son café au comptoir. Une institution à Naples, qui possède 2 autres annexes. On regrette juste l'absence de vraie terrasse (à peine quelques tables sur le trottoir).

À voir

Après le choléra de 1884, le 1er ministre Depretis, en visite à Naples, n'hésita pas à déclarer : « Il faut éventrer Naples. » En fait de *sventramento* (éventration) annoncée, il y eut un *risanamento* (assainissement). Le symbole de ce plan régulateur est le corso Umberto I, dénommé « *Il Rettifilo* » (de *rettificare,* qui signifie « corriger »). Aujourd'hui, c'est avant tout un quartier animé de commerces et marchés ambulants, où il n'y a pas grand-chose à faire à part du shopping.

Basilica Santa Maria del Carmine *(plan d'ensemble, G2)* **:** *piazza del Carmine.* Consacrée à la *Madonna Bruna* (Vierge brune, qui aurait été peinte par saint Luc), l'église est de style gothique et a été construite sous les ducs d'Anjou. C'est ici, le 16 juillet, que l'on célèbre la ***Festa della Madonna del Carmine.*** Spectacle magnifique vous plongeant dans l'histoire de Naples. Feux d'artifice le soir du 15 juillet.

– À proximité, sur la *piazza del Mercato,* voir le joli dôme en mosaïque vert et jaune de la ***chiesa Santa Croce e Purgatorio al Mercato*** et le curieux arc portant une horloge qui relie un immeuble et le clocher de la ***chiesa Sant'Eligio Maggiore*** (considérée comme la plus vieille église angevine de Naples). À l'époque antique, sur cette place du marché justement, se déroulaient les courses de chars. C'était l'hippodrome de la ville romaine. Bien après, Charles d'Anjou y installa le marché qui se tenait auparavant sur la place du forum romain (aujourd'hui la piazza San Gaetano). Ce marché, connu sous le nom de *foro magno,* devint ensuite l'un des plus grands de l'Italie du Sud, avant d'être malheureusement détruit par un incendie en 1781.

LE CENTRE HISTORIQUE – SPACCANAPOLI

Spaccanapoli signifie littéralement « fend-Naples ». Ce nom très imagé est celui du quartier qui correspondait à la villa gréco-romaine érigée du VIIe au IVe s av. J.-C. Naples se tourne ensuite vers la mer. Elle devient alors un lieu de villégiature réputé pour son climat et sa culture grecque. À l'époque médiévale, la construction de grands monastères dotés de cloîtres et de jardins chamboule le quadrillage parfait de la période gréco-romaine. Aujourd'hui, c'est un entrelacs de ruelles pittoresques avec un nombre impressionnant de monuments hérités de de sa longue et riche histoire : palais Renaissance, cloîtres et chapelles baroques, églises gothiques. Passages obligés : le Musée archéologique qui regorge de trésors, le paisible cloître Santa Chiara et l'émouvant Christ voilé abrité dans la cappella Sansevero. Condensé de culture, c'est logiquement le quartier le plus touristique de Naples. Pas forcément notre coin favori pour séjourner (foule, bruit, agitation...), mais on aime y revenir le soir quand les rues se sont vidées.

Où dormir ?

De bon marché à prix moyens

Tric Trac Hostel *(zoom Centre historique, E3,* ***18****) : piazza Santa Maria la Nova, 14-15. ☎ 081-922-16-27. • info.trictrac@gmail.com • trictrachostel.it • Lit en dortoir 18-30 €/pers ; chambre pour 4 env 90 €.* De l'AJ, certes, mais haut de gamme. Tout est moderne, lumineux, nickel, qu'il s'agisse des chambres (pour 4, mais louées pour les couples si besoin) et des dortoirs mixtes ou non de 6 à 12 lits (tous équipés de la clim et de la salle de bains), de la cuisine commune, ou du salon TV doté d'une mezzanine (avec guitares et piano pour les mélomanes). Quitte à faire dans le luxe, il y a un ascenseur, et même 2 terrasses, l'une d'elles regardant au loin le Vésuve. Du sur-mesure.

Dsquare Accomodation *(zoom Centre historique, E2,* ***12****) : via Vincenzo Bellini, 67. 📱 393-337-24-45. • bbspaccanapoli@gmail.com • 1er étage. Doubles 60-85 €.* Cet hébergement résolument contemporain ne compte que 3 chambres, rouge, violette ou verte, modernes et impeccables dans leur sobriété, égayées par des citations littéraires sur les murs. Clim, bouilloire, TV, salles de bains avec baignoire d'angle pour la plus grande, tout le confort y est. Ajoutez une situation parfaite juste à côté de l'agréable piazza Dante et l'accueil inégalable d'Umberto (parfait francophone), et vous obtenez un excellent camp de base, même si le service de petit déj n'est pas assuré. Si c'est complet, le proprio possède un autre établissement (voir B & B Spaccanapoli dans « Où dormir ? » – « Les quartiers espagnols » plus loin).

B & B Al 68 di Piazza Cavour *(zoom Centre historique, E1,* ***20****) : piazza Cavour, 68. ☎ 081-549-38-44. 📱 339-211-58-37. • al68dipiazzacavour@gmail.com • al68dipiazzacavour.it • 2e étage. Double 60 € ; appart (3-4 pers) 70-100 €.* À 2 pas du Musée archéologique et au croisement des 2 lignes de métro : pratique et stratégique. Passé la charmante cour de cet immeuble cossu et après avoir gravi le vaste escalier de pierre, on pénètre dans un intérieur napolitain typique. 3 chambres fraîches et très agréables, dont une familiale, joliment décorées, avec des salles de bains impeccables. Également un studio indépendant. Accueil jovial et attentionné de Luca et sa famille, dans l'esprit véritable des chambres d'hôtes. C'est d'ailleurs ce qui fait toute la force de cette excellente adresse : l'accueil d'exception et, bien sûr, les petits prix. Une valeur sûre.

B & B City Soul Spaccanapoli *(zoom Centre historique, F2, **30**) : via del Grande Archivio, 32. 342-123-97-25. • cs.spaccanapoli@gmail.com • spaccanapolisoul.com • Au 3e étage. Doubles 70-85 €.* C'est l'adresse sœur du *B & B* du même nom à Chiaia (voir plus loin). Autant dire que la déco des chambres est, là encore, le point fort : qu'il s'agisse du thème de la musique, du théâtre, ou de Pompéi, c'est à chaque fois élégant et charmant, joliment meublé et, bien sûr, tout confort. Le plus, ici, c'est la petite cuisine commune à disposition (l'une des chambres possède sa propre kitchenette). Et il y a même un piano pour les amateurs !

B & B Miseria e Nobiltà *(zoom Centre historique, E2, **21**) : via S. Anna dei Lombardi, 5. ☎ 081-497-11-27. 338-956-23-15. • info@bbmiseriaenobilta.it • bbmiseriaenobilta.it • Porte de droite quand on entre dans la cour, 1er étage. Doubles sans ou avec sdb 65-85 €.* Petit clin d'œil à Totò, célèbre acteur comique napolitain qui a tourné dans le film *Miseria e Nobiltà* (« Misère et Noblesse »). Ici, décor plus noble que misérable, assurément ! Une charmante pension de 4 chambres, toutes spacieuses et pleine de cachet. Les tapis, les moulures au plafond et les miroirs rendent l'atmosphère sobrement cosy. Les chambres les moins chères ont des salles de bains privatives mais à l'extérieur. Côté rue, c'est un peu bruyant en journée, et il n'y a pas la clim. Mais quel plaisir de prendre son petit déjeuner dans le splendide salon. L'un des plus anciens *B & B* de Naples, toujours à la hauteur.

B & B Domus Gemi *(zoom Centre historique, F2, **24**) : via dei Tribunali, 309. ☎ 081-44-71-89. 338-673-82-90. • info@domusgemi.it • domusgemi.it • 3e étage sans ascenseur. Doubles 60-80 €.* Ce petit *B & B* sans prétention a pour avantages son emplacement idéal, en plein centre historique (mais du coup pas des plus calme !), et son rapport qualité-prix. Au 3e étage d'un petit immeuble sans charme, 3 chambres très grandes, un brin vieillottes mais bien arrangées et avec clim. Accueil jovial et attentionné ; c'est le principal ! Si vous recherchez une adresse de charme, passez votre chemin. Si vous voulez loger au cœur du centre historique à petits prix, posez vos valises ici.

Prix moyens

B & B Centro Antico *(zoom Centre historique, E2, **26**) : via Raimondo de Sangro di San Severo, 23. ☎ 081-29-00-98. 380-193-50-87 et 333-800-42-50 (WhatsApp). • info@bbcentroantico.com • gigisor@libero.it • bbcentroantico.com • Dans une rue perpendiculaire à la via Francesco de Sanctis. Double env 75 € ; plus 15 €/pers supplémentaire.* Au cœur du centre historique, c'est le point de chute idéal pour écumer les musées et être le 1er en ligne pour admirer le *Cristo velato* juste en face. Gigi, le proprio, a aménagé cet appartement typique de façon sobre et confortable (cuisine commune à dispo), personnalisant les chambres équipées de salles de bains avec ses superbes photos et ses souvenirs de voyage. La pépite, ici, c'est lui. Photographe et curieux de tout, il reçoit en français ses visiteurs comme des invités. Bons plans, organisation d'excursions hors des sentiers touristiques, stages photo, il aime faire découvrir sa ville autrement. Il peut même gérer les transferts à l'aéroport. Laissez-vous porter !

Hotel Meublè Santa Chiara Suite *(zoom Centre historique, E2, **23**) : via Santa Chiara, 13. ☎ 081-198-101-63. • info@santachiarasuite.com • santachiarasuite.com • Doubles 60-75 €.* À 50 m de l'entrée du cloître du monastère Santa Chiara et de la piazza del Gesù Nuovo, soit un emplacement idéal au cœur du Naples historique ! Cet hôtel abrite 10 chambres impeccables et bien tenues, aux 2e et 3e étages. Bien isolées du bruit de la rue, certaines affichent une déco un peu plus actuelle et colorée que d'autres, mais toutes offrent un confort suffisant (clim). Quant au petit déj, il se prend dans un café avec une belle terrasse, sur la piazza Domenico Maggiore.

L'Alloggio dei Vassalli *(zoom Centre historique, E3,* ***19****) : via Donnalbina, 56. ☎ 081-551-51-18. • hotelanapoli@gmail.com • hotelself.it • Doubles 80-120 €.* Dans une ruelle typique du vieux Naples, au sud du quartier de Spaccanapoli, ce petit hôtel de 6 chambres, caché dans un palais du XVIIIe s, ne manque pas de personnalité avec ses belles boiseries, son sol en vieille céramique et ses poutres apparentes. Chambres classiques, toutes différentes et très confortables. Évitez celles en sous-sol qui donnent sur la rue Monteoliveto, trop sombres. Un seul regret : l'accueil se fait... à distance, en vidéo, via un ordinateur dans l'entrée. C'est sans doute moderne et efficace, mais ça manque franchement de chaleur.

B & B I Visconti *(zoom Centre historique, E2-3,* ***27****) : via Pasquale Scura, 77. ☎ 081-552-91-24. • info@napolibandb.it • napolibandb.it • Réception au 2e étage, 8h-20h. Doubles 70-95 €.* Un petit établissement simple et agréable, qui abrite une dizaine de chambres correctement équipées (clim) et joliment décorées avec un brin de caractère (tons chauds, carrelage coloré dans les salles de bains, certaines avec parquet). On a aimé aussi la salle à manger toute mignonne. Une bonne adresse dans sa catégorie, agrémentée d'un accueil souriant, parfois en français.

B & B Donna Regina *(zoom Centre historique, F1,* ***32****) : via Luigi Settembrini, 80. ☎ 081-44-67-99. • info@discovernaples.net • donnaregina.info • Au 4e étage. Double 95 €.* Ce *B & B* de charme occupe l'aile d'un ancien couvent du XIVe s, transformé en appartements à la fin du XVIIe s. Toutes les chambres sont décorées et meublées d'objets de famille. Certaines familiales possèdent une mezzanine, et la chambre « Badessa » (notre préférée) accueille un lit à baldaquin. Celle située derrière le salon commun, avec ses plafonds peints, était celle de la mère supérieure. Issus d'une famille d'artistes, les propriétaires exposent des sculptures en fer, toiles, dessins et céramiques du *Settecento,* on ne sait plus où poser les yeux. Une adresse qui saura séduire les amateurs d'art. Mention spéciale aussi pour l'excellent petit déj (gâteaux maison) que l'on prend dans l'antique cuisine.

De prix moyens à chic

La Smorfia *(zoom Centre historique, E2,* ***33****) : via Santa Maria di Costantinopoli, 30. ☎ 081-197-24-110. 📱 329-838-66-79. • info@lasmorfiabnb.com • lasmorfiabnb.com • Au 3e étage. Doubles 70-125 €.* Dans un ancien palais, Francesco a su tirer parti du charme de l'ancien en proposant une poignée de chambres étonnamment modernes et confortables. Les jolis pavés ont par exemple trouvé une place de choix pour décorer les salles de bains. Tout est impeccable, tout neuf, frais, lumineux et calme. Sûrement une de nos meilleures adresses dans le centre historique. Ajoutez l'accueil aux petits soins de Francesco, on dit bravo !

Airone Hotel *(zoom Centre historique, E3,* ***35****) : via del Cerriglio, 10. ☎ 081-185-78-207. • info@aironehotelnapoli.com • aironehotelnapoli.com • Doubles 95-120 €.* Derrière cette imposante façade ancienne, cet hôtel cache bien son jeu. Au total, une vingtaine de chambres modernes, à la déco graphique et colorée. Certaines (les moins chères) sont étriquées, mais elles sont d'abord destinées aux voyageurs seuls et s'avèrent toujours confortables et bien équipées. Même topo pour les salles de bains. On a aussi aimé les petits salons, où il fait bon bouquiner, et l'accueil très pro. Et pour commencer la journée avec le sourire, le petit déj se prend sur le toit-terrasse. Une bonne option dans le centre, qui compte peu d'hôtels à ce prix.

B & B Palazzo Carafa di Maddaloni *(zoom Centre historique, E2,* ***29****) :*

via Maddaloni, 6. ☎ 081-551-36-91. 📱 334-969-62-27. • bbcarafa@bb-carafa.com • bb-carafa.com • Dans la cour, prendre le 1er escalier sur la droite, au 1er étage. Doubles 90-100 € ; suites 140-160 €. Ce vénérable palais de 1580 appartenait au XVIIIe s à l'une des familles les plus puissantes du royaume de Naples, les ducs Carafa. Mécènes et artistes, ils reçurent Casanova et financèrent Pergolèse. La demeure abrite aujourd'hui le siège du Centre italien de musique de chambre. Le propriétaire est un musicien de talent qui organise régulièrement des concerts dans son superbe salon *(accès gratuit pour les résidents)* et donne des leçons de piano. Les 3 chambres, au sol en mosaïque, offrent un bon confort (clim, salles de bains) et ne manquent pas de charme. Quant aux suites, elles sont immenses et simplement sublimes. Une adresse remarquable et de grand caractère, pour les amateurs de musique et d'histoire.

***Hotel Correra 241** (zoom Centre historique, E2, **31**) : via Correra, 241. ☎ 081-195-628-42. • info@correra.it • correra.it • Réception au fond de la cour. Doubles 70-130 €.* Loin du style ultra-classique de la plupart des hôtels de la ville, celui-ci annonce la couleur dès l'entrée. Couleurs flashy, mosaïques pimpantes, cubes lumineux, lignes géométriques. Les chambres modernes, en duplex pour les familiales, dégagent le même peps. Préférez celles avec les larges fenêtres, plus lumineuses que celles sur cour (plus sombres mais plus calmes... à vous de voir). Situation idéale à 2 pas de la piazza Dante.

***Hotel Piazza Bellini** (zoom Centre historique, E2, **38**) : via Santa Maria di Costantinopoli, 101. ☎ 081-45-17-32. • info@hotelpiazzabellini.com • hotelpiazzabellini.com • Entrée dans la cour. Doubles 80-135 €.* Pimpant et moderne, cet hôtel nous a bluffés par ses prestations compte tenu des tarifs. Les chambres, impeccables et lumineuses, disposent pour certaines de balcons ou de terrasses et peuvent accueillir jusqu'à 4 personnes pour celles avec mezzanine. Préférez celles côté cour car l'ambiance bat son plein sur la piazza Bellini à la nuit tombée. On aime la déco contemporaine et originale, l'agréable petit patio où profiter de la fraîcheur du soir et l'accueil chaleureux. Situation parfaite, à 2 pas des principaux sites touristiques. Une belle trouvaille !

Chic

***Foro Carolino** (zoom Centre historique, E2, **28**) : piazza Dante, 52. 📱 333-882-22-06. • info@forocarolino.com • forocarolino.com • 1er étage. Doubles 95-175 €.* Déjà, l'adresse de ce *B & B* en jette, sur l'emblématique piazza Dante. Le reste est à la hauteur : de beaux volumes (même pour la standard, de taille raisonnable), des vestiges de fresques sur certains plafonds, une déco contemporaine très classe et, bien sûr, un confort au top (salles de bains actuelles, double vitrage efficace côté place, et même une cheminée dans la plus chère). Avec 6 chambres seulement, c'est le point de chute idéal des amoureux. Excellent accueil.

***Palazzo Caracciolo** (zoom Centre historique, F1, **37**) : via Carbonara, 111/112. ☎ 081-016-01-11. • H5565-RE@accor.com • palazzocaracciolo.com • Doubles 125-200 € ; suites.* Cet immense palais hébergea le gouvernement de Murat pendant l'occupation napoléonienne de Naples et fut la propriété des Caracciolo, l'une des plus illustres familles nobles de Naples. Aujourd'hui, c'est un hôtel chic au design émaillé de clins d'œil baroques. Parties communes qui en imposent, chambres et suites qui ont parfois conservé les plafonds peints d'origine, joli salon voûté, de l'époque angevine, transformé en salon de thé ou de lecture, terrasse dans le patio... C'est un peu excentré, mais ce lieu historique ne manque pas de caractère. Bon accueil, serviable et souriant.

***Costantinopoli 104** (zoom Centre historique, E2, **34**) : via Santa Maria di Costantinopoli, 104. ☎ 081-557-10-35. • info@costantinopoli104.it • costantinopoli104.it • Tt au fond de la cour à gauche. Doubles 150-250 € selon saison.* À 5 mn du Musée archéologique, au fond de la cour d'un vieil immeuble, se cache cette superbe villa napolitaine du XIXe s. Transformée en hôtel de charme, avec son ravissant jardin de curé masqué par de hauts murs, sa très belle verrière colorée et sa petite piscine, c'est un havre de paix insoupçonnable. Une vingtaine de chambres classiques et élégantes, même si les *standard* sont souvent petites et décevantes pour le prix. Et celles sur le toit-terrasse sont les moins calmes, puisque leurs fenêtres donnent sur la via Bellini. Quant aux suites, certaines disposent d'une mezzanine, d'autres donnent directement sur le jardin. Joli petit salon pour prendre le petit déj. Pas le meilleur rapport qualité-prix de la ville, mais on aime la personnalité de l'établissement et le calme de la cour.

Au nord du centre historique : le quartier de la Sanità et ses environs

Pour ceux qui veulent s'éloigner de l'agitation touristique et s'immiscer dans la Naples populaire.

B & B Il Giardino Segreto *(hors plan d'ensemble par F1,* ***39****) : via Foria, 216. ☎ 081-44-43-04. 331-730-67-76. • anna@ilgiardinosegreto.org • ilgiardinosegreto.org • Congés : nov. Doubles 60-80 € ; familiale. Réduc de 10 % sur présentation de ce guide.* Un petit havre de paix situé à l'écart, au nord du centre historique et du Musée archéologique. Chambres simples, sans luxe ostentatoire mais bien aménagées dans de larges murs (il fait frais en été), avec salle de bains à l'intérieur ou non, mais toujours privative. Cuisinettes à disposition. Et puis, *last but not least,* le charmant jardin ombragé et fleuri, avec des transats pour se délasser. Une excellente adresse pour laquelle il vaut mieux réserver bien à l'avance. Accueil sympa (en français).

B & B La Casa del Monacone *(hors plan d'ensemble par D1,* ***22****) : via Sanità, 124. ☎ 081-744-37-14. 366-462-10-88. • info@casadelmonacone.it • casadelmonacone.it • Remonter la via Sanità puis prendre l'ascenseur Sanità sur le pont, qui descend juste à côté de l'église ; l'hôtel n'est pas indiqué, prendre la porte à gauche de l'église Santa Maria della Sanità juste avt le pont (c'est l'entrée du cloître) puis demander (c'est le moment d'exercer votre italien...). Ouf, vous y êtes ! Doubles 50-105 € ; également des triples et quadruples.* Voici une adresse hors du commun, située à la porte du centre-ville et au cœur d'un quartier populaire, vibrant, bouillonnant, bordélique quoi ! Une bonne option pour découvrir Naples autrement. L'auberge est installée dans l'ancien monastère, accolé à l'église toujours en activité et surplombant le cloître où les gamins viennent taper le ballon. Les 6 chambres offrent tout le confort souhaité (TV, minibar, frigo, grande cuisine commune), agrémenté de mosaïques colorées et de salles de bains aux lignes épurées. Sur le toit, agréable terrasse pour tous. Accueil charmant.

B & B Casa d'Anna *(plan d'ensemble E1,* ***36****) : via Cristallini, 138. ☎ 081-44-66-11. • casa_danna@alice.it • casadanna.it • Au 3e étage sans ascenseur. Congés : août. Doubles 130-155 € (2 nuits min).* Dans ce quartier branché et animé de la Sanità, Ken l'Écossais (et le pâtissier maison !), Pierre le Parisien et Davide le Napolitain (artiste peintre de métier) ont fait de cette ancienne demeure cossue un nid de raffinement et de charme. Entre meubles d'époque, tableaux originaux et beaux livres, ils offrent des chambres climatisées pleines d'élégance, un salon d'artistes, un petit déjeuner personnalisé en musique (classique) et une terrasse intime tout là-haut (uniquement pour ceux qui auront réservé la chambre « Capri »). Une adresse chic et accueillante pour artistes ou non, qui a vu passer nombre de personnalités, dont l'écrivain Umberto Eco.

Où manger ?

De très bon marché à bon marché

Pan'e Muzzarell (zoom Centre historique, E2, **129**) : *via Domenico Capitelli, 14. ☎ 081-551-50-30. Tlj, sauf dim ap-m, 8h-15h (14h30 dim), 16h-20h. Sandwichs 3-5 €.* Une minuscule épicerie qui se repère à sa vitrine bien fournie en *panini, frittate* (sorte de tortilla à base de pâtes), roulés salés et *arancini*. Également un comptoir avec charcuteries et fromages de qualité, où l'on vous confectionne un sandwich sur mesure ou une petite salade tomates-mozza à emporter. Parfait pour manger sur le pouce sur la piazza voisine.

Mangia e Bevi (zoom Centre historique, E3, **123**) : *via Sedile di Porto, 92. ☎ 081-552-95-46. Lun-ven, le midi seulement. Repas 8-10 €.* Un local fourre-tout au cadre simple mais chaleureux, servant à la fois de bar à vins, d'épicerie et de *trattoria.* Typique et très accueillant, c'est la cantine des étudiants de la fac voisine et des employés du coin. Service sans chichi, à la bonne franquette. La cuisine est *fatta in casa,* avec des produits frais, mijotés dans la tradition. Il y a les essentiels : *pasta, secondi* à base de viande et une succulente *parmigiana di melanzane.*

Pizzeria Giuliano (zoom Centre historique, E3, **111**) : *calata Trinità Maggiore, 31/33. ☎ 081-551-09-86. • info@pizzeriagiuliano.com • Tlj sauf dim 9h-23h. Pizze 3-7 €.* Franchement sans aucun charme, mais c'est bon, copieux et pas cher, donc idéal pour les petits budgets ! Pizza frite farcie à la ricotta, *panini* mozza-tomate ou aubergine-*provola,* mais aussi *arancini* et *crochette di patate,* à emporter ou à dévorer sur place, debout dans le minuscule local façon snack.

Da Attilio (zoom Centre historique, E3, **114**) : *via Pignasecca, 17. ☎ 081-552-04-79. Tlj (sauf dim) midi et soir. Pizze 5-10 €.* À 2 pas de la piazza Carità, dans la grouillante via Pignasecca, difficile de trouver emplacement plus vivant ! Cette pizzeria, qui ne paie pas de mine de l'extérieur, est pourtant l'une des préférées des locaux. Pour se poser, quelques tables dans la rue, ou 2 salles en enfilade tapissées avec les dessins des innombrables clients satisfaits. Goûtez leur spécialité : la pizza dont la pâte est farcie à la ricotta fraîche. On fond littéralement de gourmandise.

Al 22 (zoom Centre historique, E3, **112**) : *via Pignasecca, 22. ☎ 081-552-27-26. • pizzeriaal22@gmail.com • Tlj (sauf dim-lun) midi et soir. Pizze 4-9 €.* Une autre très bonne adresse de la via Pignasecca. On ne fait qu'une bouchée de ces délicieuses *pizze* cuites au feu de bois juste sous nos yeux. Cadre basique, en revanche, dans une toute petite salle à la déco vieillotte et modeste, ou en terrasse à l'une des quelques tables posées sur le trottoir.

Starita (hors zoom Centre historique par E1, **127**) : *via Materdei, 27/28. ☎ 081-557-36-82. Tlj (sauf lun) midi et soir. Pizze 4-10 €.* Cette pizzeria historique (fondée en 1901) a accueilli l'une des plus célèbres *ragazze* de la région : Sofia Loren. Elle jouait le rôle d'une pizzaiola adultère dans *L'Or de Naples*. En attendant votre *pizza fritta* complète, jetez-vous sur un beignet de fleur de courgette ou sur une corne de Maradona (*sic !*) garnie de ricotta, mmmh ! La carte est interminable. Quantité et qualité au rendez-vous, service ultra-efficace. D'ailleurs, arrivez tôt, la file d'attente se passe de commentaires...

La Cantina di Via Sapienza (zoom Centre historique, E2, **128**) : *via Sapienza, 40/41. ☎ 081-45-90-78. • info@lacantinadiviasapienza.it • Lun-sam le midi seulement. Congés : 2 sem en août. Menu du jour 10 € tout compris ; repas 15-20 €.* On ne remarque quasiment pas ce petit local rustique aux poutres apparentes et murs blanchis à la chaux, fréquenté par les étudiants de la fac de médecine, toute proche, et qui pratique une cuisine parthénopéenne (napolitaine, pour ceux qui l'ignoreraient encore) des plus délicieuse. Au menu : escalope aux champignons, gratin d'aubergine, *insalata caprese*... On aime bien la formule du jour sous forme de plat unique comprenant pâtes, saucisse et *contorno*. Simple, sans chichi et démocratique.

Pescheria Acqua Pazza *(zoom Centre historique, E2,* ***132****) : via Domenico Capitelli, 17. ☎ 081-181-75-201. Tlj (sauf lun) midi et soir. Plats 8-10 €.* C'est un concept à mi-chemin entre la poissonnerie et le snack de la mer. Sur les étals de cette minuscule échoppe, que de l'archifrais, dans lesquels le cuisinier vient piocher au gré des commandes pour préparer fritures, coques et plats de pâtes, qu'on déguste à la volée sur une table haute dans la rue. Pas hyper confortable, mais c'est bon, sympa, et il y a même du vin. Parfait pour une rapide pause iodée.

Pizzeria Evo 50 *(zoom Centre historique, E3,* ***125****) : Calata SS Cosma e Damiano, 22. ☎ 081-379-12-91. Ouv le midi lun-ven, plus le soir mer-dim. Pizze 5-10 €.* À l'écart de la foule, Evo attire les amateurs pour ses pizzas réalisées avec soin. Pâte bien alvéolée, ingrédients de qualité et des associations de saveurs originales pour certaines. Le tout dans un cadre moderne. On regrette juste les tablettes pour passer commande, pas très conviviales.

Pizzeria Sorbillo *(zoom Centre historique, E2,* ***110****) : via dei Tribunali, 32. ☎ 081-44-66-43. Tlj (sauf dim) midi et soir. Pizze 4-10 €.* Difficile d'ignorer la foule qui s'amasse devant cette très touristique pizzeria. Gino (le patron) est le petit-fils d'un certain Luigi, qui a eu, lui, 21 fils, tous *pizzaioli* ou, au minimum, travaillant dans une pizzeria. Autant dire qu'on n'a pas affaire à des quiches... Au total, pas moins de 35 *pizze* proposées. Même le pape Francesco (François) a béni sa pizza Margherita (une photo en témoigne) ! Mais l'attente interminable et le côté marketing de la maison nous ont un peu rebutés. Éviter d'y aller le week-end et venir au moins 30 mn avant l'ouverture. Sinon, à 2 pas sur le même trottoir, on peut attraper à la volée une pizza frite dans une annexe.

La Zendraglie Trattoria e Tripperia *(zoom Centre historique, E3,* ***115****) : via Pignasecca, 14. ☎ 081-551-19-93. Tlj (sauf dim) 9h-20h.* Les grosses tripes fraîches suspendues à l'éventaire ouvert sur la rue annoncent la couleur. L'endroit est assez unique en son genre mais très discret, on peut passer devant sans le voir. C'est minuscule, 4 ou 5 tables à peine dans un cadre franchement roots, mais pour les amateurs de tripes, c'est la référence du quartier.

De bon marché à prix moyens

Biancomangiare *(zoom Centre historique, E3,* ***122****) : via San Nicola la Carità, 13/14. ☎ 081-552-02-26. Tlj sauf dim soir. Repas 25-30 €.* Un resto coquet aux tons méditerranéens, autant aux murs que dans l'assiette. Déco jaune et bleu avec de belles majoliques au sol pour un cadre napolitain *ovviamente*, et côté cuisine, des plats qui naviguent entre terre et mer. Excellente *pasta* maison, *polpette* à tomber, légumes farcis... Les portions ne sont peut-être pas aussi généreuses que chez les voisins, mais la qualité des produits fait la différence. Une excellente adresse, idéale en amoureux.

Tandem *(zoom Centre historique, E2,* ***116****) : via Giovanni Paladino, 51. ☎ 081-1900-24-68. • tandem.napoli@gmail.com • Tlj midi et soir. Plats 8-12 €.* *Ragú, ragú, ragú,* ne tournez pas le menu dans tous les sens, la maison ne fait que ça ! Gnocchis, boulettes de viande et *pasta* accompagnent cette recette napolitaine traditionnelle. Plat familial par excellence, son secret tient dans sa cuisson : purée de tomates, viandes (veau, bœuf, saucisses de porc...) et vin rouge mijotent pendant plus de 6h à feu doux. On s'en lèche encore les babines ! Pour l'accueil, en revanche, c'est inégal en fonction de l'affluence. Préférez la terrasse à la salle un peu étriquée.

Salumeria Upnea (zoom Centre historique, E2, **117**) : *via San Giovanni Maggiore Pignatelli, 34/35. ☎ 081-1936-46-49. • info@salumeriaupnea.com • Tlj sauf mer midi. Sandwich env 10 € le midi, plats 10-20 €.* Chez *Upnea,* on bouscule les codes de la classique *trattoria.* Pour la déco, matériaux bruts, voûtes de brique, grandes tablées de bois et structures métalliques où s'exposent des clichés d'une Naples en mouvement. Côté assiette, on découvre que l'Italie ne se résume pas au combo pizza-*pasta.* À la carte, poulpe, poulet fermier, burgers, bonnes planches de charcut'-fromages à partager pour l'apéro... Une chouette adresse, à l'accueil attentionné.

Un Sorriso Integrale (zoom Centre historique, E2, **118**) : *vico San Pietro a Maiella, 6. ☎ 081-45-50-26. • info@sorrisointegrale.it • Au fond d'une cour. Tlj midi et soir. Compter 15-25 € ; plat du jour env 12 €. Café offert sur présentation de ce guide.* Resto associatif exclusivement végétarien, planqué au fond d'une cour au calme sous un auvent (mais du coup peu lumineux). Large choix de légumes bio en tempura ou au wok qui compense le cadre quelconque. Soupes, salades, tofu, seitan, plats sains et diététiques aux saveurs peu relevées cependant. Bière artisanale et vins bio. Une alternative pour les allergiques au gluten, les végétariens, les *vegan,* ou simplement les blasés de la pizza.

La Chitarra (zoom Centre historique, E3, **119**) : *rampe San Giovanni Maggiore (en bas de l'escalier, sur le côté). ☎ 081-552-91-03. • info@osterialachitarra.it • Ouv le soir tlj sauf dim. Résa conseillée. Repas 20-25 €.* Une adresse discrète qui tient son nom de la guitare accrochée au mur (et qui sert à l'occasion). Dans cette petite salle sans prétention, avec poutres apparentes et ustensiles de cuisine en déco, on sert une cuisine fine et savoureuse. Parmi les spécialités, les *paccheri allardiati* (grosses pâtes aux lardons et pecorino), la *zuppa di fagioli* (soupe aux haricots), ou la *baccalà con i ceci* (morue) méritent des louanges. Belle carte des vins offrant les meilleurs crus de Campanie.

Taverna a Santa Chiara (zoom Centre historique, E2, **120**) : *via Santa Chiara, 6. ☎ 081-048-49-08. • tavernaasantachiara@gmail.com • Tlj (sauf dim) midi et soir. Congés : 15 j. en août. Repas 20-25 €. Café et digestif offerts sur présentation de ce guide.* Petite adresse discrète sur 2 niveaux, à la déco moderne mais sans charme particulier, alors préférez l'étage d'où l'on a une vue sur le cloître de Santa Chiara. Courte carte saisonnière essentiellement locavore, privilégiant les produits provenant de petits producteurs de la Campanie, tant pour les laitages que pour la viande et les vins. Recettes traditionnelles revisitées avec brio et simplicité, en adéquation avec les principes de la *Slow food,* et excellents desserts pour les gourmands.

L'Etto (zoom Centre historique, E2, **121**) : *via Santa Maria Constantinopoli, 102. ☎ 081-1932-09-67. Tlj midi et soir. Compter 10-20 €.* Une adresse tout en fraîcheur pour changer de la cuisine italienne classique. Au menu, des salades et des *bowls* en version protéinée ou non (les végétariens seront à la fête !), mais toujours à base de riz noir ou basmati et de délicieux légumes grillés et marinés. C'est coloré, relevé de quelques épices et, au final, savoureux. Salle en longueur à la déco sobre prolongée par quelques tables sur le trottoir. Accueil très sympa.

Mattozzi Giardino di Napoli (zoom Centre historique, F2, **113**) : *via P. Colletta, 25/27. ☎ 081-28-78-84. • mattozzi25@gmail.com • Ouv le midi lun-sam, plus sam soir. Fermé dim. Repas 20-25 €.* Une adresse dans son jus depuis 50 ans, avec une ribambelle de photos de cinéma et tableaux. L'étalage d'*antipasti* sur le buffet central vous met d'emblée l'eau à la bouche. Tenu par un couple qui aime la tradition et la cuisine familiale, un resto où l'on ne peut que se régaler. Pâtes succulentes, poissons et fruits de mer ultra-frais à des prix raisonnables, risotto, *scaloppine al limone...* Pour finir, une glace aux noisettes ou un *tiramisù* à tomber !

Osteria Campagnola (zoom Centre historique, E2, **130**) : *via Tribunali, 47. ☎ 081-45-90-34. Tlj 12h-minuit sauf lun. Plats 7-15 €. CB refusées.* Salles carrelées, tables de bois, déco sobre, cuisine ouverte et le tranchoir à charcuterie en bonne place : que du rassurant. Il ne reste plus qu'à piocher parmi les suggestions du jour au tableau noir, pour profiter d'une cuisine locale de tradition, simple et savoureuse.

Chic

Cisterna Cafè & Bistrot *(zoom Centre historique, E2,* ***126****) : via Cisterna dell'Olio, 6. ☎ 081-185-906-09. Tlj sauf dim. Plats 7-12 € au déj, 10-20 € le soir.* Un bistrot, certes, mais du genre soigné. Côté déco, c'est étudié et chaleureux : des objets rétros comme un piano et des radios vintage se mêlent harmonieusement aux luminaires design dégringolant parmi les plantes vertes et les rangées de bouteilles. Même souci du détail pour la cuisine, élaborée à base d'ingrédients de saison. Le midi, c'est simplifié (*panini, bowls* et plats du jour) ; le soir, c'est plus élégant, dans un registre bistronomique, à moins de se contenter d'une planche à partager. Délicieux, comme l'accueil.

Baccalaria *(zoom Centre historique, E3,* ***131****) : piazzetta di Porto, 4. ☎ 081-012-00-49. • info@baccalaria.it • Tlj midi et soir. Repas env 30 €.* Vous l'aurez compris, ici, c'est le royaume de la morue ! Le chef talentueux revisite les plats en s'inspirant des recettes traditionnelles des 4 coins du monde, tant dans une version coréenne que dans un plat à la sauce *teriyaki* ou alors carrément dans une salade grecque ! En salle ou en terrasse, c'est une belle escale culinaire. Service un peu irrégulier, en revanche.

Il Garum *(zoom Centre historique, E3,* ***124****) : piazza Monteoliveto, 2/a. ☎ 081-542-32-28. • info@ristoranteilgarum.com • Tlj midi et soir. Résa conseillée le soir. Repas 30-35 €.* Sur une place plutôt tranquille (rare à Naples !), ce restaurant possède une grande terrasse extérieure et une salle décorée dans le style rustique de bon goût. Faites confiance à votre 6e sens pour choisir parmi les bons plats régionaux de cette *osteria* accueillante. Plats joliment travaillés, du genre *polpo a la plancha* (poulpe), risotto, pâtes aux artichauts *(orechiette ai carciofi)* et au pecorino... Les fondamentaux napolitains sont bien au rendez-vous. Une belle table, plutôt chic.

Où grignoter une pâtisserie ?
Où déguster une glace ?

Scaturchio *(zoom Centre historique, E2,* ***206****) : piazza San Domenico Maggiore, 19. ☎ 081-551-70-31. • info@scaturchio.it • Tlj 7h-22h (21h hors saison).* Une des meilleures pâtisseries de Naples. Spécialités napolitaines... et autrichiennes (normal, la *nonna* Scaturchio est originaire d'Europe centrale). *Sfogliatelle* croquantes et moelleuses à la fois. Goûtez tour à tour à la *riccia* (chausson feuilleté farci à base de ricotta) et à la *frolla* (pâte brisée), vous nous en direz des nouvelles. Sans oublier le *babà al limone* ultra-capiteux, mmmh... Pour la petite histoire, l'ex-pape Benoît XVI raffolait du *babà* de cette institution ! À emporter ou à déguster installé en terrasse sur l'agréable place. 2 autres adresses à Naples : *piazza Amedeo, 4/5 (Chiaia), et via Luca Giordano, 79 (Vomero).*

Capriccio *(zoom Centre historique, F1,* ***204****) : via Carbonara, 39. ☎ 081-44-05-79. Tlj 7h-20h30 (13h30 lun).* C'est un brin excentré mais, pour beaucoup, c'est l'un des meilleurs *babàs* de la ville, voire le meilleur. Il faut reconnaître qu'ils sont légers, harmonieusement imbibés et que, malgré leur taille (maousse), on en vient vite à bout ! Cette petite boutique sobre et moderne propose plusieurs options fourrées, mais finalement c'est encore l'original, tout simple, que l'on préfère. Accueil routinier.

Gay-Odin *(zoom Centre historique, E2,* ***207****) : via B. Croce, 61. ☎ 081-551-07-94. • info@gay-odin.it • Tlj 10h-20h. Plusieurs adresses dans Naples ; entre autres, via Toledo, aux nos 214* *et 427 (zoom Quartiers espagnols, D3).* Au cœur du centre historique et tout proche de la piazza del Gesù Nuovo. Chocolatier (avec succès) depuis 1894, le *Gay-Odin,* très prisé des Napolitains, est réputé pour ses *torte* et ses *cioccolatini al pezzo*. La maison s'en sort aussi haut la main avec ses crèmes glacées (goûtez celle au chocolat !). Les plus gourmands pourront même demander leur glace dans une brioche ! On fait souvent la queue dans la rue pour accéder au comptoir de cette toute petite boutique.

Pasticceria Moccia *(zoom Centre historique, E2,* ***205****)* **:** *via Benedetto Croce, 57. ☎ 081-790-15-71. Tlj 7h30-20h30.* Une *pasticceria* à l'ancienne, toute clinquante, dont le comptoir a ses habitués. On y vient pour déguster un café et plus si affinités. Il faut dire que ce pâtissier-confiseur a tous les arguments pour convaincre ! Comment résister à une part de *caprese,* ce gâteau à base d'amandes et de chocolat populaire dans le sud de l'Italie, ou à un *babà* ? Joli choix de biscuits.

Où boire un bon café ou un excellent jus de fruits ?

Caffè Mexico *(zoom Centre historique, E2,* ***209****)* **:** *piazza Dante, 86. ☎ 081-549-93-30. Tlj 6h30 (7h dim)-20h30 (21h sam). Autres adresses : piazza Garibaldi, 72 (plan d'ensemble, G1,* ***115****), et via Scarlatti, 67, dans le Vomero.* Difficile de rater la boutique, bien kitsch, dans la catégorie *seventies* orange vif. À part ça, le café y est excellent. Parmi les gourmandises : le *scecherato* (prononcez *shekerato*), un frappé onctueux à souhait. Plus qu'un « caoua », un péché mignon ! Plusieurs mélanges, tous torréfiés à Naples, à emporter dans de jolies boîtes en alu. Dommage qu'il n'y ait pas de petite terrasse sur la place !

Centrale del Caffè *(zoom Centre historique, E2,* ***211****)* **:** *via Benedetto Croce, 16. ☎ 081-551-52-99. Tlj 7h30-21h.* Un minuscule café au style contemporain, vraiment agréable pour un *espresso* sur un bout de comptoir ou assis à l'une des quelques tables, au coude à coude avec son voisin. On peut aussi acheter le café, torréfié sur place. Et si vous avez un petit creux, goûtez aux pâtisseries, elles sont fameuses. Ambiance napolitaine garantie. On y trouve aussi un joli choix de cafetières à l'italienne pour poursuivre le voyage à la maison.

Caffè Bar Nilo *(zoom Centre historique, E2,* ***208****)* **:** *via San Biagio dei Librai, 129. ☎ 081-551-70-29. Tlj 7h30-20h (16h30 dim).* Les curieux affluent pour contempler ce qui fait la fierté du patron : un petit autel dédié à Diego Maradona, le footballeur sanctifié par les Napolitains, dont une mèche de cheveux est exposée ici. Mouais... On y sert en tout cas un excellent *espresso*. Et si vous n'aimez ni le café ni le foot, vous n'êtes probablement pas au bon endroit...

Don Alfredo *(zoom Centre historique, E2,* ***203****)* **:** *piazza Dante, 60. 📱 334-809-88-00. Tlj 9h-minuit (20h hors saison).* C'est un tout petit kiosque qui ne paie pas de mine, planqué à l'angle de la place. Connu de longue date, c'est l'un des spots préférés des Napolitains quand le besoin de vitamines se fait ressentir : jus détox, cocktails, et pour les gourmands de délicieux granités, le tout à base de fruits et de légumes frais. Parfait pour la pause (quelques tables hautes, sinon c'est à emporter).

Où boire un verre ? Où sortir ?

Intra Moenia *(zoom Centre historique, E2,* ***300****)* **:** *piazza Bellini, 70. ☎ 081-45-16-52. • letterarionapoli@libero.it • Tlj 10h-2h.* Un café littéraire (avec une maison d'édition associée) devenu l'un des lieux les plus culturels du quartier, qui compte nombre de libraires et bouquinistes. C'est aussi le café le plus chic de la piazza Bellini. Alors, pourquoi celui-là plutôt qu'un autre ? Pour sa véranda fleurie qui s'ouvre sur une belle terrasse ombragée, pour ses salles intérieures avec quelques rayonnages de bouquins et pour la tranquillité qui y règne. C'est en revanche, et sans surprise, un chouia plus cher qu'ailleurs.

Spazio NEA Art Gallery *(zoom Centre historique, E2,* ***301****)* **:** *via Costantinopoli, 53, ou piazza Bellini. ☎ 081-45-13-58. • info@spazionea.it • Tlj 10h-2h. Congés : 2 sem en août.* L'adresse *trendy* du quartier, où l'on entre par une rue et d'où l'on ressort sur la place Bellini, ou l'inverse. Salle d'expo immaculée pour accueillir des artistes dans le vent, un bar avec quelques grignotages et des tables éparpillées en terrasse, au pied d'un vénérable escalier d'époque. Un repaire jeune et plein d'ondes positives.

Libreria Berisio *(zoom Centre historique, E2,* ***303****)* **:** *via Port'Alba, 28. ☎ 081-549-90-90. • berisio@libero.it • Lun-jeu 9h30-1h30 ; ven-sam 9h30-13h30, 19h-3h ; dim 17h30-1h30.* Un séduisant et chaleureux bar-librairie où l'on se réfugie en journée pour une halte au calme ou le soir pour un cocktail dans un décor feutré. Bibliothèques jusqu'au plafond, canapés capitonnés, piano et bouteilles aux murs, un lieu atypique où nourritures du corps et de l'esprit ne font qu'une.

Oak *(zoom Centre historique, E2,* ***304****)* **:** *vico Quercia, 10. 📱 349-715-52-70. • hello@oaknapoli.com • Tlj 15h (17h lun-mar)-1h (2h ven-sam).* Ambiance jeune et festive dans ce petit bar d'angle chaleureux, dont les tables et les bancs débordent largement dans la ruelle. Pour boire, pas moins d'une quinzaine de vins au verre (dans un registre bio et nature) et, plus rare, une belle sélection de bières artisanales à la pression. Que du bon, à accompagner de petites bricoles salées, comme des *empanadas*.

Cannabistro *(zoom Centre historique, E2,* ***305****)* **:** *via Bellini, 13. ☎ 081-18-58-28-68. Tlj 18h-2h sauf lun.* À la carte, de bons cocktails, certains originaux, et des vins au verre bien choisis. Avec quelques grignotes à picorer, c'est un bon spot pour chiller sur un joli bout de terrasse en retrait de l'agitation, dans une ambiance jeune et relax, un brin branché.

Où écouter des chants napolitains ?

Under NeaTh *(zoom Centre historique, E3,* ***305****)* **:** *via Ecce Homo, 6. 📱 393-337-24-45. Voir la programmation sur leur page Facebook. Avr-déc, en principe ven-sam à 18h30, résa obligatoire. Participation libre (petit aperitivo offert) ; durée : 1h.* La « chapelle des musiciens » porte bien son nom. Déconsacrée, elle accueille désormais chanteurs, guitaristes et conteurs, qui perpétuent la tradition des chants napolitains (même si certains soirs la programmation s'autorise une session de jazz). Une belle idée de sortie pour découvrir une autre facette de la culture locale.

Achats

Via San Gregorio Armeno *(zoom Centre historique, F2)* **:** c'est ici qu'il faut venir pour acheter ses santons avant Noël. La rue tout entière est consacrée à l'art de la crèche. Se reporter plus loin à la rubrique « À voir ».

Via Pignasecca *(zoom Centre historique, E3)* **:** on vous conseille d'aller user vos baskets dans cette rue commerçante. Épiceries, fromageries, boulangeries, on y fait le plein de bons produits à rapporter à la maison.

À voir

🏛🏛🏛 ***Museo archeologico nazionale*** *(Musée archéologique national ; zoom Centre historique, E1)* **:** *piazza Museo, 19. ☎ 081-442-21-49. • museoarcheologiconapoli.it • Tlj 9h-19h sauf mar (ou mer si le mar est férié) ; juin-début août, jeu jusqu'à 23h. Fermé 1er janv et 25 déc. Entrée : 10-15 € en fonction des salles ouvertes (+ 2 € avec une résa en ligne) ; gratuit moins de 18 ans ; jeu soir en nocturne (l'été), l'entrée ne coûte que 2 € ! Accepte l'Artecard. Casier obligatoire pour les gros sacs (gratuit). À noter que l'atrium (le hall principal) est en accès libre.*
– ***Quelques conseils :*** *venez plutôt un jour de sem en fin d'ap-m (après 16h30), car il y a plus de monde le mat. À l'entrée du musée, plan des salles, d'autant que les panneaux explicatifs sont indigents dans certaines sections...*
La ***famille Farnèse,*** une des plus puissantes d'Italie à la Renaissance (ils sont ducs de Parme), obtint au XVIe s le droit exclusif de mener des fouilles pour se procurer des marbres et des sculptures, afin de construire et de décorer leur résidence romaine, le palais Farnèse (aujourd'hui ambassade de France à Rome). Michel-Ange conçut même les décors de ce palais pour accueillir ces chefs-d'œuvre. La dynastie Farnèse s'est éteinte en 1731. L'héritage est transmis alors aux Bourbons par le biais d'Élisabeth Farnèse, épouse du roi Philippe V d'Espagne (un Bourbon). La collection Farnèse entre ainsi dans la famille royale, et le fils d'Élisabeth, Charles III, roi de Naples, en hérite. Finalement, c'est Ferdinand IV de Bourbon, fils de Charles, qui accomplit le rêve de son père, celui de réunir toute la collection. Il s'agit alors de doter le royaume des Deux-Siciles d'un « point culturel de référence ».
Le palais choisi pour héberger ce musée universel est le palazzo degli Studi, ancienne caserne de la cavalerie royale devenue siège de l'université depuis 1615. Baptisé après le transfert de l'université en 1777 « Real Museo borbonico », ce « vieux » palais subit tout au long du XIXe s maintes transformations, dues notamment à l'architecte Ferdinando Fuga. Le musée ouvre enfin ses portes en 1816.
De nos jours, c'est l'un des plus grands musées d'Europe. Il abrite la ***célèbre collection Farnèse,*** mais aussi le trésor inestimable constitué par les ***résultats des fouilles archéologiques*** des villes de Campanie. À ce titre, c'est ***le plus grand musée archéologique du monde,*** réunissant plus de 140 000 pièces, dont seulement une petite partie est exposée. Il y aurait, dit-on, dans les caves et les greniers du bâtiment de quoi remplir plusieurs autres musées. Réparti sur 4 niveaux et 3 patios ornés de quelques vestiges, il est donc en restructuration permanente, ce fonds colossal permettant de renouveler régulièrement une partie des collections. Dans ces conditions, certaines sections ferment au gré des travaux, des accrochages, ou des disponibilités du personnel. Mais pas de panique, les œuvres majeures ne sont pas concernées ! En guise de mise en bouche, le superbe hall d'entrée (ou plutôt l'atrium en version chic et cultivée !) est accessible à tous et présente quelques infos retraçant l'histoire de ce musée emblématique, ainsi que de petites expos temporaires.

Au sous-sol

On découvre la petite *collection égyptienne* et la *collection épigraphique.* Beaucoup d'objets proviennent de Campanie, témoignant ainsi de la réalité du commerce entre la région et l'Égypte dès le début de la colonisation grecque. Amulettes, stèles gravées, vases canopes et quelques sarcophages.

Au rez-de-chaussée

Dans le hall d'entrée, prenez à droite vers les salles qui bordent le ***jardin des Fontaines.***
La ***collection Farnèse*** – principalement des statues – occupe l'essentiel de l'espace. Durant les fouilles des thermes de Caracalla (Rome), on exhuma en 1545 le ***Taureau Farnèse,*** pièce maîtresse du musée (il trône seul dans la salle 16, à gauche en entrant). Ce chef-d'œuvre évoque l'atroce supplice de Dircé, une

femme de la mythologie attachée par les cheveux aux cornes d'un taureau furieux et précipitée dans la mer du haut d'un rocher. Ce groupe statuaire monumental, réalisé au IIe s av. J.-C. d'après une œuvre grecque, fut découvert à l'état fragmentaire, puis il fut reconstitué. Avec le *Laocoon* des musées du Vatican, il a le privilège d'être déjà mentionné dans l'*Histoire naturelle* de Pline l'Ancien. Incroyable sculpture ! Elle fut transférée par voie maritime de Rhodes à Naples en 1788, escortée par un navire de guerre !

> **CHANGER DE TÊTE !**
>
> *Parmi les statues de la collection Farnèse du Musée archéologique, admirez plusieurs têtes d'empereurs romains saisissantes de vie. À cette époque-là, quand on changeait d'empereur, on remplaçait seulement la tête et non toute la statue. Économie oblige !*

De l'autre côté à droite (salle 11), la statue colossale d'***Hercule au repos*** (une copie du IIIe s apr. J.-C., de celle réalisée par Lysippe au IVe s av. J.-C.) est taillée dans un seul bloc de marbre. Elle fut découverte en 1546 dans les thermes de Caracalla à Rome et retouchée par Michel-Ange avant d'être transportée à Naples. Hercule, à la carrure d'athlète et recouvert de la peau du lion de Nemée, s'appuie sur une massue posée sur une roche où l'on a retrouvé une inscription du sculpteur grec Glycon. Napoléon voulait emporter cette œuvre en France. Il s'y essaya à 3 reprises, mais en vain, Hercule resta à Naples.
Ne pas rater (salle 4) le groupe en marbre des *Tyrannoctones* (IIe s), les 2 jeunes Athéniens qui moururent pour avoir assassiné le tyran Hipparque. Ils symbolisent depuis le combat pour la liberté. Autre merveille (dans le cabinet des Gemmes, salle 10), la ***Tasse Farnèse,*** en onyx, réalisée dans un seul bloc au IIe s av. J.-C. à la cour égyptienne des Ptolémées. Ce chef-d'œuvre fut transféré à Rome après la victoire d'Octave (Auguste) sur Cléopâtre. La Tasse Farnèse fut la fierté des trésors de toutes les cours, de Rome à Byzance, de Frédéric II aux Aragon, des Médicis aux Farnèse...
Ailleurs, vous verrez les marbres qui jadis décoraient la *galleria dei Carracci* du palais Farnèse à Rome, comme la statue d'Agrippine ***(galerie des Empereurs)*** autrefois exposée dans les jardins Farnèse. Dans la ***galerie des Philosophes*** (salle 27) et hommes célèbres, on vous laisse reconnaître Homère, Socrate, Euripide ou Hippocrate.
De l'autre côté du hall d'entrée, le ***jardin des Camélias*** est entouré de salles regroupant diverses sculptures de Campanie, datant principalement de la période comprise entre le Ier s av. J.-C. et le Ier s ap. J.-C.

À l'étage intermédiaire (piano ammezzato)

Empruntez l'escalier, surmonté d'un lion colossal. Le félin ornait autrefois un monument funéraire. Au moins les morts étaient bien gardés ! Cet étage est un incontournable du musée avec la ***collection des mosaïques*** (salles 57 à 64), une des merveilles du Musée archéologique, et... le *Cabinet secret.*
Les nombreuses mosaïques proviennent toutes des villas des environs de Naples (principalement Pompéi et Herculanum). Les thèmes variés témoignent du savoir-faire incroyable et de la créativité des artisans : animaux, scènes de théâtre, portraits... Le jeu des couleurs et le rendu de la perspective en font parfois de vraies peintures ! Mais c'est la ***mosaïque de la Bataille d'Alexandre,*** l'une des plus célèbres de l'Antiquité, qui force l'admiration. Retrouvée en 1831 dans la maison du Faune à Pompéi (la statuette du faune qui ornait l'atrium de cette dernière est d'ailleurs également présentée ici), elle représente la phase décisive où Alexandre remporte la victoire sur Darius, roi des Perses, en 333 av. J.-C. à Issos. La mosaïque d'Alexandre est ce que l'on appelle un *opus vermiculatum* : elle est composée d'environ un million de pièces (des tesselles), soit 15 à 30 pièces par centimètre carré. L'œuvre mesure plus de 5 m de long sur 3 m de large.

Le ***Cabinet secret*** (salle 65) est ouvert au public (les moins de 14 ans sont admis sous la responsabilité de leur accompagnateur). Les œuvres exposées furent longtemps assimilées à « d'infâmes monuments de la licence aristocratique ». On appela aussi cette collection le « Cabinet des Objets obscènes ». Minuscule mais ô combien prisé par les visiteurs, le Cabinet secret témoigne des coutumes et des habitudes des Romains autour de la symbolique très forte du phallus. Les œuvres et objets exposés étaient utilisés à des fins initiatiques mais également religieuses (nombreuses statuettes votives en forme de sein ou de phallus, censées faciliter la fécondité). Et que dire de l'étonnante sculpture du dieu Pan s'accouplant avec une chèvre ? Il la tient par la barbichette... Cette sculpture en marbre, découverte dans la villa des Papyrus à Herculanum, fut la plus censurée de la collection, longtemps enfermée dans une armoire où seul le roi de Naples avait le droit de la voir !

KAMA SUTRA ROMAIN

La collection du Cabinet secret rassemble des peintures, sculptures et mosaïques romaines sacrément érotiques. Beaucoup d'œuvres ont été découvertes par les Bourbons lors des fouilles de Pompéi et d'Herculanum. Cette salle a été fermée ou ouverte au public à plusieurs reprises, au bon vouloir des hommes politiques. Garibaldi a voulu la rendre accessible, Mussolini l'a murée... Elle fut pratiquement interdite au public jusqu'en 2000. Aujourd'hui encore, les moins de 14 ans ne peuvent y pénétrer qu'accompagnés.

Au même étage, de l'autre côté de l'escalier central, les spécialistes apprécieront l'exceptionnel *Cabinet des Médailles (collection numismatique)* : près de 200 000 médailles et monnaies, depuis les drachmes, statères et oboles grecs jusqu'aux pièces frappées sous les Bourbons. Notre médaille préférée représente l'empereur Auguste. En or, elle fut frappée à Lyon (Lugdunum) en 9-8 av. J.-C. et retrouvée dans les ruines de Pompéi.

Au 1er étage

Les différentes sections s'organisent autour de la vaste *sala della méridiana* où l'***Atlas Farnèse,*** portant le monde sur ses épaules, accueille les visiteurs. À midi pile, le rayon de soleil passe par un minuscule orifice percé dans un mur et éclaire au sol cette *méridiana* (cadran solaire en italien) en indiquant non pas l'heure, mais la période de l'année et le signe du zodiaque correspondant. La salle, de 54 m de long, 20 m en largeur et autant en hauteur, est l'une des plus grandes d'Europe et possède un plafond peint représentant le roi Ferdinand IV et sa femme en mécènes. Frises, dorures au plafond, quel faste ! Une petite danse ?

Les peintures et fresques de Pompéi (exposées dans les salles 66 à 77) sont passionnantes à observer, notamment les portraits de ***Terentius Neo et de son épouse*** (l'une des peintures les plus célèbres du musée, salle 78). La femme tient un stylet et une tablette de cire. À côté, comparer avec le portrait de ***Sapho,*** tout aussi délicat, où cette dernière tient elle aussi un stylet alors qu'elle est plongée dans ses pensées. Voir encore les sculptures et fresques découvertes au temple d'Isis à Pompéi (salles 79 à 84), à la villa des Papyrus (villa dei Papiri), à Parthénope et Néapolis, ou encore à Cuma.

– Salles des objets pompéiens (salles 85 à 89) : consacrées notamment aux objets en verre ou en bronze d'Herculanum et de Pompéi. Vases superbes en camée, instruments chirurgicaux, ustensiles de cuisine et lampes donnent une idée du quotidien des citoyens. Vitrine abritant 118 pièces de vaisselle en argent trouvée dans la maison de Ménandre à Pompéi.

– Salle 96 : on y découvre la belle maquette de Pompéi réalisée à la fin du XIXe s. Un film reconstitue et redonne vie aux édifices les plus importants de la ville.

– Salles 114 à 117 : cette section est consacrée à la ***Villa des Papyrus*** à Herculanum, qui appartenait au beau-père de Jules César. Les archéologues y retrouvèrent presque 100 statues (65 sculptures en bronze et 26 en marbre). Admirable groupe de statues en bronze représentant les ***Filles de Danaos,*** qui furent longtemps dénommées « Danseuses ». À côté, ne pas manquer les ***coureurs*** qui représentent des éphèbes nus en bronze, à échelle humaine, s'élançant dans une compétition de course. Remarquez leurs regards concentrés dans l'effort à produire.

CUISINE À L'HUILE

On connaît la passion des Italiens pour l'huile d'olive. Une histoire d'amour qui date, puisque la plus ancienne bouteille d'huile d'olive au monde, visible au Musée archéologique national de Naples, provient du site archéologique d'Herculanum. Elle est toujours pleine, l'éruption de 79 ap. J.-C. ayant permis de figer ce précieux contenu pour l'éternité !

– L'étonnante section sur la ***Magna Grecia*** *(prévoir 1,50 € en sus et déterminer un créneau horaire en arrivant)* impose aux visiteurs d'enfiler des surchaussures... car on se balade carrément sur des mosaïques précieuses provenant de maisons et de villas de Pompéi, d'Herculanum, de Stabiae et de Capri ! Il faut donc admirer les vitrines, mais aussi baisser la tête pour apprécier pleinement cette enfilade de salles dédiées par ailleurs à l'héritage de la culture grecque : céramiques (superbes cratères figurant la rencontre entre Iphigénie et Oreste, les funérailles de Patrocle, ou une audience de Darius, tous du IVe s av. J.-C.), sculptures, objets votifs, équipements militaires (casques, éléments d'armure), ou encore des bijoux découverts dans les tombes de différents comptoirs et colonies hellènes sur le territoire.
– On remonte dans le temps jusqu'à la ***préhistoire,*** où les différentes salles étagées sur 4 niveaux retracent de façon chronologique la présence de l'homme sur le territoire entre le paléolithique et le VIIe s av. J.-C. (bifaces, silex, poteries, outils en os puis en métal...). Enfin, une dernière section, planquée tout au fond, présente de véritables trésors issus de la civilisation étrusque.

La via Toledo : de la piazza Dante à la piazza Carità

Cette longue artère commerçante est incontournable. Elle a pris le nom de son créateur, don Pedro de Tolède, qui la fit construire en 1536 en raison de la forte croissance démographique de l'époque. Partant de la piazza Dante, elle s'étend sur plusieurs centaines de mètres vers le sud, via la piazza Carità, pour se terminer à la piazza semi-circulaire del Plebiscito. Bordée de magasins, elle est la vitrine commerçante de Naples et le lieu privilégié de la *passeggiata* des Napolitains. Elle ne manque d'ailleurs pas de majesté, malgré quelques constructions un peu lourdes et prétentieuses de l'époque mussolinienne, comme le *Banco di Napoli.*

Piazza Dante *(zoom Centre historique, E2)* **:** en grande partie piétonne, elle représente la porte d'entrée vers le centre historique (par la via Port'Alba). À l'origine appelé largo del Mercatello (place du marché), ce point de contact entre la vieille ville et la zone hors les murs se transforma en 1757 à la demande de Charles III de Bourbon. Les 26 statues qui surveillent la place représentent les vertus du roi (on a cherché l'humilité, on ne l'a pas trouvée !). 3 églises bordent cette place aujourd'hui dominée par la statue de Dante. Nous, on aime y venir à l'heure de l'*aperitivo,* quand la place profite des derniers rayons du soleil.

Chiesa San Nicola alla Carità *(zoom Centre historique, E3)* **:** *via Toledo, 376.* Renferme de belles fresques peintes par Solimena à la fin du XVIIe s.

Chiesa Santa Anna dei Lombardi *(zoom Centre historique, E3)* **:** *via Santa Anna dei Lombardi, sur le côté gauche en montant.* Connue aussi comme l'église Monteoliveto, elle date de la période aragonaise (début du XVᵉ s). Sa visite vaut le coup pour son célèbre groupe de statues en terre cuite, *La Plainte du Christ mort (Il Compianto sul Cristo morto),* dans la chapelle à droite de l'autel, réalisé à la fin du XVᵉ s par Guido Manzoni. Voir aussi l'autel de la famille Ligorio, sculpté par Giovanni Da Nola en 1532, et les belles fresques de Vasari situées dans l'ancien réfectoire. L'église donne sur l'agréable piazza Monteoliveto.

Le nord du centre historique
(zoom Centre historique, E-F1)

Chiesa Santa Maria Donnaregina Nuova *(zoom Centre historique, F1)* **:** *largo Donnaregina. ☎ 081-557-13-65. • museodiocesanonapoli.com • Tlj sauf mar 9h30-16h30 (14h dim). Entrée : 6 € ; réduc. Accepte l'Artecard.* Elle est emblématique du baroque napolitain du XVIᵉ s : les plus prestigieux artistes de l'époque y ont laissé des peintures, sculptures, gravures... Marbres polychromes, dorures et fioritures, on ne sait plus où poser les yeux tant il y a à détailler. L'église semble presque en mouvement. Admirez le tableau de Francesco Solimena au-dessus du chœur, mais aussi la très belle croix fabriquée avec un fragment de celle du Christ. Levez ensuite les yeux au ciel pour contempler l'Assomption de Marie. Tout un parcours permet d'emprunter les galeries supérieures pour s'offrir un panorama d'exception sur ces œuvres. Le plus beau point de vue, vous l'aurez depuis le *Coro delle Converse.* Les galeries à l'étage abritent le ***Musée diocésain*** regroupant surtout des peintures sur la foi chrétienne dans l'Église napolitaine.

MADRE – Museo d'Arte contemporanea Donna Regina Napoli *(musée d'Art contemporain ; zoom Centre historique, F1)* **:** *via Settembrini, 79. ☎ 081-197-37-254. • madrenapoli.it • Tlj 10h-19h30 (20h dim) sauf mar ; dernier billet 1h avt fermeture. Entrée : 8 €. Accepte l'Artecard. Librairie ouv lun et jeu 10h30-18h, mer et ven 10h30-14h30.* Le palazzo Donnaregina a retrouvé du panache grâce à l'architecte portugais Alvaro Siza Vieira, considéré comme l'un des héritiers de Le Corbusier. Il a réhabilité ce palais pour en faire un centre d'œuvres contemporaines qui ne manque ni de peps, ni de couleurs (à la demande de la ville), sur 8 000 m². Au gré des déambulations (l'exposition permanente occupe, en principe, le 1ᵉʳ et le 2ᵉ étage mais, en fonction du calendrier, elle peut se réduire à 1 seul étage), voici quelques-unes des œuvres que l'on peut admirer : *Dark Brother* (2005), du Britannique d'origine indienne Anish Kapoor (il suffit de se pencher très légèrement pour avoir l'impression de plonger dans le vide) ; *Spirits,* de Rebecca Horn ; *Geometric Design,* de Giulio Paolini, de 1960, représentant une multitude de cadres carrés vides et de toiles blanches, censés symboliser l'infinie possibilité d'existences... Et, évidemment, des expos temporaires pour rythmer l'année.

MOSAÏQUES

À l'origine, le terme signifiait « grotte des Muses ». On ornait de céramiques multicolores ces endroits qui abritaient les statues vénérées par les Grecs et les Romains. Aujourd'hui, ce mot ne rappelle que l'assemblage décoratif. Le terme « musée » a la même origine étymologique.

Chiesa San Giovanni a Carbonara *(zoom Centre historique, F1)* **:** *via San Giovanni a Carbonara, 5.* S'il est une église à ne pas rater, c'est bien celle-ci pour ses fresques, tombeaux et mosaïques au sol. Bel *escalier elliptique* construit après le tremblement de terre de 1688 par Ferdinando Sanfelice pour y accéder.

À l'intérieur, voir le *mausolée de Ladislao di Durazzo* au-dessus de l'autel, réalisé en 1428. Fils du roi Charles III (dynastie d'Anjou) et de Margherita di Durazzo, Ladislao fut roi de Naples de 1386 à 1414. Surnommé le Magnanime, il était aussi comte de Provence et de Forcalquier ainsi que roi de Hongrie. Conquérant et audacieux, il avait adopté comme devise *Ou César, ou rien,* laquelle fut reprise par le cruel et ambitieux Cesar Borgia à la Renaissance. Dans le chœur, une autre chapelle avec un sol en mosaïques bleues, des fresques murales et un autre tombeau. Voir aussi la superbe *chapelle Caracciolo di Vico* (1516) avec sa rotonde, à gauche de l'autel. Merveille de la Renaissance napolitaine. Là se trouve la tombe de Gianni Caraciolo, riche et puissant prince napolitain mais amant malheureux de Jeanne II, sœur du roi Ladislao. Après une dispute, il gifla sa royale maîtresse. Le lendemain, il était assassiné à coups d'épée et de hache...

La via dei Tribunali *(zoom Centre historique, E-F1-2)*

La via dei Tribunali affiche volontiers son caractère populaire et commerçant. C'est une rue piétonne très ancienne, bordée de palais, d'églises et de magasins, qui traverse Naples d'ouest en est, depuis la via Toledo jusqu'au Castel Capuano. Son nom actuel provient de la fonction judiciaire du Castel Capuano, ancienne résidence princière de la dynastie d'Anjou, devenue en 1537 le siège de l'ensemble des tribunaux de Naples. C'est peut-être ***la rue la plus touristique de Naples,*** souvent embouteillée de piétons. Mais il serait impensable de l'éviter ***tant elle concentre d'églises, de places et de musées.***

Piazza Bellini *(zoom Centre historique, E2)* **:** abandonnée aux chats et aux voitures jusque dans les années 1980, la piazza Bellini est aujourd'hui fréquentée par les piétons et animée par de nombreuses terrasses de cafés. C'est l'une des places les plus romantiques de la ville et vos pas vous y mèneront forcément à l'heure de l'*aperitivo.*

Chiesa San Pietro a Majella *(zoom Centre historique, E2)* **:** *via San Pietro a Maiella, 4.* Église gothique et baroque, restaurée de la fin du XIXe au début du XXe s. C'est ici, dit-on, que don Juan d'Autriche, fils de Charles V (Charles Quint), empereur du Saint-Empire romain germanique, pria la Vierge devant la fresque *Madonna del Soccorso* avant la bataille de Lépante (1571), ce qui lui aurait valu la victoire. Belles fresques du XIVe s et joli plafond fait de marqueteries et de dorures. Ailleurs, remarquables peintures de Mattia Preti, disciple du Caravage.

Cappella Pontano *(zoom Centre historique, E2)* **:** *via dei Tribunali, 16.* Très belle chapelle, considérée comme un des trésors de la Renaissance de l'Italie du Sud.

Chiesa Santa Maria delle Anime del Purgatorio ad Arco *(zoom Centre historique, E2)* **:** *via dei Tribunali, 39.* Curieuse église, en face d'une série d'échoppes sous des arcades. Derrière l'autel, aller voir la lugubre sculpture en marbre représentant un crâne. On y vient surtout pour la chapelle souterraine, accessible par un petit escalier à gauche de l'entrée, où était pratiqué naguère le rite de nettoyage des ossements *(lun-ven 10h-14h, sam 10h-14h et 14h30-17h ; entrée : 6 €, réduc avec l'Artecard).* Certains fidèles allaient s'occuper de la bonne conservation des sépultures. Cette croix (si l'on peut dire) suffisait à intercéder en leur faveur pour le rachat de leur âme.

La statue de Pulcinella *(zoom Centre historique, E2)* **:** *vico del Fico al Purgatorio. Sous les arcades face à la chiesa Santa Maria delle Anime del Purgatorio ad Arco.* Personnage rusé, disgracieux mais spirituel de la commedia dell'arte, on le reconnaît facilement à son masque à grand nez. Toucher son *naso* porterait chance, alors ne vous privez pas !

DRÔLE D'OISEAU !

Pulcinella, avec son masque noir en forme de bec, est né d'un œuf, tel un poussin, un pulcino. Les rondeurs de son corps (ventre, bosse) évoquent d'ailleurs la coquille. Tel un gallinacé, il est infatigable dans sa quête de nourriture. Ce personnage est associé au peuple ayant connu la faim. Par son optimisme, il dévore la vie à pleines dents, tout en étant cynique et mélancolique, dévoilant ainsi la dureté de l'existence humaine...

***Piazza San Gaetano** (zoom Centre historique, E-F2)* **:** le cœur de Naples a battu ici pendant des siècles ! Agora de la ville grecque, forum de la ville romaine, passage obligé vers le Castel Capuano. La place actuelle ne rend pas compte de l'espace antique, qui devait être beaucoup plus vaste et ouvert. Le centre religieux et civil de la ville antique était limité au sud par la via San Biagio dei Librai, au nord par l'Anticaglia, à l'ouest par le vico Purgatorio et à l'est par le vico Gigante et son prolongement. Les principaux bâtiments publics (marché, théâtre, temple) se trouvaient à l'intérieur de cet espace, comme nous le révèlent aujourd'hui la vaste zone archéologique de San Lorenzo, mais aussi l'aqueduc et le théâtre romains, cachés dans les sous-sols. Au milieu de la place se trouve la *statue de san Gaetano Thiene,* un des protecteurs de la ville. Aujourd'hui, c'est une petite place architouristique où se concentrent des vendeurs de souvenirs sans intérêt.

***Basilica San Paolo Maggiore** (zoom Centre historique, E-F2)* **:** *piazza San Gaetano.* À l'emplacement de l'ancien temple des Dioscures fut construite, au VIIIe s, une basilique chrétienne dédiée à saint Paul. De l'époque antique, il ne reste plus grand-chose (2 grandes colonnes en façade, coiffées de chapiteaux corinthiens, les torses des Dioscures – dans la mythologie romaine, les jumeaux inséparables Castor et Pollux). Mais de l'église baroque remodelée à la fin du XVIIIe s, vous apprécierez – outre le volume divisé en 3 nefs – le beau pavement, le plafond décoré de fresques de Stanzione (XVIIe s), ainsi que la *Chute de Simon Mago* (fresque de Solimena).

***Acquedotto romano** (aqueduc romain)* ***ou Napoli Sotterranea** (souterrains de Naples ; zoom Centre historique, F2)* **:** *piazza San Gaetano, 68. ☎ 081-29-69-44. • napolisotterranea.org • Accès sur le côté gauche de l'église. Visites guidées en italien tlj ttes les heures 10h-18h ; en anglais, ttes les 2h. Visite supplémentaire jeu à 21h (min 10 pers). Possibilité de visite en français (se renseigner). Durée : env 1h30. Entrée : 10 € ; réduc, notamment avec l'Artecard. Déconseillé aux claustrophobes. Prévoir une petite laine !* Cet itinéraire souterrain à 40 m de profondeur sous terre vous permettra de découvrir, après avoir emprunté un long escalier, les restes de l'aqueduc d'Auguste (170 km de Sarno à Naples), ainsi qu'un théâtre gréco-romain et le couloir des gladiateurs, imbriqués dans une maison ! Les Grecs, en extrayant le tuf nécessaire à la construction des remparts de Néapolis, ont créé sous la ville des cavités qui deviendront des sépultures souterraines. Les Romains se sont ensuite servis de ces trous énormes pour alimenter la ville en eau : les carrières devinrent alors des citernes. Après avoir été abandonnées, celles-ci ont retrouvé une utilité, au XXe s, pour préserver les Napolitains des bombardements. On peut d'ailleurs encore voir des objets abandonnés là pendant la Seconde Guerre mondiale. Claustrophobes, s'abstenir !

***Complesso monumentale San Lorenzo Maggiore** (zoom Centre historique, F2)* **:** vaste ensemble comprenant le couvent San Lorenzo et son cloître, par lequel on accède à une zone archéologique souterraine, ainsi que l'église attenante.
– ***Chiesa San Lorenzo Maggiore :*** *piazza San Gaetano, 36. Lun-sam 8h-18h30 ; dim 10h-12h, 17h30-18h30.*

L'une des plus belles églises de la ville. Et pourtant, on ne l'aurait pas soupçonné de l'extérieur. Derrière la façade baroque que l'on doit à Sanfelice se cache l'une des plus importantes églises gothiques de l'Italie du Sud... malheureusement mise à mal lors de la Seconde Guerre mondiale. La construction de l'édifice est due à Charles Ier d'Anjou.
San Lorenzo abrite d'ailleurs la sépulture de nombreux membres de la famille d'Anjou. À gauche du chœur, on voit la sépulture supportée par 3 statues de Robert IV d'Artois, comte d'Eu, et de son épouse Jeanne (Giovanna) di Durazzo. Ils périrent d'empoisonnement en 1387 au château de l'Œuf (Castel dell'Ovo) à Naples. Voir aussi, à droite du chœur, le sépulcre de Catherine d'Autriche (Caterina d'Austria, 1295-1323), luxueusement porté par 4 colonnes torsadées incrustées de céramiques. Née dans la famille des Habsbourg, elle fut la 1re femme de Charles de Calabre (Carlo di Calabria). Vous remarquerez aussi, au niveau du chœur, les restes du pavement en mosaïques, visible sous des dalles de verre. Nombreuses sépultures de membres de la noblesse napolitaine : les Caracciolo, Rocco, Manso, Aldomorisco... À noter que la plupart des gisants sont sculptés la tête appuyée sur la main, les jambes croisées, en position de délassement et de repos, contrairement à l'habitude.
– ***Convento San Lorenzo et la zone de fouilles – La Neapolis Sotterrata :*** *piazza San Gaetano, 36. ☎ 081-211-08-60. • laneapolissotterrata.it • Entrée des fouilles au niveau du cloître San Lorenzo. Lun-sam 9h30-17h30. Entrée : 9 € ; réduc, notamment avec l'Artecard.* ***Attention, à ne pas confondre avec l'Acquedotto romano (aqueduc romain) Napoli Sotterranea*** *(voir plus haut).* Le couvent San Lorenzo est le lieu où fut proclamée en 1799 la République parthénopéenne par le général Championnet (au service de Napoléon). Voir notamment la vaste salle capitulaire ornée de fresques des XIIIe s et XVIe s, ainsi que le réfectoire des franciscains long de 40 m et tout aussi enluminé d'œuvres du XVIIe s sur les voûtes. Les 2 donnent sur le cloître majestueux du XVIIIe s.
Mais la véritable surprise se cache en ***sous-sol.*** Un escalier étroit conduit à la vaste zone archéologique, une véritable plongée dans la ville gréco-romaine. On traverse d'abord les restes du palais de justice du VIe s ap. J.-C.
Puis, à l'étage inférieur, on remonte à nouveau dans le temps en découvrant un *cardo* romain encore pavé et bordé de boutiques, ainsi qu'un cryptoportique (une zone de marché couvert) avec ses échoppes, ses étals, des amorces d'escaliers et des arches. Au fond, d'autres vestiges de bâtiments dévoilent, ici ou là, des fragments de mosaïques et différents témoignages de ce lointain passé. Émouvant.
De retour à l'air libre, la visite s'achève par le ***musée,*** daté, qui expose sur 4 niveaux des tableaux, des artefacts de fouilles, des gisants de la dynastie angevine et toutes sortes d'objets religieux.

Via San Gregorio Armeno *(zoom Centre historique, F2)* **:** cette rue piétonne aux allures de bazar oriental, bordée d'une ribambelle de boutiques vendant des santons et des figurines, est consacrée à l'art de la crèche. Les commerçants exposent quelques belles pièces de santons – les *pastori,* art ancien à Naples –, dont certaines sont de petites merveilles d'artisanat. Les figurines font environ une trentaine de centimètres et peuvent atteindre plusieurs centaines d'euros. Leur corps est composé de fil de fer et d'étoupe, tandis que les membres et la tête sont en terre cuite peinte à l'huile ou à l'acrylique. Cette visite est à compléter avec celle de la chartreuse de San Martino, abritant la plus importante collection publique de cet art populaire, à commencer par l'étonnante *presepe Cuciniello,* qui ne comprend pas moins de 300 pièces.
À côté de ces merveilles, pléthore de figurines représentant plus ou moins fidèlement les vedettes du show-biz, de la politique et même de l'équipe de foot du SSC Napoli avec sa vedette encore adulée : Diego Maradona.

Chiesa San Gregorio Armeno *(zoom Centre historique, F2)* **:** *via San Gregorio Armeno, 44. Ouv en principe lun et mer-jeu 9h-12h, mar et sam-dim 9h-13h. Fermé ven.* San Gregorio Armeno est un vrai régal pour les yeux, notamment grâce à l'organisation de son espace (une nef unique et des chapelles latérales). L'église fut fondée au VIIIe s par des religieuses fuyant Constantinople avec les reliques de Grégoire d'Arménie (d'où le nom « arménien » de l'église actuelle). Elle est décorée avec une profusion de stucs, de fresques, de marqueteries en bois, de dorures... Remarquez les orgues « biscuitées, croquantes, et fondantes »... Luca Giordano, fin XVIIe s, apporta la touche de son génie à cette remarquable église baroque (voir notamment la *Gloria di san Gregorio* décorant la coupole). L'église San Gregorio Armeno conserve les reliques de sainte Patricia, qui, comme San Gennaro, saignent à dates régulières. Tous les mardis à 10h, les religieuses exposent les reliques censées exaucer les vœux de procréation des Italiennes venues nombreuses les implorer.

Convento San Gregorio Armeno e chiostro (zoom Centre historique, F2) **:** *piazzetta San Gregorio Armeno, 1. Le couvent n'est pas attenant à l'église mais se trouve à 100 m avt celle-ci sur la droite quand on descend la via San Gregorio Armeno. On y accède par un large escalier. Tlj 9h30-13h (plus 15h-18h le w-e). Entrée : 4 € ; réduc.* Après quelques pas dans le couvent, on pénètre dans un cloître qui surprend par sa beauté, son calme et sa hauteur (pas moins de 4 niveaux). Quelle belle surprise, dans ce centre historique bondé, de trouver ce *chiostro* paisible où l'on se plaît à flâner entre la fontaine et les orangers ! Avec les mouettes en fond sonore, on s'offre ici une belle parenthèse à l'abri du brouhaha urbain.

L'ensemble conventuel (église, cloître, bibliothèque) des Girolamini (zoom Centre historique, F2) **:** *piazza dei Girolamini ou via Duomo, 142/144. En principe, lun-mar et jeu-ven 8h30-19h, sam-dim 8h30-14h, mais on trouve* ***très souvent portes closes en raison des travaux de restauration*** *qui s'éternisent et des actions de justice en cours. Fermé mer. Entrée : 5 € ; réduc.* Là encore, que de célébrités pour son édification (fin XVe et début XVIe s) et sa décoration : Ferdinando Fuga, Luca Giordano (qui a peint une très belle fresque, la *Chasse des marchands du Temple,* sur le revers de la façade), Francesco Solimena, Pietro Da Cortona, Riberà... C'est dans cette église qu'est enterré le philosophe italien ***Giambattista Vico*** (1668-1744), auteur de la *Science nouvelle.* L'ensemble conventuel abrite notamment une superbe bibliothèque, la plus ancienne de la ville et la 2e d'Italie en âge. Mais en 2012, les Napolitains apprennent, outrés, que plus de 4 000 ouvrages anciens ont été volés par le directeur de la bibliothèque en personne (voir encadré). Depuis, les poursuites et les démarches judiciaires traînent en longueur et l'édifice semble figé, presque abandonné, sous ses inamovibles échafaudages. Autant dire que la visite perd actuellement de son intérêt, puisque seul le cloître reste vraiment accessible.

FINIE LA COMÉDIE !

La bibliothèque des Girolamini, l'une des plus riches au monde avec ses 160 000 ouvrages, est aujourd'hui sous scellés. Où est passé le manuscrit enluminé de La Divine Comédie *de Dante ? Et avec lui l'édition rare de* L'Encyclopédie *de Diderot et des milliers d'autres ouvrages ? Ce scénario tragicomique révélé en 2012 implique un directeur de bibliothèque escroc, un prêtre intégriste comme complice, des sbires des pays de l'Est pour écouler le stock, jusqu'aux conseillers de Berlusconi qui fermèrent les yeux... Avec, en toile de fond, le manque de moyens alloués à la Culture par l'État.*

Chiesa Pio Monte della Misericordia (zoom Centre historique, F2) **:** *via dei Tribunali, 253. ☎ 081-44-69-44. • piomontedellamisericordia.it • Tlj 9h-18h (14h30 dim) ; dernier billet 30 mn avt fermeture. Fermé 9h30-10h pour la messe. Fermé certains lun, dim de Pâques et 25 déc. Accès : 8 € ; réduc.* L'église est un élément du palais, siège de l'institution de bienfaisance fondée en 1601 par de jeunes nobles napolitains. De dimensions bien plus modestes que les autres monuments de la ville, cette église baroque octogonale séduit par la sobriété de son architecture. Elle abrite néanmoins des chefs-d'œuvre de la peinture italienne, dont le clou est assurément, au-dessus de l'autel principal, *Les Sept Œuvres de Miséricorde (Le Opere di Misericordia),* peint par **le Caravage.** La *quadreria,* au 1er étage, expose des œuvres italiennes et étrangères du XVIe au XIXe s : peintures imposantes de Francesco de Mura, un autoportrait de Luca Giordano, un tableau de Bronzino représentant Éléonore de Tolède, mais aussi des sculptures et de nombreuses pièces de mobilier, etc. Du 1er étage, on a une superbe vue sur le Caravage.

Duomo *(cathédrale ; zoom Centre historique, F1-2)* **:** *tlj 8h30-13h30, 14h30-19h30 (16h30-19h30 dim et j. fériés). GRATUIT.* L'actuel aspect du Duomo, de style gothique provençal, est dû aux constructions successives à partir du XIVe s. De cette époque seul subsiste le portail que l'on doit à Antonio Baboccio Da Piperno. Aussitôt entré, retournez-vous pour découvrir le ***tombeau du roi Charles d'Anjou*** (1227-1285), encastré au-dessus de la porte. Frère de Saint Louis (Louis IX), il fut le 1er roi de Naples, et le fondateur d'un éphémère empire méditerranéen contrôlé par la France.

Avant de vous engager dans la nef centrale, allez admirer sur la gauche la ***cappella Santa Restituta*** *(ouv lun-sam 8h30-12h30, 16h-18h30 ; dim 8h30-13h).* Levez les yeux vers les anges qui écartent les rideaux de pierre. Au fond de la chapelle, superbe mosaïque de 1322 par Lello Da Orvieto, représentant santa Maria del Principio. Possibilité d'accéder au baptistère *(accès : 2 €),* d'inspiration byzantine, dont la coupole est ornée de mosaïques du IVe s représentant des scènes du Nouveau Testament, ainsi que les 4 Évangiles.

Faisant face à Santa Restituta, de l'autre côté de la nef, une ***chapelle baroque*** à la décoration luxueuse et très chargée mérite aussi le coup d'œil *(accès : 3,50 €).* Cette chapelle fut naguère l'un des hauts lieux de la musique à Naples. Ses maîtres s'appelaient Scarlatti, Cimarosa et Paisiello (auteur du concert pour le sacre de Napoléon Bonaparte). Elle abrite 54 statues en argent et vermeil. Derrière l'autel imposant, dans une châsse en argent ciselé, sont conservées les célèbres ampoules supposées contenir du sang de saint Janvier (San Gennaro), qui se liquéfie lors des processions. Admirez le buste en argent du saint patron de Naples, à gauche de l'autel. Se rendre enfin dans la ***crypte,*** où sont conservées les reliques de San Gennaro, sous un splendide plafond sculpté, le trésor de San Gennaro étant situé à côté. Très beau carrelage au sol, aux motifs géométriques travaillés dans de jolis tons de vert, jaune et pourpre.

UN SAINT HÉMOPHILE ?

Les 2 fioles contiennent le sang miraculeux de San Gennaro (saint Janvier) : il se liquéfie au cours des 3 processions annuelles. Parfois, rien ne se produit, comme en 1976. En 1799, lors de l'occupation française, le sang resta également figé. Un général de Napoléon vit rouge et menaça de mort le chanoine en charge de la parade. Alors le miracle ne se fit pas prier et s'accomplit en quelques minutes. Il suffisait de le demander !

Museo del Tesoro di San Gennaro *(musée du Trésor de San Gennaro ; zoom Centre historique, F2)* **:** *via Duomo, 149. • museosangennaro.it • Accès à l'extérieur par la porte à droite du Duomo. Tlj 9h-17h (17h30 le w-e) ; dernier billet 30 mn avt fermeture. Entrée : 8 €.* Selon une expertise de 2010, le trésor de San Gennaro, situé dans la chapelle jouxtant le Duomo, serait le plus cher du monde. Ce trésor d'une valeur inestimable résulte de dons de souverains, de papes mais aussi de Napolitains ou de princes en l'honneur du saint de la ville. Sa valeur dépasserait celle des joyaux de la couronne d'Angleterre et des tsars de Russie. Comportant 21 160 pièces, il n'a jamais subi de vols, et n'a jamais servi à financer des guerres. La pièce la plus remarquable est la mitre dédiée à San Gennaro : elle est incrustée de 3 694 pierres précieuses, 198 émeraudes, 168 rubis et 3 328 diamants... Cette

mitre est le clou du trésor. Personne ne l'a jamais mise sur la tête... pas facile, c'est vrai, de porter 18 kg de bijoux ! Remarquez le grand rubis (rouge foncé) surnommé la « lave du Vésuve ». Outre la mitre, le trésor rassemble candélabres, vaisselles, ciboires, ostensoirs et bijoux précieux. Parmi eux, admirez le collier entièrement composé d'émeraudes que les princes et princesses de passage à Naples enrichissaient de pierres. Marie-Caroline d'Autriche (sœur de Marie-Antoinette), Charles III de Bourbon ou encore Joseph Napoléon Bonaparte ont chacun ajouté un bijou à cette merveille. Pour la petite histoire, remarquez les 2 boucles d'oreilles qui sont placées aux 2 extrémités. Il s'agit d'un don d'une Napolitaine – qui survécut au choléra au XIXe s. En remerciement, elle fit don de ce qu'elle avait de plus précieux ; les boucles d'oreilles de sa grand-mère.
Dans la 2e salle, admirez également un ciboire en or avec à sa base la représentation des 4 évangélistes en corail (couleur représentant le Christ). Belle croix épiscopale réalisée sur commande par le roi d'Italie Umberto Ier pour son épouse Marguerite de Savoie, tous les 2 épargnés lors d'un attentat dans les rues de Naples. Enfin, 15 bustes-reliquaires témoignent du travail extraordinaire des orfèvres napolitains, comme celui de sainte Irène, qui protège Naples de la foudre.

Il Cartastorie – Museo dell'Archivio storico del Banco di Napoli *(zoom Centre historique, F1-2)* **:** *via dei Tribunali, 214. ☎ 081-44-94-00. • ilcartastorie.it • Tlj sauf mer 10h-18h (14h dim). Visite libre 5 € ; visites guidées 7 € (w-e seulement, sam à 10h30, 12h, 15h et 16h30, dim à 10h30 et 12h). Visites guidées des archives sur résa seulement : 10 € ; réduc.* Un musée ludique et très bien pensé où sont conservés près de 80 km d'archives sur les transactions financières de Naples. Barbant ? Détrompez-vous ! Sons, écrans dissimulés et vidéos animent un parcours multimédia au fil de salles où s'alignent des registres vieux de plusieurs siècles. Une façon originale d'aborder l'histoire de Naples dans ce musée moderne et vivant. La visite guidée des archives permet d'accéder à la réserve où certains registres révèlent des trésors, comme ce prêt accordé au Caravage.

Porta Capuana et Castel Capuano *(porte et château de Capoue ; zoom Centre historique, F1)* **:** *piazza Enrico De Nicola. À voir seulement de l'extérieur.* Encadrée par 2 grosses tours qui faisaient partie des fortifications érigées par les Espagnols, la *porta Capuana* fut achevée à la fin du XVe s. C'est l'une des plus belles portes Renaissance du pays. Cette porte marque aussi la fin du centre historique. Une fois dépassée, on arrive dans le quartier de la gare, bien moins séduisant.
Quant au *Castel Capuano,* sa façade blanche soulignée de gris se voit de loin. Résidence des souverains d'Anjou avant le *Castel Nuovo* et « inséré » dans la ville après la construction de nouveaux murs pendant l'époque aragonaise, le château perd alors complètement sa fonction militaire pour devenir une résidence royale. Le vice-roi, don Pedro de Tolède, en fera le siège des tribunaux, donnant ainsi au *decumanus maximus* son nom actuel. Il abrite aujourd'hui encore le palais de justice.

Spaccanapoli *(zoom Centre historique, E-F2)*

Spaccanapoli, l'artère « inférieure » du centre historique (correspondant à la via Benedetto Croce et à la via San Biagio dei Librai), signifie littéralement « fend-Naples ». On recense, tout au long de cette succession de ruelles (d'une longueur totale de 2 km), un nombre impressionnant de monuments hérités de l'histoire : palais Renaissance, cloîtres et chapelles baroques, églises gothiques...

Piazza del Gesù Nuovo *(zoom Centre historique, E2)* **:** l'une des plus belles places de Naples. Au centre se dresse une colonne en marbre haute de 34 m, surmontée d'une statue en bronze de la Vierge immaculée. De nuit, sa couronne d'étoiles s'illumine pour plus de magie. Cette place apparaît dans plusieurs scènes de *Mariage à l'italienne* (1964), le film de Vittorio De Sica avec Marcello Mastroianni (Soriano) et Sophia Loren (Filumena). « Naples est la ville la plus photogénique, la plus humaine de toutes les villes d'Italie et du monde », déclarait le réalisateur, qui y avait passé son enfance. On confesse un coup de cœur pour cette jolie place, qu'on aimerait voir piétonne. Quelques bancs pour en profiter seraient aussi les bienvenus. Peut-être que la Vierge immaculée entendra nos prières.

Chiesa del Gesù Nuovo *(zoom Centre historique, E2)* **:** *sur la place du même nom. Tlj 7h-13h, 16h-20h.* Fondée par les Jésuites à la fin du XVIe s, l'église a gardé l'imposante façade à ***pointes de diamant*** du palais des Sanseverino, dont elle a pris la place. En regardant de près ces pierres aux pointes triangulaires, on distingue de curieuses marques sculptées. Il s'agirait non pas de signes cryptés mais de lettres de l'alphabet araméen, la langue parlée à l'époque de Jésus-Christ. Chaque inscription correspondrait à une note musicale et, selon les spécialistes, elles formeraient une partition secrète d'un concert de 45 mn appelé *Enigma* par ses découvreurs.

CANONISEZ-MOI !

L'Italie du Sud compte bon nombre de sanctifiés : San Gennaro, évêque de Benevento, dont le sang se liquéfie 3 fois par an ; ou encore Padre Pio, prêtre au couvent de San Giovanni Rotondo, dans les Pouilles, stigmatisé le plus célèbre de la péninsule. Ce dernier, canonisé par Jean-Paul II en juin 2002, ne cesse de diviser les croyants, ravivant la polémique des phénomènes paranormaux.

À l'intérieur, ce monument de style Renaissance à la déco très chargée en impose par son gigantisme : celui de l'autel, du dôme ou de la fresque de Francesco Solimena représentant *Héliodore chassé du Temple de Jérusalem* au-dessus du portail d'entrée. Ses 11 chapelles, toutes habillées de marbre polychrome, sont, comme la nef centrale, ornées de décors baroques. Certains trouveront l'ensemble un peu excessif, d'autres simplement sublime (on est dans la 2de équipe !). Le dimanche, à 8h30 et 16h30, la communauté chrétienne sri-lankaise de Naples se retrouve pour la messe dans un splendide défilé de blanc.
L'église abrite aussi la dépouille de Joseph Moscati (1880-1927), canonisé par Jean-Paul II en 1987. Ce médecin consacra sa vie à soigner bénévolement les plus pauvres. On lui attribue quelques miracles. Les malades témoignent de leur gratitude ou de leurs espoirs en déposant par centaines des ex-voto en fer-blanc, qui tapissent une salle attenante à l'église, dans un espace consacré au saint homme, où l'on a également reconstitué son bureau et sa chambre à coucher (accès par la porte à gauche du tombeau de Saverro).

Complesso monumentale di Santa Chiara *(zoom Centre historique, E2-3)* **:** *entrée sur le côté gauche de la basilique Santa Chiara. ☎ 081-551-66-73. • monasterodisantachiara.it • L'ensemble comprend d'une part la basilique et d'autre part le monastère (cloître, musée, zone archéologique). Basilique : tlj 7h30-13h, 16h30-20h ; GRATUIT (entrée à part). Monastère : lun-sam 9h30-17h30, dim et j. fériés 10h-14h30 (dernière entrée 30 mn avt fermeture) ; entrée : 6 €, réduc, notamment avec l'Artecard.*
Fondé en 1310 par le roi Robert d'Anjou (*Roberto d'Angio,* 1277-1343) et sa femme Sancia de Majorque, cet impressionnant complexe religieux était destiné aux sœurs clarisses et aux frères mineurs, qui l'occupèrent à partir de 1340.
– La ***basilique*** est très haute, comme le sont souvent les édifices gothiques italiens, mais elle fut reconstruite au XXe s, après un bombardement. C'est pourquoi vous n'apercevrez que quelques vestiges de fresques du grand ***Giotto,*** qui fut invité à Naples par le roi d'Anjou (son mécène et commanditaire). Dans cette église austère et froide, les vitraux fins et les petites rosaces laissent pénétrer la lumière avec parcimonie. Comme le roi souhaitait que Santa Chiara devienne le ***panthéon de la dynastie d'Anjou,*** leurs cénotaphes (pierres tombales) sont disposés autour

du maître-autel : celui de Marie de Valois est à droite, tandis que celui de Robert d'Anjou est au milieu. Une chapelle à droite de l'autel sert également de nécropole aux Bourbons-Savoie ; y sont inhumés les rois de Naples et des Deux-Siciles, de Ferdinand Ier à François II, ainsi que Marie-Christine de Savoie, dernière fille du roi Vittorio Emanuele I, épouse de Ferdinand II, morte à 23 ans et béatifiée en 2014 par le pape François.
– Le ***monastère,*** gothique à l'origine, puis reconstruit dans un style baroque après les tremblements de terre de 1456 et 1694, a retrouvé, depuis 1953 (les bombardements de la guerre ayant provoqué un incendie de 7 jours en 1943), un style néogothique plus proche de la construction initiale. Le monastère comprend le cloître, le musée et la zone archéologique.
– Le ***cloître*** des clarisses, constitué de 66 arches soutenues par 72 piliers, a été reconstruit au XVIIIe s dans le style rococo. Les fresques ornant les murs sont l'œuvre d'un artiste anonyme du XVIIe s. 3 murs représentent des scènes de l'Ancien Testament, et sur le 4e figurent des allégories de saints et la scène de la mort d'une sœur clarisse. Observez les piliers octogonaux et les murets couverts de belles majoliques peintes de motifs végétaux ou de scènes pastorales qui partagent le cloître en 4 espaces. Vous pourrez rêver un moment sous les tonnelles, à l'ambiance très bucolique.
– Le ***museo dell'Opera*** présente dans les salles longeant le cloître une sélection d'œuvres d'art, d'éléments décoratifs et d'objets historiques ou religieux retrouvés dans le monastère : céramiques romaines, fragments de colonnes et de chapiteaux, statues, orfèvrerie et vêtements liturgiques... Mais la véritable curiosité ici, c'est la ***section archéologique,*** dont les vestiges sont littéralement imbriqués dans le musée. En se baladant sur des passerelles, on distingue clairement les fondations d'un ***complexe thermal*** de l'époque romaine. Juste avant la sortie et la salle vidéo (sur l'histoire récente du complexe), ne manquez pas la ***crèche*** monumentale.

Complesso monumentale San Domenico Maggiore *(zoom Centre historique, E2)* ***:*** *piazza San Domenico Maggiore. 333-863-89-97. • museosandomenicomaggiore.it • Accès par le large escalier à gauche de la place. Tlj 9h30-19h30 pour l'église et 10h-18h pour les visites. Entrée : GRATUIT pour l'église ; 7 € pour la sacristie et les appartements de saint Thomas d'Aquin ; 5 € pour la sacristie seule ; 10 € pour la visite complète incluant en plus la crypte ; réduc avec l'Artecard.*
Cette vaste et imposante église a d'abord été dédiée à Marie-Madeleine, selon la volonté de son fondateur Charles II d'Anjou, mais au fil des âges, celle-ci a laissé sa place à San Domenico. Si l'édifice en soi ne présente pas un grand intérêt, peu de curieux savent qu'il abrite un vrai trésor. La plupart des rois d'Aragon reposent dans l'émouvante ***sacristie*** devenue le panthéon de la dynastie, où les 42 cercueils, couverts de velours ou de soie blanche, composent une impressionnante ronde en hauteur. De là, on accède à la *salle des Trésors* (compris dans le prix d'entrée de la sacristie). De grandes armoires en bois sculpté présentent des objets religieux ou royaux : habits d'enfants de chœur, reliquaire avec un cœur, présentation des vêtements de Marie d'Aragon datant du XVIe s, en excellente conservation, collection de bougeoirs... Regardez au sol le symbole des dominicains, celui des croix majoliques. Les plus curieux demanderont à visiter les appartements où vécut saint Thomas d'Aquin. À l'étage, dans ce qui est encore un couvent dominicain, on découvre la petite chambre habitée par le saint. On y voit une belle calligraphie écrite de sa main ainsi que... son humérus gauche ! Enfin, la visite complète comprend également un petit tour dans la crypte organisée sur 2 niveaux. Les fils électriques d'un autre âge rappellent que l'on y avait aménagé un abri pendant les bombardements de la Seconde Guerre mondiale.

Cappella Sansevero *(zoom Centre historique, E2)* ***:*** *via Francesco de Sanctis, 19. ☎ 081-551-84-70. • museosansevero.it • Tlj 9h-19h sauf lun-mar. Résa en ligne quasi indispensable compte tenu de l'affluence et du nombre de places très limité (+ 2 €) ; on choisit son créneau et on coupe la file avec son billet préréservé.*

Sinon, on peut tenter sa chance dès l'ouverture, il y a en principe toujours quelques places disponibles. Entrée : 8 € ; réduc, notamment avec l'Artecard. Audioguide : 3,50 € (+ 1 € si réservation en ligne). ***Attention, il est interdit de prendre des photos.***

Chef-d'œuvre de l'architecture baroque napolitaine, cette chapelle (1590) appartenait au palais de la famille Sansevero. Elle fut transformée en tombeau familial en 1613. Le faste du décor, on le doit à ***Raimondo di Sangro*** (1710-1771), prince napolitain bien en vue au XVIIIe s. Fresques, moulures, statues, marbre polychrome, gravures, angelots, blasons, on ne sait plus où poser les yeux.

Pourtant, l'œuvre pour laquelle tout le monde se presse est paisiblement installée au cœur de la nef : l'extraordinaire ***Cristo Velato*** (1753). Reconnu dans le monde entier pour son incroyable finesse, ce *Christ voilé* est l'œuvre du sculpteur ***Giuseppe Sanmartino.*** Admirez le travail du drapé, particulièrement superbe au niveau du visage et des mains. On pourrait croire qu'un tissu léger vient d'être déposé sur lui et l'on devine à travers ce voile les marques subies lors de la crucifixion.

Cette finesse sans pareille a d'ailleurs beaucoup fait jaser à l'époque. Scientifique et alchimiste, Raimondo di Sangro passait son temps dans ses laboratoires. La légende raconte que le scientifique aurait enseigné à Sanmartino le procédé de « marmorification ». Pour beaucoup alors, un simple tissu aurait été jeté sur une statue et se serait transformé en marbre par un processus alchimique. Erreur ! Il s'agit bien là d'un seul et même bloc de marbre. Devant un tel spectacle, on ne peut que rester bouche bée.

Ce Christ forme une famille avec les 2 statues de part et d'autre du chœur. À gauche, ***La Pudicizia*** (*La Pudeur*, 1752) d'***Antonio Corradini*** ; à droite, ***Il Disinganno*** (*La Désillusion*, 1753-1754) de ***Francesco Queirolo.*** La 1re est dédiée à la mère du commanditaire Raimondo di Sangro, morte alors que son fils n'avait pas 1 an. On admire là aussi la finesse et l'apparente légèreté du voile qui recouvre le corps de cette femme. La seconde représente l'allégorie de l'homme en prise avec ses démons, prisonnier d'un filet de pêche. On peine à croire que ces mailles ont été taillées dans le roc.

Après avoir admiré ce trio, laissez votre regard se promener des pieds des colonnes aux voûtes célestes pour détailler les allégories, la plupart sont dédiées aux ancêtres de la famille et symbolisent une vertu ou un vice. Admirez aussi la coupole au-dessous de l'autel avec son très beau trompe-l'œil.

En pénétrant dans le couloir qui mène au sous-sol, remarquez enfin le magnifique sol de forme labyrinthique. De l'entrée à la sortie, un chef-d'œuvre baroque, on vous dit !

Chiesa Sant'Angelo a Nilo *(zoom Centre historique, E2)* **:** *via San Biagio dei Librai.* D'un très beau rouge brique, cette église tire son nom de la présence, au Ier s de l'ère chrétienne, d'une colonie d'Égyptiens d'Alexandrie. Belle *Madonna con Bambino e santi* conservée dans la sacristie. Orgue en bois doré au-dessus de la porte d'entrée. Sur la droite du chœur, le tombeau du cardinal Rinaldo Brancaccio, soutenu par de petites statues avec une pietà, attribué à Donatello (la 1re œuvre Renaissance à Naples).

Quelques mètres plus loin, sur la placette Largo Corpo di Napoli, la curieuse ***statue du Nil,*** retrouvée au XIIe s après être restée enterrée quelques siècles. Les Napolitains, après l'avoir découverte sans tête, pensaient avoir affaire à une représentation de la ville de Naples. Une restauration datant du XVIIe s rétablit la vérité (une statue du dieu Nil adorée par la colonie de marchands d'Alexandrie), en posant une tête bien virile sur ce corps ambigu.

LES QUARTIERS ESPAGNOLS

Le nom de ces vieux quartiers vient des troupes espagnoles qui furent logées ici au XVIe s. L'habitat d'origine (bâtiments de 2 ou 3 étages) s'est altéré au fil des siècles du fait d'une très forte pression démographique. Les *palazzi* furent surélevés, les cours et jardins disparurent. Après le tremblement de terre de 1980, la municipalité encouragea les habitants privés de logements à venir habiter dans ces modestes habitations, les *bassi,* exigus et sombres. Brouhaha des scooters plus que des voitures (le trafic est limité), discussions animées, vendeurs ambulants, étalages de petits commerçants, activités des artisans... Ici, plus qu'ailleurs, les vraies richesses de Naples sont ses habitants. Les rues étroites et pavées se coupent à angle droit dans un quartier qui monte vers le Vomero. C'est peut-être ici que le soleil pénètre le moins en raison des immeubles si rapprochés. Portez votre regard dans les coins et recoins de ce quartier populaire, vous finirez par l'apprivoiser et l'apprécier. Aujourd'hui, ce quartier bouillonnant concentre à ses pieds toutes les grandes enseignes de la mode via Toledo et plein de bons restos dans son dédale de petites rues. Les Napolitains trouvent que le coin devient trop touristique, ce qui ne les empêche pas d'investir la large via Toledo en fin de journée ! Le mieux est d'arpenter ces rues pour vous forger votre propre opinion.

Où dormir ?

Bon marché

■ ***Neapolitan Trips Hostel*** *(zoom Quartiers espagnols, E3,* ***50****) : via dei Fiorentini, 10.* ☎ *081-551-89-77. • b&b@neapolitantrips.it • neapolitantrips.com • Réception au 3e étage. Nuitée en dortoir 4-12 lits 15-30 €/pers ; doubles 60-65 € ; également des triples ; sdb commune pour ts, draps, serviettes et petit déj inclus.* Idéalement située, c'est l'AJ la plus cool de Naples. On a aimé la déco industrialo-récupo-branchouille, toute moderne, avec des clins d'œil à la culture napolitaine. Belle et vaste salle commune avec une chouette terrasse, piano et jeux de société. Les dortoirs et chambres privées n'affichent pas les mêmes efforts de style (certains sont même franchement tristes) mais offrent un confort correct et rien à redire côté propreté (notamment dans les salles de bains). Laverie, cuisine commune, bar, petit déj complet, on lui a trouvé plein d'avantages. Au 5e étage, la formule se décline en *B & B* et hôtel, mais le rapport qualité-prix ne saute pas aux yeux. Accueil sympa.

■ ***Toledo Stop*** *(zoom Quartiers espagnols, D-E3,* ***51****) : via Toledo, 106.* 📱 *334-385-12-94. • toledostop@gmail.com • toledostop.it • Escalier de droite, 3e étage. Doubles 55-70 € ; pas de petit déj.* À ce prix-là, on avoue avoir été bluffés par cette adresse nickel et hyper centrale. Au total, seulement 6 chambres au style brut, pour ne pas dire basique, dans les tons anthracite. Certains diront qu'elles manquent de déco, nous répondons que l'essentiel y est. Modernes et fonctionnelles, comme les salles de bains, on ne leur trouve aucun défaut, sauf peut-être l'absence de petit déj. Mais vu le nombre de cafés en bas, on chipote. Bonne insonorisation en prime (important quand on donne sur la rue la plus commerçante de Naples).

Prix moyens

■ ***Real Giardinetto a Toledo*** *(zoom Quartiers espagnols, D3,* ***55****) : vico*

Giardinetto, 7. 📱 347-812-14-73. • spidreams03@gmail.com • Au 1er étage. Pas de réception, téléphoner avt. Doubles 60-85 €. Bien caché dans une ruelle vraiment étroite des quartiers espagnols, ce *B & B* porte plutôt mal son nom puisqu'on n'a pas vu l'ombre d'un jardin. En revanche, les 5 chambres, avec parquet, joli mobilier et salles de bains modernes, présentent un bon rapport qualité-prix-situation. Certaines possèdent un balcon et l'une d'entre elles peut accueillir jusqu'à 5 personnes. Tout beau, tout propre, tout simplement. Accueil vraiment sympa.

Hotel Principe Napolit'amo *(zoom Quartiers espagnols, D3, **53**) : via Toledo, 148. ☎ 081-552-36-26. • info@napolitamo.it • napolitamo.it • Réception au 1er étage. Doubles 60-105 €.* Installée au *piano nobile* (étage noble) d'un palais du XVIIIe s, cette adresse se fait remarquer autant par son accueil souriant que par son atmosphère sereine. Les chambres, hautes de plafond, sont très classiques et confortables, d'une propreté irréprochable, et arborent des tons chaleureux. Certaines sont plus spacieuses et s'ouvrent sur un balcon donnant sur la via Toledo (dont le bruit est amorti par le double vitrage et les volets intérieurs). Une situation parfaite donc pour cet établissement au style napolitain.

De prix moyens à chic

B & B Spaccanapoli *(zoom Quartiers espagnols, D3, **52**) : via Francesco Girardi, 37. ☎ 081-41-78-09. 📱 393-337-24-45. • info@bbspaccanapoli.com • bbspaccanapoli.com • Au 2e étage. Doubles 65-80 €, suites 85-120 €.* Logé dans un palais du XVIIe s, ce *B & B* cossu profite d'une situation parfaite à 2 pas du centre (mais sans en subir l'agitation). Les suites et la chambre standard offrent un confort optimal. Toutes sont très spacieuses, hautes de plafond, décorées de toiles contemporaines se mêlant harmonieusement à l'ancien et dotées de salles de bains modernes. La plus grande possède même un sauna ! Celle du dernier étage est idéale pour les familles, avec 2 pièces attenantes, 2 salles de bains et une terrasse. Superbe salle à manger pour prendre petit déj, entre 2 parties de billard. Accueil au top en français d'Umberto, toujours de bon conseil. Si c'est complet, il possède d'autres chambres piazza Dante (voir *Dsquare Accomadation* dans « Le centre historique – Spaccanapoli »).

That's Napoli *(zoom Quartiers espagnols, D3, **56**) : via Trinità degli Spagnoli, 41. 📱 342-621-90-86. • info@thatsnapoli.it • thatsnapoli.it • 4e étage (prévoir 0,10 € pour l'ascenseur). Congés : 3 sem en août. Doubles 70-100 €.* Dans un bel appartement napolitain, 6 chambres au goût et au confort certains. Toutes différentes, leur style combine mobilier ancien et touches contemporaines, notamment de belles couleurs vives. Côté salles de bains, tout est moderne et impeccable. Les proprios sont attachés aux petits détails et on se sent vite comme à la maison grâce à leur accueil chaleureux et à leurs bons conseils.

Hotel Il Convento *(zoom Quartiers espagnols, D3, **54**) : via Speranzella, 137/A. ☎ 081-40-39-77. • info@hotelilconvento.it • hotelilconvento.it • Doubles 65-160 € ; familiales.* Ce vieux palais du XVIIe s abrite des chambres pas bien grandes, mais à la déco classique et discrète à la napolitaine, confortables, et qui disposent toutes d'un balcon. Celles qui donnent sur le *vico* (impasse) sont plus calmes. Au 4e étage, 2 suites avec une terrasse privative fleurie et ravissante. Certaines conviendront aux familles. D'autres encore donnent sur un jardin suspendu. Belle salle de petit déj rustique, mais les marmottes peuvent aussi demander le petit déj en chambre ! Accueil très serviable.

Chiaja Hotel de Charme *(zoom Quartiers espagnols, D4, **57**) : via Chiaia, 216. ☎ 081-41-55-55. • info@hotelchiaia.it • chiaiahotel.com • Doubles 80-185 €.* Idéalement situé au 1er étage d'un charmant *palazzo* à 2 pas de la piazza del Plebiscito et de la via Toledo, cet hôtel typiquement napolitain cache une drôle d'histoire dans ses murs. La moitié de l'édifice était la maison du trisaïeul de l'actuel propriétaire, et l'autre moitié un bordel !

De beaux éléments de déco rappellent le passé historique de l'édifice, qui abrite une trentaine de chambres cosy. Moulures, rideaux fleuris, meubles patinés, il s'en dégage un charme classique. Les plus chères sont plus spacieuses, donnent sur la via Chiaia (balcon) et ont une baignoire. Certaines des plus économiques sont, en revanche, franchement petites et presque aveugles. Pour les personnes qui ont le sommeil léger, préférer celles côté cour. Salon et bar cosy. Accueil pro et souriant.

The Boutique Napoli Suite *(zoom Quartiers espagnols, D3,* ***59****) : via Toledo, 156. ☎ 081-18-67-17-46. 📱 335-676-51-25. • info@theboutiquenapolisuite.it • theboutiquenapolisuite.it • Escalier D, 5ᵉ étage. Doubles et suites 80-160 € ; pas de petit déj.* L'immeuble n'est pas exceptionnel, mais cette adresse plus proche de la *guesthouse* que de l'hôtel fait dans le chic. Briques, verre et tons anthracite plantent un décor contemporain dont certains pourraient reprocher le manque de chaleur. Côté confort, rien à redire, c'est impeccable : bonne literie, double vitrage, douche à l'italienne (ou jacuzzi pour la suite), mobilier design… « *La Smorfia* » est la chambre la moins chère. On regrette l'absence de petit déj et l'accueil pas toujours présent (très sympa, cela dit).

Art Resort Galleria Umberto *(zoom Quartiers espagnols, D-E4,* ***58****) : galleria Umberto I, 83. ☎ 081-497-62-24. • booking@artresortgalleriaumberto.com • artresortgalleriaumberto.com • Au 4ᵉ étage (prévoir 0,10 € pour l'ascenseur). Doubles 90-160 €.* Le seul hôtel dans la galerie la plus chic et monumentale de Naples. Si l'extérieur et la réception aux allures de palace laissent rêveur, l'intérieur présente quelques fautes de goût. L'ancien se mêle ici à des objets plus modernes et hétéroclites. Mais la dizaine de chambres offre un bon confort, d'autant qu'elles sont assez vastes. Attention toutefois à l'insonorisation parfois un peu juste. Superbe vue sur la galerie depuis la salle de petit déj.

Où manger ?

De très bon marché à bon marché

Antica Pizza Fritta da Zia Esterina *(zoom Quartiers espagnols, D4,* ***141****) : piazza Trieste e Trento, 53. • info@sorbillo.it • Tlj 12h-23h sauf dim soir. Pizze 3,50-5 €.* Dans la famille Sorbillo (encore eux !), je voudrais la tante. Si tous les frangins, frangines font dans la pizza, tatie Esterina change la donne avec son échoppe spécialisée dans la pizza frite. Oui, oui, prenez une pizza, pliez-la en 2 et jetez-la dans un bain d'huile. Caloriphobes, passez votre chemin ! Pour les autres, ajoutez une *Perroni* et calez-vous sur le 1ᵉʳ banc venu. Portion maxi, prix mini.

Osteria della Mattonella *(zoom Quartiers espagnols, D4,* ***143****) : via Giovanni Nicotera, 13. ☎ 081-41-65-41. Tlj sauf mer et dim soir. Repas env 15 €.* La via Nicotera (accessible par des ruelles pentues ou par un ascenseur public depuis la via Chiaia) passe au-dessus de la via Chiaia, ce qui fait qu'on a parfois du mal à trouver cette minuscule *osteria.* L'adresse est appréciée pour son accueil familial, son cadre chaleureux et sa cuisine simple et sans chichis, mitonnée à vue, en bout de salle. Bouteilles de vin, photos d'ancêtres, nappes à carreaux et faïences bleues aux murs, on se croirait chez mamie. Et tant mieux car les plats sont aussi réconfortants que ceux de notre grand-mère.

Trattoria Da Nennella *(zoom Quartiers espagnols, D3,* ***145****) : vico Lungo Teatro Nuovo, 103/105. ☎ 081-41-43-38. • trattorianennella@libero.it • Tlj sauf dim. Menu 12 €.* C'est une institution, une adresse qui attire en masse les employés de bureau le midi et les fêtards le soir depuis plus de 60 ans. Il faut dire que le rapport qualité-prix est imbattable. La formule est simple : vous choisissez parmi les antipasti, puis optez pour le *secondo piatto* et son *contorno* (accompagnement), eau et pain compris. Les pâtes sont honnêtes, les anchois frits pas mal du tout. Quant au vin, il n'est pas cher, mais il est... spécial. Dans tous les cas, l'ambiance est au rendez-vous, entre les serveurs qui font le show en braillant et les familles ou les bandes de copains qui s'entassent en rigolant dans les salles sommairement décorées et en terrasse. Y aller tôt pour dégoter une place (avant 19h45) ; sinon, on vous inscrit sur une liste d'attente.

|●| La ***via Toledo*** concentre pas mal de petites échoppes où l'on vend uniquement à emporter (quelques tables hautes dans la rue) des *arancini,* des *pizze portafoglio* (des pizzas pliées en 2), des *frittate* (sorte de tortilla mais à base de pâtes) et autres fritures. Rien de bien léger, mais on se cale pour moins de 5 €. Notre préféré dans le lot : ***Pizza a Portafoglio*** *(via Toledo, 244).*

Prix moyens

|●| ***Osteria Napulion*** *(hors zoom Quartiers espagnols par D4,* ***147****)* **:** *via Giovanni Nicotera, 42. ☎ 081-182-25-533. Tlj sauf dim soir et lun. Repas 20-25 €.* Il faut se perdre un peu dans les hauteurs pour dénicher cette jolie petite adresse (les flemmards prendront l'ascenseur depuis la via Chiaia). On y cuisine en fonction du marché une cuisine de Campanie pleine de saveurs, dont de bons plats de poisson frais, ce qui n'est pas si fréquent à Naples. C'est simple et délicieux, jusqu'aux beignets tout chauds qu'on picore à l'apéro. En revanche, la salle d'angle sobre et conviviale est riquiqui : mieux vaut réserver, d'autant que le service (très sympa) prend son temps.

|●| ***Trattoria A Pignata*** *(zoom Quartiers espagnols, D3,* ***144****)* **:** *vico Lungo del Gelso, 110/112. ☎ 081-038-34-37. • info@trattoriapignata.it • Tlj sauf lun. Arriver tôt (avt 20h) ou réserver. Congés : 2 sem début sept. Repas complet 20-25 €.* Une *trattoria* populaire, rustique et sans prétention. De la terrasse à l'entrée de la cuisine, les tables occupent tout l'espace, et on perd ainsi en intimité (pas idéal pour une soirée en amoureux, donc). Au menu : des plats simples et une cuisine traditionnelle : *bruschette,* anchois frits, pâtes à toutes les sauces, poisson du jour... Ça dépote en cuisine, et le service est parfois un peu foutraque, mais ça fait aussi le charme de l'adresse.

|●| ***Locanda 'Ntretella*** *(zoom Quartiers espagnols, D4,* ***146****)* **:** *salita Sant'Anna di Palazzo, 25. ☎ 081-42-77-83. • info@locandantretella.com • Tlj sauf mer, midi et soir. Congés : 2 sem en janv et 10 j. en nov. Résa conseillée. Repas env 30 €. Digestif offert sur présentation de ce guide. 'Ntretella* ne manque pas de vertus gastronomiques. Courte carte pour une savoureuse cuisine napolitaine labellisée *Slow food,* essentiellement à base d'ingrédients bio. On y trouve beaucoup de produits de la mer déclinés en risotto, *pasta* ou grillades. Un peu cher peut-être par rapport aux portions servies, mais la qualité est bien au rendez-vous. Pizzeria appartenant aux mêmes proprios à 2 pas de là. Accueil très sympa.

|●| ***Valù*** *(zoom Quartiers espagnols, D3,* ***148****)* **:** *vico Lungo del Gelso, 80. ☎ 081-038-11-39. • info@valu.it • Tlj sauf mar. Résa conseillée. Repas 25-30 €.* À 2 pas de la via Toledo, petite salle en longueur et sa cuisine ouverte au fond. Chaises rouges et banquettes beiges, terrasse dans la rue aux beaux jours. Au menu, des plats italiens rajeunis, comme le délicieux risotto. Ce n'est pas un plat local, mais *Valù* se présente comme une « *risotteria* » et en propose une vingtaine de variétés. Autre spécialité de la maison : les viandes grillées. Délicieux. Service pro. Face au succès, la maison a ouvert une annexe dans le Vomero *(via Luca Giordano, 21).*

|●| ***Hosteria Toledo*** *(zoom Quartiers espagnols, D3,* ***149****)* **:** *vico Giardinetto, 78/a. ☎ 081-42-12-57. • info@hosteriatoledo.it • Tlj sauf mar. Résa conseillée. Repas env 25 €.* À une enjambée de *Valù,* cette *trattoria* au cadre traditionnel attire beaucoup les touristes. Ne criez pas à l'attrape-nigauds, les Napolitains nous l'ont chaleureusement recommandée. On s'y attable sous des guirlandes de cartes postales provenant des 4 coins du monde, entre bouquets d'herbes aromatiques, piments séchés et bouteilles de vin. Ici, on se

concentre sur les pâtes et le poisson. L'équipe aux fourneaux concocte une cuisine napolitaine classique et respectueuse des préceptes du *Slow food,* une garantie de qualité pour les produits. Spécialité de daurade en croûte de sel.

Chic

🍽 ***Trattoria San Ferdinando*** *(zoom Quartiers espagnols, D4,* ***151****) : via Nardones, 117. ☎ 081-42-19-64. • info@trattoriasanferdinando.com • Tlj sauf sam soir, dim et lun soir. Résa conseillée. Carte env 35 €.* Proche du teatro San Carlo et du palazzo Reale, ce resto au décor typiquement napolitain offre une cuisine classique de grande qualité principalement tournée vers la mer. Pas avare d'explications, le chef vous met l'eau à la bouche en déclamant ses plats ! Incontournables : du poisson frais, du poulpe et des calamars. Que les carnassiers se rassurent, on peut aussi opter pour de délicieuses boulettes *(polpette)* ou pour une *scaloppina alla sorrentina* (escalope de veau recouverte de sauce tomate et de mozzarella, mmmh !). Très bons *antipasti* et *pasta.*

Où grignoter une pâtisserie ?
Où déguster une glace ?

Pintauro *(zoom Quartiers espagnols, D4,* ***216****) : via Toledo, 275. ☎ 081-41-73-39. Tlj 9h-20h. Congés : août.* Antique pâtisserie minuscule tapissée de marbre et datant de 1785. Une relique qui a pour spécialités les *sfogliatelle* (chaudement sorties du four) et les *zeppole di San Giuseppe,* sorte de choux à la crème pâtissière. Leur *capresina* (petite *torta caprese* au chocolat et aux amandes) n'est pas mal non plus. C'est souvent bondé, signe qui ne trompe pas, malgré un accueil parfois bougon !

Poppella *(zoom Quartiers espagnols, D4,* ***217****) : via Santa Brigida, 69/70. ☎ 081-185-18-095. Tlj 8h-22h.* Il neige rarement à Naples. Et pourtant, tous les Napolitains ont déjà mordu dans ces flocons de neige. Stars de la maison, les *fiocchi di neve* sont de petits beignets ultra-moelleux, fourrés de crème de lait onctueuse et peu sucrée. Rien à voir avec un chou pâtissier, tout se joue sur la légèreté. Un flocon de neige qui fait courir le Tout-Naples, précipitez-vous !

Sfogliatella Mary *(zoom Quartiers espagnols, D4,* ***218****) : Galleria Umberto I, 66. Tlj 8h-20h30 sauf lun. Congés : 2 sem en août.* Ni pâtisserie ni boutique, simplement une échoppe miniature posée à l'entrée de la galerie, devant laquelle la file de gourmands s'allonge. Une foule, et un nom qui ne trompe pas, on déguste bien ici de savoureuses *sfogliatelle* tout droit sorties du four. À déguster sur-le-champ, les yeux levés vers la splendide *Galleria Umberto.*

Gelato Mennella *(zoom Quartiers espagnols, D4,* ***215****) : angle via Toledo et via Carlo de Cesare. Tlj 10h-2h (minuit dim).* Ce glacier se reconnaît à son enseigne arborant une vache. Du bon lait donc, pour des glaces crémeuses qui semblent conquérir les plus gourmands, quand on voit l'affluence à toute heure du jour et de la nuit. D'autres annexes à Naples, notamment plus haut dans la même rue : *via Toledo, 110.*

Où boire un bon café ?

Ceraldi Caffè *(zoom Quartiers espagnols, D-E3,* ***210****) : piazza Carità, 14. ☎ 081-552-34-88. Tlj 6h30-20h30 (14h dim).* Chouette endroit pour commencer sa journée par un revigorant *espresso,* accompagné d'une brioche ou d'un *cornetto.* Grand café à l'ancienne, avec sa salle à tendance chic et son bar bien lustré. Mais nous, on préfère la belle et agréable terrasse sur la place, ensoleillée de bon matin. Très bon café – mais l'inverse est rare à Naples – et délicieuses viennoiseries en tout genre (sucrées ou salées) pour les petits en-cas.

Gran Caffè Gambrinus *(zoom Quartiers espagnols, D4,* ***220****) : via Chiaia, 1/2. ☎ 081-41-75-82. • info@grancaffegambrinus.com • Tlj 7h-1h (2h ven, 3h sam).* Un emplacement unique et central (et qui se paie) en plein sur la piazza del Plebiscito, donnant sur la façade solennelle du teatro San Carlo et du palazzo Reale. Ce célèbre café de style Liberty, fondé en 1860, fut le rendez-vous de Verdi et d'Oscar Wilde. *Gambrinus* a gardé son style et son décor de stucs dorés, de larges miroirs et de peintures qu'on admire en passant une tête côté salon de thé. Au comptoir, demandez un *caffè nocciola,* avec crème à la noisette, une spécialité napolitaine. Gourmande vitrine de pâtisseries qui ne nous ont pas déçus ; en revanche, les glaces ont peiné à nous convaincre. Terrasse extérieure agréable à l'heure du *Spritz.* Service professionnel et parfois empressé. Presque aussi populaire, son voisin, le ***Bar del Professore.*** Attention à ne pas trop vous lâcher, ici on flirte avec les prix parisiens.

Augustus *(zoom Quartiers espagnols, D3,* ***221****) : via Toledo, 147. ☎ 081-551-35-40. Tlj 7h-21h.* Un petit café réputé de la via Toledo. Dans la 1re salle, on commande son café, que l'on boit sans façon accoudé au bar. Si vous passez à l'heure du goûter, craquez pour leur bon baba au rhum. La salle du fond abrite une petite *tavola calada,* mais sans intérêt.

Où boire un verre ?

Les ruelles qui grimpent de la via Toledo attirent une jeunesse à la cool, dans des rades qui ne paient pas de mine mais qui ont le mérite de rincer le gosier pour pas cher ! Nettement plus populaire que le centre historique ou Chiaia. Mais on y trouve moins d'adresses de qualité.

Cammarota Spritz *(zoom Quartiers espagnols, D3,* ***311****) : vico Lungo Teatro Nuovo, 31. 📱 320-277-56-87. Tlj 16h-minuit sauf dim.* On en rêvait, ils l'ont fait : le *Spritz* à 1 € ! Derrière le comptoir, l'équipe s'active pour servir des centaines de verres à une foule de jeunes assoiffés, au budget serré. À ce prix, on ne s'encombre pas de glaçon, paille ou rondelle d'orange, faut pas pousser ! Le bar déborde littéralement dans la ruelle étroite où tout le monde s'entasse dans la bonne humeur. Un bel aperçu de la *vita napoletana.*

Spuzzulè Wine Bar *(zoom Quartiers espagnols, D4,* ***312****) : via S. Maggiore, 54. 📱 393-432-11-39. Tlj 17h-minuit sauf lun. En-cas et planche 5-15 €.* Ce minuscule bar à vins déploie sa terrasse dans la rue pentue, où barriques et palettes de réemploi font office de mobilier. C'est festif et convivial, idéal pour profiter de la sélection du jour, archi-courte mais précise, de crus essentiellement locaux. Vraiment bien, jusqu'aux bonnes grignotes qui permettent d'étoffer très correctement la dégustation (planches de charcut' et fromages, aubergines grillées...). Accueil sympa et dynamique.

Achats

Ombrelli Talarico *(zoom Quartiers espagnols, D3,* ***341****) : vico Due Porte a Toledo, 4/b. ☎ 081-40-77-23. • info@mariotalarico.it • Tlj 8h-20h sauf dim. Parapluies de 30 € à... plusieurs milliers d'euros.* Il fait la pluie et le beau temps à Naples. Dans cet atelier encombré, Mario Talarico fabrique des parapluies vendus dans le monde entier. Bois de cerisier, de noyer, pommeau à tête de perroquet... chaque *ombrello* a son histoire, contée avec passion. Pour perpétuer l'amour du travail bien fait, Mario a transmis son savoir-faire à son fils Mario Junior, et voici la 5e génération d'artisans qui est en route ! Ensemble, ils créent 4 parapluies par jour. Du travail d'orfèvre. Même le pape a le sien !

À voir

La via Toledo : de la piazza Carità à la piazza del Plebiscito

Piazza Carità *(zoom Quartiers espagnols, D-E3)* **:** petite place ensoleillée de bon matin. On aime s'y poser pour observer la vie napolitaine défiler sous nos yeux. C'est un lieu de rendez-vous apprécié à l'heure de la *passeggiata.* Elle est bordée par la *chiesa Santa Maria della Carità.*

Comune *(hôtel de ville ; zoom Quartiers espagnols, E3)* **:** *piazza del Municipio.* Pas le bâtiment le plus emblématique de la ville, mais on y profite d'une belle perspective sur la *piazza del Municipio,* sa fontaine et le port en arrière-plan. Dommage qu'il y ait autant de trafic.

L'ART DE LA DÉCO

Une fois de plus, Naples étonne par ses paradoxes, y compris dans la déco avant-gardiste d'une douzaine de stations de métro pour lesquelles on a fait appel à de grands artistes. Le mosaïste Luigi Ontani a, par exemple, figuré les visages des scugnizzi, les gavroches napolitains, à Materdei. Quant à la station Toledo, décorée de mosaïques bleues signées William Kentridge, elle est tout simplement considérée comme l'une des plus belles du monde, et même la plus belle d'Europe selon le Daily Telegraph *! Consulter le site du métro (●* anm.it *●, à la rubrique « Metro art ») pour tout savoir.*

Palazzo Zevallos Stigliano – Gallerie d'Italia *(palais Zevallos Stigliano ; zoom Quartiers espagnols, D3-4)* **:** *via Toledo, 185. ☎ 800-45-42-29. ● palazzozevallos.com ● Mar-dim 10h-18h ou 19h (20h w-e). Entrée : 5 € ; réduc, notamment avec l'Artecard ; gratuit moins de 18 ans. Expos temporaires incluses.* Si vous n'avez pas le temps de le visiter, prenez au moins la peine d'y entrer. Ce palais baroque du XVIIe s se pare d'un sublime décor Art nouveau. Ancienne banque (et encore aujourd'hui propriété de la Banque commerciale italienne), on peut jeter un coup d'œil à la salle principale, établie sous une superbe verrière. Notez les comptoirs toujours bien lustrés. Empruntez l'imposant escalier en marbre et admirez la richesse du plafond fleuri.

L'attrait principal du lieu se concentre au 2e étage, parmi les tableaux exposés : ***Le Martyre de sainte Ursule,*** dernier tableau du ***Caravage,*** peint peu de temps avant sa mort (1610). C'est l'une des 3 peintures de ce grand maître que l'on peut admirer à Naples (les autres sont au Museo Capodimonte et à l'église Pio Monte della Misericordia). Le Caravage s'attaque ici à la charmante légende de sainte Ursule, très populaire au Moyen Âge. L'histoire veut qu'Ursule fût tuée d'une flèche par le vieux Attila car elle refusa de l'épouser et de renier sa foi. Le peintre tire de cette histoire un tableau très sombre, seulement taché de la blancheur de la peau (qui donne de la douceur au tableau) de la sainte, dont un soldat transperce le sein, et de celle du personnage à l'arrière-plan, le peintre lui-même. Lors de la restauration du tableau, on a vu apparaître 2 personnages en arrière-plan, ainsi que la main qui donne l'impression de repousser le spectateur.

Dans une salle voisine, on peut observer le tableau d'***Artemisia Gentileschi,*** représentant Sanson et Dalila. Cette artiste du XVIe s appartenait au cercle du Caravage (ce dernier et le père de celle-ci étaient proches), on le remarque d'ailleurs, dans ces peintures, dans la rigueur du dessin, leur côté dramatique et les effets théâtraux.

Dans toutes les salles, prenez le temps de lever la tête pour admirer les plafonds avec leurs papiers peints datant du XIXe s, leurs lustres démesurés et leurs stucs d'une richesse inouïe : angelots, étoiles, fleurs, animaux... Les œuvres d'art s'exposent aussi bien aux murs qu'aux plafonds. On a particulièrement aimé la ***salle aux Oiseaux*** avec ses vues de Naples, ou encore la ***salle des Portraits,*** surveillée par des anges.

Galleria Umberto I *(galerie Umberto Ier ; zoom Quartiers espagnols, D-E4)* **:** *en bas de la via Toledo.* Galerie monumentale construite de 1887 à 1890. C'est un symbole fort du *risanamento* (assainissement) que connut la cité parthénopéenne, époque faste de construction, qui prit fin avec la Première Guerre mondiale.
Basée sur un plan cruciforme, cette imposante verrière planant à 57 m de hauteur est supportée par 4 étages. Au cœur de ce passage, un immense dôme porté par 8 anges surplombe majestueusement le sol en marbre. Notez aussi les bas-reliefs au-dessus des portes d'entrée. Quel contraste avec l'ancien quartier de ruelles décimé par le choléra de 1884 !
Ceux qui connaissent Milan auront forcément une impression de déjà-vu. L'architecte de cette galerie, Emanuele Rocco, s'est en effet inspiré de la *Galleria Vittorio Emanuele II,* inaugurée 10 ans plus tôt en Lombardie.
Si la galerie abritait autrefois de vrais commerces napolitains, on se demande aujourd'hui si le McDo a vraiment sa place ici...

Teatro San Carlo *(théâtre San Carlo ; zoom Quartiers espagnols, E4)* **:** *via San Carlo. ☎ 081-797-23-31. ● teatrosancarlo.it ● Infos et billetterie sur le côté. Visites guidées obligatoires : tlj à 11h30 et 15h30 en anglais, sam à 17h en français (sinon, en italien). Tarif : 9 € ; réduc avec l'Artecard.* Le célèbre édifice a été élevé en quelques mois et inauguré le 4 novembre 1737, jour de la fête du roi Charles de Bourbon. Bien plus ancien que la Scala de Milan ou la Fenice de Venise, c'est l'un des plus beaux opéras du monde, selon les connaisseurs. Au XVIIIe s, les 6 étages de loges étaient éclairés par 1 200 candélabres en or. Stendhal y passait toutes ses soirées lorsqu'il séjournait à Naples. Grâce à ses structures en bois, l'acoustique du théâtre atteint la perfection depuis sa reconstruction en 1816 après un incendie qui le détruisit partiellement. Le mieux est encore d'y assister à un spectacle...

UNE VASTE SCÈNE POLITIQUE

Le théâtre San Carlo est un modèle du genre. Édifié en forme de fer à cheval et sur 6 étages, il peut accueillir jusqu'à 3 000 personnes. Il est doté de 180 loges, chacune équipée de miroirs, tous orientés vers la loge royale ! Ainsi, si le roi applaudissait ou riait, tout le monde en faisait autant. Sinon, silence radio.

Piazza del Plebiscito
(zoom Quartiers espagnols, D-E4)

Ici, la ville montre un visage « monumental », celui d'une capitale. La dynastie des Bourbons-Sicile choisit en effet Naples comme capitale dès son arrivée au pouvoir, en 1734, après le court intermède de domination des Autrichiens, entre 1707 et 1734. Après avoir été longtemps un parking, la place a retrouvé dans les années 1990 un aspect plus attrayant. Très solennel, l'un de ses côtés a une forme en hémicycle avec une colonnade fermée au centre par la ***basilique San Francesco di Paola.*** En face, longue façade imposante du ***palazzo Reale.*** On imagine aisément les rois debout au balcon, saluant la foule massée au pied du *palazzo* lors des grands événements. De chaque côté de la place s'élèvent le palais Salerno (qui abrite le Commandement militaire régional) et la préfecture (à côté du *Gran Caffè Gambrinus*). Le soir, les marches de l'église attirent les amoureux, parfois bercés d'un air joué par quelque musicien de rue. C'est aussi le terrain de jeu de dizaines d'enfants se prenant pour Maradona !

Palazzo Reale (palais royal ; zoom Quartiers espagnols, D-E4) : *piazza del Plebiscito. ☎ 081-580-82-55. Tlj 9h-20h (dernier billet à 19h), sauf mer. Entrée : 6 € ; réduc. Accepte l'Artecard. Attention, de nombreuses salles sont fermées après 16h.* Le Castel Nuovo ne plaisait guère aux Espagnols, qui décidèrent de bâtir à côté du Maschio Angioino un palais à leur convenance. Il y eut plusieurs tranches de travaux : la première en 1600, sous le règne du comte de Lemos, dura un siècle. La 2e tranche commença en 1734 avec l'arrivée des Bourbons, et la dernière dure de 1837 à 1858. L'aspect actuel du palais remonte à cette époque.

– ***À l'extérieur :*** sur la façade, au 1er niveau, furent installées dans des niches, en 1888, les statues des différents rois de Naples, depuis le Normand Roger jusqu'à Victor-Emmanuel II de Savoie. Un geste politique destiné à rassurer les Napolitains en leur montrant la continuité dynastique... assurée par les Savoie. Côté méridional, le palais ouvre sur la mer avec son belvédère et son jardin suspendu. Côté nord, il se confond avec le théâtre San Carlo.

– La visite de l'***intérieur*** du palais royal en met plein les yeux et le monumental ***escalier d'honneur*** tout en marbre en est une superbe mise-en-bouche. Réalisé au XVIIe s et réaménagé au goût du jour – le néoclassicisme – au XIXe s, il est joliment mis en valeur par d'immenses vitres qui apportent toute la lumière nécessaire à sa contemplation. En montant les marches, admirez le splendide plafond sculpté.

L'escalier mène au non moins splendide ***teatro di Corte,*** tout de dorures vêtu. Réalisé au XVIIIe s, une partie en a été confectionnée à base de papier mâché, y compris la loge royale ! La peinture centrale au plafond représente le mariage de Poséidon et d'Amphitrite.

On flâne ensuite dans la trentaine de salles ouvertes au public, enchaînement de chambres à coucher, salons, cabinets, etc. Tout n'est que luxe et opulence, dorures, sols marbrés, tableaux classiques, lustres majestueux, portes peintes et lourdes tentures, avec de jolis points de vue sur l'extérieur (la piazza del Plebiscito et son église, mais aussi le golfe de Naples). Parmi cette succession de pièces richement parées, nous avons surtout aimé la ***salle du Trône*** (tant qu'à rêver, autant rêver en grand !) avec son sol en marbre rouge et vert aux figures géométriques et son splendide plafond vert et doré. Cela dit, à voir la ***chambre de la Reine*** et les 4 salons attenants, la pauvre n'était pas mal lotie non plus. Si vous croisez le portrait de Ferdinand IV (1751-1825), vous remarquerez qu'il n'éblouissait pas par sa beauté (et encore on est gentil !). Il fut d'ailleurs surnommé « *il Re Nasone* » (le roi au gros nez)... Rêvez, enfin, de fastes soirées dans le ***salon d'Hercule*** (salle XXII), une immense salle de bal parquetée, avec rideaux peints en trompe l'œil. La visite se termine comme elle a commencé, toujours en beauté, par la ***cappella Palatina.***

– Au pied de l'escalier monumental, le ***MEMUS (Museo e Archivio storico del teatro San Carlo)*** abrite une petite expo sur les décors d'opéra du théâtre. Pourquoi pas si on prend le billet combiné avec la visite du théâtre, mais aucun intérêt à visiter seulement l'expo. *Tlj – sauf mer – 9h30-13h, 14h-18h (9h30-15h dim). Entrée (surévaluée !) : 6 € ; réduc, notamment avec l'Artecard.*

– **Biblioteca nazionale Vittorio Emanuele III** (Bibliothèque nationale) : *tlj, sauf sam ap-m, 8h30-19h (13h30 sam). Libre d'accès, mais il faut remplir une fiche à l'entrée, présenter une pièce d'identité et laisser son sac dans les casiers gratuits.* C'est l'une des plus riches d'Europe, elle ne manque pas d'intérêt. Elle abrite 19 000 manuscrits, 1 800 000 volumes et notamment les fameux papyrus d'Herculanum (1800). Mais le plus intéressant, c'est la salle de lecture où bûchent des étudiants sérieux, au milieu d'étagères anciennes et sous un beau plafond sculpté. Silence absolu !

LES QUARTIERS ESPAGNOLS

Basilica San Francesco di Paola *(zoom Quartiers espagnols, D4)* **:** *piazza del Plebiscito. Tlj 8h30-12h, 16h-19h.* Église circulaire construite en 1817 par Pietro Bianchi pour fêter le retour d'exil de Ferdinand IV. Il s'est largement inspiré du Panthéon de Rome. La coupole, haute de 53 m sur 34 m de diamètre, repose sur 32 colonnes doriques et est percée d'un puits de lumière en guise de clé de voûte. Bel autel en marbre. Une architecture néoclassique imposante de divinité. La *cappella del Santissimo Sacramento,* à droite de l'entrée, abrite une chasuble portée par Jean-Paul II.

CASTEL NUOVO – PIZZOFALCONE – BORGO MARINARI

Érigé au XIIIe s par Charles d'Anjou, le *Castel Nuovo* fut à la fois résidence royale et centre névralgique et défensif de la ville. Aujourd'hui, cette imposante bâtisse située à l'entrée de la station maritime est un repère essentiel pour les visiteurs. Le quartier (en perpétuels travaux) n'est pas des plus reposant mais conviendra aux touristes qui arrivent tard ou partent tôt par voie maritime. On est d'ailleurs plutôt bien placé, entre le centre historique et les quartiers espagnols, mais le coin manque sacrément de charme.
Plus au sud, *Pizzofalcone* est un quartier agréable où les Napolitains aiment se promener et profiter de l'air vivifiant de la mer. 2 populations se partagent ce petit territoire qui avance vers la mer : d'un côté, le très chic mais plutôt triste quartier *Santa Lucia* ; de l'autre, le populaire mais bien vivant quartier *Pallonetto.* Au bout de la jetée, l'imposant Castel dell'Ovo (château de l'Œuf) et, au pied de celui-ci, l'ancien village de pêcheurs de *Borgo Marinari,* devenu un petit port de plaisance, certes très touristique, mais bien agréable car isolé de l'agitation citadine. On confesse d'ailleurs un petit coup de cœur pour cette échappée marine presque inespérée en plein cœur de la ville.

Où dormir ?

De bon marché à prix moyens

■ ***Hostel of the Sun*** *(plan d'ensemble, E3,* ***61****)* **:** *via Melisurgo, 15. ☎ 081-420-63-93. • info@hostelnapoli.com • hostelnapoli.com • Au 7e étage. Ascenseur de gauche (payant, se munir de pièces de 0,10 € fournies par l'hôtel, gratuit le w-e et après 20h). Lits en dortoir 15-22 €, doubles 50-70 €, avec petit déj. Réduc de 10 % pour tte résa en direct sur présentation de ce guide.* Rien d'engageant de l'extérieur, pourtant, on aime beaucoup cette auberge bien située et tenue par des jeunes dynamiques. À l'étage de la réception, des dortoirs (4-8 lits) avec clim et casiers, une cuisine, un salon TV avec piano et baby-foot, le tout pas très rangé mais décoré de couleurs bien vives et très gaies. Les chambres privées (doubles, triples ou quadruples) occupent un autre étage et s'avèrent confortables. Bref, un décor et des services adaptés à une clientèle de jeunes voyageurs à petit budget.

■ ***Albergo Napolit'amo Medina*** *(plan d'ensemble, E3,* ***62****)* **:** *via San Tommaso d'Aquino, 15. ☎ 081-497-71-10. • hotel@napolitamo.it • napolitamo.it • Au 3e étage. Doubles 70-110 €.* Il s'agit de la même chaîne que l'*Hotel Principe Napolit'amo* dans les quartiers espagnols, à des prix à peu près équivalents. Très bien tenu, il dégage tout de même moins de charme et de personnalité que son grand frère, puisqu'ici on a opté pour un aménagement plus contemporain. Chambres modernes et confortables, avec un petit balcon pour certaines. Malgré le double vitrage, préférer les chambres donnant sur la via San Tommaso plutôt que celles avec vue sur la piazza del Municipio, plus bruyantes. Accueil très sympa.

De prix moyens à chic

■ ***Hotel Transatlantico*** *(plan d'ensemble, D5,* ***65****)* **:** *Borgo Marinari.*

☎ 081-764-88-42. • transa.tlantico@libero.it • transatlanticonapoli.com • Doubles 140-175 €. Les pieds dans l'eau, cet hôtel affiche fièrement son décor marin : mieux vaut aimer le bleu ! Confortables, les chambres sont sans charme particulier, mais offrent toutes une vue géniale sur le petit port et même sur le Vésuve pour certaines. Quel bonheur d'ouvrir ses rideaux le matin pour observer les bateaux ! À 2 pas de l'agitation du front de mer, on profite du calme ambiant de cette petite enclave piétonne (à condition d'éviter les chambres juste au-dessus des restaurants). Vu la situation et le panorama depuis les chambres, les prix restent raisonnables.

Palazzo Turchini *(plan d'ensemble, E3, **64**) : via Medina, 21-22. ☎ 081-551-06-06. • info@palazzoturchini.it • palazzoturchini.it • Doubles à partir de 100 €.* Cet hôtel situé sur l'artère principale qui relie l'embarcadère au centre historique permettra à ceux qui y dorment de profiter pleinement de Naples à pied. Les chambres affichent un style des plus classique avec parquet et mobilier sobre. Côté confort, tout y est. Personnel aimable et courtois.

Relais sul Mare Boutique Hotel *(plan d'ensemble, E5, **63**) : via Palepoli, 20. ☎ 081-764-25-08. • relaissulmare@gmail.com • relaissulmare.com • Au 1er étage, escalier D à gauche. Doubles 100-260 €.* Dans le chic quartier de Santa Lucia, ce solide immeuble en pierre de taille abrite en fait plus un *B & B* qu'un hôtel. Moins de 10 chambres spacieuses et tout confort, au design soigné. Vue merveilleuse sur la baie de Naples et le Vésuve depuis la plus chère. Mais pour les chambres classiques, il faudra se pencher pour décrocher un morceau de bleu (dommage). Au final, une adresse un peu surévaluée, selon les saisons, mais aux excellentes prestations pour qui en a le budget.

Où manger ?

De bon marché à prix moyens

Trattoria Castel dell'Ovo – O' Tabbaccaro *(plan d'ensemble, D5, **165**) : via Luculliana, 28. ☎ 081-764-63-52. Tlj (sauf jeu) midi et soir. Repas 15-20 €.* Dans la flopée de restos attrape-touristes du Borgo Marinari, celui-ci se détache du lot. Pâtes, fritures, fruits de mer, la maison mise sur la simplicité. Ne vous attendez donc pas à des plats de haute volée, mais simplement à une cuisine familiale et généreuse. Le rapport qualité-prix-situation les pieds dans l'eau est de toute façon impeccable, et les Napolitains ne s'y trompent pas. Les yeux dans le bleu, à déguster des anchois frits : on n'est pas bien là ?

Trattoria da Peppino – Ritrovo degli Artisti *(plan d'ensemble, D4, **161**) : via Solitaria, 18. ☎ 081-764-44-49. Tlj. Repas 15-20 €.* Une petite salle toute simple avec ses nappes en papier et ses photos de famille, et de clients plus ou moins connus sur les murs colorés. Dans l'assiette, on se régale d'une bonne cuisine napolitaine de saison : *polpette, pasta,* morue, friture... Goûtez aux *gnocchi* faits maison, délicieux. Une cantine de quartier appréciée du célèbre auteur Erri De Luca, comme le prouvent les revues de presse fièrement affichées à l'extérieur.

Ristorante Da Ettore *(plan d'ensemble, D5, **162**) : via Santa Lucia, 56. ☎ 081-764-04-98. Tlj sauf dim. Pizze 7-10 € ; repas 20-30 €. Digestif offert sur présentation de ce guide.* Une institution dans le quartier, souvent bondée et réputée pour ses *pizze.* Pas de doute, elles sont bonnes, variées et bien garnies. À croquer en terrasse ou dans la salle tout en longueur, avec ses bouteilles au garde-à-vous. On y sert aussi une cuisine napolitaine traditionnelle et savoureuse. Service à l'ancienne, tout comme la déco, mais cela fait partie du charme de l'adresse.

Antica Trattoria da Ettore *(plan d'ensemble, D4, **174**) : via G. Serra, 39. ☎ 081-764-35-78. Tlj sauf dim soir et lun ; n'ouvre pas avt 20h. Repas 20-30 €.* Authentique petite *trattoria* familiale. Quelques ustensiles agraires et de vieilles photos en noir et blanc aux murs plantent un décor rustique, un peu sombre mais chaleureux. Cuisine semi-ouverte, au fond de la salle avec un four à pizza. Ici, pas de carte, on mange ce que le patron a rapporté du marché, le tout énoncé dans la langue de Dante. La cuisine est simple mais délicieuse, du ragoût aux spaghettis en passant par les *gnocchi* maison ou le risotto.

Chic

Europeo di Mattozzi *(plan d'ensemble, E3,* ***164****) : via Marchese Campodisola, 4. ☎ 081-552-13-23. • mattozzieuropeo@yahoo.it • Tlj sauf dim soir. Résa impérative. Repas min 35 €.* Fondée en 1852, voici une *trattoria* bourgeoise typiquement napolitaine, où les familles aiment se retrouver pour le déjeuner dominical. Déco bric-à-brac désuète avec de hauts plafonds et ballet des serveurs d'un autre temps, mais c'est dans l'assiette que tout se passe : excellents *spaghetti alle vongole,* friture de poissons (leur spécialité), assiette d'*antipasti* tournée vers la mer, bien entendu. Mieux vaut parler un peu l'italien pour ne pas être considéré comme un touriste lambda.

Où boire un verre ?

Au Borgo Marinari, à l'ombre du Castel dell'Ovo sont regroupés un grand nombre de bars très fréquentés par les Napolitains. L'endroit est tellement à l'écart qu'on a l'impression d'être non pas à Naples, mais dans le port de plaisance d'une petite station balnéaire.

Al Barcadero Café *(plan d'ensemble, D5,* ***321****) : banchina Santa Lucia, 2, passaggio Castel dell'Ovo. Tlj 7h-1h.* Stratégiquement situé sur le quai de la marina au pied du Castel dell'Ovo, c'est un endroit charmant et loin des foules pour prendre un verre. Alors, certes, on paie plus cher qu'ailleurs, mais on trempe presque les orteils dans l'eau.

Barrio Botanico *(plan d'ensemble, E3,* ***322****) : via Medina, 24. ☎ 081-424-61-86. Tlj 10h-1h30 (2h30 ven-sam).* Aménagée dans la cour de l'élégant *palazzo Fondi,* la terrasse de ce bar à cocktails est un must dans sa catégorie. Des arbres en pot, des plantes et des luminaires classe se combinent à l'architecture élégante du palais pour composer un genre d'oasis chic et relax, loin des foules. Surprenant.

À voir

Castel Nuovo

Castel Nuovo (Maschio Angioino) et Museo civico *(Nouveau Château et Musée civique ; plan d'ensemble, E4) : piazza del Municipio. ☎ 081-795-77-22. Lun-sam 8h30-18h. Fermé dim et j. fériés. Entrée : 6 € ; réduc. Accepte l'Artecard.* Les Napolitains ne le connaissent que sous le nom de *Maschio Angioino* (le Donjon angevin). Avant l'intervention des Anjou (dynastie régnante de 1266 à 1441), le *campus oppidi* était encore une zone vierge. L'emplacement est stratégique, face à la mer, au centre de la ville, bref, idéal pour accueillir la cour angevine qui se sentait à l'étroit dans les vieux châteaux napolitains. Le nouveau palais sera construit par un Français, Pierre de Chaules, à un rythme d'enfer (commencé en 1279 sous Charles Ier d'Anjou – le frère du roi Louis IX dit Saint Louis –, il sera habitable dès 1284), la décoration étant assurée par d'éminents artistes, comme Giotto. Puis, sous la houlette des Aragonais, la vieille forteresse médiévale est entièrement reconstruite pour lui permettre de résister aux attaques de l'artillerie moderne. Restauré au cours du XXe s, le Castel Nuovo a retrouvé sa silhouette massive de l'époque aragonaise (tours crénelées et soubassements puissants).

Mais ce qui retient surtout notre attention, c'est l'***arc de triomphe,*** blotti entre 2 tours, marquant l'entrée du château. Commande d'Alphonse V d'Aragon, cet arc en marbre blanc, orné de bas-reliefs et de statues, commémore son entrée triomphale à Naples en 1443. Le contraste est saisissant avec les austères tours en pierre volcanique.
La visite du château, moins spectaculaire, vaut surtout pour la petite *cappella Palatina* (au rez-de-chaussée) encore décorée de fresques attribuées à Giotto et pour la magnifique *sala dei Baroni* (en haut de l'escalier gauche), qui constituait autrefois la salle du Trône. Les étages abritent les collections du *Museo civico* (les salles sont parfois fermées, sans raison) : peintures, bustes en argent et en bronze... Pas palpitant. Faites plutôt un détour par la terrasse au 2e étage pour profiter d'une belle vue sur la baie. En sortant, jetez un œil au trou de boulet de canon incrusté dans la porte en bronze qui fermait, à l'origine, le château.

Pizzofalcone : Santa Lucia et le Pallonetto

🔭 ***Santa Lucia** (plan d'ensemble, D-E5) :* c'est ici que le 1er noyau de la ville grecque s'établit entre la zone du château de l'Œuf, le Borgo Marinari, et l'immédiate « terre ferme » (zone des grands hôtels et pentes de la colline de Pizzofalcone, appelée alors *monte Echia*). Santa Lucia devint rapidement un lieu de délices réputé pour ses sources d'eau sulfureuse jaillissant des grottes de Chiatamone. Un site sur lequel le richissime patricien romain Lucullus fit construire une fabuleuse villa. Virgile y séjournera une quinzaine d'années.
Jusqu'à la fin du XIXe s, Santa Lucia était une plage et un quartier de pêcheurs haut en couleur, habité par les Luciani, un peuple fier de ses origines et de ses coutumes. Mais un vaste plan d'urbanisme destiné à assainir la zone modifia profondément le coin. La via Santa Lucia a perdu ainsi son littoral... au grand dam de ses habitants. Résultat : certes, un front de mer (correspondant aux ***rues Partenope*** et ***Nazario Sauro***), mais avant tout un quartier impersonnel et froid, où les grands hôtels et la bourgeoisie ont établi leur QG. Ça manque de vie par ici !

🔭🔭 ***Pallonetto** (plan d'ensemble, D4-5) :* les artères principales de ce quartier populaire sont la ***via Pallonetto Santa Lucia*** et la ***via Monte di Dio.*** On retrouve ici l'antique population du quartier de pêcheurs, autrefois installée via Santa Lucia. Les *bassi,* les cours sombres, les habitants sur le pas des portes, les façades égratignées, les autels couverts de fleurs en plastique, les flopées d'escaliers escarpés, le linge qui sèche au vent... Dans ce salon à ciel ouvert, Naples dévoile sa particularité, mais aussi sa pauvreté. On a aimé arpenter ses ruelles pentues et pleines de vie, mais certains trouveront peut-être le quartier trop abîmé.

🔭 ***Palazzo Serra di Cassano** (plan d'ensemble, D4) : via Monte di Dio, 14.* Passez le porche du no 14 (entrée secondaire) de cette rue riche en nobles maisons et contemplez cet admirable palais dont l'escalier à double rampe est une merveille d'architecture. Le bâtiment fut le lieu de réunion des républicains napolitains à la fin du XVIIIe s. Parmi eux, le prince Gennaro Serra, exécuté sur ordre du roi pour avoir participé à la proclamation de la République parthénopéenne en 1799. *Pour les visites, contacter l'Institut italien d'études philosophiques (Istituto italiano per gli studi filosofici) : ☎ 081-764-26-52. • iisf.it •*

LE PORTAIL DU DEUIL

La majestueuse porte d'entrée (via Egiziaca, 67) du palais Serra di Cassano est toujours fermée depuis plus de 2 siècles ! On entre par la porte secondaire de la via Monte di Dio. Pourquoi ? Elle a été clôturée par la famille Serra en signe de deuil perpétuel depuis l'exécution du prince héritier de la lignée lors de la répression de 1799 contre les républicains.

Quasiment en face du palazzo Serra di Cassano, passez sous une arche et pénétrez ***viale Calascione*** *(plan d'ensemble, D4)*. Cette adorable impasse abrite des maisons ravissantes et fleuries dont la devise pourrait être : *Pour vivre heureux, vivons cachés.* Au fond (rampa Caprioli), on découvre une vue superbe sur les toits de la ville, de magnifiques villas et la mer au loin (dommage qu'on ne puisse pas ouvrir cette grille).

Galleria Borbonica *(galerie des Bourbons ; plan d'ensemble, D5)* **:** *attention, il y a 3 entrées différentes (l'accès à la galerie change en fonction du type de visite choisi : classique, aventure, mémoire et spéléo) : via Monte di Dio, 14 (palazzo Serra di Cassano) ; vico del Grottone, 4 et via Domenico Morelli, 61. ☎ 081-764-58-08. • galleriaborbonica.com • Pour la version classique, visites guidées uniquement (en anglais et en italien) ven-dim et j. fériés à 10h, 12h, 15h et 17h. Durée : env 1h. Tarif : 10 € ; réduc ; gratuit moins de 11 ans. Accepte l'Artecard. Pensez au pull et évitez les talons.* On ne le soupçonne pas en se baladant, mais le sous-sol de Naples est un vrai gruyère ! Ici, il s'agit à l'origine de carrières du XVIᵉ s creusées dans la roche volcanique, utilisées par la suite comme citernes. En 1853, le roi Ferdinand II de Bourbon décide de les utiliser à son profit. Il commande l'aménagement d'un tunnel pour relier le Palazzo Reale à la pizza Vittoria (dans l'actuel Chiaia). Ce passage souterrain devait permettre au monarque de s'échapper du palais et de faire circuler des troupes en cas de soulèvement populaire ou d'attaque. En 1859, le roi meurt, les travaux cessent et le site tombe peu à peu dans l'oubli jusqu'à la Seconde Guerre mondiale. Les galeries servent alors de refuge. Après le conflit, les salles deviennent un dépotoir... et même une fourrière ! C'est toute cette histoire haute en couleurs qu'on découvre en déambulant dans un vaste réseau souterrain, illustrée de loin en loin par des souvenirs et des vestiges abandonnés au gré des époques. Carcasses de voitures et de Vespa, réservoirs d'eau, hôpital de fortune, petits ponts et longues volées de marches constituent un décor aussi inattendu qu'impressionnant.

Borgo Marinari

Castel dell'Ovo *(château de l'Œuf ; plan d'ensemble, D5)* **:** *lun-sam 8h30-18h30, dim 8h30-13h30 (dernier accès à 17h, dim 12h30). GRATUIT, mais résa obligatoire sur le site • ingressi.comune.napoli.it •* Sur les ruines du castrum Lucullanum, des religieux hongrois fondèrent un couvent en 492 apr. J.-C. Début VIIIᵉ s, une imposante forteresse est construite par les bénédictins afin de se protéger des incursions sarrasines. Ils furent chassés par les Normands au XIIᵉ s. Malgré la construction du Castel Nuovo (1269), le château de l'Œuf sera encore la résidence du pouvoir (les rois angevins) jusqu'en 1442. Forteresse militaire à partir de l'avènement des Espagnols, prison à l'occasion, cette structure massive et austère restera « zone militaire » jusqu'en 1963. Passé ensuite sous l'autorité de la ville, l'ensemble très délabré fut patiemment restauré, puis aménagé en centre, abritant des expositions et des congrès.

UN ŒUF DUR À CUIRE !

La légende veut que le poète Virgile ait déposé dans le château un œuf en or dans une carafe de verre, elle-même enfermée dans une cage en fer. Il exigea que l'on n'y touche jamais, sous peine d'un cataclysme qui dévasterait la ville. Mais, en 1343, une tempête frappa de plein fouet le château et sema la panique chez les Napolitains, obligeant Jeanne d'Anjou à remplacer l'œuf par un autre. En 1370, rebelote. Depuis, Naples tient toujours debout, certainement grâce à ce château de l'Œuf, résistant à toute épreuve !

L'intérêt du site est de grimper au sommet des fortifications. En empruntant la rampe d'accès qui passe sous la herse et s'enfonce dans les entrailles de ce vaste édifice, on prend pleinement conscience de son importance stratégique pour la défense de la ville. En haut, plusieurs terrasses où sommeillent quelques fûts de canons offrent de très belles vues sur le golfe et sur Capri au loin. Postez-vous à la table d'orientation pour repérer les principaux édifices de la ville. Un point de vue unique sur Naples.

Borgo Marinari *(plan d'ensemble, D5)* **:** blotti au pied du Castel dell'Ovo, le Borgo Marinari est un havre de paix très prisé le soir par les Napolitains et les touristes. Petit port de plaisance pittoresque, encadré de très nombreux restaurants, on s'y réfugie aussi avec plaisir à la pause-déjeuner, pour échapper à l'effervescence citadine. Barques colorées qui ondulent sur l'eau, mâts des voiliers qui cliquettent au vent et légère brise marine, on a trouvé notre petit coin de bord de mer en pleine ville.

LE VOMERO

L'importance stratégique de la colline du Vomero en a fait depuis le XIVe s un lieu consacré à la défense de la ville. Les Espagnols ont construit sur son sommet une imposante forteresse, le Castel Sant'Elmo. Aujourd'hui rattrapé par la ville, le Vomero est un quartier résidentiel bourgeois à la circulation sage, moins animé que le reste de la cité. La *piazza Vanvitelli* en représente l'épicentre, et les *vie Alessandro Scarlatti* et *Luca Giodano,* les 2 artères les plus commerçantes. C'est sur le flanc de cette colline que se trouvent quelques-uns des plus beaux hôtels de la ville, et pour cause ! La vue sur la baie de Naples y est divine, et le quartier très agréable. Bien sûr, les prix suivent l'altitude... jusqu'à des hauteurs vertigineuses. Attention, le soir, les funiculaires sont moins fréquents et s'arrêtent relativement tôt.

Où dormir ?

De bon marché à prix moyens

La Controra *(plan d'ensemble, C2,* ***81****) : piazzetta Trinità alla Cesarea, 231. ☎ 081-549-40-14. • naples@lacontrora.net • lacontrora.com • Ⓜ Salvator Rosa. Prendre l'escalator, sortie Santacroce ; descendre la rue Salvator Rosa par la gauche ; l'hostel se trouve à gauche d'une église désaffectée peinte en rouge. Dortoirs 4-10 lits mixtes ou non, sdb privée ou commune, 15-25 €/pers ; doubles avec sdb 55-70 €.* Unique à Naples ! Il manquait dans cette ville une AJ dans cet esprit, à la fois historique et originale ! Superbe demeure ayant servi de pavillon de chasse au XVIIe s, puis transformée en couvent avant d'être récupérée comme bâtiment privé. Volumes imposants autour d'un patio-jardin bien au calme, idéal pour se prélasser. Chambres et dortoirs en revanche sobres et classiques, avec casiers, mais dont les sols sont pour certains incrustés de santons, d'ex-voto ou de cartes à jouer. Chauffage et clim. Cuisine moderne à disposition, salle de repas, films et même cours de cuisine pour les routards en panne de recettes. Alors oui, ce n'est pas le plus central, mais le rapport qualité-prix-convivialité est excellent.

B & B La Maisonnette *(plan d'ensemble, B-C3,* ***82****) : via Cimarosa, 32. 📱 329-748-32-82. • lamaisonnettebb.it • Double 90 € ; appart 250 € (jusqu'à 10 pers).* *B & B* situé en face du funiculaire central. Un endroit stratégique donc, mais aussi agréable et bien tenu par Sabrina, une Napolitaine charmante qui parle couramment le français, puisqu'elle a habité quelques années à Strasbourg (d'où le nom). Ses chambres sont confortables, toutes avec salle de bains claire et bien équipée. Également un petit appartement bien utile pour les familles. Sabrina est, par ailleurs, imbattable sur l'histoire et les bons plans de sa ville et saura vous donner 1 000 conseils pour profiter de votre séjour.

De prix moyens à chic

Hotel Cimarosa (plan d'ensemble, C3, **84**) : via Cimarosa, 29. ☎ 081-556-70-44. • info@hotelcimarosa.it • hotelcimarosa.it • Au 5e étage. Doubles 100-150 €. Impensable, en empruntant l'ascenseur antique de ce vieil immeuble bourgeois classique, d'imaginer un seul instant découvrir un hôtel de nouvelle génération. Parties communes agrémentées d'œuvres contemporaines et, réparties sur 3 niveaux (les 2 derniers étages sont même réunis par un ascenseur privé !), des chambres irréprochables aux lignes sobres et modernes, voire minimalistes. Baignoire balnéo, et très belle vue sur Capri et Sorrento depuis certaines d'entre elles. Accueil sympathique et efficace.

The Andy House B & B (plan d'ensemble, B2, **85**) : via Consalvo Carelli, 14. 338-477-58-72. • info@theandyhouse.com • theandyhouse.com • Au 1er étage. Doubles 60-130 €. Pas bien grand mais tout pimpant, ce *B & B* abrite des chambres claires, fraîches et modernes, avec des salles de bains qui répondent aux mêmes critères. Tout le confort souhaité en somme. L'emplacement est idéal, l'accueil chaleureux et plein de bons conseils, la propreté impeccable et le petit déj fait maison. Toutes ces qualités se paient et le prix peut paraître gonflé en haute saison, mais loger dans le Vomero, c'est accepter de taper dans le porte-monnaie.

Où manger ?

De bon marché à prix moyens

Friggitoria Vomero (plan d'ensemble, B3, **186**) : via Cimarosa, 44. ☎ 081-578-31-30. Tlj 9h30-21h (22h30 sam), sauf dim. Compter max 10 € selon votre appétit. Vous ne pourrez prétendre connaître le Vomero, ni Naples (non, on n'exagère pas tant que ça !), sans être allé acheter dans cette minuscule échoppe votre ration de fritures du jour. Car c'est une grande tradition locale que de grignoter sur le pouce croquettes à la mozzarella *(crocche), arancini* et autres boules de pizza frites vendues à l'unité à prix doux. Éminemment napolitain, mais pour la légèreté, on repassera !

Donna Teresa (plan d'ensemble, B3, **187**) : via Kerbaker, 58. ☎ 081-556-70-70. Tlj midi et soir, sauf dim. Repas complet env 20 €. Inusable, ce restaurant centenaire est l'une des institutions du quartier. Chaque midi, les employés du secteur se partagent la dizaine de tables de la salle minuscule, sous le regard bienveillant d'images pieuses, tandis qu'en cuisine la *mamma* s'affaire autour des marmites de plats du jour. Au menu, archicourt : *pasta* ou soupe en *primi*, poisson ou viande en *secondi*, le tout accompagné de légumes marinés et du *vino della casa*. Rien de très fin ici, mais c'est solide, bien typique, et ça vous requinque pour la journée.

Gorizia Ristorante Pizzeria (plan d'ensemble, B3, **188**) : via Bernini, 29/31. ☎ 081-578-22-48. • info@gorizia1916.com • Tlj jusqu'à minuit. Pizze 5-10 €, plats 8-16 €. Ce vieux resto de quartier (fondé en 1916, tout de même !) a bien vieilli en gardant sa personnalité et ses qualités. Le cuistot mijote une cuisine napolitaine de saison, sérieusement élaborée et servie dans une salle de bistrot voûtée de briques et aux murs en marbre gris. Fait aussi des *pizze* cuites au four à bois. Service un peu lent et salle parfois bruyante, mais c'est une valeur sûre dans le secteur.

Pizzeria Acunzo (plan d'ensemble, B3, **189**) : via Cimarosa, 60. ☎ 081-578-53-62. Tlj midi et soir. Pizze 6-12 €. Dans un décor plus contemporain que traditionnel, cette pizzeria datant pourtant des années 1960 se fait remarquer pour ses *pizze* aux... pâtes ! Oui, oui, vous avez bien lu. Pas franchement léger, mais les curieux tenteront l'expérience. Sinon, leurs pizzas classiques sont excellentes, garnies avec de bons produits comme des légumes marinés, de la ricotta bien fraîche ou encore des boulettes de viande. Également quelques plats à la carte, comme des pâtes ou du poisson, mais on ne vient pas pour ça.

Osteria il Pacchero *(plan d'ensemble, C3, **190**) : via R. Morghen, 175. ☎ 081-18-81-45-96. Fermé dim soir, lun et mar midi. Menu déj mer-sam 15 € ; carte env 25 €.* La petite terrasse sous les arbres attire le regard en sortant du funiculaire. Accueil familial sympa, ambiance relax et à la carte, très courte, une cuisine de tradition simple, fraîche et savoureuse préparée à l'instant : on aurait tort de ne pas s'attabler, car la salle n'est pas désagréable avec sa mezzanine de poche.

Où déguster une glace ?

Soave *(plan d'ensemble, B3, **231**) : via A. Scarlatti, 130. Tlj 8h-14h, 16h-21h.* Une *gelateria* recommandable les yeux fermés pour ses excellentes glaces on ne peut plus crémeuses et copieuses. Ne vous arrêtez pas à la devanture moderne et neutre, vos papilles ne seront pas déçues.

Où boire un verre ?

Fonoteca *(plan d'ensemble, C3, **332**) : via R. Morghen, 31 C/F. ☎ 081-556-03-38. • info@fonoteca.net • Tlj 12h (18h dim)-1h (2h ven-dim).* Tout a commencé par une boutique de disques. On y a ajouté un coin salon pour écouter les bons morceaux... et on a fini par aménager un bar pour ceux qui prenaient souche ! Et le succès n'a pas tardé. Chaque soir, dès l'*aperitivo*, la salle design aux meubles en plastique moulé et la terrasse font le plein d'amateurs de bon son et vieux vinyles. On peut évidemment y acheter des CD.

À voir

La piazza Vanvitelli et les rues adjacentes *(plan d'ensemble, B3)* constituent le cœur du Vomero, partie très commerçante du quartier. Accès facile par les 3 funiculaires. Parmi les superbes villas que compte le quartier, en voici quelques-unes qui ont capté nos regards admiratifs : **il villino Elena e Maria** *(plan d'ensemble, C3 ; via Tito Angelini, 41)*, malheureusement un peu mal en point aujourd'hui, mais aussi **il villino Marotta** *(plan d'ensemble, B-C3 ; via Solimena, 76)* ou bien encore la **villa Loreley** *(plan d'ensemble, B-C3 ; via G. Toma, 14).*

Villa Floridiana *(plan d'ensemble, B3-4) : via Cimarosa, 77.* Située au cœur du parc du même nom *(tlj 8h30-19h)*, où il fait bon flâner même si son entretien laisse parfois à désirer, cette élégante villa est un cadeau royal de Ferdinand Ier à sa belle, la duchesse de Floridia. Immaculée et de style néoclassique, elle abrite le musée de la céramique **Duca di Martina** *(plan d'ensemble B4 ; ☎ 081-578-84-18 ; ouv en principe tlj 9h30-17h sauf mar, mais mieux vaut téléphoner avt car le site ferme parfois sans prévenir ; tarif : 4 €, réduc).* La collection, l'une des plus riches d'Italie, présente pour l'essentiel les pièces rassemblées par le duc de Martina au XIXe s et offertes par ses héritiers à la ville de Naples. Les différentes vitrines exposent des chefs-d'œuvre provenant des principales manufactures européennes (Sèvres, Venise...), mais également de très belles pièces d'art oriental des XVIIIe et XIXe s. Dommage qu'on n'ait pas accès à la terrasse et à son beau panorama.

Museo e certosa di San Martino *(chartreuse Saint-Martin ; plan d'ensemble, C-D3) : largo San Martino. ☎ 081-558-64-08. Accès par le funiculaire de Montesanto (arrêt Morghen) ou bus V1. Tlj 8h30-19h30 (dernière entrée 1h avt fermeture), sauf mer. Entrée : 6 € ; réduc. Accepte l'Artecard.*

L'ordre des Chartreux s'installa sur la colline du Vomero au début du XIVe s, à l'époque angevine. Réalisée par Tino Di Camaino de 1325 à 1368, la chartreuse

LE VOMERO

fut dès le XVIᵉ s profondément remaniée et agrandie sous la houlette de célèbres architectes comme Cosimo Fanzango, le maître du baroque napolitain. Ce vaste ensemble consacré à saint Martin, évêque de Tours, est l'une des visites incontournables à Naples.

La chartreuse

- Entrez dans la chartreuse par le ***cortile monumentale*** (la cour) aux murs couverts de lierre et levez la tête vers la silhouette du redoutable Castel Sant'Elmo. Face à vous, l'***église,*** précédée par un portail en bois d'origine. Admirez, depuis le seuil, le magnifique sol réalisé au XVIIᵉ s par Cosimo Fanzango. C'est justement pour protéger ce sol fragile et délicat que l'on ne pénètre plus dans l'église, car les dalles se soulevaient. Riche décoration baroque, tableaux de grands maîtres comme Guido Reni ou Riberà, on ne sait plus où poser les yeux tant il y a à détailler. Sur le maître-autel, que l'on doit au crayon de Solimena, jolis lapis-lazuli sur la balustrade. C'est dans cette église qu'est enterré le prince Carlo Gesualdo da Venosa, qui tua sa femme et l'amant de celle-ci, avant d'être condamné lui-même. Depuis, saint Martin est devenu le protecteur et le patron des maris trompés.
- On poursuit la visite vers le petit ***chiostro dei Procuratori*** (cloître des Procurateurs) du XVIᵉ s, doté de 2 niveaux de galeries et d'un puits central en marbre décoré de masques. De là, un couloir conduit au superbe ***Chiostro grande*** (Grand Cloître) très photogénique avec ses élégantes colonnes doriques de style toscan et son petit cimetière du XIIIᵉ s. Ce dernier est délimité par une balustrade surmontée de crânes sculptés. Au passage, vous aurez jeté un œil sur le réfectoire.
- Du cloître, on grimpe quelques marches pour accéder à la ***sala del Capitolo*** (Salle capitulaire), au ***parlatorio*** (parloir) et ses fresques sur saint Bruno, fondateur de l'ordre des Chartreux, ainsi qu'au sublime ***Coro dei Conversi.***
- On découvre dans la foulée une autre partie de l'***intérieur de l'église*** (qu'on a admiré depuis le seuil en début de visite). Étonnant d'ailleurs d'y entrer par le chœur, et donc derrière l'autel. Dans la ***sacristie,*** détaillez les panneaux en fines marqueteries. Puis, dans son prolongement, la ***cappella del Tesoro*** (chapelle du Trésor), décorée d'une belle fresque de Luca Giordano au plafond *(Le Triomphe de Judith sur Holopherne)* et, au-dessus de l'autel, une sombre *Pietà* de Ribera.

Le Museo nazionale di San Martino

Accès par le Grand Cloître, le musée étant distribué dans les salles qui le bordent. Il présente une intéressante exposition sur l'histoire de la chartreuse et de la ville de Naples. Ne pas manquer, entre autres, la *Vue de Naples à vol d'oiseau* (1647), signée Didier Barra, mystérieuse et inquiétante ; le *Retour triomphal d'Ischia de la flotte aragonaise* (XVᵉ s), anonyme, superbe image de Naples à l'époque aragonaise ; *L'Éruption du Vésuve* (entre 1638 et 1664) de Scipione Compagno... et des représentations de Pulcinella (Polichinelle), l'espiègle personnage napolitain de la commedia dell'arte. Également de nombreux dessins et plans de la ville.

- Dans le couloir reliant le *Chiostro grande* et le *chiostro dei Procuratori,* ne manquez pas la ***section des crèches napolitaines.*** La réalisation de crèches est une tradition locale datant principalement de l'époque de Charles III. Cependant, la plus ancienne des compositions exposées est une *Nativité* de 14 personnages en bois peint et doré du XVᵉ s. Mais le clou de la visite est sans conteste le ***presepio Cucciniello,*** l'un des exemples les plus brillants du baroque à Naples (avec la chapelle de San Gennaro au Duomo), qui connaît son apogée aux XVIIᵉ et XVIIIᵉ s. La crèche offerte en 1879 par don Michele Cucciniello est aménagée dans une grotte artificielle et dépeint une vraie tranche de vie napolitaine. La représentation de la naissance du Christ s'autorise quelques anachronismes, en ajoutant des témoignages savoureux du quotidien au XVIIIᵉ s : bourgeois habillés richement, scènes de taverne, musiciens, étals de bouchers... Notez par ailleurs l'effet de perspective.
- Rendez-vous ensuite au ***Quarto del Priore,*** c'est-à-dire les appartements réservés au prieur, le chef de la communauté monastique. Richement décorés, idéalement situés face à la baie, ils renferment notamment une bibliothèque (vide)

dotée d'un cadran solaire et d'un superbe dallage de constellations. De là, on s'offre un splendide panorama sur la baie de Naples et un point de vue original sur la Galleria Umberto I.

– ***La section navale :*** accessible depuis le *chiostro dei Procuratori,* elle est précédée par un espace où sont exposés 2 énormes carrosses d'apparat (dont celui du roi Ferdinand, utilisé après son départ par Murat) et présente une série de marines et de maquettes de navires à voile et à vapeur, ainsi que 2 longues barques dorées, destinées à balader les rois fainéants à la force des bras des rameurs.

Les jardins

Accessibles depuis le belvédère en passant par la section des carrosses. Aménagés à flanc de colline, ils offrent de beaux points de vue sur la ville et la baie. Remarquez aussi les plants de vigne en contrebas. Maintenant, asseyez-vous et profitez du spectacle.

Castel Sant'Elmo *(château de Sant'Elmo ; plan d'ensemble, C3)* **:** *via Tito Angelini, 20/22. ☎ 081-578-77-08. Tlj 8h30-19h30 (dernière entrée à 18h30), sauf mar. Entrée : 5 € (2,50 € si l'espace dédié au Napoli Novecento est fermé) ; réduc. Accepte l'Artecard.* On la voit de partout, cette massive et menaçante forteresse reconstruite au XVIe s sur l'emplacement d'un château angevin, et coiffant le Vomero de son austère rempart en étoile. Longtemps considéré comme la clé de voûte du système de défense de la ville, le Castel Sant'Elmo fut pris par Garibaldi et ses hommes, qui y plantèrent le drapeau italien le 9 septembre 1860. Après quoi, il servit de prison militaire jusqu'en 1952. Aujourd'hui lieu culturel, il y a peu à voir à l'intérieur, les salles n'étant accessibles au public que pour les expos et les concerts. La visite vaut néanmoins le détour. Le chemin d'accès longe les murailles prolongeant naturellement la roche, traverse un pont dormant, puis emprunte une large rampe qui s'enfonce dans les entrailles et conduit à la place d'armes. Tout en haut, c'est la récompense : une superbe vue panoramique à 360 ° sur Naples et la baie depuis les chemins de ronde. C'est aussi ici que le ***Napoli Novecento*** *(tlj 9h30-17h sauf mar, lorsqu'il est ouvert au public)* s'est installé, représentant plusieurs courants des années 1910 à 1980 : le futurisme, l'après-guerre, le néoréalisme...

➢ Les marcheurs pourront rejoindre à pied la vieille ville en empruntant la ***via Pedamentina San Martino.*** Très belle descente sur la cité, avec de spectaculaires vues sur le golfe.

CHIAIA

Le nom un peu bizarre de ce quartier vient de *playa* (plage). La via di Chiaia correspond en effet au tracé d'un canal naturel transformé à l'époque romaine en rue dénommée *playa.* À l'emplacement du parc, la *villa comunale,* se trouvait une zone de marais et de bois, et la partie la plus proche de la mer était une plage. Assaini, ce quartier privilégié s'est peu à peu couvert de nombreuses demeures aristocratiques. Malgré des changements importants au tournant du XXᵉ s, Chiaia reste typiquement napolitain, avec ses palais et beaux immeubles en front de mer et son lacis de ruelles s'étirant entre cette bande étroite et le corso Vittorio Emanuele.
Aujourd'hui, Chiaia représente le quartier chic et bourgeois de Naples avec sa flopée de boutiques de luxe, ses magasins de chaussures, ses bonnes tables gastronomiques et sa jeunesse dorée... Mais prenez le temps de vous éloigner un peu de cette agitation pour découvrir ses quelques îlots populaires et apprécier ainsi l'âme du quartier.
Marchez donc vers l'ouest, où l'on se plaît à flâner dans les ruelles autour des églises Ascensione a Chiaia (peinture de Luca Giordano) et Santa Maria in Portico. Là, l'animation se concentre non pas aux terrasses des cafés, mais plutôt sur les pas de porte pour converser entre voisins. On aime bien aussi le petit marché à l'angle de la via Pasquale et de la via Santa Teresa a Chiaia. On retrouve ici la Naples colorée, parfumée et animée qu'on aime tant.

Où dormir ?

Prix moyens

City Soul B & B *(plan d'ensemble, C-D4,* ***71****) : piazza Rodinó, 18. 342-856-65-52. • citysoulnapoli@gmail.com • citysoul.it • 2ᵉ étage (ascenseur payant : 0,05 €). Doubles 70-90 €.* Ce *B & B* abrite des chambres atypiques, personnalisées avec originalité. Chacune décline son style en fonction d'un thème : cinéma (avec des pellicules en guise de tête de lit), théâtre (rideaux rouges et authentiques projecteurs), mais aussi folklore, gastronomie... On a beaucoup aimé ce bel effort de déco qui fait trop souvent défaut dans des adresses au look standard. Tout confort, impeccables, calmes et spacieuses : le rapport prestations-prix-emplacement est épatant. Certaines peuvent accueillir jusqu'à 4 personnes. Peut-être notre meilleure adresse à Chiaia.

Casa Tolentino *(plan d'ensemble, D3,* ***70****) : Gradini San Nicola da Tolentino, 12. ☎ 081-199-29-121. • info@casatolentino.it • casatolentino.it • Doubles 70-80 €.* En plein centre-ville, à proximité du funiculaire, cet ancien monastère s'est reconverti en *B & B* et a confié sa gestion à une coopérative sociale. Si les longs couloirs et les vastes espaces communs rappellent sa fonction première, les chambres n'ont plus rien de monacal : elles sont modernes, confortables et agréables, surtout lorsqu'elles profitent de la vue dégagée sur le large et les îles. Mais le plus épatant, c'est la terrasse panoramique sur le toit de l'église et les beaux jardins en terrasse où il fait bon lézarder. Une perle rare.

B & B Casa 12 *(plan d'ensemble, C4,* ***73****) : corso Vittorio Emanuele, 168. ☎ 081-40-54-29. 338-696-15-86. • casa12@gmail.com • casa12.it • Congés : août. Doubles 80-90 €. Réduc de 10 % pour les résas en direct sur présentation de ce guide.* Sur les hauteurs, mais bien relié au centre par le funiculaire et le métro (à 2 pas), l'appartement occupe un vaste et imposant hôtel 1900 rénové. Tout est meublé avec goût, dans un style classique et élégant. Seulement 2 chambres impeccables et très spacieuses, confortables, avec salle de bains privée. Hôtesse accueillante, offrant des conseils utiles et pratiques sans s'imposer. Rapport qualité-prix-accueil parfait !

De prix moyens à chic

Dama Suite *(plan d'ensemble, C4, **75**)* ***:*** *via Santa Teresa a Chiaia, 41. 339-53-79-105. • info@damasuite.it • damasuite.com • Au 2e étage. Doubles 105-160 €.* Tout pimpant et moderne, ce *B & B* dispose de chambres épurées et colorées. Parquet, double vitrage, mobilier contemporain et bonne literie, c'est sobre mais le confort y est ! La plus grande, la *Dama,* mesure près de 50 m², autant dire qu'on s'y sent à l'aise, même en famille ! Ajoutez l'accueil charmant, le calme absolu de ce vénérable palais, le délicieux petit déjeuner... Bref, une excellente adresse.

Chiaia B & B *(plan d'ensemble, B4, **72**)* ***:*** *via Palasciano, 17. 339-718-40-97. • chiaiabb@gmail.com • chiaiabaiabb.it • Doubles 95-110 €. Réduc de 10 % sur présentation de ce guide.* Que d'avantages ! D'abord, une situation de choix à 2 pas de la mer, des transports et des restos du quartier. Ensuite, un accueil charmant et enrichissant des propriétaires, éditeurs. Enfin, les 3 chambres, aux noms choisis de « Pulcinella », « Toto », « Pompéi », sont toutes impeccables et confortables, malgré leur style un peu à l'ancienne. Également un agréable salon commun et 2 terrasses pour profiter de la vue sur la baie.

Palazzo Alabardieri *(plan d'ensemble, D4, **74**)* ***:*** *via Alabardieri, 38. ☎ 081-41-52-78. • info@palazzoalabardieri.it • palazzoalabardieri.it • Doubles 110-215 €.* Très bien situé au cœur de Chiaia, quartier animé autant le jour que le soir. On découvre d'abord un patio abrité d'une verrière, suivi d'une élégante réception en rotonde. Cette atmosphère cossue se retrouve dans les chambres aménagées dans un style bourgeois classique et de bon aloi. Confortables, elles sont bien insonorisées (la rue est bruyante), et surtout parfaitement entretenues et d'une propreté exemplaire. L'hôtel le plus chic de Chiaia, intéressant en cas de promo.

Où manger ?

De très bon marché à bon marché

La Focaccia *(plan d'ensemble, C4, **171**)* ***:*** *via Belledonne a Chiaia, 31. ☎ 081-41-22-77. Tlj 9h-1h (ferme plus tard ven-sam). Focacce 2-3 €.* Une petite salle qui en a vu d'autres, des tables communes en bois, quelques tabourets et la TV en bonne place : une chose est sûre, on connaît beaucoup plus glamour pour la déco. Mais ce qui attire les affamés, ce sont les portions de *focacce* fraîches et généreuses, à prix plancher. Idéal pour se refaire une santé et éponger pendant les virées nocturnes napolitaines. Et ça fait 30 ans que ça dure !

Prosciutteria Napoli *(plan d'ensemble, C4, **172**)* ***:*** *via Cavallerizza a Chiaia, 9. ☎ 081-41-01-47. Tlj 10h30-1h (3h jeu-sam). Congés : août. Sandwichs et plats 6-15 €.* À la fois épicerie et bar à vins. Déco rustique et réconfortante : saucissons qui pendent, passoires, bouteilles de vin et objets anciens aux murs. On s'assied à la bonne franquette sur des caisses un peu inconfortables. À la carte : des planches de charcuterie, de fromages, des légumes marinés ou des *focacce* fourrées de savoureuses cochonnailles. Impeccable pour un repas sur le pouce.

Pizzeria 3.0 Ciro Cascella *(plan d'ensemble, C4, **173**)* ***:*** *via S. Pasquale, 68. ☎ 081-497-63-22. Tlj midi et soir. Pizze 6-13 €.* Le 3.0 fait dans la haute précision. La pâte, un mélange de 3 farines triées sur le volet, fermente pendant 24h puis lève pendant 12h pour obtenir à la cuisson un moelleux inédit, une pizza à la bordure légère et alvéolée à souhait. Pour les garnitures, il y a bien quelques classiques, mais la plupart des propositions sont originales, élaborées avec des ingrédients au top. Pas étonnant qu'il y ait toujours foule, d'autant que la salle est accueillante, lumineuse et moderne, encadrant une terrasse dans un petit patio. Service jeune et dynamique.

Pizzeria 1000 Gourmet *(plan d'ensemble, C4,* ***184****) : via S. Pasquale, 50. ☎ 081-40-69-14. Tlj le soir, plus le midi le w-e. Pizze 5-15 €.* Qu'est-ce qu'une pizza gourmet ? Ici, c'est la créativité qui prime. La pâte déjà, avec ou sans gluten, est parfaitement levée et sert de base à des associations aussi bonnes que graphiques. En version sucrée-salée ou associant des ingrédients inédits, les pizzas se révèlent effectivement délicieuses, surtout avec une bière artisanale. Reste à choisir sa table : en salle, moderne et sans grand charme mais climatisée, ou en terrasse, dans un coin tranquille entre 2 volées de marches.

Prix moyens

Muu Muuzzarella *(plan d'ensemble, C-D4,* ***175****) : vico 2 Alabardieri, 7. ☎ 081-40-53-70. • info@muumuuzzarella.it • Tlj sauf dim midi et lun. Repas 25-30 €.* Un petit resto essentiellement dédié à la mozza. Les amateurs l'apprécieront d'autant plus qu'elle est vraiment excellente quelle que soit son origine. En entrée avec juste un filet d'huile d'olive, dans la *pasta,* en ceviche, fondue ou même en dessert, on la cuisine sous toutes ses formes. Autres adresses : *via Partenope, 18 (dans le quartier Pizzofalcone), et via Vincenzo d'Annibale, 18 (dans le Vomero).*

Trattoria dell'Oca *(plan d'ensemble, C4,* ***177****) : via S. Teresa a Chiaia, 11. ☎ 081-41-48-65. • info@trattoriadelloca.it • Ouv le soir tlj sauf mar et dim, plus le midi le w-e. Repas 20-25 €.* Discrète, cette adresse connue de longue date disperse ses innombrables habitués dans les 3 jolies salles sur 3 niveaux. C'est coquet, chaleureux, dans une ambiance jazzy, au diapason d'une bonne cuisine traditionnelle et d'un service sympathique. Sans conteste l'une des *trattorie* préférées *dei locali* !

L'Ebbrezza di Noe *(plan d'ensemble, C4,* ***181****) : via Vetriera a Chiaia, 9. ☎ 081-40-01-04. • info@lebbrezzadinoe.com • Tlj sauf dim soir et lun. Repas min 25-30 €.* Le bar à vins typique d'un quartier chic : élégant et cosy avec son chapelet de petites salles tapissées de bouteilles. On aura bien du mal à faire son choix parmi les 3 000 références ! De quoi passer une bonne soirée, d'autant que les conseils sont avisés et que les assiettes de charcuterie et fromage permettent de tenir le coup et de jouer les prolongations. Les budgets plus larges piocheront à la carte les plats du chef, tournés vers la mer. Une cuisine délicate et raffinée.

Umberto *(plan d'ensemble, C-D4,* ***176****) : via Alabardieri, 30/31. ☎ 081-41-85-55. • info@umberto.it • Tlj sauf lun midi. Résa conseillée le soir. Compter 25-35 €. Apéritif maison offert sur présentation de ce guide.* Trattoria traditionnelle un peu plus chic que la moyenne, dont les 2 grandes salles agréables sont fréquentées par la bourgeoisie locale et les fidèles habitués. Carte équilibrée pour une savoureuse cuisine napolitaine traditionnelle : risotto, *gnocchi,* poisson du jour et les incontournables *pizze*. Une institution.

Vinarium *(plan d'ensemble, D4,* ***182****) : via Cappella Vecchia, 7. ☎ 081-764-41-14. • vinariumnapoli@libero.it • Ouv le midi en sem, plus le soir tlj. Repas 20-30 €. Vinarium* bruyant, fraternel, bachique et *convivium* à souhait, à l'image du patron, qui connaît la moitié de la ville et conseille la bouteille qui s'accorde le mieux avec les plats commandés (surtout de la viande). Et il a le choix, les bons crus tapissent les murs. Entre le resto et le bar à vins, on peut aussi se contenter d'aller y boire un verre autour d'une planche de charcuterie.

Chic

Cap'Alice *(plan d'ensemble, C4,* ***183****) : via G. Bausan, 28. ☎ 081-191-68-992. • capalicenapoli@gmail.com • Tlj sauf sam midi et dim. Résa conseillée. Repas env 30 €.* À la tête de ce petit resto bien planqué dans une ruelle tranquille, le jovial patron veut transmettre son amour de la cuisine napolitaine et des produits frais. Le menu change selon les saisons et l'inspiration derrière les fourneaux : fleurs de courgettes à la ricotta, calamars farcis aux légumes, ceviche... tout nous a conquis ! Et si vous hésitez, le mieux est de suivre les suggestions du chef, qui s'avère aussi de très bon conseil pour le vin. Accueil aux petits soins pour cette adresse chic mais pas guindée pour un sou !

Ristorante Amici Miei *(plan d'ensemble, D4,* ***178****)* **:** *via Monte di Dio, 77/78 (prendre l'ascenseur public si l'on vient de la via Chiaia). ☎ 081-764-60-63. • info@ristoranteamicimiei.com • Fermé dim soir-lun. Repas 30-35 €. Apéritif offert sur présentation de ce guide.* On aime ce petit resto de quartier, où flotte une ambiance surannée, que les Napolitains apprécient pour l'intérieur chaleureux à l'ancienne, le service de qualité et la très bonne cuisine traditionnelle, généreuse et savoureuse. Une excellente adresse.

L'Ostricaio *(plan d'ensemble, C4,* ***185****)* **:** *via G. Bausan, 32b. ☎ 081-038-56-30. • lostricaio@hotmail.com • Tlj midi et soir, sauf lun. Repas 30-35 €.* Ici, la spécialité, c'est le poisson. Qu'il s'agisse d'un tartare, d'un carpaccio, d'*arancini* aux fruits de mer, de *vongole*, ou de la pêche du jour, tout est frais et savoureux, servi avec un effort de présentation. En terrasse dans une ruelle piétonne, ou dans la petite salle sobre et chaleureuse, mais toujours dorloté par une équipe très pro, on est assuré de passer un bon moment.

Ristorante Da Dora *(plan d'ensemble, B4,* ***180****)* **:** *via Ferdinando Palasciano, 29/30. ☎ 081-68-05-19. • info@ristorantedora.it • Tlj midi et soir, sauf lun. Résa conseillée le soir. Repas min 40 €.* Dans une ruelle du vieux Chiaia, ce restaurant aux allures de *trattoria* vieille école propose depuis près de 40 ans d'excellents plats de poisson et de fruits de mer. Intérieur à la décoration marine, clientèle napolitaine et touristique, et cuisine de marché simple mais parfaitement exécutée et riche en saveurs. Attention, sous ses airs de poissonnerie à l'ancienne, les tables sont bien mises et l'addition grimpe vite.

Où grignoter une pâtisserie ?

Gran Bar Riviera *(plan d'ensemble, B4,* ***227****)* **:** *riviera di Chiaia, 183. ☎ 081-66-50-26. Tlj 6h-22h.* La grande pâtisserie de la riviera de Chiaia. Service à l'ancienne un rien guindé et longue vitrine tentante de douceurs. Quelques tables à l'intérieur ou petite terrasse si l'on veut se poser un peu. À Pâques et pendant les 3 mois qui suivent, ils commercialisent la traditionnelle *pastiera* dans de jolies boîtes bleues comme celles du caviar. Sinon, gâteaux colorés tellement fleuris qu'on ose à peine les manger. Le mieux, prenez une part de cake à emporter et savourez-la sur le front de mer.

Où boire un verre ?

Chiaia est l'épicentre des nuits de la jeunesse napolitaine chic et stylée. Bars à vins et bars branchés jouent des coudes et rameutent des foules bien comme il faut. Un brin surfait peut-être, mais on est sûr d'y trouver de l'ambiance !

Barril *(plan d'ensemble, C4,* ***330****)* **:** *via Giuseppe Fiorelli, 11. 📱 393-981-43-62. Tlj 19h-2h sauf lun.* Notre coup de cœur dans Chiaia ! Ce bar discret dissimule une pépite, une cour extérieure à la déco éclectique, où arbres, tentures et gros coussins plantent un cadre convivial, comme si un copain nous invitait dans son jardin. Ici, on n'hésite pas à s'asseoir et à discuter avec des inconnus, délicieux cocktail à la main et *antipasti* bien gourmand dans l'autre. Gros point fort de l'adresse, l'*aperitivo,* où l'on pioche dans un petit buffet de bouchées salées. Le tout compris dans le prix du cocktail. Optez donc pour la spécialité maison : le gin, il y en a des dizaines à la carte !

Cantine Sociali *(plan d'ensemble, C4,* ***329****) : piazza Giulio Rodinó. Tlj 17h45-3h15.* Parmi la flopée de bars qui font le plein en soirée, on a bien aimé celui-ci pour ses 2 grandes terrasses où, malgré la foule, on ne joue jamais du coude avec ses voisins. La maison propose aussi un bon *aperitivo*. Libre à vous de faire des allers-retours vers le buffet pour éponger les délicieux *Spritz*.

Enoteca Belledonne *(plan d'ensemble, C4,* ***326****) : vico Belledonne a Chiaia, 18. ☎ 081-40-31-62. • enotecabelledonne@gmail.com • Tlj, sauf dim, 10h-13h30, 16h30-1h (2h ven-sam). Assiettes de charcuterie et fromage 6-15 €.* À l'heure de l'apéro, on se serre autour du comptoir ou des mini-tables de ce bar à vins chaleureux, aux murs tapissés de bouteilles. Puis le flot de joyeux buveurs se répand bien vite dans la rue, debout, en parlant de plus en plus fort. Carte des vins de toute l'Italie, dans laquelle on peut piocher les yeux fermés, et bonnes assiettes à partager pour accompagner le tout. Ou vice versa, notre esprit s'embrouille...

Ba-Bar *(plan d'ensemble, C4,* ***328****) : via Bisignano, 20. ☎ 081-764-35-25. • info@babar.it • Tlj, sauf lun midi.* Un bar-resto branché, à la déco récup branchouille : murs de brique, sacs de café transformés en coussins, tabourets hauts métalliques... C'est le rendez-vous des Napolitains qui viennent ici se relaxer et discuter entre amis ou avec le voisin. Également un lieu culturel avec des expos photo ou de peinture ainsi que de nombreuses programmations musicales. Joyeuse ambiance, surtout au moment de l'*aperitivo*.

L'Antiquario *(plan d'ensemble, D5,* ***331****) : via Vannella Gaetani, 2. ☎ 081-764-53-90. Tlj 19h30-2h30. Cocktail env 12 €.* Bien planqué derrière une porte sobre, il faut sonner à l'interphone pour accéder à ce bar discret, façon speakeasy un brin rétro. Repaire des amateurs de cocktails (les bons, les vrais, pas les mélanges douteux des apprentis mixologues !), on s'installe sur les chaises rembourrées du comptoir ou dans un canapé capitonné pour siroter des classiques et des créations toujours frais et bien dosés. Lumières tamisées, évidemment.

À voir

Piazza dei Martiri *(plan d'ensemble, D4)* **:** cette superbe place est entourée de beaux *palazzi* et marque l'entrée de Chiaia. Au centre, la colonne des martyrs des différentes révolutions contre les Bourbons, que symbolisent les 4 lions. *Il Gran Caffè La Caffettiera* (et sa terrasse) est l'une des (très chics !) institutions du coin. Pour les lecteurs d'Elena Ferrante, c'est sur cette place que Lila ouvre sa boutique de chaussures.

Villa comunale *(plan d'ensemble, B-C4-5)* **:** appelée autrefois *villa reale*, la *villa comunale* fut réalisée à la fin du XVIIIe s par l'incontournable Vanvitelli, lequel s'inspira fortement des jardins français. Ce beau parc planté de pins, de palmiers et d'eucalyptus est l'une des balades favorites des habitants du quartier. Vous y apercevrez la ***Stazione Zoologica Anton Dohrn.*** Construite par le naturaliste Anton Dohrn en 1872, la *Stazione* abrita longtemps le plus ancien aquarium d'Europe, aujourd'hui fermé.

Au centre du parc, un très beau kiosque à la verrière jaune et bleu offre un agréable refuge pour se protéger du soleil. Et une flopée de bancs invite à la détente. Dommage que les voies et le trafic de chaque côté agacent nos oreilles d'un constant brouhaha.

PAN – Palazzo delle Arti napoli *(palais des Arts ; plan d'ensemble, C4)* **:** *via dei Mille, 60. ☎ 081-795-86-03. Tlj 9h30-19h30 (14h30 dim), sauf mar. Tarif selon expo en cours.* Installé dans le palazzo Rocella datant du XVIIe s (passée la façade sobre et colorée, l'intérieur se résume toutefois à des galeries fonctionnelles), cet espace d'art contemporain présente uniquement des expos temporaires de plasticiens, photographes et vidéastes.

✪✪ ⓒ ***Villa Pignatelli e museo Pignatelli Cortes*** *(plan d'ensemble, B-C4)* **:** *riviera di Chiaia, 200. ☎ 081-764-23-56. Ouv en principe tlj 8h30-17h sauf mar, mais en fonction des impératifs de sécurité le site n'ouvre parfois que le w-e (dernière entrée à 16h). Entrée : 5 € (GRATUIT pour le parc seul) ; réduc. Accepte l'Artecard.* Construite en 1826 par sir Ferdinand Richard Acton dans un style néoclassique, la villa a appartenu aux Rothschild, puis après 1867 aux princes Aragona Pignatelli Cortes. En 1955, la princesse Rosina la légua à l'État italien. Un magnifique jardin à l'anglaise planté de palmiers et à la pelouse tondue de frais, une façade blanche, une imposante colonnade à l'antique où s'intercalent des statues et une superposition d'immeubles et de palais en toile de fond : une belle carte postale !

La villa abrite le musée Diego Aragona Pignatelli Cortes, du nom du prince qui racheta la villa en 1867. À voir, des meubles précieux, une très belle collection de porcelaines et quelques peintures. On a aimé la ***Sala da Ballo*** et ses hauts miroirs encadrés de fleurs et de dorures. Dans le fond, jetez un œil au ***salottino pompeiano,*** un petit cabinet de toilette bien conservé. Également une bibliothèque aux riches tons rouges et dorés.

L'étage est occupé par les appartements. Vous y verrez le télescope de la princesse, qui aimait regarder les étoiles, mais aussi un coffre en bois et métal appartenant aux Rothschild (ne rêvez pas, il est vide !).

La villa accueille des expos temporaires de 1er ordre et des concerts de musique classique dans le cadre du festival ***Maggio della Musica.*** *Infos et résas : • maggiodellamusica.it •*

Dans le jardin, petit espace dédié aux carrosses (museo delle Carrozze). Fouette, cocher !

MERGELLINA, POSILLIPO, MARECHIARO

Bienvenue à Naples... côté mer ! Ces 3 quartiers offrent au touriste curieux (et marcheur !) une tout autre facette de la cité parthénopéenne, plus marine que citadine. Les Napolitains s'y échappent le temps d'une soirée, d'une baignade ou d'un footing, pour respirer l'air du large et échapper au tohu-bohu urbain.
À *Mergellina,* le plus proche du centre et accessible à pied, les Napolitains déambulent sur la via Francesco Caracciolo. C'est aussi le paradis des joggeurs. Le soir, *passegiata* oblige, on voit passer des bandes d'amis, des couples enlacés ou des familles à la recherche d'une place en terrasse. Et quand tout est plein à craquer, certains préfèrent sortir tables et chaises pour prendre l'apéro sur les rochers. Sûrement un de nos coups de cœur à Naples !
Plus loin, *Posillipo,* le quartier le plus chic de la ville, concentre de superbes palais, dont on se plaît à détailler les somptueuses et imposantes façades colorées. La *via Posillipo* grimpe doucement sur la colline homonyme et offre des points de vue bluffants sur la baie.
Au pied de cette colline, les voyageurs les plus curieux atteindront *Marechiaro*. Ce petit village de pêcheurs – aujourd'hui quartier de Naples – profite d'un cadre idyllique, avec une superbe vue sur Naples et son golfe.

Où dormir ?

Hotel Mergellina *(plan d'ensemble, A5,* ***92*****)** **:** *via Giordano Bruno, 115. ☎ 081-248-21-42. • info@hotelmergellina.it • hotelmergellina.it • Doubles 80-110 €.* Ce petit établissement de seulement 8 chambres nous a charmés par son authenticité et sa convivialité. L'accueil d'abord, tout en sourire, et derrière la jolie façade rouge, un hôtel familial tenu avec soin. Les chambres offrent un bon confort (clim, réfrigérateur) et sont impeccables avec leur style aux petits airs de campagne. On est à 2 pas des arrêts de bus et surtout du bord de mer, idéal pour la *passeggiata* du soir.

Ausonia B&B *(plan d'ensemble, A5,* ***91*****)** **:** *via F. Caracciolo, 11. ☎ 081-68-22-78. • hotelausonia@hotmail.it • hotelausonianapoli.it • Dans le fond de la cour, sur la droite. Doubles 80-100 €.* Intime et convivial, ce petit hôtel a été décoré sur le thème des bateaux et de la mer, avec hublots, gouvernails et cartes marines. On se prépare à embarquer. Intérieur frais et boisé, à l'image de l'accueillante salle de petit déj. Les chambres ne sont pas bien grandes mais agréables, très bien tenues et confortables, les salles de bains impeccables (les familiales disposent de mezzanines). Une valeur sûre en face du point d'embarquement pour les îles, donc très pratique si on prend le bateau tôt le lendemain.

Où manger ?

Cibi Cotti *(plan d'ensemble, A5,* ***196*****)** **:** *via F. Galiani, 30. Tt au fond du marché couvert, dans l'angle à gauche. Ouv le midi seulement, tlj sauf dim. Plats 3-4,50 €.* Impossible de trouver ailleurs une cuisine maison à ces prix-là ! Il faut dire que la clientèle est exigeante : c'est la cantine des gens du marché, habitués aux produits frais et à discutailler les tarifs. *Pasta e faggioli, pasta e patate,* risotto, le menu change tous les jours en fonction du marché évidemment. À déguster sans chichis dans une petite salle désuète aux murs carrelés de blanc, avec la *mamma* au garde-à-vous derrière la caisse. Si l'adresse n'est plus toute jeune, elle reste une référence dans le quartier. Mieux vaut d'ailleurs venir tôt, il n'y a guère plus d'une quinzaine de tables.

***50 Kalò di Ciro Salvo** (plan d'ensemble, A5, **197**) : piazza Sannazzaro, 201/B. ☎ 081-192-046-67. • info@cirosalvo.it • Tlj midi et soir. Pizze 5-10 €.* « Bonne pâte », en dialecte napolitain, voilà un nom prédestiné bien choisi par le talentueux chef Ciro Salvo. Depuis tout petit, la pizza, il la mange à pleines dents... Normal, il vient d'une famille de *pizzaioli* de père en fils. Non seulement il a peaufiné la technique familiale, mais il ne lésine pas sur la qualité des ingrédients : la tomate de San Marzano, les câpres des îles Éoliennes ou les anchois de Cetara sur la côte amalfitaine. Bon, c'est un peu loin du centre et le cadre neutre et moderne ne casse pas la baraque, on vous l'accorde mais, entre nous, ça vaut le déplacement !

Où déguster une glace ?
Où grignoter une pâtisserie ?

***Chalet Ciro** (plan d'ensemble, A5, **236**) : via F. Caracciolo. Face à la via Mergellina, sur le terre-plein central. Tlj 6h45-1h du mat.* Qui dit bord de mer dit glaces. Forcément. Mais parmi la multitude d'échoppes, seul le *Chalet Ciro* connaît l'affluence à toute heure du jour et de la nuit. Depuis 1952, c'est dans ce vaste kiosque prolongé par une terrasse que les Napolitains font le plein de délicieuses glaces artisanales, parfois servies dans... une *graffa* (beignet frit et sucré), qui profite d'une solide réputation. Une fois avalé ce beignet sucré (nature, fourré de glace ou même au Nutella !), attaquez une balade sur le front de mer pour digérer ! On peut aussi y prendre un café rapido au comptoir.

Où boire un verre ?

À Mergellina

Vous ne trouverez pas moins d'animation à Mergellina qu'à Chiaia, mais sûrement moins de touristes ! Rendez-vous au ***largo Barbaia** (plan d'ensemble, A5-6)* ou au ***largo Sermoneta** (plan d'ensemble, A6)* pour boire un verre sur le front de mer, les yeux tournés vers l'horizon.

À voir. À faire

Mergellina *(plan d'ensemble, A5-6)*

Accès par la ligne 2, service métropolitain de Trenitalia, ou avec le bus n° 140 (départ piazza del Plebiscito ou piazza Vittoria), ou encore à pied depuis le centre (compter 45 mn depuis le métro Toledo). Si vous arrivez en métro, retournez-vous pour admirer la ***gare de Mergellina** (plan d'ensemble, A5),* somptueuse et imposante. Elle mérite même le détour si vous venez à pied ou en bus. De là, descendez tout droit vers la mer et saluez au passage la ***sirène de la piazza Sannazaro.*** Nous sommes à l'ouest de Chiaia, sur les flancs de la colline du Posillipo qui dévale vers la mer. Coincée entre la via Caracciolo et la via Piedigrotta, cette modeste « station balnéaire » aligne les restaurants et les bars à 2 pas de la plage étendue le long du largo Sermoneta... On y trouve donc une (petite) plage, un port de plaisance et de pêche mignon comme tout, un terminal d'*aliscafi* (liaisons bateaux avec les îles) et un *funiculare* qui grimpe sur la colline du Posillipo. Admirez d'ailleurs le beau palais dans lequel il faut entrer pour prendre ce funiculaire. Faites aussi un tour au ***petit marché couvert*** *(plan d'ensemble, A5)*, où les locaux remplissent leurs paniers de fruits et légumes, fromages et poissons dans une ambiance presque fraternelle. Une belle tranche de vie.

Au pied du funiculaire de Mergellina, on découvre donc le charmant ***porticciolo di Mergellina,*** avec ses barques de pêcheurs égrenées comme un chapelet et ses adorables cabanes de plage blanc et bleu. Asseyez-vous les pieds dans le sable pour profiter du spectacle haut en couleur (et en odeurs !) des poissons vendus en direct. Juste à côté, sur le largo Sermoneta s'avançant en proue dans la mer, les amoureux d'architecture apprécieront la belle ***fontana del Sebeto.*** Sculptée dans un style éminemment baroque en 1635, elle est l'œuvre du fameux Cosimo Fanzago (à qui l'on doit de nombreux monuments de la période).

Parco Vergiliano a Piedigrotta *(parc et sépulture de Virgile ; hors plan d'ensemble par A6)* **:** *salita della Grotta. L'entrée du parc est juste derrière la gare de Mergellina. Face à la gare, passer à gauche sous le pont ferroviaire ; la grille est aussitôt à gauche, avt le tunnel routier. Tlj 8h45-14h45 sauf mar. GRATUIT. Attention, à ne pas confondre avec le quasi homonyme parco Virgiliano, vaste parc du quartier de Posillipo. Ce dernier est à 5 km au sud-ouest de Mergellina.*
Hors des sentiers battus, ce petit jardin romantique à flanc de falaise est célèbre pour sa tombe romaine censée abriter la sépulture du fameux poète Virgile. Des historiens assurent que sa dépouille aurait été transportée dans les souterrains du château de l'Œuf (Castel dell'Ovo) pour les protéger des voleurs. Personne n'étant d'accord à ce sujet, on se contentera du monument funéraire du poète Giacomo Lombardi et de l'impressionnante ***grotta Vecchia.***

Plus connu sous le nom de ***crypta Neapolitana,*** ce tunnel aux dimensions colossales (705 m de long !) fut construit au Ier s av. J.-C. par l'architecte militaire Lucius Cocceius, sur ordre de l'empereur Auguste, pour relier Neapolis (Naples) à Puteoli (Pouzzoles). Dans l'Antiquité romaine, il devint un lieu de culte où l'on vénérait Mithra, Dionysos et Déméter. Il est encore orné de vestiges de fresques médiévales. L'accès au tunnel est désormais fermé au public car trop dangereux. La supposée ***tombe de Virgile*** est toujours solidement arrimée à la roche, en surplomb de l'entrée du tunnel. On y accède par un escalier tortueux qui offre tout le long du trajet de superbes points de vue sur Naples. La tombe se résume à une petite tour en appareillage grossier, à l'intérieur de laquelle on voit bien les niches où les Romains plaçaient les urnes contenant les cendres des défunts (on appelle ça un *colombarium* romain).
De là-haut, profitez de la superbe vue sur Naples.

PLANTE MIRACULEUSE

Pendant presque 2 000 ans, un laurier poussa près de la tombe du poète Virgile. Il était l'objet de croyances. Les femmes cueillaient ses feuilles supposées être miraculeuses, pour les mâcher, imitant les sibylles, ces prêtresses antiques qui agissaient ainsi avant de prophétiser. Cette croyance a duré jusqu'au XXe s. Des émigrés napolitains aux États-Unis s'en faisaient livrer ! Le pauvre arbre virgilien, victime de son succès, en est mort...

Posillipo *(Pausillipe ; hors plan d'ensemble par A6)*

Accès avec le bus no 140 (départ piazza del Plebiscito ou piazza Vittoria). *Posillipo* vient du grec *pausilypon,* signifiant « le lieu qui calme la douleur ». Une superbe route côtière part de Mergellina (via Posillipo) et longe le littoral jusqu'à Marechiaro

et, plus loin, Bagnoli. Naples et son golfe montrent ici toute leur superbe, loin de l'agitation citadine. Mais, pour les Napolitains, Posillipo représente beaucoup plus : l'un des quartiers les plus huppés et les plus chers de la ville, convoité des promoteurs immobiliers.
À pied, on peut déjà s'en offrir un bel aperçu en marchant, par exemple, jusqu'au ***palazzo Donn'Anna*** *(compter 25 mn depuis la gare de Mergellina).* Ce palais présente tous les canons du baroque napolitain. Commandé par une noble italienne, il n'a malheureusement jamais été achevé à cause du décès de celle-ci. Au pied de cet imposant édifice se trouve une petite plage auréolée de mystère. On peut y louer un transat quelques heures et s'y baigner dans une zone restreinte (pas notre coin favori pour faire trempette).

Marechiaro *(hors plan d'ensemble par A6)*

Accessible par le bus nº 140.
Ancien village de pêcheurs qui a conservé tout son charme, sa réputation s'est construite sur une chanson. Le poète et compositeur napolitain Salvatore Di Giacomo, apercevant des œillets posés sur le rebord d'une petite fenêtre, trouva l'inspiration et écrivit sa chanson : la ***Fenestrella*** (petite fenêtre). Aujourd'hui, une plaque sous cette fenêtre commémore l'auteur et sa chanson. On n'y vient pas à pied, mais les Napolitains aiment y trouver un peu d'air pur, de calme et... un super coin pour piquer une tête !
Se baigner à Naples, ville polluée ? Quelle idée ! Et pourtant, on trouve à Marechiaro l'un des spots de baignade favoris des Napolitains : ***il Parco Sommerso di Gaiola*** (parc submergé de Gaiola). Il s'agit d'une aire marine protégée qui entoure la pittoresque ***isola di Gaiola.*** On ne peut pas accoster sur cette île privée, mais on peut se baigner autour, y faire du kayak... Une superbe escale marine pour apprécier Naples autrement.

SUR LES HAUTEURS DE NAPLES

Naples se développa très vite au-delà des murs antiques à cause d'une forte pression démographique, et son périmètre fut élargi à maintes reprises sous les Aragonais, puis sous les vice-rois espagnols. Les Anciens, Grecs et Romains, y bâtirent quant à eux, en taillant dans le tuf, une autre ville : la ville des morts, qui dépasse largement en « population » celle d'aujourd'hui. Le musée Capodimonte au nord de la ville bénéficie d'une situation remarquable, accessible facilement en bus ou en navette (voire à pied pour les courageux).
Après cette escale culturelle, on recommande une escapade dans le quartier populaire de La Sanità. S'il a longtemps souffert de sa mauvaise réputation, le quartier est aujourd'hui en pleine (r)évolution et mérite qu'on arpente ses rues pleines de vie.

À voir

*** ***Museo nazionale di Capodimonte** (hors plan d'ensemble par D1)* **:** *via Miano, 2 ; dans le parc de Capodimonte. ☎ 081-749-91-11. ● museocapodimonte.beniculturali.it ● Accès par les bus nos 168, 178 et 3M, arrêt Porta Piccola ; C63, arrêt Porta Grande, ou R4, arrêt Viale Colli Aminei. Ts les bus se prennent depuis le Musée archéologique, certains passent piazza Dante. Navette (exploitée par CitySightseeing) partant de la piazza Trieste et Trento et du teatro San Carlo avec arrêt Piazza Municipio, Piazza Dante et au Musée archéologique, ttes les heures (8 € A/R sans l'entrée au musée ; réduc ; pas de trajet mer. Le billet donne droit à un tarif réduit au musée). Tlj (sauf mer) 8h30-19h30, jusqu'à 22h30 ven* ***(attention : le 2e et le 3e étage ferment malheureusement dès 17h, sauf ven pour la nocturne).*** *Entrée : 10 € ; gratuit moins de 18 ans ; réduc ; seulement 2 € pour la nocturne ven à partir de 19h30. Accepte l'Artecard. Les expos temporaires sont comprises dans le prix du billet.* Une des grandes réalisations architecturales des Bourbons. Ce vaste et imposant palais royal fut construit à partir de 1738 selon la volonté de Charles VII, mais ne sera achevé qu'un siècle plus tard. Ouvert au public depuis 1957, l'immense musée de Capodimonte (124 galeries) abrite entre autres la partie ***Beaux-Arts de la collection Farnèse*** (l'archéologie Farnèse se trouvant au Musée archéologique de Naples). Assez méconnu du grand public, il abrite l'une des plus importantes collections d'art d'Italie et la plus grande pinacothèque du Mezzogiorno. Le parc qui l'entoure bénéficie d'une vue exceptionnelle sur la baie. Il est, par ailleurs, protégé par l'Unesco, puisqu'il s'agit du plus grand jardin urbain d'Italie avec plus de 400 espèces végétales. Impossible de faire une description salle par salle du musée car les œuvres sont souvent déplacées.

1er étage
Le *piano nobile* abrite l'***appartement royal,*** les célèbres porcelaines, dont le merveilleux ***salon chinois de la reine Amelia,*** l'armurerie Farnèse et Bourbon, la collection De Ciccio, la pinacothèque, ainsi que la collection des Bourbons et des Murat. Le noyau historique de l'ensemble est la collection Farnèse, dont hérita Charles de Bourbon.
Parmi les ***chefs-d'œuvre incontournables*** du musée, prenez le temps d'admirer la ***salle consacrée au Titien*** avec un portrait du pape Paul III ou encore avec la sublime *Danaë* réalisée en 1544. Attardez-vous sur la magnifique ***Crocifissione*** *(Crucifixion)* de Masaccio, du début du XVe s. Ce tableau appartenait à l'origine

à un polyptyque dont tous les éléments sont aujourd'hui dispersés dans les plus grands musées du monde. Voir aussi *L'Annonciation* avec saint Jean-Baptiste et saint André de ***Filippo Lippi ;*** également une lumineuse Madone à l'Enfant de ***Botticelli,*** et une Adoration à l'Enfant de ***Luca Signorelli,*** mais aussi *La Transfiguration du Christ* de ***Giovanni Bellini.*** Ou encore le beau portrait du célèbre miniaturiste vénitien Giulio Clovio par ***Le Greco.*** Également du Greco, *Portrait d'un jeune garçon soufflant sur une braise,* son œuvre la plus connue, pour la prouesse technique de la lumière du tison. Enfin, quelques œuvres de Guardi, Bellotto, Mantegna, ou encore Guido Reni complètent cette prestigieuse assemblée.
La collection ne se limite évidemment pas à l'école italienne. On admire aussi ***Brueghel*** : la célèbre *Parabole des aveugles,* qui illustre peut-être la parabole de la fatalité de l'Évangile selon saint Matthieu : « Et si un aveugle conduit un autre aveugle, ils tomberont tous les deux dans la fosse. » Voir aussi l'étrange *Misanthrope,* qui frôle le surréalisme.
Également le peintre flamand ***Beuckelaer,*** qui décline le thème du marché en 6 tableaux. Scènes réalistes qui tranchent avec l'ensemble des peintures religieuses.
Au même étage, on visite les différentes salles de l'***appartement royal*** (une vingtaine en tout). Cet appartement était à usage exclusif de la cour à l'époque des Bourbons puis des Savoies. Dans les espaces offrant une vue panoramique sur le parc, la ville et le golfe de Naples, on respire l'atmosphère accueillante d'un élégant ensemble privé ayant préservé la mémoire historique du passé aux côtés d'une remarquable galerie d'art. Admirer entre autres la ***salle de bal*** baroque ornée de frises successives dans les tons bleus et beiges, et de 2 galeries soutenues par des colonnes en marbre. Dans un autre style, le très coloré ***salottino delle Porcellane*** de la reine Marie-Amélie de Saxe (salle 52), où les éléments décoratifs en porcelaine ou en stuc représentent des scènes de la vie quotidienne en Chine.
Enfin, d'autres petites sections s'insèrent dans ce noble ensemble, comme la petite salle moderne dédiée au Vésuve, celle renfermant des animaux naturalisés, ou encore la galerie évoquant la passion des puissants pour l'égyptologie. Il y en a vraiment pour tous les goûts.

2e étage (fermé à partir de 17h, sauf vendredi)
Cet étage rassemble l'***école de peinture*** et quelques ***sculptures de l'école napolitaine*** de la fin du XIIe s au XVIIIe s. L'idée de cette collection répartie en une quarantaine de salles revient à Joachim Murat, qui voulait constituer une collection du royaume de Naples grâce aux œuvres confisquées aux ordres religieux. À l'entrée de l'étage, la série de ***tapisseries d'Avalos,*** tapisseries flamandes illustrant la bataille de Pavie en 1525, où le roi François Ier fut capturé par les troupes impériales de Charles Quint. Cette bataille décida de l'avenir de l'Europe et de l'hégémonie Habsbourg.
Pas moins de 500 tableaux sont réunis à cet étage, dont des chefs-d'œuvre des grands maîtres du baroque napolitain : Ribera, Luca Giordano, Francesco Solimena, Mattia Preti, Caracciolo, Sellitto, Stanzione, Cavallino, Vaccaro, Artemisia Gentileschi, Simon Vouet et, pour finir en beauté, ***La Flagellation*** du ***Caravage,*** un des 3 chefs-d'œuvre de l'artiste à Naples.

3e étage (fermé à partir de 17h, sauf vendredi)
Ici, l'art contemporain prolonge la collection historique. Noter les œuvres de Daniel Buren, Kounellis, Merz, Armleder, la salle noire de Sol LeWitt, sans oublier l'***Éruption du Vésuve*** imaginée par ***Warhol.***

Promenade dans La Sanità *(plan d'ensemble, E1)*

Dès le XVIIe s, les bourgs des Vergini et de La Sanità constituent de petites villes hors les murs, accessibles en sortant de la ville gréco-romaine par la porta San

Gennaro. Aujourd'hui, La Sanità est un quartier populaire et vibrionnant, que les touristes curieux prendront plaisir à parcourir pour découvrir une autre facette de Naples. Peu de voyageurs se décident à arpenter ses rues où l'on alpague son voisin de fenêtre en fenêtre, où le linge sèche, où les serveurs sautent sur leur Vespa, plateau à la main, pour aller servir le café. En un mot : vivant ! On recommande vivement une escapade dans ces rues un peu anarchiques mais pleines de charme napolitain. Le quartier réserve aussi de belles surprises aux amateurs de *street art*. En revanche, évitez d'y aller la nuit.

Démarrons notre balade en face de la porta San Gennaro, porte d'entrée du quartier, délimité au sud par la via Foria. On commence haut en couleur et en saveur avec la ***via Vergini*** *(plan détachable, E1),* le cœur du quartier. Tous les jours se tient ici un marché débordant de vie. Fruits, légumes, vêtements, quincaillerie, on y trouve de tout ! Plusieurs églises bordent cette rue, dont la ***chiesa Santa Maria dei Vergini*** (au n° 45, construite à la fin du XVIe s) et la ***chiesa della Missione ai Vergini*** (au n° 51, dont l'intérieur fut réalisé par Vanvitelli).

Poursuivre ensuite au n° 19 de la même rue, au ***palazzo dello Spagnolo*** *(plan d'ensemble, E1).* Le plus étonnant des édifices de la rue. Ne pas manquer son ***superbe escalier*** ouvert avec ses nombreuses niches installées au-dessus de chaque porte. À l'intérieur de ces niches, on avait disposé des bustes représentant le 1er propriétaire du palais, le marquis Nicola Moscati. Le palais s'appelle « de l'Espagnol » car il fut habité au XIXe s par Tommazo Atienza, un noble espagnol réputé pour son excentricité. Il est prévu que le palais soit transformé en musée consacré à Totò, le célèbre acteur comique né dans le quartier. Affaire à suivre...

Poursuivons sur la ***via Arena della Sanità.*** C'est l'heure d'une pause gourmande chez **Poppella.** Cette boulangerie, qui crée les beignets à la crème les plus aériens de Naples, a ici son siège historique *(via Arena della Sanità, 28/29 ; voir aussi « Où grignoter une pâtisserie ? Où déguster une glace ? » dans le chapitre « Les quartiers espagnols »).* Dans la même rue, la **Pizzeria Concettina ai Tre Santi** contribue à la gentrification du quartier. C'est aussi une très bonne adresse (quoique déjà touristique) pour dévorer une margherita *(via Arena della Sanità, 7B ; tlj).*

De là, on peut faire un crochet ***via Antesaecula*** avant de revenir sur nos pas. C'est ici, au n° 109, qu'est né le célèbre acteur Totò, véritable gloire napolitaine. Et surtout légende du quartier.

Poursuivons via Sanità. Au n° 26, on tombe nez à nez avec le symbole de la décrépitude, le ***palazzo San Felice*** *(plan d'ensemble, E1).* Sa façade blanc et gris serre le cœur tant elle est fatiguée. Derrière chacune des portes se trouvent un *cortile...* et un superbe escalier. *Palazzo* construit au XVIIe s pour Ferdinando Sanfelice, un noble napolitain connu pour ses extravagances en matière architecturale.

Si vous avez un petit creux, on vous recommande ***La Taverna di Totò*** *(via Sanità, 33/c ; tlj sauf lun)* pour ses excellentes *pizze,* ses prix démocratiques et l'accueil sympathique. Une chouette adresse de quartier. À 2 pas, les gourmands craqueront pour les *taralli napoletani* (biscuits salés et pimentés) et les *pagnotelli* (petits pains garnis et salés) de la boulangerie ***Tarallificio Esposito*** *(via Sanità, 129/130).*

Nous arrivons au pied de la ***basilica Santa Maria della Sanità*** *(hors plan d'ensemble par E1).* Sur le parvis, la sculpture d'un garçon tué lors d'un règlement de comptes est devenue le symbole de la renaissance du quartier. Admirez sur la façade d'en face l'œuvre de ***street art*** d'un artiste argentin, qui a recouvert cet immeuble de visages d'enfants souriants.
L'église abrite les **catacombes de San Gaudioso** *(entrée et billetterie à l'intérieur de l'église ; • catacombedinapoli.it • ; tlj 10h-13h sauf mer ; entrée combinée avec la catacombe San Gennaro : 9 €, réduc ; accepte l'Artecard).*

SUR LES HAUTEURS DE NAPLES

Cet évêque d'Abitène, dans l'actuelle Tunisie, s'était exilé à Naples après avoir fui les persécutions des Vandales, d'origine arienne.

On termine la balade en tournant à droite derrière l'église, via San Vincenzo. Marchez jusqu'au ***teatro Sanità*** *(via San Vincenzo, 1 ; • nuovoteatrosanita.it •).* Ici, un théâtre a été installé dans une partie de la *chiesa dell'Immacolata e San Vincenzo*. Il s'agissait, en fait, de la chapelle de l'orphelinat. Le lieu est géré par les jeunes du coin qui prennent des cours et donnent des représentations, le tout dans le cadre d'un projet de réhabilitation de leur quartier. Une initiative que l'on ne peut que soutenir !

Entre La Sanità et Capodimonte

Catacombe San Gennaro *(hors plan d'ensemble par D1)* **:** *via Capodimonte, 13. ☎ 081-744-37-14. • catacombedinapoli.it • Accès au niveau de l'église de la Mère-du-Bon-Conseil, pâle copie de Saint-Pierre de Rome. Visite guidée lun-sam (sauf mer) 10h-17h, dim 10h-14h ; durée 1h. Entrée combinée avec la catacombe San Gaudioso : 9 € ; réduc. Accepte l'Artecard.* Son nom vient du saint patron de Naples, San Gennaro (saint Janvier), dont les restes (et reliques) furent transférés ici avant d'être transportés ailleurs pour mettre fin aux rassemblements de milliers de fidèles dans le quartier. À l'intérieur se dresse une stèle de forme phallique vouée au dieu de la fertilité Priape. Elle porte des inscriptions en hébreu, ce qui intrigue les spécialistes. En fait, elle aurait été réalisée au XVIIIe s par des farfelus voulant faire un canular... Lors de la restauration de la catacombe, en 2011, une belle fresque colorée a été mise au jour sous une couche d'enduit, près de la tombe de la diaconesse Cerula. Elle représente saint Paul, ce qui prouverait que des chrétiens se sont bien cachés dans ce lieu.

Cimetero delle Fontanelle *(cimetière des Fontanelle ; plan d'ensemble, C1)* **:** *via Fontanelle, 80. ☎ 081-192-569-64. • cimiterofontanelle.com • Ⓜ Materdei. De la station, sortie via Caracciolo detto Carafa, puis tt droit jusqu'à un escalier qui descend vers la via Fontanelle, tourner à gauche, c'est 200 m plus loin. Tlj 9h30-16h30. Accès libre.* ***FERMÉ TEMPORAIREMENT.*** À voir pour son cadre original : une ancienne carrière dont les galeries, formant des grottes larges et tout en hauteur, abritent depuis le XVIIe s des centaines de milliers d'ossements. En 1837, le cimetière des Fontanelle aurait abrité près de 8 millions de squelettes ! En 1872, un curé le réaménagea en 3 parties distinctes : l'allée « des Âmes pauvrettes » *(anime pezentelle),* où sont amoncelés comme des livres des milliers de fémurs et de crânes ; au milieu, l'allée « des Pestiférés », qui accueille les ossements des victimes des épidémies ; enfin, l'allée « des Curés », qui empile les ossements provenant des églises, couvents et congrégations religieuses. C'est dans ce décor macabre et sinistre que l'on pratiqua en nombre le culte des morts. En prenant en charge un os (souvent un crâne), qu'ils lavaient régulièrement, les Napolitains adoptaient en quelque sorte une âme en échange de grâces. Cette pratique née au XIXe s fut interdite en 1969.

SINISTRE CACHETTE

Une cavité du cimetière souterrain des Fontanelle abrite une chambre appelée « le tribunal ». Là se réunissaient pendant un siècle et plus, toujours secrètement, les gros bonnets de la mafia napolitaine. Les frères mafieux y accomplissaient leurs rites d'affiliation à la Camorra. Ils prêtaient serment sur le sang et prononçaient leurs sentences de mise à mort...

Orto botanico *(Jardin botanique ; hors plan d'ensemble par F1)* **:** *via Foria, 223. ☎ 081-253-39-37. • ortobotanico.unina.it • Visites sur rdv lun-ven 9h-14h (16h mar et jeu). GRATUIT.* Créé en 1807 à l'initiative de Joseph Bonaparte.

Nombreuses variétés de cactus et de fougères géantes formant une végétation luxuriante sur plus de 12 ha. Un vrai havre de paix à l'écart de la ville vrombissante.

Real Albergo dei Poveri *(Auberge des Pauvres ; hors plan d'ensemble par F1)* **:** *piazza Carlo III. Pas de visite possible, sauf exception.* L'une des plus grandes interventions des Bourbons. Construite de 1751 à 1819 par Ferdinando Fuga, elle impressionne davantage encore par son programme que par son architecture monumentale. Il s'agissait du plus grand bâtiment d'Europe : une façade blanche longue de 300 m avec 174 fenêtres. L'édifice comprenait 348 chambres de dimensions identiques, distribuées sur 3 étages. En dehors de l'accueil de 8 000 pauvres, le programme prévoyait beaucoup plus : dispenser à ses pensionnaires une formation professionnelle, d'où la réalisation de lieux de production, ainsi qu'une éducation spirituelle – mais l'église n'a jamais été achevée. L'utopie prendra fin avec la révolution de 1799. L'Auberge des Pauvres a alors fermé ses portes aux indigents du royaume. Elle ne les a toujours pas rouvertes. L'Auberge des Pauvres est, depuis 1995, inscrite au Patrimoine historique de l'Unesco.

AU NORD DE NAPLES

À voir

Reggia di Caserta (palais royal de Caserte) : *à 30 km au nord de Naples, par l'autoroute A 1 en direction de Rome, sortie Caserta Nord. Suivre les panneaux « Reggia ». Liaison plus rapide en train qu'en bus. Trains réguliers depuis la gare centrale de Naples. Durée : 40-50 mn. Arrêt du train à la gare de Caserta à 5 mn à pied et du bus juste devant le palais. ☎ 082-344-80-84. • reggiadicaserta.beniculturali.it • Tlj 9h30-19h30 (dernier billet à 18h45), sauf mar et certains j. fériés pour les appartements. Le parc ferme 1h avt le coucher du soleil, donc à 19h avr-sept. Entrée : 14 € appartements, mostra et parc ; 10 € appartements seuls ; réduc. Accepte la Campania Artecard.*

C'est dans la ville nouvelle de ***Caserta*** que l'on trouve le « Versailles italien ». Ce gigantesque palais, construit à partir de 1751 pour le roi Charles III de Bourbon (les Bourbons d'Espagne régnaient sur Naples), devait rivaliser de splendeur avec Versailles, alors phare de l'Europe. Au total, 1 200 pièces, 34 escaliers, 143 fenêtres sur la façade principale... Alexandre Dumas y passa en 1835 et fut stupéfait et déçu à la fois : « Ce palais a la prétention d'être le plus grand de la terre, ce qui fait que très probablement il en est aussi le plus triste... » Les architectes n'ont pas lésiné sur les moyens. La vie à la cour se déroulait entre la chapelle palatine, les appartements, la pinacothèque et le ravissant petit théâtre de la cour. La décoration fastueuse de marbres, la débauche de stucs, les cascades de cristal et la profusion de céramiques, soies et meubles d'époque n'en font pas pour autant un lieu agréable à vivre. L'ensemble paraît aujourd'hui démesuré et parfois glacial. Parmi les nombreuses pièces, signalons la salle du Trône, la chambre de Murat, époux de Caroline Bonaparte et roi de Naples de 1808 à 1815. Un tableau le représente visitant l'Auberge des Pauvres à Naples. Remarquer aussi le plafond de style pompéien de l'antichambre de Ferdinand II, la chambre des Miroirs de style rocaille. Plus intime, la ***bibliothèque,*** et plus loin la surprenante ***crèche*** du XVIIIe s comprenant plus de 1 200 personnages. C'est une merveille d'époque réalisée par une foule d'artisans napolitains.

Le très grand ***parc*** offre 7 km de promenade. Cascades, bassins, statues jalonnent les allées. Pourquoi une telle démesure ? Simplement parce que le roi passait son temps à chasser. Ne pas rater la ***Grande Cascade*** qui jaillit d'une colline verdoyante, à l'extrémité nord du parc.

L'architecte Vanvitelli, qui avait été chargé de la construction du palais par Charles III de Bourbon, ne vit jamais son œuvre achevée (son chef-d'œuvre, de l'avis général) ; il eut la malchance de mourir avant la fin des travaux, repris en main par son fils... Mais le nom familial reste gravé dans la pierre de l'aqueduc Carolino, que l'on désigne comme l'*aqueduc Vanvitelli.* Dessiné par l'architecte et achevé en 1769, il devait amener l'eau de la source Fizzo jusqu'aux fontaines et bassins du palais royal, ainsi qu'à la manufacture de soie que le roi avait implantée sur la colline de San Leucio. Eh oui, tous ces joujoux étaient fort gourmands en eau !

Location de bicyclettes : sur place, idéal pour visiter cet immense parc. Ce sont des vélos classiques *(4 €/h)* ou électriques *(6 €/h).*

LES ENVIRONS DE NAPLES

ERCOLANO (HERCULANUM) (80056)

• Plan *p. 139*

La cité d'Herculanum tient son nom d'Hercule, qui l'aurait fondée en rentrant de voyage en Ibérie. Autrefois située au bord de la mer (avant la terrible éruption du Vésuve en l'an 79 de notre ère), cette grosse bourgade de 4 à 5 000 âmes était une station de villégiature tranquille entourée d'arbres et de vignobles, plus petite et moins animée que son illustre voisine, la commerçante Pompéi. Pourtant, certaines de ses maisons sont nettement plus raffinées, en particulier celles qui se trouvaient sur le front de mer : sa situation privilégiée sur le golfe de Naples devait attirer les Campaniens et les Romains aisés. Les habitants tiraient leurs revenus de la pêche et des activités maritimes.

UN BON BAIN DE BOUE, ÇA CONSERVE !

Tout le monde connaît le sort réservé à Pompéi : le matin du 24 août 79, la ville disparaît sous un linceul de cendres... Piètre protection contre les ravages du temps, comparée à l'impressionnante coulée de lave de 12 à 20 m d'épaisseur qui engloutit Herculanum. En séchant, cette boue volcanique très compacte forma une carapace si solide qu'elle protégea les édifices des infiltrations d'eau, mais aussi des potentiels pillages. C'est pourquoi on retrouva de nombreuses fresques, mosaïques, et toutes sortes d'éléments fragiles en bois et en tissu dans un excellent état de conservation.

Enterrés à plusieurs mètres de profondeur – car plus proches de la coulée du Vésuve –, les édifices sont beaucoup mieux conservés qu'à Pompéi et dégagent une atmosphère à la fois intime et énigmatique.

Après une nuée ardente qui a vraisemblablement tué toute forme de vie, la ville a été ensevelie sous 15 à 20 m de matériaux accumulés lors de l'éruption : d'abord une couche de cendres et de pierres ponces (lapilli), recouverte ensuite par une coulée de lave et d'eau mélangées, qui en se solidifiant a figé bâtiments et habitants dans une gangue pour des siècles. Cette submersion, que l'on ne trouve pas à Pompéi, a été la cause d'un phénomène de conservation original en préservant les matières organiques même carbonisées, comme le bois, les étoffes, le mobilier, mais aussi les étages supérieurs des édifices, permettant d'avoir une idée précise des volumes et des techniques de construction.

Arriver – Quitter

En voiture

➢ ***De Naples :*** prendre l'autoroute A 3 *(payante)* en direction de Salerno et sortir à Ercolano. Petit parking touristique à gauche avant d'arriver au site, derrière la poste *(compter 2 €/h, tlj).* Suivre les panneaux « Scavi di Ercolano ».

En train

➢ ***Naples et Pompéi :*** le train est le moyen le plus facile. Prendre au sous-sol de la gare centrale le même train suburbain que pour Pompéi, la ligne *Circumvesuviana* (en direction de Sorrento ou de Pompei Santuario). Liaison ttes les 15-30 mn selon saison. Durée : env 20 mn en train normal, moins de 15 mn en express. S'arrêter à la station Ercolano Scavi. À la sortie de la gare, descendre la via 4 Novembre en direction de la mer sur env 800 m ; les fouilles *(scavi)* sont au bout. Bien indiqué. Ceux qui veulent poursuivre vers Pompéi reprendront à nouveau la *Circumvesuviana.* Depuis Ercolano Scavi, descendre à Pompei Scavi.

En bus

➢ ***Pour le Vésuve :*** avec *Vesuvio Express* (● vesuvioexpress.info ●). Bus à prendre devant la gare d'Ercolano Scavi (départs fréquents). Trajet jusqu'au parking du Vésuve en 30 mn. Billet : 20 € A/R, entrée au Vésuve incluse.

À voir

DANS LE VILLAGE

🎬 👪 ***Museo archeologico virtuale*** *(Musée archéologique virtuel)* **:** *via 4 Novembre, 44. ☎ 081-777-68-43. ● museomav.it ● À droite dans la longue rue qui descend de la gare vers le site d'Ercolano (soit à 300 m de celui-ci). Mars-mai, tlj 9h-17h30 ; juin-sept, tlj 10h-18h30 ; oct-fév, tlj 10h-16h sauf lun. Entrée : billet simple 10 € avec le film en 3D recréant les conditions géologiques qui ont précédé l'éruption du Vésuve (15 mn) ; réduc. Accepte l'Artecard.* Voilà une belle réponse aux frustrations de ceux que les vieilles pierres laissent de marbre. Une bonne manière de se préparer à la visite des ruines. La technologie numérique donne ici un sérieux coup de pouce à l'imagination et crée l'illusion d'un forum plein de vie. Grâce aux effets de lumière, aux projecteurs et aux hologrammes, les légionnaires de l'empire défilent, et le long des rues de Pompéi bruissent des sons d'une ville qui vit, encore épargnée par les foudres du Vésuve. Le théâtre reprend alors ses couleurs d'origine et retrouve ses statues. Tout ceci est virtuel, bien sûr, mais repose sur les écrits de l'époque et le résultat des fouilles. Des écrans tactiles dispensent quelques infos en français tout au long de la visite.

LE SITE ARCHÉOLOGIQUE D'HERCULANUM
(Scavi di Ercolano)

On accède au site par une longue passerelle (construite sous Mussolini), d'où l'on a une superbe vue d'ensemble sur la cité. Car, à la différence de Pompéi, l'ensemble de la zone de fouilles est circonscrit dans une cuvette largement en dessous du niveau de la ville moderne. Par conséquent, pas de vue dégagée depuis les ruelles antiques, mais les vestiges gagnent en cohésion. Impressionnant, d'autant plus que les ¾ du site sont encore enterrés.
À noter, pour bien comprendre la topographie du site, la ville antique se situait sur une falaise en surplomb d'une plage (zone correspondant de nos jours au ravin situé au sud de l'*aera sacra*) et, à la suite de l'éruption et de l'accumulation des matériaux expulsés par le volcan, le rivage a reculé de 400 m. Le découpage des rues respecte un plan géométrique semblable à celui de Naples, avec des *decumani,* orientées est-ouest, et des *cardini* – du latin *cardo* – moins larges et orientées nord-sud.

Infos pratiques

Billetterie : *sur la gauche, à la fin de la passerelle. ☎ 081-777-70-08. ● ercolano.beniculturali.it ● Mêmes horaires que le site.*

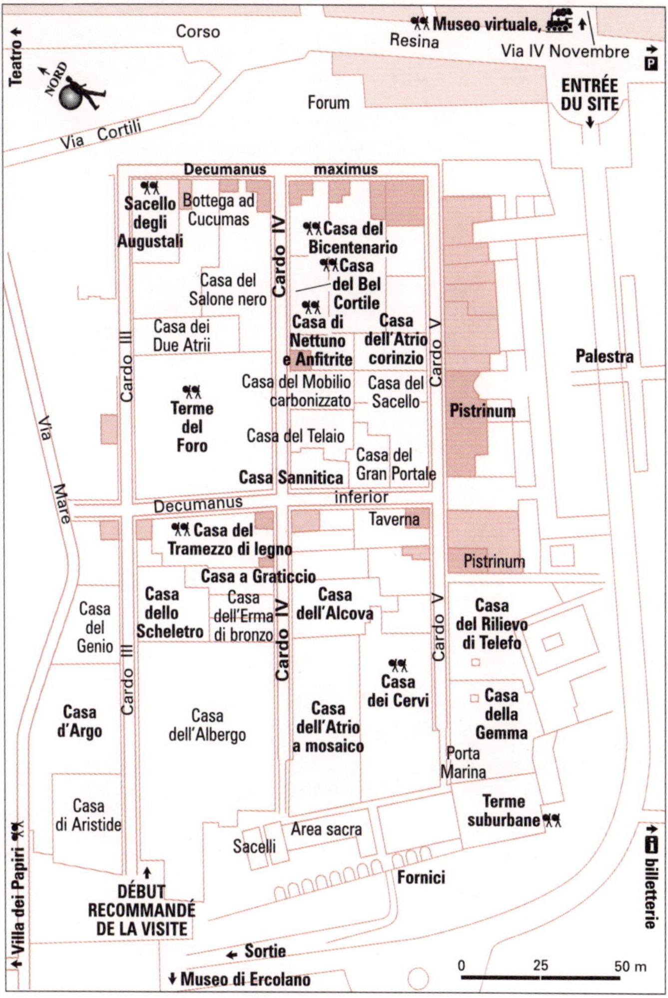

HERCULANUM

– ***Horaires d'ouverture :*** *tlj 10h30-19h30 (17h nov-mars) ; dernière admission 1h30 avt fermeture. Fermé 1er janv et 25 déc. 20 juin-20 sept, possibilité de visite nocturne (entrée : 1 €) dans le cadre de la* « Notte dei Musei » *(l'équivalent de notre Nuit des musées, en France).*
– ***Entrée :*** *10 € ; seulement 2 € pour les 18-25 ans ressortissants de l'UE ; gratuit moins de 18 ans ressortissants de l'UE (produire un document d'identité). Prévente en ligne : supplément de 1,50 €.* Pour les informations sur la *Campania Artecard*, se reporter à la rubrique « Budget » du chapitre « Naples utile » en début de guide.
– ***Attention :*** le billet est à entrée unique ; impossible d'entrer à nouveau une fois sorti hors de l'enceinte. Possibilité de poser ses bagages à la consigne *(gratuit).*

– **Audioguide :** *8,50 € ; sur place, prix dégressifs pour plusieurs. Petit bureau d'info où l'on prend les cartes et un guide gratuit en français, très détaillé (parfois en rupture de stock hors saison). L'audioguide en français est malgré tout intéressant vu la richesse du site et le peu d'explications sur place, et s'accompagne toujours d'une carte. Audioguide pour enfants avec un texte adapté : 5 €. Il faut laisser une pièce d'identité en caution.* Juste à côté du kiosque des audioguides, notez la petite volière pour les faucons censés chasser les pigeons qui trouvent refuge dans les maisons d'Herculanum. Technique ancestrale mais ô combien efficace !

La visite des ruines

Compter au moins 2h. Muni du plan en relief gratuit et du petit livret disponibles à la billetterie (traduction de l'italien un peu bancale), on peut se laisser aller à flâner au hasard des ruelles pavées, observer telle maison bien préservée, ou faire une halte dans un *thermopolium,* ces troquets de l'époque si pittoresques avec leurs jarres de victuailles enchâssées à même les comptoirs. Faire comme les Romains de l'Antiquité, en quelque sorte ! Voici les principaux vestiges, organisés dans le sens des aiguilles d'une montre. Certaines maisons sont périodiquement fermées en fonction des fouilles en cours : la liste en est communiquée à l'entrée.

Casa d'Argo *(maison d'Argos)* **:** *à gauche en entrant.* Belle maison patricienne ; grand péristyle autour du jardin, fresques. Elle doit son nom à une peinture disparue qui représentait Argos gardant Io, la nymphe aimée de Zeus, transformée en génisse... On y a trouvé des pots de terre cuite contenant des légumes, des olives, des amandes, des céréales et des fruits.

Casa dello Scheletro *(maison du Squelette)* **:** doit son nom au squelette qui fut retrouvé au 1er étage. Assez modeste, elle correspond en réalité à l'union de 3 maisons. À gauche, la salle à manger présente de jolies fresques. Au fond à droite, bel autel couvert de mosaïques et coquillages, dédié aux Pénates, les divinités protectrices de la famille et de la maison.

Casa del Tramezzo di legno *(maison à la Cloison de bois)* **:** *à l'angle du Cardo III et du decumanus inferiore.* On y entre par un vaste atrium à impluvium (système destiné à recueillir les eaux de pluie). Elle doit son nom à la cloison d'époque à 3 portes, aux boiseries étonnamment bien conservées mais entourées d'un verre protecteur. Cette cloison fermait l'entrée du *tablinum,* une pièce menant au jardin. Sur la porte, des supports en bronze où l'on accrochait des lampes à huile. Remarquez le sommier carbonisé dans l'une des petites pièces. La façade est, elle aussi, dans un état remarquable. Dans la boutique du Lanarius voisine (dans le *decumanus inferiore*), ne pas rater la presse à vis en bois utilisée pour repasser les vêtements et retrouvée quasi intact. Émouvant.

Casa a Graticcio *(maison à Claies)* **:** *voisine de la précédente.* Logement bon marché réservé aux familles modestes, cette maison se distingue par sa maçonnerie en tuf prise dans un appareillage de bois. Technique encore peu utilisée au moment de l'éruption (Pompéi ne comporte aucun bâtiment de ce type).

Terme del Foro *(ou* **Terme urbane** *; thermes urbains)* **:** de la fin du Ier s av. J.-C. Leur plan est très logique et très clair, leur état de conservation excellent. Les thermes étaient séparés en 2 parties selon les sexes. La partie réservée aux femmes, plus petite et moins décorée, est néanmoins la mieux conservée : superbe pavement de mosaïque dans le vestiaire (Triton entouré d'une pieuvre, d'une seiche et de dauphins ; l'effet de distorsion de l'eau donnait l'impression qu'ils étaient vrais). Plus loin, le *tepidarium* (salle tiède) et le *caldarium* (salle chaude) avec 2 banquettes de marbre. Dans les thermes des hommes, on distingue la palestre (gymnase), l'*apodyterium* (vestiaire, avec bancs et étagères pour les vêtements), le *frigidarium* (salle froide) avec un bassin circulaire à fond bleu et, au-dessus, une voûte décorée de peintures d'animaux marins. Enfin, le *tepidarium* et le *caldarium*. Les murs de chaque *tepidarium* présentent des conduites pour amener de la vapeur dans la pièce : eh oui, on ne prenait pas que des bains ; le thermalisme était déjà drôlement perfectionné !

DES LIEUX DE DÉTENTE PAS TOUJOURS HYGIÉNIQUES

Dans l'Antiquité, les thermes faisaient partie de la vie quotidienne ; après la palestre (le gymnase), les bains accueillaient les citoyens, qui y traitaient leurs affaires ou y rencontraient leurs amis. Mieux valait pourtant ne pas s'y rendre avec une blessure récente : à défaut de système de désinfection, on y risquait la gangrène, et des matières fécales y flottaient souvent !

Sacello degli Augustali *(siège des Augustaux)* **:** sanctuaire où officiaient les prêtres rendant un culte à l'empereur Auguste. Celui-ci était vivant quand l'édifice fut construit. Ces prêtres, appelés *Augustaux*, étaient souvent d'anciens esclaves affranchis qui profitaient ainsi d'une promotion sociale. Ce lieu était leur « collège ». Remarquez la plaque de marbre où sont gravés les noms des 2 frères ayant financé la construction de l'édifice et offert le repas inaugural. Magnifiques fresques mettant en scène le patron de la ville, Hercule : à gauche, on le voit entouré de Junon et Minerve ; à droite, en plein combat contre le dieu-fleuve Achéloos.

Casa del Bel Cortile *(maison à la Belle Cour)* **:** pas plus de 10 pers à la fois. Maison très originale mais parfois fermée avec sa cour intérieure surélevée, pavée de mosaïques. Fragments de fresques et bas-reliefs représentant l'aurore et le crépuscule.

Casa di Nettuno e Anfitrite *(maison de Neptune et d'Amphitrite)* **:** au rez-de-chaussée, une boutique incroyablement bien conservée avec son comptoir, ses ustensiles et ses étagères où sont entreposées des amphores à vin. Au fond de la maison, un triclinium (salle à manger), remarquable salle avec plusieurs mosaïques sur le mur du nymphée (fontaine d'intérieur) : scènes de chasse, décor floral, coquillages et masques, et surtout la superbe représentation des noces de Neptune et d'Amphitrite. Dans la mythologie, Neptune, dieu de la Mer, avait connu Amphitrite sur une plage où elle jouait avec ses sœurs, les Néréides. Elle s'échappa mais fut rattrapée par un dauphin qui la livra à Neptune, et de cette union naquirent les Tritons, créatures hybrides mi-hommes, mi-poissons.

Casa dell'Atrio corinzio *(maison de l'Atrium corinthien)* **:** de dimension modeste mais dotée d'un étage. Bel atrium à colonnades, avec un délicat réservoir de marbre au centre. Chambres et salons bien conservés. Notez le plafond à caissons en stuc peint (dans le petit salon à gauche) et les scènes navales décorant la chambre du fond.

Casa Sannitica *(maison samnite)* **:** charmante mais souvent fermée. L'une des maisons les plus anciennes, construite au IIe s av. J.-C. Plusieurs éléments d'architecture évoquent la période préromaine : décoration du couloir, galerie à colonnes ioniques.

Pistrinum *(boulangerie)* **:** four dans l'arrière-boutique et, dans la cour, meules à grain actionnées par un âne (dont on a retrouvé les ossements !). Le four était protégé du mauvais œil par 2 phallus en stuc placés à l'entrée.

Palestra *(gymnase)* **:** vaste bâtiment s'ouvrant par un vestibule monumental flanqué de 2 colonnes. Sa piscine de 35 m était alimentée par une magnifique fontaine de bronze (dont l'original est conservé au Musée archéologique de Naples), figurant l'hydre de Lerne (serpent aux multiples têtes) crachant de l'eau.

Casa dell'Atrio a mosaico *(maison de l'Atrium aux mosaïques)* **:** encore une belle maison patricienne. C'est normal, elles étaient presque toutes installées dans le quartier le plus huppé de la ville. Dans celle-ci, les appartements et les salles de réception avaient vue sur la mer. Outre la mosaïque en damier noir et blanc, jolis petits panneaux peints à motifs mythologiques. Jardin avec fontaine de marbre.

Casa dei Cervi *(maison des Cerfs)* **:** certainement la plus belle maison du site. La découverte d'un pain portant le cachet de *Celer,* esclave libéré peu avant l'éruption de 79 apr. J.-C., a permis d'identifier cette maison. Son jardin donnait comme de juste directement sur la mer. Les bâtiments entourent un jardin intérieur décoré de copies de statues de cerfs assaillis par des chiens, ainsi que celle d'un satyre avec une outre. Sur les murs, quelques fresques très bien conservées de natures mortes, dont les originaux sont au Musée archéologique de Naples. Élégants sols de marbre polychrome et portique avec fragments de mosaïques en pâte de verre bleue où on reconnaît des amours.

Casa dell'Alcova *(maison de l'Alcôve)* **:** très vaste, elle est en fait issue de la réunion de 2 habitations. Une pièce contient des lits en bois conservés. Au fond, l'alcôve semi-circulaire qui a donné son nom à la demeure.

Sur les cardi IV et V, plusieurs ***boutiques et maisons d'habitation.*** Voir surtout l'immense ***casa del Rilievo di Telefo*** (*maison du Relief de Télèphe* ; cardo V), la 2e en taille de la ville, désaxée pour avoir vue sur la mer, et qui doit son nom à un bas-relief figurant Achille devant un oracle, puis plantant son épée dans le flanc de Télèphe.

Casa della Gemma *(maison de la Gemme)* **:** avec une belle décoration, des objets de la vie quotidienne et, dans les latrines, ce graffiti explicite : *Apolinaris medicus Titi imperatori hic cacavit bene* (« Apolinaire, médecin de l'empereur Titus, fit ici un bon caca »). Tant mieux pour lui !

Terme suburbane *(thermes suburbains)* **:** un ensemble des mieux conservés de l'Antiquité, très belles décorations mais site souvent fermé.
Sur la vaste terrasse, autel funéraire en marbre du sénateur Marcus Nonius Balbus (une copie), bienfaiteur de la ville, qui finança notamment la reconstruction de la basilique et des remparts de la ville. Plus loin se trouve l'*area sacra* (aire sacrée) réservée à la vénération des dieux. Sur la gauche, 4 bas-reliefs d'une grande finesse où l'on reconnaît, grâce à leurs attributs respectifs, Minerve, Neptune, Mercure et Vulcain.
On achève la visite de la partie principale du site par le versant abrupt qui faisait jadis face à la mer et où plus de 300 squelettes humains avec leurs bijoux et des monnaies ont été découverts dans 12 cavités *(fornici)* faisant autrefois office d'entrepôts et de caves à bateaux. Les malheureux qui cherchaient leur salut vers la mer y ont été surpris par les hautes températures de la coulée pyroclastique, appelée aussi « nuée ardente », puis la ville a été recouverte d'un mélange fluide de lave et d'eau qui s'est inséré partout très rapidement et qui compose à présent la couche supérieure des matériaux qui ont enseveli la cité.
Pendant longtemps, on a cru que presque tous les habitants d'Herculanum avaient eu le temps de fuir. La découverte des squelettes semble indiquer le contraire. L'un d'eux cherchait à fuir dans une barque, dont on a retrouvé la coque. Celle-ci se trouve à présent exposée dans le petit musée face à la sortie en compagnie d'un soldat en armes qui était à bord.

Villa dei Papiri *(villa des Papyrus)* **:** *située à l'ouest, à l'écart des ruines.* C'était peut-être la résidence d'été de ***Lucio Calpurnio Pisone,*** le beau-père de Jules César. Enterrée à 25 m de profondeur sous la ville moderne et grande comme

3 terrains de foot. Les fouilles débutèrent dès 1750 sous Charles de Bourbon et ne furent reprises qu'à la fin des années 1990, à grand renfort d'excavatrices et de bulldozers.

En plus d'un complexe thermal, les archéologues y retrouvèrent près de 100 statues et bustes (65 en bronze et 26 en marbre), dont l'admirable groupe représentant les filles de Danaos, qui furent longtemps dénommées « Danseuses » et qui sont exposées au Musée archéologique de Naples.

Ils trouvèrent aussi une bibliothèque comportant 1 800 papyrus carbonisés. Ces précieux rouleaux extrêmement fragiles sont conservés à la Bibliothèque nationale de Naples. C'est la seule bibliothèque de l'Antiquité à nous être parvenue dans son intégralité. Depuis leur découverte, les chercheurs tentent de déchiffrer ces textes anciens (en grec, pour la plupart, sauf des fragments du *De rerum natura* de Lucrèce). On sait aujourd'hui qu'il s'agit pour la plupart de textes philosophiques épicuriens du Ier s av. J.-C. Une technique non invasive dernier cri utilisée grâce au synchrotron de Grenoble, couplée à un algorithme spécifique, permet de lire les textes sur écran d'ordinateur sans avoir à dérouler physiquement les rouleaux. Il reste encore pas mal de pain sur la planche, et on pense que certains de ces textes à déchiffrer pourraient révolutionner les connaissances sur la philosophie antique.

COPIE CONFORME

En 1974, le milliardaire américain Paul Getty fit construire à Malibu (Californie) une villa d'inspiration romaine pour abriter ses collections d'antiquités grecques, romaines et étrusques. Il choisit pour modèle la villa des Papyrus d'Herculanum.

IL VESUVIO (LE VÉSUVE)

Ce volcan haut de 1 281 m est plus jeune que l'Etna et le Stromboli, mais il s'est rendu célèbre par les éruptions meurtrières qu'il a connues au fil de sa vieille et longue histoire. La plus dévastatrice fut celle d'octobre 79 apr. J.-C., qui anéantit la ville de Pompéi et tua ses habitants (pour les détails de cette catastrophe, voir plus loin « Pompéi »). On dit qu'il est éteint, mais cette formidable marmite de magma en fusion n'est qu'endormie, à seulement 9 km du centre d'une agglomération de plus de 4 millions d'habitants. Parmi eux, 700 000 personnes vivent en zone rouge, directement au pied du volcan...

LE VÉSUVE, ÉTAPE INCONTOURNABLE DU GRAND TOUR

Le Vésuve faisait partie du Grand Tour des écrivains et artistes européens aux XVIIIe et XIXe s. Fasciné, Goethe en fit l'ascension 3 fois. Alexandre Dumas et Chateaubriand y montèrent ensemble, les 2 compères furent subjugués par cette monstrueuse « gueule d'enfer » !

UN VOLCAN QUI A L'ÂGE DE LA TERRE

Vésuve toujours vivant aujourd'hui mais endormi ! L'éruption de 1631, la dernière plus meurtrière, fit plusieurs milliers de morts. Entre 1660 et 1929, le volcan a produit 18 éruptions avec jets de cendres et coulées de lave. Les habitants, en dépit des dangers d'un tel voisinage, sont restés sur place.

La dernière éruption eut lieu du 18 au 30 mars 1944 et fit 26 morts. Le jour même des bombardements alliés, le volcan se réveilla. Il paraît d'ailleurs que de nombreux soldats américains, quelque peu mystiques, s'agenouillèrent à bord de leurs bateaux, voyant dans cette incroyable coïncidence un signe de Dieu. Ses vapeurs et sa lave détruisirent complètement le village de *San Sebastiano,* qui a été tout simplement reconstruit par la suite au-dessus de la coulée de lave. Selon les spécialistes, la prochaine éruption sera de type explosif et catastrophique, car le conduit reliant la chambre magmatique au cratère est obstrué de millions de tonnes de matière. Comment toute la population de la baie de Naples pourra-t-elle être évacuée à temps ? Un plan d'urgence est mis en place et tout a été prévu : à grand renfort de bus et de trains, les 700 000 personnes concernées pourraient être évacuées en 72h. Espérons que ce scénario de film-catastrophe ne se produira jamais !

Arriver – Quitter

– ***Avertissement :*** pas la peine de programmer cette excursion si le temps est bouché et le sommet dans les nuages...

En voiture

➢ ***De Naples :*** emprunter l'autoroute A 3 *(payante)* jusqu'à la sortie « Portici-Ercolano », puis une quinzaine de kilomètres en suivant les flèches « Vesuvio ». Plus on grimpe, plus les panneaux se font rares, mais ne désespérez pas, on finit par y arriver.
Arrivé au parking Quota 800 (800 m d'altitude), il faut obligatoirement se garer, impossible de continuer en voiture privée, seuls les taxis et les bus peuvent rouler jusqu'au pied du volcan. Tarif : 5 €. De là, des minibus assurent des liaisons permanentes avec la billetterie, 2 km plus haut. Compter 1 €/pers. Sinon, on peut aussi grimper à pied (20-30 mn de marche).

En train et bus

➢ ***De Naples :*** 2 bus directs/j. avec *EAV Bus (● eavsrl.it ●).* Départ à 9h et 10h15 ; retour vers 12h30 et 14h. Billet : 15 € l'A/R pour 1h15 de trajet. Le bus part de Campolinea, piazza Piedigrotta, et marque des arrêts via Caracciolo (Castel dell'Ovo), via Marina (molo Beverello) et piazza Garibaldi (près de l'hôtel *Terminus*).
➢ ***D'Ercolano :*** c'est la formule la plus rapide. De Naples, prendre le train *Circumvesuviana* (au sous-sol de la gare centrale, piazza Garibaldi). Descendre à la station Ercolano Scavi et prendre ensuite le bus *Vesuvio Express (● vesuvioexpress.info ●)* qui attend devant la gare (départ ttes les 40 mn à partir de 9h30). Compter 20 € l'A/R, comprenant le ticket d'entrée pour accéder au Vésuve et 30 mn de trajet entre Ercolano et le parking du Vésuve. Trajet impressionnant mais les chauffeurs ont l'habitude. Attention aux arnaques et vérifiez auparavant que le sommet est bien accessible.
Attention, une fois sur place, vous n'avez que 1h30 pour monter au volcan, faire le tour du cratère et redescendre, car il vous faut repartir avec la navette qui vous a déposé. Solution à oublier donc si vous souhaitez faire une exploration poussée du lieu.
➢ ***De Pompéi :*** env 8 bus/j. avec la compagnie *EAV Bus (● eavsrl.it ●),* 8h-16h30, pour le lieu-dit *Quota Mille* (à la billetterie du Vésuve). Trajet : 55 mn. Départ de la piazza Anfiteatro (Pompéi), arrêts à Porta Marina et à la villa dei Misteri. Compter env 5,50 € A/R. Dans le sens Vesuvio-Pompéi, dernier bus à 18h30 normalement.

À faire

L'ascension du Vésuve : *infos sur ● guidevesuvio.it ● pour les guides ou pour le parc. Tlj : 9h-18h juil-août ; jusqu'à 17h* *avr-juin et sept, 16h mars et oct, 15h nov-fév. Attention, le site peut être fermé en cas de mauvais temps. Tarif : 10 € pour l'accès au cratère ; réduc ; gratuit moins de 6 ans. Durée de l'excursion : en moyenne 1h30. À noter qu'il faut compter 20-30 mn de marche de la billetterie jusqu'au cratère. On peut emprunter des cannes en bois à l'entrée du sentier. Prévoir de bonnes chaussures ; buvettes et boutique de souvenirs sur place.*

Le sentier d'accès au cratère (860 m) est pentu, avec quelques bancs dans les virages stratégiques pour faire une petite pause ; l'hiver, ne pas oublier sa petite laine et, l'été, un chapeau et une bouteille d'eau. Si le chemin d'accès est nu et tapissé de petites pierres de lave, les pentes du Vésuve, classées parc naturel, sont très fertiles. On y dénombre plus de 900 espèces végétales sauvages qui ont peu à peu remplacé les vignobles. En chemin, on croise le bureau des guides *(visites gratuites ttes les 15 mn, dans à peu près ttes les langues ; compter 10-15 mn de visite).* Depuis le sommet, la vue plongeante sur le cratère – 600 m de diamètre et 300 m de profondeur – est très impressionnante et de l'autre côté, on jouit d'un panorama formidable sur la baie de Naples par temps dégagé.

LE VIN DE POMPÉI RENAÎT DE SES CENDRES

Ces vignes avaient évidemment disparu sous un amas de lave depuis près de 2 000 ans. On réussit à retrouver le code génétique de ces plants antiques. En 2003, on produisit moins de 2 000 bouteilles sous l'appellation Villa dei Misteri. *La production est tellement infime qu'on ne les sert que dans les ambassades italiennes. Pas de regret : à l'époque, le vin était tellement âpre qu'on le coupait avec... de l'eau de mer.*

POMPÉI

(80045)

• Plan I *p. 148-149* • Plan II *p. 154-155*

« Je ne dirai rien de Pompéi : c'est la chose la plus étonnante, la plus intéressante, la plus amusante que j'ai rencontrée ; par là seulement on connaît l'Antiquité », disait Stendhal. Pompéi, un site gigantesque, inoubliable, un témoignage inestimable de la vie quotidienne pendant l'Antiquité. Aujourd'hui, plus de 3 millions de visiteurs explorent chaque année ses nombreuses rues, ses places, ses villas et ses bâtiments publics. Pour les satisfaire, et pour préserver ce patrimoine unique, la Commission européenne a octroyé, en 2017, une généreuse enveloppe pour poursuivre des travaux de restauration entamés en 2007 et entamer de nouveaux programmes de fouilles. Pourvu que ça dure !

PETITE HISTOIRE DE POMPÉI

Ce sont sans doute les Osques qui ont fondé la ville au VIe s av. J.-C., sur un emplacement stratégique au bord de la rivière Sarno. Mais au Ve s av. J.-C., l'influence grecque de Néapolis (Naples) éclipse quelque peu le rayonnement de Pompéi. Cette influence des Hellènes débouche sur une rénovation des édifices de la ville selon les canons du moment. C'est notamment à cette époque que les bâtiments (basilique et théâtres) autour du forum sont construits. Discrète, elle prospère dans l'ombre de Rome, qui a imposé sa suprématie dans la région à l'issue des guerres samnites.

En 80 (toujours av. J.-C.), après s'être rebellée contre Rome pendant la guerre sociale (causée par une alliance de cités opposées à l'hégémonie romaine), Pompéi retourne sous contrôle des Romains, devient une colonie et règle sa montre sur l'heure romaine. Le toilettage religieux imposé par César Auguste en l'an 20 av. J.-C. en est l'une des manifestations les plus frappantes. Le temple d'Apollon est, par exemple, reconstruit en marbre. Juste avant l'éruption, la cité est donc richement pourvue, avec une voirie bien développée.

L'éruption de 79 apr. J.-C.

Un vrai drame antique ! C'était une cité de 66 ha, au commerce florissant, qui devait abriter à son apogée entre 20 000 et 25 000 habitants. Elle fut ensevelie sous les cendres du Vésuve le 24 octobre 79 apr. J.-C. Ou plus exactement sous les cendres du mont Somma, désormais éteint, dont le Vésuve, né de cette gigantesque éruption, a depuis pris la place. Quelques signes avaient annoncé la catastrophe, dont une activité sismique significative, notamment le tremblement de terre destructeur du 5 février 62.
Avant cette tragique éruption meurtrière, le Vésuve ressemblait à un pain de sucre. Cette calotte, qui culminait à 2 500 m, a volé en éclats sous la pression contenue jusqu'alors. Le bouchon sauta donc et le tout s'éleva à environ 15 km d'altitude dans une jolie forme de pin-parasol. Grâce aux lettres de ***Pline le Jeune,*** qui observa l'éruption depuis Misène, de l'autre côté du golfe de Naples, on connaît à peu près le déroulé du drame, même si les dates évoquées ont été remises en cause en 2018, à la suite de la découverte d'une inscription capitale qui évoque octobre, soit un décalage de 2 mois (voir l'encadré). Selon lui, le Vésuve cracha entre le 24 août à 12h et le lendemain, et il se fit entendre jusqu'au 29 août. Le 25 août à 12h, Pline note que le sommet du Vésuve a explosé, et qu'une « imposante colonne de cendres, gaz et particules solides, d'environ 18 à 30 km de haut, s'élève jusque dans la stratosphère ». Pline a d'ailleurs donné son nom à ce type d'éruption, dite « plinienne ». Peu après, son oncle Pline l'Ancien, venu de Misène, est étouffé par une nuée ardente alors qu'il se rend à Stabies pour étudier de près le phénomène et porter secours aux victimes.
Les 1res « bombes » volcaniques et ***pierres ponces*** s'émoussent en vol et retombent illico presto au sol. Au plus fort de l'éruption, ***10 000 t de matière étaient projetées à la seconde,*** et s'amoncelaient sur la ville de Pompéi à raison de 15 cm par heure ! Vinrent par la suite les lapilli, puis les scories. Puis, au final, vinrent les ***cendres, des plus grossières aux plus fines.***

UNE ÉRUPTION AUTOMNALE

Se basant sur des textes de Pline, le 24 août 79 était considéré par les archéologues et les historiens comme le jour J de l'éruption du Vésuve. Mais la découverte, en 2018, d'une inscription au charbon de bois sur les murs d'un atrium a tout remis en cause. Elle mentionne en effet la date du 16e jour avant les calendes de novembre, soit le 17 octobre, date à laquelle Pompéi n'était donc pas encore ensevelie. Cette découverte majeure est corroborée par d'autres indices : des cadavres portant des vêtements plus chauds que des tenues estivales (comme celui d'un notable vêtu d'un manteau de laine, exhumé en 2020), des fruits de saison (grenades, baies de laurier, noix, noisettes), des amphores de vin scellées pour la fermentation en octobre et les braseros des maisons en état de fonctionnement pour combattre les soirées fraîches... Ces découvertes ont permis d'arrêter la date du 24 octobre 79.

Mort par asphyxie

Beaucoup de Pompéiens sont partis au début de l'éruption car ils n'avaient jamais vu le Vésuve en feu (il était endormi depuis au moins 400 ans). Sur les 20 000 à 25 000 habitants de la cité, 1 044 corps ont été exhumés au cours des fouilles. La majorité des cadavres ont été retrouvés bien au-dessus de la couche de cendres. La mort n'aurait donc pas été provoquée par la projection de cendres et de scories, mais par l'apparition soudaine des coulées pyroclastiques, appelées encore ***nuées ardentes.*** Elles sont provoquées par l'effondrement du cratère. Le ***nuage de gaz, de cendres et de roches incandescentes*** n'est alors plus dirigé vers le ciel, mais se propage horizontalement le long du sol à plus de 200 km/h et dévale la pente. Le vent devient brûlant et l'air irrespirable. La dernière nuée ardente, qui fut la plus meurtrière, a d'ailleurs détruit toute la baie de Naples jusqu'au cap Misène. Les corps retrouvés ont la bouche ouverte, ayant happé l'air brûlant et saturé de gaz toxiques dans une dernière contorsion.

L'une des plus grandes découvertes archéologiques du XVIIIe s

« **Des nombreuses catastrophes survenues dans ce monde, aucune n'a procuré à la postérité une plus grande joie** ».

Goethe, à propos de Pompéi.

Ce fut, d'une part, ***l'une des catastrophes les plus effroyables de l'Antiquité,*** mais, d'autre part, une « chance » archéologique, comme disent les savants. Ce « linceul de cendres » permit de conserver intacte une importante cité romaine pendant 17 siècles ! L'intérêt suscité par les fouilles, commencées officiellement en 1748, a été extraordinaire. De là naîtra le goût marqué des voyageurs et érudits du XVIIIe s pour l'Antiquité. L'explosion du Vésuve a également offert aux vulcanologues la possibilité de classifier les différents styles d'éruptions (vésuviennes, plinienne, peléennes – en rapport avec la montagne Pelée –, stromboliennes...). Et des trésors enfouis dorment toujours dans le sous-sol de Pompéi, qui est loin d'avoir été entièrement fouillé !

Arriver – Quitter

En voiture

➢ ***De Naples :*** prendre l'autoroute A 3 en direction de Salerno et sortir à Pompéi Ouest.
➢ ***De Salerne et la côte amalfitaine :*** toujours par l'autoroute A 3, en direction de Naples cette fois-ci, prendre la sortie Pompéi (pas Pompéi Est) juste après celle pour Castellamare. Elle débouche directement devant l'accès de la porta Marina Superiore.
Les parkings officiels et privés ne manquent pas. On peut, bien sûr, se garer dans la rue (lignes bleues) pour 1 €/h. Mais si l'on souhaite flâner sans se soucier de l'horodateur, la formule à la journée *(soit 12h de stationnement pour environ 10 €)* est proposée par la plupart des parkings. Si vous ne passez qu'une demi-journée sur le site, elle n'est pas avantageuse.

En train

Noter qu'il y a ***3 gares ferroviaires*** à Pompéi, desservies par 3 lignes distinctes.

➢ ***De Naples :*** le moyen le plus rapide consiste à prendre la ligne suburbaine *Circumvesuviana* *(● eavsrl.it ●)* en direction de Sorrento, au sous-sol de la gare centrale (piazza Garibaldi), et à s'arrêter à la gare *Pompei Scavi-Villa dei Misteri (plan I, A2).* Celle-ci est en face de l'accès principal de la porta Marina Superiore. Compter 2,80 €. Billet valable 140 mn, ce qui permet de prendre une correspondance avec d'autres transports à l'aller comme au retour. Départs ttes les 20-30 mn 6h-22h env. Trajet : 35-40 mn pour les trains rapides *(directissimo)* ; quelques ultra-rapides climatisés font le trajet en 25 mn (mais prévoir un gros pull !). Attention, les trains sont souvent bondés et les *pick-pockets* ne font pas que de la figuration.
– ***2e possibilité :*** on peut également aller à Pompéi par une autre ligne de la *Circumvesuviana,* qui relie Naples à Poggiomarino. Dans ce cas, la gare d'arrivée sera *Pompei Santuario (plan I, D1)* et l'accès le plus proche celui de la piazza Anfiteatro *(plan I, C1-2).* Départs 6h-20h. Durée : 45 mn. Compter 2,80 €.

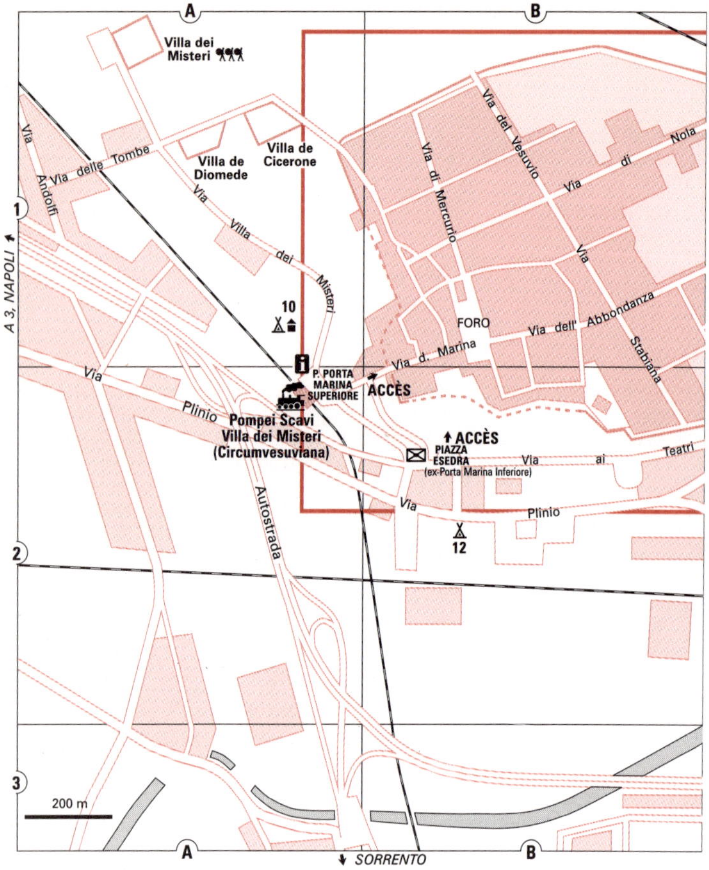

■ **Adresse utile**	**11** Agora Hostel Deluxe (D2)
Bureau d'informations du site archéologique (A1-2)	**12** Camping Spartacus (B2)
Où dormir ?	**13** Certe Notti B & B (D1)
10 Camping Zeus (A1)	**14** Hotel Diana (D2)

– ***3e possibilité :*** avec les trains grandes lignes de *Trenitalia (• trenitalia.com •)* circulant entre Napoli et Salerno. Arrêt à la *gare de Pompéi (plan I, D2).* Env 2 trains/h, 6h-21h. Durée : 35-45 mn selon train. Compter 2,80 €. Le train longe le bord de mer ; le soir, c'est très beau, on voit la baie de Naples, l'île de Capri et la péninsule Sorrentine. Autre avantage, c'est moins fréquenté.

➢ ***Ercolano :*** par la *Circumvesuviana* entre Naples et Sorrento. Depuis Ercolano Scavi, prendre la direction

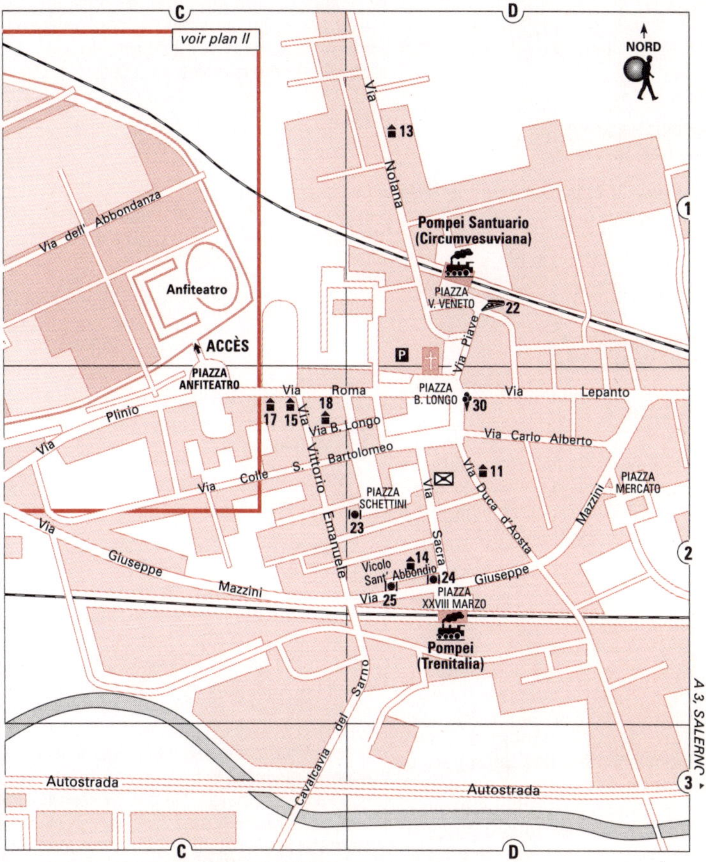

POMPÉI – LA VILLE (Plan I)

15 Hotel Santa Caterina (C2)
17 Hotel Forum (C2)
18 B & B V & V Suite (C2)

Où manger ?

22 Pizzeria Margherita (D1)
23 Todisco (D2)
24 La Bettola del Gusto (D2)
25 Garum (D2)

Où déguster une glace ?

30 Emilia Cremeria (D2)

Sorrento et descendre à Pompei Scavi-Villa dei Misteri. Liaisons régulières. Trajet : 10-20 mn.

➢ ***Sorrento :*** par la *Circumvesuviana.* Descendre à Pompei Scavi-Villa dei Misteri. Départs très fréquents, 6h-22h. Trajet : 30 mn.

➢ ***Salerno :*** Pompéi est sur la ligne *Trenitalia* Salerno-Naples. Env 2 trains/h, 6h-21h. Trajet : 30-45 mn. Les plus rapides sont ceux qui ne dévient pas par Vietri sul Mare et Cava de' Tirreni.

En bus

➢ ***Salerno :*** très long (1h), lui préférer le train.

➢ ***Vers la côte amalfitaine :*** prendre le train de la *Circumvesuviana* pour Sorrento et, de la gare de Sorrento, les bus *SITA* pour les villes de la côte.

Adresse utile

ℹ ***Bureau d'informations du site archéologique*** *(plan I, A1-2)* **:** *à côté de la billetterie de la porta Marina Superiore.* ☎ *081-857-53-47.* ● *pompeii sites.org* ● *Lun-ven 9h-17h30 (15h30 nov-mars), w-e 8h30-17h30 (15h30 nov-mars).* Efficace et francophone. Également une annexe *piazza Esedra (ouv seulement avr-oct).*

Où dormir ?

Campings

On vous en indique 2 bien situés, à proximité des ruines, mais les prestations ne volent pas bien haut. Amis campeurs, vous voilà prévenus.

⛺ 🏠 ***Camping Zeus*** *(plan I, A1,* ***10****)* **:** *via Villa dei Misteri, 1.* ☎ *081-861-53-20.* ● *info@campingzeus.it* ● *cam pingzeus.it* ● *À 200 m à gauche en sortant de la gare Pompei Scavi-Villa dei Misteri. Compter 17-22 € pour 2 avec tente et voiture ; doubles 40-60 €.* Vaste camping stratégiquement situé à 2 pas de la gare et aux portes de la ville antique, avec des emplacements bien délimités par des haies mais un peu étriqués. Propose également des chambres, sans aucun charme (certaines se contentent d'une porte-fenêtre pour toute ouverture) mais correctement équipées (clim) et bien entretenues. Cafétéria et pizzeria à l'entrée, à côté du parking accessible à tous (mieux vaut manger en ville).

⛺ ***Camping Spartacus*** *(plan I, B2,* ***12****)* **:** *via Plinio, 127.* ☎ *081-862-40-78.* ● *staff@campingspartacus.it* ● *cam pingspartacus.it* ● *Compter 15-22 € pour 2 avec tente et voiture selon saison ; bungalows et chalets 15-22 €/j. par pers.* On l'a retenu pour sa situation proche du site archéologique, mais les petits emplacements à touche-touche nous ont moins emballés. Camping bien ombragé, sanitaires vieillots mais impeccables, laverie, piscine, épicerie, bar et pizzeria. En revanche, entre le train et la rue, c'est assez bruyant ! Accueil très sympa.

Bon marché

🏠 ***Agora Hostel Deluxe*** *(plan I, D2,* ***11****)* **:** *via Duca d'Aosta, 15.* ☎ *081-058-28-26.* ● *agorahosteldeluxe@gmail.com* ● *agorapompei.com* ● *Congés : de mi-janv à mi-fév. Dortoirs 4-8 lits 18-20 € ; doubles 42-48 € ; petits déj 4 €. Parking payant.* Une AJ privée très bien située, proposant des chambres et dortoirs de 4 à 8 lits classiques et corrects donnant sur la terrasse d'une cour intérieure verdoyante, le tout bien équipé et entièrement climatisé. Ne pas se fier au terme « *Deluxe* », qui est trompeur, c'est un *hostel* économique tenu par un jeune couple serviable qui mérite la palme du meilleur accueil de la ville ! Pas de cuisine commune, en revanche, mais un bar sympa au look rétro et un coin salon. Ambiance tranquille et familiale.

De prix moyens à chic

🏠 ***B & B V & V Suite*** *(plan I, C2,* ***18****)* **:** *via Bartrolo Longo, 14.* ☎ *081-344-96-84.* ● *info@bed-vev.it* ● *bed-vev.it* ● *Doubles 50-70 €.* À 2 pas de la place principale, ce petit *B & B* tenu par un couple charmant et disponible (ils habitent à proximité et se déplacent si besoin) dispose de chambres simples, modernes et agréables, profitant d'une terrasse commune dans une cour. Bon confort et bon entretien général.

Certe Notti B & B (plan I, D1, **13**) : via Nolana, 128. ☎ 081-863-66-67. • certenottibeb@gmail.com • bebcertenotti.com • Doubles 60-100 €. Parking gratuit (2 voitures max). Une bonne petite adresse, à seulement 5 mn à pied de la place centrale. Cette maison pimpante propose 4 chambres sobres et agréables parfaitement tenues, confortables, avec un coin salon pour certaines. Possibilité de loger une famille de 4 ou 5 personnes dans la grande suite. Toutes sont calmes et donnent côté jardin. Celles situées à l'étage disposent d'une superbe vue sur la campagne depuis leur balcon. Accueil souriant et serviable.

Hotel Diana (plan I, D2, **14**) : vicolo Sant'Abbondio, 12. ☎ 081-863-12-64. • info@pompeihotel.com • pompeihotel.com • ♿ À 100 m de la gare Trenitalia de Pompéi. Doubles 60-120 €. Parking gratuit. Petit hôtel convivial arrangé avec soin et bon goût : chambres au confort d'un 3-étoiles, très agréables, surtout côté jardin. Certaines affichent une déco et des tons acidulés, plus modernes et gaies que les chambres traditionnelles, on les préfère. Également quelques autres chambres de même standing dans une annexe, mais cette dernière ne bénéficie pas des mêmes prestations (pas d'accueil, de parking et de service de petit déj sur place). Accueil courtois et bonne situation en retrait de la rue principale, au fond d'une impasse tranquille (ce qui n'est pas le cas pour l'annexe).

Hotel Santa Caterina (plan I, C2, **15**) : via Vittorio Emanuele, 4. ☎ 081-856-74-94. • info@hotelsantacaterinapompei.it • hotelsantacaterinapompei.it • Doubles 70-100 €. Parking gratuit. Hôtel de taille moyenne, idéalement situé dans le centre-ville et à 2 pas des ruines. L'accueil tout à fait sympathique est à l'image des chambres, simples, agréables et confortables, mais on évitera de loger côté rue pour une nuit tranquille. Déco classique, avec un petit côté désuet. Cela dit, le rapport qualité-prix est très honorable.

Chic

Hotel Forum (plan I, C2, **17**) : via Roma, 99. ☎ 081-850-11-70. • info@hotelforum.it • hotelforumpompeii.com • ♿ Doubles 90-200 €. Parking gratuit. Un hôtel moderne qui ne manque pas d'atouts : d'abord, une situation stratégique en plein centre de Pompéi, proche de l'entrée des ruines côté amphithéâtre. Ensuite, la qualité de l'accueil, très pro, et des prestations. Chambres nickel et fonctionnelles, à la déco contemporaine gris perle pour les plus récentes, classique et conventionnelle pour les autres. Certaines d'entre elles donnent sur l'agréable jardin intérieur planté d'orangers où l'on prend le petit déj. Une bonne option dans sa catégorie.

Où manger ?

De bon marché à prix moyens

Todisco (plan I, D2, **23**) : piazza Schettini, 19. ☎ 081-850-50-51. Tlj midi et soir, sauf lun. Repas env 15 €. Une petite merveille un peu à l'écart du centre, et donc de la cohue touristique. Comme à la cantine, on choisit son menu parmi les alléchants plats en vitrine : lasagnes, légumes confits, *gnocchi*, salades... une vraie cuisine maison, simple, bonne et à prix plancher. Vaste terrasse couverte très agréable et accueil souriant.

Pizzeria Margherita (plan I, D1, **22**) : piazza Vittorio Veneto, 6. ☎ 081-856-26-67. Juste à côté de la gare ferroviaire Pompei Santuario. Tlj, seulement le soir. Pizze 4-6 €. Pas grand-chose d'italien dans la décoration de ce minuscule local tenant plus du pub que de la pizzeria... Mais les *pizze* sont vraiment très correctes. Propose également quelques *antipasti* et des *bruschette*. Rien de glamour, si ce n'est des prix mini, un accueil sympa et un petit bout de terrasse.

De plus chic à très chic

La Bettola del Gusto (plan I, D2, **24**) : via Sacra, 50. ☎ 081-863-78-11.

• *info@labettoladelgusto.it* • *Tlj sauf lun. Congés : 1 sem en juin. Résa conseillée. Menu 40 € ; repas 30-35 €.* Ce *ristorante-vineria* situé en face de la gare ferroviaire de Pompéi *(Trenitalia)* sert l'une des meilleures cuisines de Pompéi dans 2 salles élégantes et sobrement décorées. Cuisine italienne méditerranéenne de marché, raffinée et créative. Tout est savoureux, sans que les prix soient excessifs. Service jeune et dynamique.

Garum *(plan I, D2,* ***25****)* **:** *via G. Mazzini, 63-65. ☎ 081-850-11-78. Tlj sauf mer et dim soir. Repas 30-35 €.* Une des valeurs sûres du secteur. Poissons frais, plats de Campanie réalisés avec talent, vins de qualité, bref, que du bon et du soigné. Et comme *Garum* ne laisse rien au hasard, le service est attentionné et le cadre est à la fois classe et chaleureux.

Où déguster une bonne glace ?

Emilia Cremeria *(plan I, D2,* ***30****)* **:** *piazza Bartolo Longo, 54. Tlj de 9h15 jusqu'à tard.* C'est la meilleure des récompenses après avoir arpenté le site archéologique en plein cagnard : une excellente glace artisanale, généreuse et onctueuse à souhait, à déguster sur l'un des bancs de la jolie place animée du centre-ville. La *Stracciatella* est redoutable.

À voir

LE SITE ARCHÉOLOGIQUE DE POMPÉI

Infos pratiques

☎ 081-857-53-47. • *pompeiisites.org* •

– Accès : le site compte 3 accès *; le principal étant celui de la* **porta Marina Superiore,** *en face de la gare Pompei Scavi-Villa dei Misteri de la Circumvesuviana : loc d'audioguides, librairie, consigne à bagages (gratuit), distributeur de billets, guichet d'infos touristiques, plans et guide gratuit du site. L'accès de la* **piazza Anfiteatro,** *proche de la gare Pompei Santuario (Circumvesuviana) et de la gare Trenitalia de Pompéi, propose moins de services (seulement consigne gratuite) mais peut s'avérer intéressant pour ceux qui veulent commencer la visite du site dans le sens ouest-est et repartir vers Naples par la gare Pompei Scavi-Villa dei Misteri. Cela évite de repasser par le même endroit. Quant au 3ᵉ accès, celui de la* **piazza Esedra** *(ex-porta Marina Inferiore), il se situe en face de l'hôtel Vittoria et débouche sur les théâtres, grand et petit, et la caserne des Gladiateurs. Consigne gratuite.*

Pour les toilettes, l'un des points faibles du site vu le nombre de visiteurs, vous en trouverez à la porta Anfiteatro, à la porta Marina Superiore et à la cafétéria.

– Horaires d'ouverture : *tlj 9h-19h30 (17h nov-mars) ; dernière admission 1h30 avt fermeture. Fermé 1er janv, 1er mai et 25 déc (et parfois le lun : vérifiez).*

– Entrée : *16 € ; réduc 18-24 ans ressortissants de l'UE ; gratuit moins de 18 ans. Accepte la Campania Artecard (voir la rubrique « Budget » dans le chapitre « Naples utile » en début de guide).*

– Accès restreint pour certains sites : *attention, certaines maisons et certains sites sont périodiquement fermés pour cause de restauration ou d'indisponibilité du personnel.* Pas de panique toutefois, la ville antique est si grande qu'il y a largement de quoi satisfaire les visiteurs les plus curieux !

– Audioguide : *8 €. Kiosque situé à la porta Marina Superiore, près des caisses.* Les audioguides sont fournis en principe avec un plan en français détaillé et gratuit (mais attention, ils ne sont pas toujours mis à jour). Audioguide pour enfants avec un texte adapté *(5 €).* Il faut laisser une pièce d'identité en garantie.

– ***Guide-interprète officiel :*** *vous pouvez le réserver aux entrées de porta Marina et piazza Esedra de 9h à 13h. Compter env 15 €/pers pour 2h de visite. L'entrée du site n'est évidemment pas comprise.* Attention, méfiez-vous des guides fantaisistes et non officiels qui sévissent à l'entrée.
– Passer par l'un des bureaux d'information pour vous procurer la brochure *Guide aux fouilles de Pompéi* (cartes et photos couleur) en français et gratuite. Si elle n'est plus disponible, **télécharger l'application gratuite du site archéologique en scannant le QR code du billet d'entrée** : plans, itinéraires en direct et infos détaillées sur les principaux lieux de visite (en principe, accès wifi gratuit).
– ***La visite est longue et à ciel ouvert : prévoir une bonne demi-journée,*** voire 1 journée. Une paire de chaussures de marche confortables (beaucoup de gros pavés disjoints), un chapeau, des lunettes de soleil, de la crème solaire et des bouteilles d'eau sont fortement conseillés.
– ***Conseil malin :*** arriver dès l'ouverture du site. Non seulement il fait moins chaud, mais on peut profiter de ces instants privilégiés où l'on déambule seul (ou presque) dans les rues encore vides de visiteurs. Il y a également des fontaines où l'on peut se rafraîchir tout au long du parcours.
– ***Attention :*** le billet est à entrée unique ; impossible de revenir sur le site une fois sorti de l'enceinte.
– ***Cafétéria :*** *située à l'intérieur du site, à l'angle de la via del Foro et de la via degli Augustali.* Plats chauds, salades et sandwichs. Menu complet pas cher, mais ne pas s'attendre à de la grande gastronomie ! Arriver tôt ou tard : très grosse affluence entre 12h et 14h pour l'unique cafétéria du site !

La visite des ruines

Le site compte 66 ha, soit une fois et demie la superficie du Vatican. Seulement une partie (12 ha) est ouverte aux visites, mais c'est déjà colossal. Par ailleurs, ***1/3 de la ville reste enseveli*** et n'a pas encore été fouillé. Pompéi présente les caractères typiques des cités antiques avec ses quartiers, ses rues, son forum, ses thermes, ses latrines, ses théâtres et son arène... On s'oriente facilement par rapport au Vésuve, qui marque le nord. Plutôt que de vous infliger un traité d'architecture, voici les principales étapes.

Terme Suburbane et Porta Marina *(porte Marine ; plan II, A2-3)* **:** en contrebas de la rampe d'accès conduisant à la ville s'étendent les thermes suburbains. Lorsque le site est ouvert au public, on y admire des fresques évoquant des batailles navales et des animaux marins, ainsi qu'une niche ornée d'une ravissante mosaïque (des Amours) d'où s'échappait une cascade. Les autres pièces accueillaient aussi d'autres amours, mais beaucoup moins licites... Quant à la Porta Marina, elle conserve encore des pierres trouées encastrées dans le mur d'enceinte. On le remarque juste à l'entrée, sur la gauche, en contrebas. C'est là qu'on amarrait les bateaux car, à l'époque, la mer était aux portes de la ville. Remarquez, à gauche de la porte, des inscriptions en hébreu d'époque romaine, ainsi qu'une étoile de David.

Foro *(forum ; plan II, A-B2)* **:** cette longue place rectangulaire de 142 m x 38 m était le centre de la vie à la fois religieuse, politique, économique et sociale de la cité. Dans toutes les villes romaines, le forum était un lieu très animé où les citoyens aimaient à se rencontrer.
Les édifices qui étaient consacrés à la vie religieuse sont (de gauche à droite lorsque l'on regarde le Vésuve) : le ***capitole*** *(capitolium)* ou ***temple de Jupiter*** *(tempio di Giove),* le ***sanctuaire des dieux Lares*** et le ***temple de Vespasien.*** Le capitole était le temple principal de Pompéi. Il était dédié à Jupiter, Junon et Minerve, et conservait dans son socle les trésors de la ville. À proximité, le ***sanctuaire des dieux Lares*** *(santuario dei Lari Pubblici ; plan II, B2),* les divinités de la maison censées incarner les âmes des ancêtres, et enfin le ***temple de Vespasien*** *(tempio di Vespasiano ; plan II, B2),* avec son superbe autel consacré au

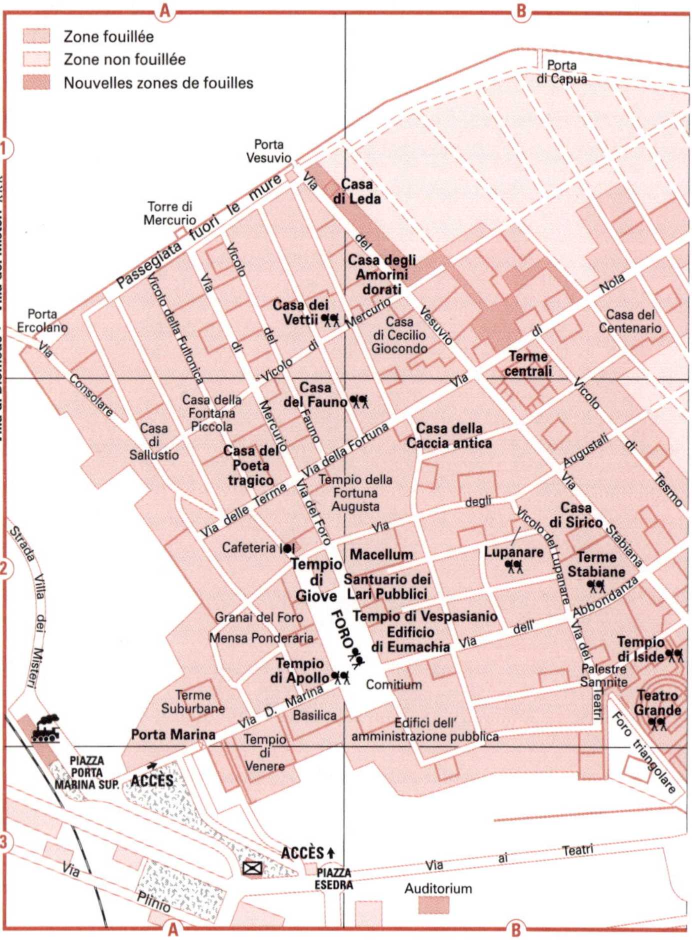

culte impérial, orné d'un relief représentant le sacrifice d'un taureau blanc par l'empereur. Parmi les bâtiments à vocation commerciale, on distingue d'emblée le ***macellum*** situé à droite du capitole. Ce marché *(plan II, B2)*, à l'origine couvert d'une toiture, rassemblait de nombreuses boutiques de natures diverses. La petite place sur laquelle on repère 12 piliers était couverte d'une toile sous laquelle une fontaine dispensait de l'eau pour laver le poisson. Au fond, les étals servaient à présenter les denrées.

Sur la droite, voir également l'***édifice d'Eumachia*** *(edificio di Eumachia ; plan II, B2)*. Il s'agissait probablement du marché de la laine, siège de la puissante corporation des teinturiers et drapiers dont Eumachia était la patronne (le travail de la laine était la principale activité de Pompéi) ; c'est elle qui finança le magnifique

POMPÉI – LES FOUILLES (Plan II)

édifice et le dédia à la Concorde Auguste et à la Pietà (voir l'encadrement en marbre de l'entrée, décoré de rinceaux de feuilles d'acanthe). Remarquez que le marbre est le principal matériau choisi comme revêtement pour les édifices importants. Quant aux transactions commerciales, elles étaient enregistrées dans la ***basilique*** (sorte de bourse de commerce tout en étant aussi un tribunal). La vie politique avait pour sièges le *comitium* (élections des magistrats locaux) et la curie (siège du Sénat de Pompéi). Enfin, terminez votre boucle par la galerie voisine de la *mensa ponderaria* (la salle des poids et mesures ; *plan II, A2*). On y observe du matériel volcanique. Juste à côté, dans le grenier *(granai del Foro),* on peut voir le moulage d'une femme rampant sur le sol, la robe remontée sur sa tête pour épargner ses voies respiratoires. Corps contorsionnés (en particulier celui d'un chien) très impressionnants.

Tempio di Apollo *(temple d'Apollon ; plan II, A2)* : *attenant au forum.* Avec le temple dorique, c'est le sanctuaire le plus ancien de Pompéi, qui remonte à 575-550 av. J.-C. Il fut remanié ensuite. Belle colonnade ionique entourant un temple dédié à Apollon. À gauche de l'escalier, un cadran solaire au-dessus d'une colonne est une référence au dieu solaire. Copies en bronze de statues d'Apollon et de Diane (les originaux sont exposés au Musée archéologique de Naples).

➢ Quitter le forum par la ***via dell'Abbondanza*** *(plan II, B2)*, l'une des artères principales de Pompéi. Des bornes de pierre fermaient aux chars l'accès du forum, entièrement piéton. Le long de cette rue, vous remarquerez des « passages cloutés », gros blocs de pierre qui facilitaient la traversée des piétons (notamment les jours de pluie, lorsque l'eau dégringolait le long de la chaussée). Étant donné que les rues n'avaient pas de noms, on les identifiait par des fontaines portant des bas-reliefs.

CIRCULEZ, Y A RIEN À VOIR !

Les rues de Pompéi étant assez étroites, les chariots étaient fabriqués tout spécialement (1,35 m de large) pour épouser la largeur de la voirie (on voit encore les traces des ornières laissées par les chariots). Seuls les chariots de Pompéi avaient la bonne dimension. Les personnes extérieures ne pouvaient se déplacer qu'à pied ! Une zone de trafic limité aux résidents en quelque sorte !

Teatro Grande *(Grand Théâtre ; plan II, B2)* : *de la via dell'Abbondanza, prendre sur la droite.* Sérieusement inspiré des modèles grecs, en particulier dans l'exploitation du terrain en pente pour faciliter la construction. Abîmé par le séisme de 62 av. J.-C., il était en rénovation lors de l'éruption et a beaucoup d'allure. Un des sièges des gradins a gardé le numéro de sa place ; on a pu en déduire qu'un spectateur avait droit à 40 cm d'espace en largeur !

Teatro Piccolo *(Petit Théâtre ; plan II, C2)* : *à côté. Aussi appelé l'Odéon.* Encore mieux conservé. On y donnait des spectacles musicaux et de mimes. Il comportait une toiture fixe indispensable à la bonne acoustique de l'ensemble et pouvait contenir environ 1 000 spectateurs (contre 5 000 pour le Grand Théâtre). Des télamons (supports architecturaux sculptés qui représentent des personnages masculins) délimitent la *media cavea* où s'asseyait le peuple, tandis que les tribunes officielles trônent de part et d'autre de l'hémicycle.

Caserma dei Gladiatori *(caserne des Gladiateurs ; plan II, B-C2-3)* : *entre le Grand et le Petit Théâtre.* Vaste esplanade où avait lieu l'entraînement des gladiateurs mais qui servait à l'origine de cour de promenade pour les spectateurs des théâtres voisins.

Tempio di Iside *(temple d'Isis ; plan II, B2)* : *derrière le Grand Théâtre.* Temple préromain qui nous rappelle que l'influence égyptienne était importante à l'époque romaine. À gauche, un *purgatorium,* dont il reste quelques décorations en stuc, servait à conserver l'eau.

Casa degli Amanti *(maison des Amants ; plan II, C2)* : c'est l'une des *domus* récemment ouverte au public, désormais archi célèbre pour la citation visible sous la fresque d'un petit canard proclamant que « les amants sont comme les abeilles, ils souhaitent une vie aussi douce que le miel ». Sacré programme ! Du coup, on a longtemps cru qu'il s'agissait d'une autre maison close. Les Pompéiens étaient certainement des experts en *dolce vita,* mais les nombreuses chambres, la cuisine et surtout la proximité de la demeure avec le quartier des théâtres indique qu'on a probablement affaire à un hôtel. L'intérêt ici, c'est qu'elle dispose d'un double péristyle et surtout d'un étage. Les volumes intacts et la disposition des pièces permettent de se faire une idée vraiment précise de l'aspect des demeures antiques.

Casa del Menandro *(maison de Ménandre ; plan II, C2)* **:** somptueuse maison patricienne construite au IIIe s av. J.-C. et agrandie ensuite jusqu'à occuper une superficie de plus de 1 900 m². Elle aurait appartenu à un membre de la famille de Poppée (la 2e femme de Néron, qu'il tua d'un coup de pied dans le ventre). On y a retrouvé un riche ensemble de pièces de vaisselle en argent, trésor aujourd'hui exposé au Musée archéologique de Naples. Toute la décoration de la maison est fastueuse : nombreuses peintures (dont un portrait du poète grec Ménandre) et mosaïques, superbe péristyle. Au fond à droite, les restes d'une salle de bains. À l'arrière sont disposés les communs avec les dépendances.

Thermopolium de Vetutius Placidius *(plan II, C2)* **:** sorte de snack de l'époque, puisqu'on y servait des boissons et des plats chauds. On y voit encore les jarres décorées. À l'intérieur de l'une d'elles, quelques kilos de monnaies ont été découverts lors de leur restauration. Signe de richesse de l'endroit. À l'arrière, la boutique est reliée à la maison du propriétaire.

Casa del Criptoportico *(maison du Cryptoportique ; plan II, C2)* **:** couloir souterrain avec une voûte en berceau qui constituait, dans les villas romaines de l'époque impériale, un lieu de promenade.

Casa dei Ceii *(maison des Ceii ; plan II, C2)* **:** atrium à 4 colonnes. L'impluvium est constitué d'un pavement de brique. Remarquez, à gauche, l'escalier qui était en cours de construction au moment de l'éruption. Dans le péristyle, fresques représentant des fontaines et des combats d'animaux.

Fullonica Stephani *(blanchisserie de Stephanus ; plan II, C2)* **:** derrière la porte de cette laverie collective, on a retrouvé un corps serrant contre lui une bourse remplie de sesterces... Il s'agissait d'un atelier de teinture et de nettoyage des tissus neufs. Les *foulons* étaient les esclaves chargés de ce travail : ils lavaient puis foulaient aux pieds les tissus dans des cuves (un peu comme les viticulteurs avec les grappes de raisin) remplies d'un mélange d'eau et de soude... ou d'urine, qui permettait de dégraisser le tissu (on importait même de l'urine de chameau, très efficace !). Noter que les magasins fermaient par des portes coulissantes, contrairement aux maisons privées avec portes à double battant.

Casa della Nave Europa *(maison du Navire Europe ; plan II, C2)* **:** doit son nom à un graffiti représentant un bateau de marchandises, qui porte le nom de la princesse Europe et rappelle l'épisode de son enlèvement. À l'arrière, le vaste jardin potager présente également beaucoup d'intérêt : des choux, des oignons, des arbres fruitiers et de la vigne y poussaient.

Panetteria *(boulangerie de Sotericus ; plan II, C2)* **:** les Pompéiens ont commencé à consommer du pain à partir du IIe s av. J.-C. Cette boulangerie, qui appartenait à N. Popidus Priscus, est l'une des 34 boutiques qui ont été retrouvées à Pompéi. L'absence de comptoir est ici à noter : la vente se faisait certainement par le biais de marchands ambulants.

Orto dei Fuggiaschi *(potager des Fugitifs ; plan II, C-D2)* **:** *hélas !* ***souvent fermé pour les fouilles.*** 13 personnes, après s'être réfugiées dans la maison, tentèrent une sortie et furent asphyxiées en arrivant dans le potager (moulages sur place). **Vision dramatique et bouleversante des habitants surpris par la pluie de cendres qui suivit l'éruption.** Un jardin d'essences aromatiques et d'oliviers a été reconstitué. Étant donné que la cellulose n'était pas brûlée mais décomposée, les chercheurs ont pu faire des moulages d'arbres et des pieds de vigne en plâtre liquide. Les variétés de raisins de l'époque ont permis de replanter des vignes, et on produit, depuis 1995, environ 2 000 bouteilles par an d'un vin « antique » dans les variétés *aglianico, greco di tufo* ou *falerno.* Pour la petite histoire, les Romains ne buvaient pas le vin pur mais coupé avec de l'eau ou additionné de miel et d'épices.

Palestra Grande *(Grande Palestre ; plan II, D2)* **:** *jouxte l'amphithéâtre.* Immense gymnase avec, en son centre, les vestiges d'une **piscine exceptionnellement grande.** Les arrivées d'eau, endommagées par un précédent tremblement de terre, ne fonctionnaient plus au moment de l'éruption. Portique à colonnade sur 3 côtés.

Anfiteatro *(amphithéâtre ; plan II, D1-2)* **:** *au bout de la via dell'Abbondanza, prendre sur la droite.* Remarquablement conservé, c'est l'un des plus vieux amphithéâtres romains encore visibles à ce jour. **Il pouvait contenir 20 000 spectateurs.** On y accède par de longs couloirs pentus débouchant sur l'arène, un ovale parfait dominé par les rangées de gradins. On voit bien la délimitation entre les différentes catégories de places : les sénateurs tout en bas, le peuple au milieu, tandis que les esclaves et les prostituées siègent tout en haut.

Casa di Giulia Felice *(maison de Julia Felix ; plan II, D1)* **:** seule une partie de la villa était habitable. La propriétaire en avait consacré une à la location (hôtellerie, boutiques...) et une autre aux bains, accessibles au public.

Casa di Loreius Tiburtinus *(maison des Loreius Tiburtinus ; plan II, D2)* **:** *au bout de la via dell'Abbondanza.* Grande maison ayant appartenu à une famille noble. Un impluvium décoré et une pergola avec de la vigne. Les peintures des pièces rappellent le raffinement de la maison. Dans le jardin, un système de canaux et de fontaines.

Casa della Venere in conchiglia *(maison de la Vénus au coquillage ; plan II, D1)* **:** nombreuses fresques, dont une grande de Vénus allongée dans une conque, assez maladroite dans le style mais imposante par ses dimensions.

Casa di Octavius Quartio *(maison d'Octavius Quartio ; plan II, D1)* **:** plus que la villa, c'est le jardin qui justifie la halte. Il est parcouru par un ingénieux système d'irrigation, des canaux sur 2 niveaux jalonnés de fontaines et d'anciennes cascades d'agrément. Tout autour, un paisible verger veille auprès des statues. Charmant.

Casa dei Casti Amanti *(maison des Amants chastes ; plan II, C2)* **:** ***en restauration ; on ne voit que l'extérieur.*** L'une des villas les mieux préservées de Pompéi. Elle tire son nom d'une fresque où l'on voit un couple s'embrasser avec pudeur (pas vraiment fréquent à Pompéi !), et aurait appartenu à un riche boulanger. Quelques chanceux l'ont aperçue pour une réouverture exceptionnelle entre les 11 et 14 février 2017. À quelle occasion ? La Saint-Valentin, bien sûr ! Pour l'heure, elle encore en chantier.

COMING OUT

Découverts en 1914, ces 2 corps enlacés avaient été baptisés « les amants de Pompéi » sous le régime de Mussolini. L'archéologue à l'origine de la découverte parla, lui, d'une mère et de sa fille. Fin du suspense un siècle plus tard : des relevés ADN réalisés en 2017 ont révélé que ces « amants » étaient... 2 hommes ! Le directeur des fouilles a alors déclaré : « On ne peut pas affirmer que les 2 personnages étaient amants, mais compte tenu de leur position, on peut le supposer. » CQFD !

Casa del Larario di Achille *(maison du Laraire d'Achille ; plan II, C2)* **:** la restauration de cette maison, entamée après le tremblement de terre de 62 apr. J.-C., n'était pas terminée lors de l'éruption du Vésuve en 79. C'est pourquoi l'atrium a des murs crépis. Cette maison est ainsi nommée à cause de la frise en stuc dans le laraire (petit sanctuaire), représentant des épisodes de *L'Iliade.* Plusieurs *cubicula* (chambres à coucher) décorées de fresques du 4e style (épuré, utilisation de bordures).

Terme Stabiane *(thermes de Stabies ; plan II, B2)* **:** ces thermes sont les mieux conservés de Pompéi. Une section pour les hommes et une autre pour les femmes, plus petite. Ces installations ont traversé les siècles sans guère de modifications (les bains turcs actuels, par exemple) : d'abord un vestiaire (avec niches individuelles pour déposer les vêtements ; notez la voûte décorée de stuc colorié), puis une salle froide ou *frigidarium,* une salle tiède ou *tepidarium,* où les gens faisaient une étape avant de rejoindre la salle chaude ou *caldarium.* Une fontaine était utilisée pour les ablutions du visage et des mains.

Lupanare *(plan II, B2)* **:** *à côté des thermes, dans une ruelle... forcément discrète, mais longue file pour y entrer.* Il s'agit d'une maison close découverte en parfait état. Les petites chambres sont ornées de peintures érotiques très fines. Ces fresques, rappelant les positions les plus diverses, attisaient l'imagination des clients. Il y avait plusieurs sortes de prostituées : d'abord les *lupae* (« louves », d'où le nom de « lupanar »), dont beaucoup étaient d'origine étrusque et qui attiraient les clients par des cris aigus. D'autres exerçaient près des monuments funèbres (la réunion du sexe et de la mort, une dualité qui a sacrément intéressé Freud). Il y en avait de bonne famille, capables de divertir les clients raffinés (sorte de geishas), des femmes entretenues, des itinérantes et, enfin, des esclaves. Le tout se faisait sur des lits en maçonnerie et était signalé dans toute la cité par des petites sculptures phalliques. Dans le lupanar (on ne dénombrait pas moins de 25 bordels dans Pompéi), sur la droite en entrant, un Priape biphallique sert de stimulant (il n'a d'ailleurs pas l'air très joyeux, comme quoi...). Les représentations des scènes sexuelles permettaient non seulement de choisir la spécialité de la dame, mais également d'inciter (nous a dit un professeur que l'on croit dur comme fer) les Pompéiens à procréer. Notez, sur la via dell'Abbondanza, des phallus taillés sur des pierres indiquant la direction du lupanar.

LE CULTE DU PHALLUS

Les Romains raffolaient du dieu Priape (en érection constante). Des statuettes à son effigie, considérées comme porte-bonheur et signes de fertilité, étaient apposées à l'entrée des maisons ou portées en amulette autour du cou. Le « sexe dressé » se dit en latin fascinus, *d'où vient le mot « fascination ».*

Casa di Sirico *(plan II, B2)* **:** la maison a appartenu à un commerçant et politicien prospère qui recevait ses partisans dans un vestibule muni de sièges mobiles ou sur des lits pour banqueter posés sur un sol de marbre précieux. Les murs étaient couverts de fresques inspirées de scènes mythologiques ou de la guerre de Troie. Au sol, une inscription donnait le ton : *Salve Lucru !* (Salut profit !).

Terme centrali *(thermes centraux ; plan II, B1-2)* **:** *dans la via Stabiana.* Les thermes ne furent jamais achevés. Réservés aux hommes, ils avaient les mêmes pièces que ceux de la ville mais sans *frigidarium* (salle froide). Voir surtout le *caldarium*. Les thermes centraux auraient possédé une palestre (gymnase) si le projet avait pu être mené à terme... Magnifiques plafonds peints.

Casa di Leda *(maison de Leda ; plan II, B1)* **:** cette domus a fait couler beaucoup d'encre après la découverte d'une petite fresque délicate et sensuelle dans une chambre. Elle représente Leda, la reine de Sparte, entièrement nue et portant sur ses genoux Jupiter transformé en cygne. Notez son regard coquin ! Même si la maison reste pour le moment inaccessible, l'œuvre est parfaitement visible depuis l'extérieur. Le reste de la pièce arbore un ravissant décor floral agrémenté d'amours.

Casa degli Amorini dorati *(maison des Petits Amours dorés ; plan II, B1)* **:** la villa doit son nom à des médaillons décoratifs en verre et en or, qui représentent des amours et qui sont désormais visibles au musée de Naples. Elle mérite cependant une visite pour son ravissant péristyle verdoyant agrémenté d'un bassin, autour duquel s'organisent les pièces. Celles-ci se caractérisent par leur raffinement et par des détails architecturaux et ornementaux dénotant le penchant du propriétaire pour le théâtre.

Casa dei Vettii *(villa des Vettii ; plan II, A1)* **:** c'est l'une des plus belles de Pompéi. Elle appartenait aux Vettii, de riches affranchis. En partie rénovée, on peut y contempler la fresque de Priape, le dieu de la Fertilité, au phallus démesuré et destiné à conjurer le mauvais œil. Dans un flagrant délit d'égocentrisme, il pèse son sexe énorme sur une balance tandis qu'une bourse pleine d'argent sert de contrepoids. De Priape, on a tiré la triste maladie du priapisme (c'est un peu l'histoire d'Obélix qui serait tombé dans une marmite de Viagra). À l'intérieur, le jardin original a pu être reconstitué grâce aux empreintes de racines laissées dans la terre, ainsi qu'à l'étude des pollens. Mais l'intérêt de cette luxueuse maison réside avant tout dans la qualité et la finesse des ***très nombreuses fresques*** (vous l'aviez compris !). Elles traitent essentiellement des sujets de la mythologie grecque et apportent un témoignage tout à fait exceptionnel sur la peinture antique.

Casa del Fauno *(maison du Faune ; plan II, A2)* **:** une ravissante statuette (copie) en bronze d'un faune dansant, découverte dans l'un des impluviums et à nouveau positionnée au centre du bassin, lui a donné son nom. C'est également dans cette immense maison (2 970 m^2, la plus grande de Pompéi) que l'on a retrouvé la ***célèbre mosaïque de la bataille d'Alexandre contre Darius,*** dont l'original est exposé au Musée archéologique de Naples. Pour sa décoration comme pour son architecture, la maison du Faune est ***l'un des plus beaux exemples*** connus de maison noble antique. Remarquez devant l'entrée le « Have » de bienvenue. Vestibule orné de stucs en léger relief de 1er style pompéien, proche du monde hellénistique. Au fond, beau péristyle dorique orné d'un palmier. Voir aussi la pièce séparant les 2 péristyles, la plus riche de la maison, qui a retrouvé sa fonction d'antan depuis qu'on lui a restitué une copie de la fameuse mosaïque de la bataille d'Alexandre.

Casa della Caccia antica *(maison de la Chasse antique ; plan II, B2)* **:** sa riche décoration traduit l'importance sociale du propriétaire, et son organisation (selon l'axe entrée-atrium-*tablinum*) en fait un exemple classique des maisons à atrium.

Casa del Poeta tragico *(maison du Poète tragique ; plan II, A2)* **:** on remarque dès l'entrée la célèbre mosaïque « *Cave canem* » (attention au chien !) qui devait dissuader les visiteurs indésirables. Autre mosaïque représentant un chorège (personnage important dans le chœur d'un théâtre). Splendides fresques à sujet mythologique (celle du sacrifice d'Iphigénie est au Musée archéologique de Naples).

Dernières nouvelles de Pompéi

Pour la 1re fois depuis la Seconde Guerre mondiale, des fouilles explorent de façon approfondie un nouveau secteur sur plus de 1 000 m^2 : la *Regio V,* une zone plus dense, mais aussi plus fragile que prévue, qui nécessite beaucoup d'attention et sur laquelle se concentre l'essentiel des recherches.

Pas un mois ne se passe sans une nouvelle découverte : fresques, mosaïques, objets de toutes sortes et même des squelettes, comme celui d'un homme écrasé par un rocher alors que le malheureux fuyait l'éruption (vraisemblablement mort d'asphyxie au préalable). Certains chefs-d'œuvre sont déjà présentés au public, comme la délicate ***fresque de Léda,*** d'autres nécessitent encore d'être protégés, comme la ***Maison du Verger,*** petite et fragile, ou la tombe d'un ***impresario de jeux du cirque.*** Pompéi est donc redevenu un site vivant, plein d'énergie, en mutation. Avec un tiers de la cité encore enfoui, nul doute que des surprises de taille attendent les archéologues et les visiteurs. Reste à espérer que les subsides suivront... d'autant que l'autre grand défi des scientifiques, c'est d'entretenir et de préserver ce qui a déjà été dégagé. 2 chantiers titanesques en somme.

AU NORD-OUEST DU SITE

🜲🜲🜲 ***Villa dei Misteri*** *(villa des Mystères ; plan I, A1, et hors plan II par A1)* **:** *un peu à l'écart du centre du site. On y accède par la porte d'Herculanum, après avoir longé la via dei Sepulcri (la nécropole, bordée de tombes et de mausolées). Cela se passe à l'intérieur du site : surtout ne pas sortir car tte sortie est définitive !* À ne pas manquer. La villa des Mystères, vaste maison patricienne, a été construite sur la pente qui descend vers la mer. Elle comprenait plusieurs dépendances et servitudes. Elle possédait en outre une exploitation agricole, ce qui explique sa localisation à l'extérieur des murs de la cité. Mais ce qui fait sa célébrité, c'est la ***fabuleuse fresque,*** quasiment intacte, qui recouvre toute une pièce de la résidence des maîtres. On la « lit » de gauche (en entrant) à droite. Scènes représentant l'initiation d'une jeune épouse aux rites dionysiaques. Beau pavage en marbre blanc et noir. Voir également le *tablinum,* succédant à l'atrium dans l'axe principal. Peinture de 3e style pompéien sur fond noir, avec de belles frises ornementales.

➢ Pour rejoindre la gare ***Pompéi Scavi*** : possibilité de sortir à la villa dei Misteri, et de prendre la petite route goudronnée, la via Villa dei Misteri, qui aboutit à l'entrée principale.

🜲 S'il vous reste des forces dans les gambettes, voir aussi le ***santuario della Beata Vergine del Rosario.*** Ce pompeux édifice, bâti à la fin du XIXe s, a été érigé par le Vatican au rang de basilique pontificale et attire de nombreux pèlerins (il suffit de voir le nombre d'ex-voto exposés). Façade classique à 2 ordres, flanquée d'un campanile baroque. Intérieur particulièrement chargé, au style hétéroclite. Pas un centimètre carré n'a été laissé à l'abandon (mosaïques, fresques...).

LES ÎLES AU LARGE DE NAPLES

Comment aller dans les îles en bateau ?

Les principales compagnies reliant la péninsule aux îles (*SNAV, Alilauro, NLG* et *Alicost*) se sont regroupées en consortium sous une bannière commune – ***Collegamenti Marittimi per le Isole Partenopee*** (• *gescab.it* •) – mais opèrent encore sous leurs appellations respectives. Leurs flottes et leurs itinéraires changent très souvent, mais, en gros, elles disposent toutes de bateaux rapides *(mezzi veloci)* de type hydroglisseur *(aliscafo)* ou vedette (*jet* ou *fast ferry*), tandis que seules *SNAV* et *NLG* disposent de ferries (*traghetti* en italien) pouvant transporter des véhicules. Les billetteries se situent généralement près des principaux points d'embarcation de la côte (Naples, Sorrente, Amalfi, Positano...). En saison, prévoir de réserver à l'avance.

Pour les liaisons avec chaque île, se référer au chapitre concerné.

■ ***SNAV :*** ☎ *081-428-55-55.* • *snav.it* • Trajets vers Capri, Ischia (Casamicciola), Procida, les îles Éoliennes et les îles Pontines. Dispose aussi de ferries.

■ ***Alilauro :*** ☎ *081-497-22-52.* • *alilauro.it* • Trajets pour Ischia Porto et Forio d'Ischia depuis Napoli Beverello.

■ ***Navigazione Libera del Golfo (NLG) :*** ☎ *081-552-07-63.* • *navlib.it* • La *NLG* dessert Capri et la côte amalfitaine.

■ ***Caremar :*** ☎ *081-189-66-690.* • *caremar.it* • Compagnie d'État disposant de ferries. Billetterie à Molo Beverello et à Porta di Massa. Dessert Capri, Ischia et Procida, entre autres.

■ ***Medmar :*** ☎ *081-333-44-11.* • *medmargroup.it* • Ferries pour Ischia (dont certains via Procida) et Pozzuoli.

CAPRI

• Carte *p. 164-165*

80073 ; 7 400 hab.

Ancrée dans les eaux bleues, Capri, c'est avant tout un majestueux rocher escarpé de 6 km de longueur et d'environ 3 km de largeur, propret et sophistiqué, qui fait penser au 1er abord à un décor de cinéma quelque peu galvaudé par le tourisme international en saison. En effet, Capri est vite devenue célèbre grâce à ses illustres hôtes : Cocteau, Oscar Wilde, Picasso, Gorki – qui y reçut Lénine... – et, plus récemment, Beyoncé, Tom Cruise, Kate Moss... la liste est longue. C'est sur la piazza Umberto I qu'il faut être vu, attablé à l'un des luxueux cafés où le prix de la consommation atteint des sommets vertigineux ! Une foule de figurants chaussant lunettes noires jouent une grande scène de vanité. L'île est également réputée pour ses lieux de tournage, comme l'incroyable villa Malaparte où Piccoli et Bardot jouaient les scènes du *Mépris* de Jean-Luc Godard.

Mais pour découvrir la vraie Capri et ses habitants, fuyez le centre-ville vers les terres et les chemins côtiers, à travers les jardins exubérants et les ruelles plus tranquilles. Et ne manquez surtout pas l'autre village, Anacapri, plus authentique et perché encore plus haut dans la montagne. Vous verrez le

côté factice s'estomper devant ces rochers recouverts de vignes et de villas perdues au milieu des pins et des arbousiers. La plupart des visiteurs ne séjournent pas sur l'île. Ce qui est dommage, car c'est justement le soir, quand le fœhn euphorisant caresse les aiguilles des pins, quand on se faufile entre les petits passages blanchis à la chaux, que l'île retrouve son calme et son vrai visage. Préférez l'île aux intersaisons, charme et farniente n'en fonctionneront que mieux.

Arriver – Quitter

➢ ***Naples-Capri :*** les *aliscafi* (hydroglisseurs), bateaux les plus rapides mais aussi les plus chers, partent tlj tte l'année du molo Beverello *(plan d'ensemble Naples, E4)* ; en saison, env 1 départ ttes les heures le mat, un peu moins l'ap-m, 7h-20h. Trajet : 45-50 mn. Option plus économique mais plus lente avec les *traghetti,* env 7/j., compter alors 1h-1h20 mn de trajet. Départ de Calata Porta di Massa.

➢ ***Capri-Naples :*** sur Marina Grande, à Capri, au pied du funiculaire, un panneau électronique annonce les prochains départs. Billetterie de toutes les compagnies sur le débarcadère à côté du panneau. En saison, dernier départ vers 19h en hydroglisseur et 22h en ferry ; si vous êtes sur les hauteurs, prenez de l'avance pour descendre au port, le funiculaire et les bus sont pris d'assaut dès la fin de l'après-midi !

➢ ***Capri-Ischia :*** Pâques-fin oct, 1 départ/j. en début de journée dans le sens Ischia-Capri, en fin d'ap-m au retour. Trajet : 45 mn. De petites compagnies basées à Ischia (comme *Rumore Marittima*) proposent également des excursions journalières.

➢ ***Sorrento-Capri :*** liaisons tte l'année, ttes les 10-20 mn en saison. Trajet : 25-30 mn.

➢ ***Salerno, Amalfi, Positano, Capri :*** départ du molo Manfredi (Salerno) en bateau rapide. 2-7 départs/j. dans les 2 sens selon destination. Compter 2h10 de trajet depuis Salerno, 1h20 depuis Amalfi et 30 mn depuis Positano.

Comment se déplacer ?

– *Précaution d'usage :* de fin juin à début novembre, ***la voiture est interdite à Capri*** ! On la déconseille de toute façon tant les rues sont étroites et les places de stationnement impossibles à trouver : ce serait une perte de temps.

Il convient avant tout d'avoir une bonne paire de chaussures et d'aimer un tant soit peu la marche. Il existe un bon réseau de bus, mais ceux-ci ne vous conduiront pas partout, comme à la villa Jovis, par exemple. Alors, à vos baskets !

En bus

La principale compagnie est *ATC* *(● atc-capri.it ●).* Elle propose des liaisons de Capri-ville à Anacapri, Marina Piccola ou Marina Grande. En hte saison, les bus reliant Capri à Anacapri partent ttes les 15 mn. Ils fonctionnent du 1er départ de bateau jusqu'à minuit en saison. Les **3 terminaux** *(capolinea)* de bus se situent sur la via Roma à ***Capri,*** sur la via Tommaso, à côté du cimetière, à ***Anacapri*** (pour aller au phare de la punta Carena ou à la grotta Azzurra), et à gauche du débarcadère de ***Marina Grande*** lorsque l'on regarde la mer.

– Achat du ***ticket*** aux ***billetteries*** (à droite du débarcadère à Marina Grande, dos à la mer et au terminal de la via Roma à Capri-ville) ou dans les ***boutiques à Anacapri*** : tickets *Unico Capri* à l'unité (2 € ; 2,50 € si vous l'achetez à bord du bus) ou à la journée (6 €). Les tickets à l'heure, journalier ou à la semaine sont des cartes magnétiques ; on vous rembourse 1 € si vous rendez la carte à la fin de votre séjour. Pour ceux qui restent plusieurs jours sur l'île, la carte magnétique *Smart*

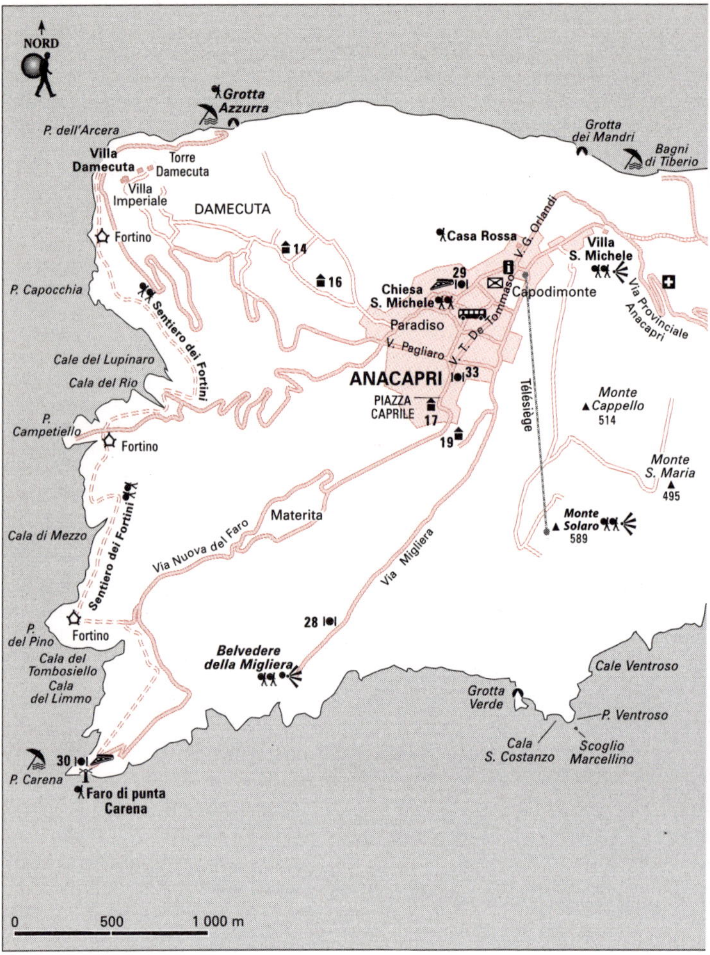

Adresse utile

Offices de tourisme

Où dormir ?

11 Albergo Quattro Stagioni (zoom)
12 La Prora (zoom)
13 Villa San Felice (zoom)
14 Il Giardino dell'Arte
15 Hotel Villa Krupp (zoom)
16 Hotel Bussola
17 Hotel Senaria
18 La Tosca (zoom)
19 Il Tramonto

Où manger ?

21 Buonocore (zoom)

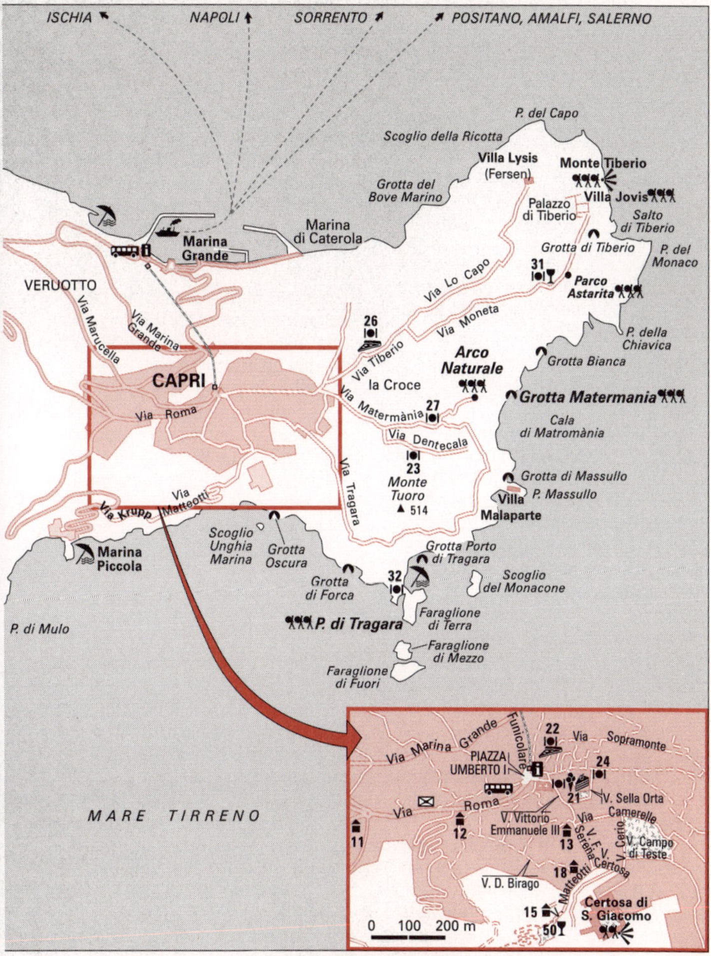

L'ÎLE DE CAPRI

22 Buca di Bacco (zoom)
23 Da Tonino
24 È Divino (zoom)
26 Lo Sfizio
27 Trattoria Le Grottelle
28 Da Gelsomina
29 Il Solitario
30 Ristorante Lido del Faro
31 Bar Jovis
32 La Fontelina

Où boire un verre ?
Où déguster une bonne glace ?
Où grignoter une pâtisserie ?

21 Buonocore (zoom)
50 Bar de l'Hotel Luna (zoom)

Card est très pratique, puisque l'on peut la recharger comme on le souhaite. On peut aussi télécharger l'appli gratuite *ATC GO* et charger ses titres de transport dessus.

– La société *Staiano Autotrasporti* (● *staianotourcapri.com* ●) relie Marina Grande à Capri, et vice-versa. Quand on descend du bateau, c'est le 1er bus que l'on voit, mais attention, ses tickets sont plus chers (5 € l'aller) et ne donnent pas accès aux bus locaux ni au funiculaire, vu qu'il ne s'agit pas de la même compagnie. Mieux vaut donc prendre les bus *ATC.*

À pied ou en funiculaire

Entre Marina Grande et Capri-ville, vous prendrez votre courage à 2 mains... ou plutôt à 2 pieds. Et attention, la grimpette est rude ! Bon à savoir : il faut environ 20 mn à pied pour atteindre la piazza Umberto I. En arrivant au débarcadère, longer le port vers la gauche et emprunter les escaliers en suivant la via San Francesco.

Autre solution (beaucoup plus facile), le funiculaire. Le début et la fin de service correspondent le matin au 1er départ de bateau et le soir à la dernière arrivée (départ ttes les 15 mn 6h-21h20, variable selon mois). Aller simple : 2 €. Mêmes points de vente et conditions que le bus. Billetterie au terminal de bus *ATC.*

Bon à savoir : si vous avez une carte magnétique (à l'heure, à la journée ou à la semaine ; voir plus haut), vous pouvez **éviter toute la file d'attente** en passant dans la file tout à droite, réservée aux résidents et cartes magnétiques. Un précieux gain de temps en saison !

En taxi ou à scooter

– Si vous voulez éviter la foule qui, débarquée sur l'île, se précipite en haute saison à l'arrêt de bus (parfois 30 mn d'attente), vous avez toujours la possibilité de prendre un taxi, mais c'est bien sûr hors de prix (17-23 € pour relier Capri-ville ou Anacapri à Marina Grande). Il vous faudra marchander ou alors vous faire copains avec des touristes dans la file pour le bus afin de partager le taxi... une technique qui fonctionne plutôt bien.

– À scooter : idem, vous trouverez des agences de location de scooters à Marina Grande, mais il faudra négocier le prix pour quelques heures, une journée ou plusieurs jours. Elles aussi ont une sacrée tendance à l'inflation ! Compter 40 € par scooter pour 6h de location.

Pour monter à Capri, en sortant du bateau : bus ou funiculaire ?

Funiculaire ! Sans aucune hésitation. En saison, un ferry qui amarre, ce sont des centaines de touristes qui débarquent. Un conseil, filez *rapido presto* à la billetterie *ATC* (sur la droite en arrivant, suivre les panneaux « *Biglietterie* – Ticket Office ») et achetez votre titre de transport. Le funiculaire embarque environ 70 passagers, contre une quinzaine pour le bus. Avec la même fréquence de passage (env ttes les 15 mn), le calcul est vite fait, vous serez bien plus vite en haut avec le funiculaire.

Les plages

Les plages se comptent malheureusement sur les doigts d'une main. Marina Grande, la grotta Azzurra, Faro et Marina Piccola ont une partie de plage libre, le reste est payant. L'une d'elles, facilement accessible depuis Marina Grande, a le doux nom de ***bagni di Tiberio.*** Puisqu'elle est accessible, elle a été aménagée (bar-restaurant, transats, cabines et parasols), et l'on est très loin de la crique sauvage. Pour s'y rendre, depuis le port, remonter la via Palazzo a Mare en direction de Capri (la ville) ; au terrain de foot, prendre le petit chemin sur la droite qui s'enfile à partir d'une épicerie *(minimarket Caprese)* vers le 2d terrain de foot. Longer le terrain, sur la gauche, et continuer le chemin qui fend les vergers. Compter un peu moins de 30 mn pour la descente, le double pour la remontée. Sinon, une navette par bateau assure la liaison entre l'établissement privé *Bagni di Tiberio* et le port.

MARINA GRANDE

Port d'arrivée des bateaux. Abrité dans une anse artificielle, il garde un certain charme. Les tours de l'île en bateau et les excursions vers la *grotta Azzura* partent de là.

Adresses utiles

Ufficio del turismo : *au bout du débarcadère, sur la droite en arrivant. ☎ 081-837-06-86. • capritourism.com • Lun-ven 8h30-16h15.* Plan et toutes les infos sur l'île. Carte des itinéraires de randonnée, beau guide de rando avec photos *Capri en fleurs* et plan du beau sentier des Fortins *(sentiero dei Fortiri),* le tout gratuit. Distribue également les horaires des bateaux. Et une liste des hébergements. Bon accueil.

Consignes à bagages : *via C. Colombo, 10. ☎ 081-837-45-75.*

Pharmacie del Porto : *via C. Colombo, 27. ☎ 081-837-58-44. Tlj 9h-20h en saison.*

Excursions en bateau

Avant de partir en mer, n'oubliez pas l'équipement complet contre les coups de soleil (casquette, lunettes de soleil, crème solaire), car en été et avec la réverbération de l'eau, le soleil est intraitable.
• motoscafisticapri.com •

De nombreuses agences proposent des ***excursions en bateau à moteur*** *(motoscafi)* à l'embarcadère de Marina Grande. Toutes pratiquent des prix équivalents. Voici un petit aperçu des sorties et tarifs proposés.

– ***Tour complet de l'île :*** *env 19 €/pers (env 2h). Il est à effectuer de préférence dans la matinée.*
On longe les *bains de Tibère* (ruines de la villa augustéenne du « palazzo a Mare ») et on rejoint la *grotta Azzurra.* Mais l'Azzurra n'est pas la seule, on dénombre une quinzaine de grottes sur le rivage de l'île. On continue ensuite le tour vers l'ouest en passant par les calanques d'Orrico, Rio Mesola.
Après avoir doublé la *punta Carena,* avec son phare, on cingle vers la *grotta Verde,* semblable à une énorme émeraude liquide. Puis défilent Marina Piccola, la grotte de l'Arsenal, celle des Marins et les fameux Faraglioni. En continuant le tour, on arrive à la *grotte Blanche,* de laquelle, par une petite échelle extérieure taillée dans le roc, on accède à la *grotte Merveilleuse.* Après avoir doublé la pointe du Cap, sous le mont Tiberio, on retourne à Marina Grande.

– ***Grotta Azzurra :*** *env 18 €/pers (env 1h de trajet), tarif qui ne comprend pas le transfert en barque à rames pour accéder à la grotte ni l'entrée de celle-ci (15 €/pers). Addition vraiment salée au final ! Plus de détails dans la rubrique « Dans les environs d'Anacapri » plus loin.*

– ***Location de canots :*** le seul moyen de découvrir les criques inaccessibles par la terre. Plusieurs loueurs sur le port de Marina Grande proposent des locations de barques à l'heure ou à la journée *(compter min 130 € les 2h)* ou de canots à moteur *(gommoni)* style zodiac *(compter 160 €/j. + essence).* Ce n'est pas donné, mais c'est le prix de la liberté. En s'éloignant du port en direction des *bagni di Tiberio,* les prix pratiqués par les loueurs sont moins élevés que sur le port. Les plus romantiques loueront un *gozzo,* la barque typique de pêcheur en bois *(plus cher : compter 150-160 € les 2h avec skipper),* au port de Marina Grande.

LA VILLE DE CAPRI

De Marina Grande, prendre le funiculaire ou le bus qui, en quelques minutes, vous conduit jusqu'à la petite capitale de l'île, située à 142 m au-dessus de la mer. Les plus courageux peuvent également y accéder par un chemin pentu comptant plus de 600 marches taillées dans la roche, sur la gauche en arrivant du bateau. Le centre de Capri est piéton et les ruelles qui partent de la piazza Umberto I, dite « la *piazzetta* », se sont transformées en un haut lieu de la *passeggiata*, frime sur fond de bijouteries et de boutiques de luxe *(Rolex, Tod's, Prada, Gucci...)*.

Adresses utiles

Informations touristiques

Ufficio del turismo *(azienda autonoma di cura soggiorno e turismo ; carte zoom)* **:** *piazza Umberto I. ☎ 081-837-06-86. • piazzetta@capri.it • capri tourism.com • Lun-sam 8h30-16h15 (20h15 juil-août), plus dim et j. fériés avr-oct 9h30-17h15.* Mêmes services qu'à Marina Grande.

Santé

Hôpital : *via Provinciale Anacapri, 3. ☎ 081-838-12-06.*

Services

■ **Consignes à bagages :** *via Acquaviva (indiqué à l'arrivée du funiculaire). En principe, tlj 8h-20h. Compter 3 €/ bagage.*

■ **Toilettes publiques :** *à la consigne à bagages, via Acquaviva.*

■ **CO.FA.CA.** *(transport de bagages en voiturettes électriques)* **:** *piazza Martiri d'Ungheria, 18. ☎ 081-837-01-79.* Utile pour ceux qui arriveraient chargés.

Taxi : *piazza Martiri d'Ungheria. ☎ 081-837-05-43.* Et **Radio Taxi,** *☎ 081-837-64-64.*

Où dormir ?

De prix moyens à chic

La Tosca *(carte zoom,* ***18****)* **:** *via D. Birago, 5. ☎ 081-837-09-89. • h.tosca@capri.it • latoscahotel.com • Depuis la piazza Umberto I, prendre la via V. Emanuele, puis la via Selenia ; c'est au bout à droite. Congés : nov-fev. Doubles 75-170 €. Apéritif offert sur présentation de ce guide, ainsi que le petit déj.* Petit hôtel très propre et confortable d'une dizaine de chambres aux salles de bains coquettes. Petit déj sur la charmante terrasse avec vue sur la chartreuse San Giacomo. Seules 4 chambres donnent côté mer. Accueil prévenant et chaleureux d'Ettore et de sa sœur. Ils louent aussi un appart pour 4-6 personnes, avec une chambre, 2 salles de bains et une cuisine tout équipée. À côté, une *guesthouse* pour 4-6 personnes, même confort moderne que l'appartement mais sans cuisine. Les 2 logements peuvent être loués séparément ou ensemble pour les familles très nombreuses ou les bandes de copains.

Albergo Quattro Stagioni *(carte zoom,* ***11****)* **:** *via Marina Piccola, 1. ☎ 081-837-00-41. • hotel4st@hotel4stagionicapri.com • Continuer la via Roma jusqu'à l'embranchement pour Marina Grande ; prendre à gauche, vers Marina Piccola. Chambres 70-140 €.* Une douzaine de chambres fraîches et agréables avec clim, aux murs blancs et au mobilier boisé. Certaines donnent sur un jardin, les autres sur la mer au loin. Grande terrasse donnant sur la mer. Depuis la pension, la route, très agréable, descend doucement vers la plage de Marina Piccola (2,5 km). Patrons parlant le français.

De chic à très chic

Villa San Felice *(carte zoom, **13**) : via Li Campi, 13. ☎ 081-837-61-22. • info@hotelsanfelice.com • hotelsan felice.com • Doubles 110-260 €.* En plein centre mais isolé dans une ruelle bien cachée, cet hôtel se pare de jolis tons bleus et blancs dans un ensemble raffiné et chic. Le tout rappelle un peu les îles grecques. Chambres immaculées et charmantes, certaines profitant d'un balcon et d'une baignoire. Accueil très professionnel et dans toutes les langues. Sans oublier la grande piscine ! On vous conseille d'éviter juillet-août pour mieux profiter de ce luxe.

Hotel Villa Krupp *(carte zoom, **15**) : viale Matteotti, 12. ☎ 081-837-03-62. • info@villakrupp.com • villak rupp.com • À 10 mn à pied du centre. Suivre les indications pour les giardini d'Augusto (lire plus loin « Itinéraires à pied au départ de Capri-ville ») tt en descendant la via V. Emanuele et la via F. Serena. Congés : fin oct-début avr. Doubles 160-220 € ; celles du 1er étage sont les plus chères. Prenez un bagagiste au port, sinon bon courage pour grimper vos valises jusqu'ici ! Café offert sur présentation de ce guide.* Dans une pinède, belle villa blanche accrochée à la colline en face des Faraglioni. Depuis la terrasse panoramique de l'hôtel, le spectacle de ces 3 dents rocheuses qui rosissent au coucher du soleil sur fond de mer est unique. Chambres très agréables et bien meublées. Celles du 1er étage offrent une terrasse surplombant le paysage. On a adoré la nº 18, toute rose avec son carrelage à fleurs. Solarium pour tous.

La Prora *(carte zoom, **12**) : via Castello, 6-8. ☎ 081-837-02-81. • info@albergolaprora.it • albergo laprora.it • Descendre la via Roma et monter les escaliers en face du parking de bus, puis prendre la ruelle voûtée à droite (via Castello), direction Belvedere Canonne. Congés : fin oct-Pâques. Doubles 120-240 €.* Petit hôtel mignonnet d'une dizaine de chambres claires et très bien tenues. Une seule chambre (la moins chère) n'a pas de vue, les autres donnent sur Procida et le golfe de Naples. Accueil plein de bons conseils.

Où manger ?

Attention, à partir de 21h en pleine saison, tout est complet. La réservation est de rigueur dans tous les restos.

De très bon marché à prix moyens

Buonocore *(carte zoom, **21**) : via Vittorio Emanuele III, 35. ☎ 081-837-78-26. Tlj en saison 8h-23h (parfois plus tard). Congés : de nov à mi-mars.* Pâtissier-traiteur proposant quelques plats chauds à emporter, ainsi que des glaces (voir « Où boire un verre ? Où déguster une bonne glace ?... »). Idéal pour les petits budgets.

Buca di Bacco *(carte zoom, **22**) : via Longano, 35. ☎ 081-837-07-23. Tlj midi et soir, sauf lun. Congés : de mi-nov à mi-mars. Pizza sur place ou à emporter env 10 € ; repas complet env 30 €.* Four à bois et tranquillité, des ingrédients qui nous conviennent bien pour ce resto qui bénéficie d'une jolie vue sur la mer par l'unique fenêtre. Délicieux raviolis.

Chic

È Divino *(carte zoom, **24**) : via Sella Orta, 10/A. ☎ 081-620-03-62. Tlj midi et soir, sauf lun. Compter 40-45 €.* Une adresse à 2 pas du centre, pleine d'originalité et de gaieté. Le resto est en réalité... une maison où chaque pièce fait office de salle à manger. Que ce soit dans le salon ou la chambre à coucher (si ! si ! le lit sert de banquette), dehors dans le patio, vous piochez dans la carte originale réalisée par un jeune chef talentueux. L'un de nos coups de cœur dans l'île.

Où manger dans les environs ?

De bon marché à prix moyens

Bar Jovis (carte, **31**) : *via Tiberio, 77/a, au Capo Tiberio. ☎ 081-837-51-17. Tlj 10h30-18h (17h30 lun-ven). Plats 6-13 €.* Petit bar sans prétention, qui a surtout le mérite d'être opportunément situé, dans la montée pour la villa Jovis. On peut se sustenter de *panini* et salades. Également des cocktails, mais est-ce le moment de se couper les pattes ? Vue panoramique bien méritée.

Lo Sfizio (carte, **26**) : *via Tiberio, 7E. ☎ 081-837-41-28. • info@losfiziocapri.com • Avr-nov, tlj midi et soir, sauf mar. Pizze 5-10 € ; à la carte 25-30 €. Limoncello maison offert sur présentation de ce guide.* À l'écart des rues archi-touristiques mais sur le sentier de la villa Jovis, cette adresse est connue des locaux, un peu moins des tour-opérateurs. Et c'est tant mieux ! Le jovial patron vante sa *pasta* maison, qu'il concocte selon la pêche et le marché : un jour des tagliatelles aux palourdes, le lendemain des spaghettis au rouget ou des ravioles aux légumes. On s'est aussi régalés avec les *pizze*. Accueil très chaleureux, et en français. Une chouette récompense, à savourer en terrasse, en descendant du monte Tiberio.

De prix moyens à chic

Trattoria Le Grottelle (carte, **27**) : *via Arco Naturale, 3. ☎ 081-837-57-19. Ouv en saison seulement, tlj midi et soir, sauf mar. Repas complet env 30 €.* On vient ici surtout pour le décor. Côté assiette, poissons grillés, crustacés ou *pasta* aux crustacés se défendent plutôt bien, mais rien d'exceptionnel. Un bon accueil, des tables en terrasse et une cuisine convenable, ce n'est déjà pas si mal. Surtout qu'il n'y a pas grand-chose d'autre dans le coin.

Da Tonino (carte, **23**) : *via Dentecala, 15. ☎ 081-837-67-18. • datoninoristorante@hotmail.it • Pas facile à trouver. De la piazzetta, prendre la via Longano jusqu'au coude à droite où elle devient via Sopramonte ; arrivé sur la via Matermània, suivre les panneaux (à droite au croisement menant à l'Arco Naturale). Tlj midi et soir, sauf lun. Fermé hors saison. Résa conseillée. Repas complet env 50 €.* Salle rustique qui se prolonge par une terrasse plantée d'oliviers et de vignes. Mais dans l'assiette, place au raffinement pour ce resto que l'on pourrait qualifier de semi-gastronomique. Cuisine fine et plats soignés, mais certaines viandes ne sont franchement pas données. La cave compte plusieurs milliers de références, les amateurs apprécieront. Bon accueil, rompu au tourisme.

La Fontelina (carte, **32**) : *via Faraglioni, 2, à la punta di Tragara. ☎ 081-837-08-45. Dans une crique au sud-est de l'île ; il faut 30 mn de marche depuis le centre de Capri. Prendre la via V. Emanuele, puis à gauche la via Camerelle et la via Tragara ; arrivé au belvédère du même nom, suivre la direction du resto* Da Luigi *par un sentier descendant dans la pinède vers la mer ; à la fourche, prendre le sentier de droite qui descend jusqu'à la crique. Pour remonter, c'est une autre histoire, surtout après le repas, en plein soleil ; une solution : vous faire ramener en barque jusqu'à la plage de Marina Piccola (de là, prendre un minibus). De mi-juin à fin sept, tlj le midi seulement et s'il ne pleut pas (jusqu'à 15h). Repas complet env 40 €.* Bon resto de poisson idéalement situé au pied des Faraglioni, entre mer et rocher, dans un cadre qui vaut à lui seul le déplacement. Fait également bar et loue des chaises longues.

Où boire un verre ? Où déguster une bonne glace ? Où grignoter une pâtisserie ?

Bar de l'Hotel Luna (carte zoom, **50**) : *viale Matteotti, 3. ☎ 081-837-04-33.* Et pourquoi ne pas s'offrir le luxe d'un 4-étoiles le temps d'un café ou d'un petit cocktail ? Superbe terrasse panoramique entourée de vergers.

Buonocore *(carte zoom,* ***21****) : via Vittorio Emanuele, 35. En saison, tlj 8h-23h (parfois plus tard).* Sans conteste, le meilleur glacier et pâtissier de l'île. Ils font en plus les cônes eux-mêmes, c'est dire ! Proposent aussi quelques plats à emporter (voir plus haut « Où manger ? »). Goûtez aussi leurs biscuits à la noisette !

Itinéraires à pied au départ de Capri-ville

Attention, ça monte, ça descend et certains itinéraires nécessitent plusieurs heures aller-retour. Pensez aux précautions d'usage en saison estivale : eau, chapeau, crème solaire, etc.

Giardini d'Augusto, certosa di San Giacomo *(carte zoom),* ***via Krupp et Marina Piccola :*** *de la piazza Umberto I, par la via Vittorio Emanuele II et par la via F. Serena, on débouche en 10 mn sur une entrée de l'*Hotel Luna *; pour se rendre au parc, prendre à droite, et pour la chartreuse* (certosa)*, à gauche.*

– ***Les jardins d'Auguste :*** *tlj 9h-19h30 (16h30 en hiver). De mars à mi-nov, 1 € ; entrée gratuite en hiver. Billet combiné jardins + certosa : 5 €.* Ils offrent, depuis plusieurs belvédères, une vue imprenable sur les Faraglioni, ces 3 célèbres rochers de Capri, sur Marina Piccola et sur la chartreuse. De l'autre côté du chemin, en empruntant l'escalier situé avant l'entrée du jardin, la petite balade dans la verdure mène à une stèle inattendue sur cette île de boutiques de luxe, consacrée à Lénine. Remarquez qu'elle a été vandalisée, et c'est du marbre... c'est dire l'acharnement ! Au départ du même escalier, visite (et achat) possible d'une parfumerie qui produit tout sur place, à partir de matières premières récoltées sur l'île.

– ***Certosa di San Giacomo :*** *tlj 10h-19h, sauf lun (juin-août ; ferme plus tôt le reste de l'année). Entrée : 6 € ; réduc ; gratuit moins de 18 ans ressortissants de l'UE. Billet combiné jardins + certosa : 5 €.* La chartreuse date du XIVe s et abrite aujourd'hui un centre culturel. Accès au cloître, petit musée et jardin libre d'accès à côté.

– Des jardins, par la ***via Krupp,*** on arrive en 20-30 mn à ***Marina Piccola*** : de charmantes petites plages, en particulier celle de la Tour sarrasine et le légendaire rocher des Sirènes. Attention toutefois : ce délicieux chemin peut être coupé par des éboulements, et donc fermé. Remontée possible par l'autre côté en bus.

Le mont Tiberio, le parco Astarita et la villa Jovis : *compter 45 mn-1h de marche aller depuis la piazza Umberto I.* L'une des plus belles promenades de l'île. Le chemin longe les jardins fleuris et les oliveraies en découvrant un panorama sur Marina Grande en contrebas. De la piazza Umberto I, par la via Longano ou par la via Le Botteghe, on arrive au petit carrefour de la Croce (repérer la terrasse d'un café-restaurant). On monte à gauche, en longeant la petite église San Michele, puis on suit les indications. S'arranger pour passer devant le *Bar Jovis,* opportunément placé dans la montée.

LES AMOURS TOURMENTÉES DE TIBÈRE

En passant au pied du saut de Tibère, les pêcheurs entendaient systématiquement une complainte humaine. On dit que les voix entendues sont celles des amoureux délaissés par l'empereur Tibère, qui se seraient jetés depuis cette pointe rocheuse.

Avant d'arriver à la villa Jovis, un petit parc communal, le ***parco Astarita,*** peu ouvert *(tlj 10h-14h sauf lun ; GRATUIT),* offre plusieurs points de vue magnifiques sur les falaises, depuis 3 terrasses. Accueil assuré par des bénévoles adorables. N'hésitez pas à faire une petite donation. Puis on rejoint l'entrée des fouilles de la ***villa Jovis*** *(en principe, tlj 10h-19h juin-sept – hors saison se renseigner car ouvertures variables ; entrée : 6 €)* par un chemin en pente douce. C'est la plus grande

des 12 résidences de l'empereur Tibère à Capri. De là, accès au sommet du ***mont Tiberio*** (335 m). Vue imprenable depuis les hauteurs. Découverte en 1937, la somptueuse villa a largement perdu de sa beauté. Et pour cause ! Les pilleurs sont passés bien avant et le site est assez mal entretenu. Quoi qu'il en soit, Tibère, depuis cette villa Jovis, pouvait surveiller de l'œil ses 6 autres *ville* insulaires. Sur la droite en entrant, le *saut de Tibère.* Vue plongeante sur l'île et sur les golfes de Naples et de Salerno. Tibère pouvait communiquer avec la côte via les signaux de fumée ou les jeux de miroirs. Aujourd'hui, la villa Jovis est le seul endroit de l'île d'où l'on peut voir la mer sur 360°. De la villa elle-même, on ne retient pas grand-chose, et pour cause, il n'y a aucun panneau explicatif.
Autre retour possible en prenant l'escalier à travers bois à gauche de l'entrée de la villa Jovis, via la ***villa Lysis.*** Trajet un peu plus long.

Arco Naturale, la grotte Matermania, via Pizzolungo et Tragara : *compter 3h A/R.* Du carrefour de la Croce (voir le 2e itinéraire), on continue tout droit le long de la via Matermània, puis à gauche au croisement (petite chapelle), et l'on arrive à un cul-de-sac, l'***Arco Naturale,*** un curieux phénomène d'érosion de rocher. On l'atteint en 30 mn environ depuis le village. Retour sur ses pas pour emprunter une rampe d'escalier sur la gauche, face au restaurant *Le Grottelle.* Elle permet de descendre à la ***grotte Matermania,*** antre naturel transformé par les Romains en un luxueux nymphée et dédié à la Mater Magna. De la grotte, on descend encore pour atteindre le sentier qui, par le ***Pizzolungo,*** conduit au ***belvédère de Tragara,*** où se trouve l'hôtel *Punta Tragara,* ancienne villa construite par Le Corbusier, qui accueillit le commandement américain pendant la Seconde Guerre mondiale (Eisenhower et Churchill s'y sont rencontrés). Belle balade. Au passage, admirez la ***villa Malaparte,*** cette superbe maison où Godard tourna *Le Mépris.* Aujourd'hui, cette villa (toujours fermée au public), accessible uniquement par la mer, est la propriété d'une fondation florentine. Bien isolée sur sa pointe rocheuse, sa couleur rose corail joue les équilibristes avec les fonds bleu turquoise.
– Une autre balade, plus facile (en 30 mn aller environ), consiste à prendre, au croisement de la petite chapelle sur la via Matermània, la via Dentecala à droite, plutôt que la direction de l'Arco Naturale. Passage par le restaurant *Da Tonino* (voir « Où manger dans les environs ? »), en longeant les jardins des particuliers. On aboutit à la ***piazzetta delle Noci,*** un belvédère surplombant une falaise en à-pic en face de la presqu'île Sorrentine. Spectaculaire point de vue, notamment sur l'Arco Naturale et, en se plaçant bien à gauche, sur la villa Malaparte, tout en bas dans un creux.

Il Passetiello : très belle balade reliant Capri au monte Solaro. L'itinéraire le plus complexe de tous, celui qui conviendra aux randonneurs entraînés et équipés. Descendre la via Roma et, à la fourche, prendre à gauche la via Marina Piccola. Tout de suite à droite, une ruelle (via Torina) mène au départ du Passetiello. Le sentier passe par la petite *église Santa Maria a Cetrella.* On accède depuis l'intérieur de l'église à une terrasse offrant une belle vue sur les environs. Sinon, ne pas hésiter à monter sur la crête par le sentier passant derrière l'église pour découvrir un panorama inoubliable sur le monte Solaro, Capri et Anacapri. Compter 1h30 pour atteindre le monte Solaro, puis 1h pour redescendre sur Anacapri (dans ce sens, le chemin est très agréable). Vous pouvez aussi redescendre en télésiège uniplace *(8 €/trajet).* Prévoir un pull-over pour le cas où les nuages s'accrocheraient au monte Solaro.

ANACAPRI

À 4 km à l'ouest de Marina Grande, Anacapri est située sur la partie haute de l'île et est reliée à Capri-ville par une route panoramique et vertigineuse

(10 mn en minibus, vite plein au retour, s'armer de patience et prévoir large) qui offre une incomparable vue sur le golfe de Naples, de la péninsule de Sorrento à Ischia. Mieux vaut avoir le cœur bien accroché, surtout dans les virages. Toute une expérience en soi !
Au centre d'Anacapri, sur la piazza Vittoria et surtout sur la via Orlandi, l'artère piétonne et commerçante qui descend sur plusieurs centaines de mètres, une ambiance nettement plus authentique que celle de Capri-ville.
➢ Pour revenir éventuellement à pied d'Anacapri à Marina Grande, partir de l'arrêt de bus du centre d'Anacapri. Descendre une volée de marches ; à la hauteur de la chapelle San Antonio, la route croise l'« escalier Phénicien », taillé dans le rocher, qui était jadis la seule voie de communication entre Anacapri et Marina Grande. Cet escalier rejoint Marina Grande en 30 mn, mais attention, les marches sont hautes (pas recommandé avec de jeunes enfants).

Adresses utiles

Ufficio del turismo : *via G. Orlandi, 59. ☎ 081-837-15-24. En saison, lun-sam 10h-15h.* Mêmes services qu'à Marina Grande.
Farmacia Barile : *piazza Vittoria, 28. ☎ 081-837-16-22.*
Taxi : *piazza Vittoria. ☎ 081-837-11-75. Et* **Radio Taxi,** *☎ 081-837-14-14.*
Épiceries : *via G. Orlandi.* Toutes les boutiques non touristiques (ou disons moins touristiques) se situent dans cette rue, notamment des épiceries locales où l'on trouve toutes sortes de produits italiens délicieux.
Distributeurs : *via G. Orlandi, 150 (près de l'église Santa Sofia) et sur la piazza Vittoria (sur la droite en haut des marches).*

Où dormir ?

De prix moyens à chic

Hotel Bussola (carte, **16**) **:** *via Traversa La Vigna, 14. ☎ 081-838-20-10. • info@bussolahermes.com • bussolahermes.com • Doubles 100-170 € ; familiales.* Situé dans la campagne, à 10-15 mn à pied du centre d'Anacapri, et joignable par le bus qui relie la grotta Azzurra (arrêt sur via Tuoro). Hôtel 3 étoiles, rénové dans le style romain et avec du mobilier ancien, géré par la sympathique Rita et son frère Cristiano, féru de brocantes. Les routards du monde entier s'y retrouvent « *alla buona* », comme on dit par ici, pour partager des chambres classiques mais bien confortables, décorées dans les tons bleus, gris ou lavande. Belles terrasses pour se prélasser. Les proprios sont très serviables.

Hotel Senaria (carte, **17**) **:** *via Follicara, 10. ☎ 081-837-32-22. • info@senaria.it • senaria.it • À 10 mn à pied du centre d'Anacapri. Descendre la via de Tommaso, prolongée par la via Caprile ; arrivé à la mini-piazza Caprile (où se trouve l'arrêt de bus, une autre solution !), prendre les escaliers en face à droite (via La Follicara). Congés : nov-mars. Doubles 100-180 € ; familiales aussi.* Beau petit hôtel d'une douzaine de chambres dans une villa méditerranéenne toute blanche. Les chambres, carrelées et très confortables, se répartissent autour d'une agréable terrasse. L'une d'entre elles (la plus chère) a une terrasse privative. Les chambres « *Economy* », moins chères, n'en ont pas. Accueil gentil et pro.

Il Giardino dell'Arte (carte, **14**) **:** *via Traversa La Vigna, 32/b. ☎ 081-837-30-25. • ilgiardinodellarte@libero.it • À 15 mn à pied du centre*

LES ÎLES AU LARGE DE NAPLES

*d'Anacapri. Un peu plus loin que l'*Hotel Bussola *(voir plus haut). Ouv avr-nov. Doubles 90-190 €.* Belle maison blanche transformée en *guesthouse* de 5 chambres. Située dans un quartier calme, entourée d'un jardin luxuriant, c'est une halte très agréable. Chaque chambre est équipée d'une terrasse privée plus ou moins grande, et toutes ont une vue superbe. 2 grandes terrasses communes permettent d'admirer le coucher du soleil sur Ischia. Accueil parfait de Franco, un hôte polyglotte aux petits soins. Transfert gratuit du et vers le port.

***Il Tramonto** (carte, **19**) : via Migliera, 30/b. 333-174-21-84. • iltramontobb@gmail.com • iltramonto.it • Depuis la piazza Vittoria, gravir les marches et prendre la ruelle à droite ; parcourir 500 m. Doubles 80-180 €. Apéritif maison offert sur présentation de ce guide.* Ce qui vaut avant tout dans ce *B & B*, c'est l'emplacement, en surplomb d'Anacapri, avec la mer en fond de tableau. Les 4 chambres impec' donnent sur plusieurs terrasses dans un joli jardin. Un réel souci de charme et de confort avec du mobilier de bois clair, des transats chics çà et là, et une cuisine extérieure. Accueil dans le ton.

Où manger à Anacapri et dans les environs ?

Prix moyens

***Il Solitario** (carte, **29**) : via Orlandi, 96, à Anacapri. ☎ 081-837-13-82. Dans une impasse reliée à la rue principale piétonne, pas loin de la Casa Rossa (la maison rouge de style marocain). En saison, tlj midi et soir. Congés : déc-fév. Repas env 30 €.* Un étroit corridor mène à cette *trattoria* accueillante et bien cachée qui propose les classiques italiens et caprésiens à la carte. Suivez les conseils du chef, qui aime vanter ses petits plats préparés avec amour. Salle chaleureuse avec banquettes ou, mieux, des tables à l'arrière sous une treille. Pas de vue mais un lieu bien au calme. Ici, tout est fait maison, les pâtes (mmmh, les raviolis à la ricotta), les sauces, les desserts... et à prix fort raisonnables pour l'île. Une de nos adresses préférées !

Chic

***Da Gelsomina** (carte, **28**) : via Belvedere della Migliera, 72, à Anacapri. ☎ 081-837-14-99. • info@dagelsomina.com • À 100 m du belvédère et à 40 mn à pied du centre d'Anacapri ; belle balade, sur un chemin assez plat, ou navette gratuite pour les clients. Tlj midi et soir en saison. Congés : de mi-nov à mi-mars. Repas complet 35-40 €.* Bons plats de poisson, mais on y va surtout pour les raviolis maison et le lapin *alla cacciatora*. Vins de Campanie pour accompagner le tout. Piscine à disposition des clients. Atmosphère familiale, mais on paie un peu le cadre et la vue quand même...

***Ristorante Lido del Faro** (carte, **30**) : en contrebas du phare de punta Carena. ☎ 081-837-17-98. • info@lidofaro.com • Prendre un minibus en direction de Faro depuis la via Tommaso, au centre d'Anacapri, et descendre au terminus. Ouv juin-sept seulement, tlj de 12h30 au coucher du soleil. Résa obligatoire. Repas 50-60 €.* Un beau resto de plage entre les rochers, que, dans d'autres îles de la Méditerranée, on appellerait une paillote... Long alignement de tables sous de petits parasols en écorce de coco. Terrasse joliment aménagée. *Pizze* le soir (seulement en été), bon poisson et viandes grillées. Location de chaises longues. Piscine.

À voir

Villa San Michele : *viale Axel Munthe. ☎ 081-837-14-01. • villasanmichele.eu • À 250 m de la piazza Vittoria. Mai-sept, tlj 9h-18h ; fermeture à 17h avr et oct, 16h30 mars et 15h30 nov-fév. Entrée : 8 €.* Superbe villa construite à flanc de falaise par le médecin, naturaliste et mécène suédois Axel Munthe (1857-1949), et appartenant aujourd'hui à l'Institut suédois. Belles pièces de mobilier ancien et vestiges romains. Du jardin, panorama splendide (et à pic !) sur le golfe de Naples, scruté rêveusement par 2 sphinx. Et une mignonne chapelle où Munthe chantait du Schubert à la princesse Victoria, de sa belle voix de baryton.

Chiesa San Michele : *sur la piazzetta San Nicola, en plein centre-ville. Avr-sept, tlj 9h-19h ; oct-mars, tlj 10h-15h. Entrée : 3 €.* Église construite en 1719 et décorée d'un incroyable pavement en majolique représentant le paradis terrestre, réalisé à Naples en 1761. Un escalier en colimaçon permet d'accéder à la tribune, d'où l'on embrasse d'un coup d'œil cet ensemble superbe avec son bestiaire, sa végétation et le fruit défendu bien sûr.

Casa Rossa : *via G. Orlandi, 78. ☎ 081-838-21-93. ♿ À côté de l'église. Tlj, sauf lun ; horaires variables à vérifier à l'office de tourisme. Entrée : 3,50 €.* Ancienne maison de style marocain, aux murs couleur brique, abritant un petit musée historique et une expo de peintures représentant des vues de l'île aux XIXe et XXe s.

DANS LES ENVIRONS D'ANACAPRI

Monte Solaro : *d'Anacapri, prendre le télésiège qui y grimpe depuis la via Caposcuro, près de la piazza Vittoria (• capriseggiovia.it •). Mai-oct, tlj 9h30-17h ; fermeture à 16h mars-avr, 15h30 nov-fév. A/R : 12 € (9 € aller simple). Attention, il s'agit de sièges uniplace (compter 13 mn de trajet) : déconseillé aux pers ayant le vertige ou accompagnées d'enfants. Prévoir un pull. Autrement, à pied, il vous faudra 1h30 pour rejoindre le monte Solaro depuis Anacapri.* Point culminant de l'île (589 m). Vue magnifique sur le golfe de Naples et Sorrento. De là, on peut revenir à Anacapri à pied en environ 1h par la via Monte Solaro (se renseigner avant sur les conditions d'accès de la route). Faire un crochet par la petite église de Santa Maria a Cetrella (rarement ouverte).

Belvedere della Migliera : *en 40 mn à pied du centre d'Anacapri.* Par un sentier facile côtoyant les pentes du mont Solaro, on arrive au belvédère de la Migliara, qui surplombe les précipices de la punta Carena. Du sommet de la falaise à gauche, vue sur les Faraglioni et sur la calanque de la grotta Verde.

Faro di punta Carena : *d'Anacapri, prendre le bus via de Tommaso, à côté du cimetière, et descendre au terminus.* Bars et snacks ouverts l'été et magnifique lever de soleil. Génial pour aller prendre son petit déj les pieds dans l'eau.

Grotta Azzurra : *pour y aller, les canots à moteur partent de Marina Grande (voir plus haut) mais ils sont chers. Voici un autre moyen un peu plus économique pour visiter l'endroit : prendre un bus pour Anacapri à partir de Marina Grande ou de Capri en achetant un ticket valable 1h (et un 2[d] pour le retour, soit 5,40 € au total au lieu de 18 € en bateau depuis Marina Grande). À Anacapri, prendre avec le même ticket un autre bus (départ piazza della Pace) qui dessert directement la grotta Azzurra. On peut aussi s'y rendre à pied depuis le centre d'Anacapri par la via Pagliaro puis la via Grotta Azzura. Tt en bas, on fait la queue pour monter dans une barque. Ensuite, on n'échappe pas à l'accès payant de la grotte (15 €). Cette excursion est surtout intéressante jusqu'à 14h l'été, quand la lumière offre ses plus beaux effets. Au passage, en descendant jusqu'à la grotte, jeter un œil aux ruines de la* ***villa Damecuta,*** *résidence d'été de Tibère, fermée au public.*
En plus d'être un gouffre... financier, l'attente à l'entrée est très longue en été. Attention, l'accès à la grotte est interdit à la nage, même après le départ des

barques, car la mer peut monter rapidement en s'engouffrant dans la grotte. On a déjà déploré des noyades de touristes inconscients du danger. Dernier détail : la grotte n'est accessible en hiver que par mer calme.
Malgré le côté arnaque (d'ailleurs, cette excursion est appelée « opération » dans le jargon de l'île), on doit avouer que l'effet est saisissant. L'entrée étant minuscule, pratiquement aucune lumière ne vient directement de l'extérieur, l'éclairage est dû à la réfraction du soleil dans l'eau. Celle-ci se retrouve colorée d'une admirable teinte « bleu Ming ». Le fond de sable blanc donne aux objets immergés une belle teinte argentée. L'effet est tellement féerique que l'empereur Tibère avait fait creuser dans le roc une chambre nuptiale que l'on voit encore.

Sentiero dei Fortini : *plan détaillé et gratuit dans les offices de tourisme. Compter 3-4h (env 5,2 km, dénivelée de 120 m).* Belle randonnée en 17 étapes reliant les 4 fortins de l'époque napoléonienne sur la côte occidentale de l'île. Départ de la grotta Azzurra au nord (accès en minibus depuis Anacapri), arrivée à Faro/Punta Carena au sud (minibus également). Le sentier longe la côte escarpée par des passages boisés. Tout le long du parcours, vous trouverez des informations sur la faune et la flore.

ISCHIA

• Carte *p. 177*

80077 ; 64 000 hab.

Pour beaucoup de Napolitains, Ischia a préservé une qualité de vie et un charme que Capri a perdus dans la tourmente touristique, même si elle accueille jusqu'à 5 millions de visiteurs chaque année. Colonisée par les Grecs dès la 1re moitié du VIIIe s, l'ancienne *Pithecusa* est aujourd'hui une île prospère, la plus vaste de la baie de Naples, à la fois verte et très urbanisée avec ses nombreux villages égrenés sur les côtes et les pentes abruptes des collines escarpées. Car Ischia est née d'un volcan, l'Epomeo. Elle lui doit son relief dentelé, ses nombreuses grottes, mais également son développement économique : nombreux sont les visiteurs qui fréquentent l'île pour ses célèbres stations thermales. Plusieurs parcs et hôtels proposent ainsi l'accès à leur infrastructure (piscine, jardin, éventuellement plage). Il faut dire qu'Ischia a tout pour plaire : une végétation méditerranéenne luxuriante, un beau relief montagneux propice aux randonnées, de nombreuses plages, des baies découpées, des paysages de vignes, des sites archéologiques et un superbe château perché sur un îlot basaltique à Ischia Ponte, sans doute le monument le plus photographié de l'île ! Visconti tomba d'ailleurs amoureux d'Ischia. Il acheta une villa à Forio, *La Colombaia,* où il travailla à son film *Senso.*
Bref, une île presque plus tournée vers la terre que vers la mer, où la spécialité culinaire n'est pas le poisson mais le lapin ! Et l'on ne saurait trop recommander la liqueur locale à base de roquette, le *rucolino.* Une vraie découverte !

UNE RÉPUTATION SULFUREUSE !

Ischia est connue pour ses sources thermales depuis l'époque romaine. Ses eaux sulfureuses auraient des vertus miraculeuses qui agiraient comme un élixir de jouvence ou un antidote à la stérilité. Rien que ça ! Alors forcément, on cite comme les grains d'un chapelet les noms des célébrités venues faire une cure à Ischia : Goethe, Lamartine, Vigny, Ibsen, John Wayne, Esther Williams, Liz Taylor, Burt Lancaster, Chaplin, Hitchcock, De Chirico et, naturellement, Visconti. Garibaldi vint même y soigner une blessure reçue en Calabre.

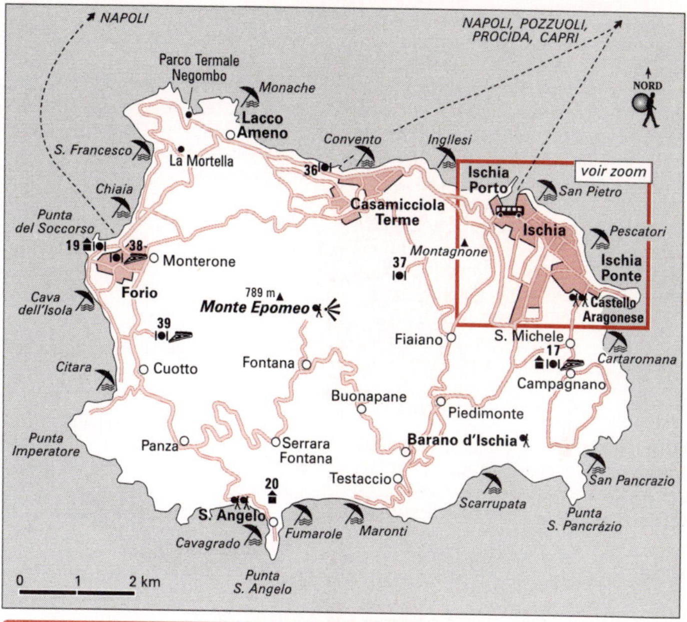

L'ÎLE D'ISCHIA

Où dormir ?

- **17** Hotel-ristorante La Capannina
- **19** Locanda Umberto a Mare
- **20** Casa Garibaldi

Où manger ?

- **36** Bagno Gino
- **37** Il Focolare
- **38** La Tinaia
- **39** Da Peppina di Renato

Arriver – Quitter

Billetterie au niveau de l'embarcadère et sur la droite du quai (quand on est dos à la mer). • *traghetti-ischia.info* •

➢ ***Naples-Ischia Porto, Casamicciola et Forio :*** de Naples, départ depuis les débarcadères Beverello ou Porta di Massa ttes les 15-30 mn ; compter 40 mn.

➢ ***Pozzuoli-Ischia :*** env 18 liaisons/j. dans les 2 sens. Durée : 35 mn. Quelques bateaux partent de Casamicciola, mais la majorité s'amarrent à Ischia Porto. Trajet : 1h en ferry et 45 mn en bateau rapide.

➢ ***Procida-Ischia :*** env 15 liaisons/j. depuis Ischia Porto avec *Caremar.* Et env 5 liaisons/j. depuis Ischia Casamicciola. Trajet : 25 mn en ferry et 15 mn en *aliscafo.*

➢ ***Capri-Ischia :*** Pâques-fin oct, 1-2 départs/j. en début de journée dans le sens Ischia-Capri, en fin d'ap-m au retour. Trajet : 45 mn.

Comment se déplacer ?

En bus

Il existe un service de bus publics, l'*EAV* (• *eavsrl.it* •). Pas toujours facile à décrypter, mieux vaut demander à la billetterie ou aux chauffeurs de vous aiguiller. Une quinzaine de lignes dont 2 circulaires qui passent par les bourgs

principaux, la CS (*circolare sinistra,* qui entame son circuit par la partie nord de l'île) et la CD (*circolare destra,* qui entame son circuit par la partie sud). Le terminus *(capolinea ; zoom Ischia)* se trouve au débarcadère principal d'Ischia Porto (billetterie sur place). Départ ttes les 30 mn en saison, env 5h-23h.
Les tickets se déclinent en plusieurs versions, de la *corsa singola* (1,50 €), ticket valable 1h40 (1,80 €), 1 jour (4,50 €), 3 jours (11 €), à l'abonnement hebdomadaire (14,50 €). Vente dans les *tabacchi,* les kiosques à journaux ou à la gare routière (dans le bus aussi mais plus cher, et prévoir absolument l'appoint !).

À scooter et en voiture

Vu la surface de l'île, mieux vaut avoir son propre moyen de transport. Les budgets les plus serrés privilégieront le scooter, mais gare aux côtes pentues et aux distances pas si courtes que ça. Sinon, la voiture reste l'idéal, surtout en partageant les frais à plusieurs. À partir de 45 €/j. pour une Fiat hors d'âge mais qui roule ! Enfin, sachez qu'en pleine saison la circulation peut vite devenir infernale.
– ***Plusieurs agences*** autour du piazzale Trieste (terminus des bus) et du port à Ischia Porto. Également des agences à Forio et Casamicciola. Faire jouer la concurrence.

En bateau

En saison, le tour de l'île peut également s'effectuer en bateau avec la compagnie *Ischia Cruises (rens sur • ischiacruises.it •).* Compter env 22 € (réduc) pour le tour complet (3h). La vedette s'arrête dans les différents ports, notamment à Sant'Angelo, où l'on peut descendre et se promener 1h durant.

Les plages

Les plages sont d'autant plus nombreuses que l'île est grande et découpée. La ***plage des Maronti,*** au sud de l'île, est la plus longue et sans doute l'une des plus belles. Sinon, la côte occidentale de l'île est bien fournie en plages propices au farniente, comme la ***spiaggia San Francesco,*** au nord de Forio, ou la ***spiaggia della Chiaia,*** plus au sud, moins fréquentée que la ***spiaggia Cava dell'Isola,*** de l'autre côté du promontoire.

Fêtes et manifestation

– ***Ischia Film Festival :*** *fin juin-début juil, à* ***Ischia.*** *• ischiafilmfestival.it •* L'occasion de visionner un film dans le château aragonais.
– ***Festa de Sant'Anna :*** *le soir du 26 juil, jour de la Sainte-Anne, et tte la sem qui précède, à* ***Ischia Ponte.*** Carnaval se déroulant sur de grands radeaux décorés dans la baie du *castello.* Embrasement du château aragonais et feux d'artifice.
– ***Festa di Sant'Alessandro :*** *le 26 août.* Défilé en costumes de l'époque aragonaise partant du château et traversant Ischia Ponte jusqu'au port.

LA VILLE D'ISCHIA

• Zoom *p. 179*

La ville principale, Ischia, se compose en fait de 2 quartiers distincts. *Ischia Porto,* où arrivent les bateaux, s'organise autour du port et d'une grande rue semi-piétonne et commerçante, le corso V. Colonna. *Ischia Ponte,* à 2 km à l'est, se démarque par un réseau de ruelles aux maisons plus typiques et par son imposant château aragonais, perché sur un éperon basaltique.

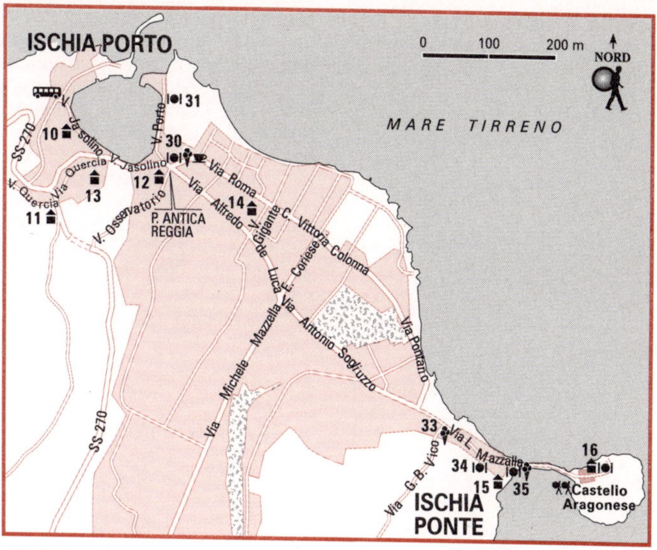

ISCHIA

Où dormir ?	Où manger ? / Où déguster une glace ?
10 Albergo Macrì	**30** Da Ciccio
11 Hotel La Marticana	**31** La Terrazza di Mimi
12 Villa Hermosa	**33** ICE Da Luciano
13 Hotel Villa Ciccio	**34** Ristorante Da Ciccio
14 La Villarosa	**35** Ristorante Da Cocò
15 Villa Antonio	
16 Albergo Il Monastero	

Adresses utiles

Ufficio del turismo : *Casamicciola Terme, piazza Marina. ☎ 081-507-25-21. • ischia.it • Juin-sept, lun-sam 9h-14h, 15h-20h. Horaires restreints le reste de l'année.* Carte de l'île, horaires des bus, liste des hôtels...

Hôpital Anna Rizzoli : *à* ***Lacco Ameno.*** *☎ 081-507-91-11. Accès par les bus CS, CD ou nº 1.* Le seul hôpital de l'île.

Où dormir ?

À Ischia Porto

De bon marché à prix moyens

Albergo Macrì *(zoom,* ***10****)* **:** *via Iasolino, 78/A. ☎ 081-99-26-03. • hotelmacri@libero.it • albergomacri.it • Congés : de mi-janv à fin mars. Doubles 60-110 €.* Située en retrait de la rue longeant les quais, cette petite pension n'a pas peur d'afficher sa simplicité. Les chambres blanc et bleu, bien entretenues, sont de taille raisonnable, avec salles de bains privées, clim, un mobilier et un confort d'une modestie quasi monacale. Celles du 1er étage disposent d'un balcon. Quelques chambres familiales et 2 maisonnettes indépendantes, avec cuisine équipée, pour 2-4 personnes. Le patron est sympathique et arrangeant.

De prix moyens à chic

Hotel La Marticana *(zoom,* ***11****) : via Quercia, 48/50. ☎ 081-333-44-31. • info@lamarticana.it • lamarticana.it • Rue qui grimpe entre l'église et le terminus des bus, perpendiculaire au port. Ouv tte l'année. Doubles 80-160 €.* Retirée dans une petite rue à l'écart du port, cette maison se déploie dans un vaste jardin planté d'orangers. Idéal pour bouquiner ou écrire ses cartes postales ! Quant aux chambres, classiques et confortables, elles se révèlent franchement agréables (même si un brin vieillottes) lorsqu'elles profitent d'une terrasse privée donnant sur le jardin (petit supplément à prévoir). Compter aussi un supplément pour la clim.

Villa Hermosa *(zoom,* ***12****) : via Osservatorio, 4. ☎ 081-99-20-86 ou 78. • info@villahermosa.it • villahermosa.it • Dans une petite rue débouchant sur la piazza Antica Reggia (près de la via Alfredo De Luca et de la via Roma), à proximité du port et du corso V. Colonna, la rue commerçante. Doubles 70-120 €, petit déj inclus. Possibilité de ½ pens et pens complète.* Petit établissement balnéaire classique, niché dans une maison blanche avec balcons et situé dans une rue tranquille au cœur de la ville. Les chambres au style méditerranéen (mosaïques colorées au sol) regardent toutes le coquet centre-ville. Elles sont à l'image de la maison : spacieuses, fonctionnelles, propres et confortables. Accueil très sympathique, sûrement le plus chaleureux de l'île. Bref, un point de chute idéal, à 2 mn du débarcadère.

Hotel Villa Ciccio *(zoom,* ***13****) : via Quercia, 26. ☎ 081-99-32-30. • info@villaciccio.it • villaciccio.it • Dans la même rue que La Marticana (voir plus haut). ♿ Ouv fin avr-oct. Doubles 55-80 € selon saison ; ½ pens possible.* Un hôtel de taille moyenne, bien tenu, dont les chambres conventionnelles jaune et bleu réparties autour de la cour arborée offrent tout le confort attendu : canapé, minibar, coffre-fort, TV, clim pour certaines et un balcon. Dans l'autre bâtiment, les chambres, plus chères, sont équipées de la clim et regardent vers le port. Terrasse fleurie et piscine extérieure d'eau thermale à la température comprise entre 32 et 36 °C. Ne boudez pas l'eau verdâtre, il s'agit de la couleur de l'eau thermale au naturel. Fermez les yeux, et plouf !

De chic à très chic

La Villarosa *(zoom,* ***14****) : via G. Gigante, 5. ☎ 081-99-15-33. • lavillarosa@dicohotels.it • dicohotels.it • Dans une ruelle perpendiculaire au corso V. Colonna. Congés : nov-mars. Doubles 130-220 €.* Dissimulée par la végétation d'un vaste jardin privé, cette belle demeure, au charme ancien, accueille ses hôtes dans une atmosphère intime et chaleureuse. Chambres spacieuses et cossues s'ouvrant sur un balcon avec vue sur le jardin. Vastes salles de bains et confort irréprochable. Superbe resto panoramique où l'on prend le petit déj. Piscine d'eau thermale et accès gratuit (sauf en août) au parc thermal Castiglione. Location de vélos. Un vrai cocon... surtout si l'on opte pour les petits nids douillets que sont les charmants chalets dispersés dans le jardin !

À Ischia Ponte

De prix moyens à très chic

Villa Antonio *(zoom,* ***15****) : via San Giuseppe della Croce, 77. ☎ 081-98-26-60. • info@villantonio.it • villantonio.it • Face au pont du castello, longer la mer sur la droite jusqu'au portillon. Congés : nov-mars. Doubles 80-130 €.* Suspendu à un rocher, ce petit hôtel à la façade ocre rouge descend en terrasses jusqu'à la mer, pour atteindre un promontoire d'où l'on pique une tête dans la grande bleue. En toile de fond, le *castello*, la mer sans limites et, si l'on penche la tête, la côte dentelée d'Ischia. Jolies chambres, bien tenues, s'ouvrant toutes sur l'une des nombreuses terrasses arborées, avec vue bien sûr. Un site exceptionnel.

Albergo Il Monastero (zoom, **16**) : *à l'intérieur du castello. ☎ 081-99-24-35. • ilmonastero@castelloaragonese.it • albergoilmonastero.it • Bus n° 7 depuis Ischia Porto. Accès par ascenseur ; entrée pour le moins discrète. Resto ouv aux non-résidents mais sur résa et le soir seulement (fermé dim). Congés : nov-mars. Doubles 125-210 €. Repas complet 50-55 €. Apéritif offert sur présentation de ce guide.* Ancien monastère des clarisses (XVIe s) transformé en pension. Une vingtaine de chambres joliment carrelées, avec superbes vues sur la baie d'Ischia Ponte, le village et sa colline semée de quelques maisons et striée d'anciennes cultures en terrasses. Style monacal chic, un dépouillement qui met en valeur la beauté brute des matériaux et accentue l'atmosphère intime de ces lieux chargés d'histoire. De la grande terrasse, on surplombe la mer de 80 m. Une adresse hors du commun pour médiévistes et romantiques.

Où manger ? Où déguster une glace ?

À Ischia Porto

Très bon marché

Da Ciccio (zoom, **30**) : *piazza Antica Reggia, 5. ☎ 081-99-13-14. • daciccio.ischia@yahoo.it • Prendre à gauche en descendant de l'embarcadère, vers la via Roma. Tlj 7h-00h30. Compter 8-12 €.* Bonne *tavola calda* proposant l'éventail classique des *panini, antipasti*, pâtes, *pizze*, salades, *ripieni*... Sur place ou à emporter. Fait également café, pâtisserie et glacier. C'est d'ailleurs l'adresse idéale pour prendre un petit déj roboratif si vous descendez du bateau aux aurores le ventre vide, ou rapidement en l'attendant.

De bon marché à prix moyens

La Terrazza di Mimi (zoom, **31**) : *via Porto, 98/100. ☎ 081-90-55-74. • laterrazzadimimi@hotmail.com • Tlj sauf lun midi (plus lun soir en basse saison). Pâtes et plats 10-15 €.* Difficile de faire le tri dans l'enfilade de restos du port. Alors suivez nos conseils et marchez tout au bout du quai, encore plus loin, grimpez l'escalier sur votre droite, vous y êtes ! Depuis son toit-terrasse, *Mimi* offre la plus belle vue sur le port. Dans l'assiette, des plats à la hauteur du cadre : poissons frais, pâtes aux fruits de mer et gratin d'aubergine au parmesan dont vous nous direz des nouvelles. Un conseil : ne vous jetez pas sur le pain aillé offert par la maison et délicieusement addictif. En revanche, laissez-vous tenter par le petit digestif parfois offert : le *rucolino*, une liqueur à base de... roquette. Étonnant ! Un resto de grande qualité, à prix raisonnables. Parfait pour les amoureux.

À Ischia Ponte

Bon marché

ICE Da Luciano (zoom, **33**) : *piazza L. Mazzella, 140. Dans la rue principale, 200 m avt le pont du castello. Tlj env 9h-21h.* Avis aux gourmands, c'est dans cette petite échoppe qu'il faut venir chercher ses *gelati* avant d'aller flâner sur le front de mer. Chocolat, baba au rhum, sorbets aux fruits, on s'en lèche encore les babines.

De prix moyens à chic

Ristorante Da Ciccio (zoom, **34**) : *via Luigi Mazzella, 32. ☎ 081-99-16-86. • guido.buono@alice.it • À 2 pas du château, sur la droite dans la rue qui y mène. Tlj sauf mar midi. Plats 8-20 € ; repas complet max 25 €.* Une cuisine traditionnelle simple et délicieuse, réalisée avec des produits locaux. Quelques tables sur le trottoir ; la rue étant piétonne, c'est plutôt agréable. Quelques bacs de verdure pour isoler des passants. Accueil très chaleureux, et le patron parle un français impeccable. Petit *limoncello* offert en fin de repas.

Ristorante Da Cocò *(zoom,* ***35****) : piazzale Aragonese, 1. ☎ 081-98-18-23. • ristorantecoco@libero.it • Avt de traverser le pont vers le château. Resto tlj midi et soir (fermé mer hors saison) ; bar ouv tlj dès 7h. Congés : janv-fév. Repas 35-45 €.* En 1951, le patron vendait des glaces sur cette petite place entre 2 marées. Un couple d'Allemands de passage a affublé ce pêcheur, à la corpulence qui n'aurait pas fait rougir Carlos, du surnom de « Cocò Gelo ». Depuis, la petite guitoune de plage s'est agrandie et est devenue l'un des passages obligés de nombreux touristes. Il faut reconnaître que sa terrasse face au *castello* n'y est pas pour rien. On y vient avant tout pour les poissons que les pêcheurs rapportent après chaque sortie en mer. Assez cher toutefois. Et pour ne pas perdre les bonnes habitudes, sur la 2de terrasse, côté village, on vient toujours déguster une glace.

Où dormir ? Où manger dans les environs ?

Hotel-ristorante La Capannina *(carte,* ***17****) : via Campagnano, 4, à* ***Campagnano.*** *☎ 081-90-10-17. • info@hotellacapannina.it • hotellacapannina.it • À env 4 km dans la montagne. Bus nº 8, C12 ou C13 depuis Ischia Porto, arrêt à Campagnano, peu avt le terminus. Monter vers l'église S.S. Annunziata (clocher en faïence vert et jaune), puis descendre la ruelle à gauche. Resto ouv d'avr à mi-nov. Doubles 50-140 €. Repas env 30 €, nettement moins pour les pizze (servies le soir seulement).* Un vrai nid d'aigle ! Ici, pas de piscine d'eau thermale, mais une vue à couper le souffle... avec rien de moins que le château aragonais, l'îlot de Vivara, Procida et le Vésuve en toile de fond. Les chambres sont en revanche assez quelconques, avec une déco en adéquation, mais confortables et propres, la plupart avec balcon ou grande terrasse. Une excellente adresse pour qui recherche le calme de l'arrière-pays. Côté resto, une belle affaire familiale où le père est aux fourneaux tandis que les enfants s'affairent en salle. Les *bucatini* et le lapin *alla ischitana,* spécialités locales, méritent le détour.

À voir

Castello Aragonese : *à* ***Ischia Ponte.*** *☎ 081-99-28-34. • castelloaragoneseischia.com • Bus nº 7 d'Ischia Porto. Tlj de 9h au coucher du soleil (16h-20h selon saison). Entrée : 10 € ; réduc ; gratuit moins de 9 ans.* Difficile de rester insensible à la force qui émane de cette vaste forteresse, enracinée au sommet d'un îlot escarpé isolé à quelques encablures du rivage. Les Grecs s'y installèrent les 1ers dès 474 av. J.-C., puis furent remplacés au gré des aléas militaires par une ribambelle de conquérants : Parthénopéens, Romains, Arabes, Normands... C'est finalement Alphonse d'Aragon qui le reconstruisit en 1441 et fit ajouter un pont pour relier l'îlot à Ischia. Vaste et inexpugnable, cet ensemble impressionnant abritait au XVIIIe s la garnison, l'évêché... et jusqu'à 2 000 familles qui tentaient d'échapper aux raids des pirates ! Un genre de Mont-Saint-Michel napolitain, en quelque sorte... Sérieusement démoli par un bombardement anglais en 1809, le *castello* est aujourd'hui une propriété privée ouverte en partie à la visite. On y grimpe par des escaliers ou un ascenseur. Vestiges d'une ancienne cathédrale, de plusieurs églises et d'une prison politique. Le tout est surmonté d'un imposant donjon inaccessible au public. De la terrasse du café, magnifique panorama sur la mer. Abrite l'*Albergo Il Monastero* (voir « Où dormir ? À Ischia Ponte »).

LES ÎLES AU LARGE DE NAPLES

CASAMICCIOLA TERME

À 4 km à l'ouest d'Ischia. Connu pour ses établissements thermaux, c'est aussi un port de départ (ou d'arrivée) pour Naples. Grande place rafraîchie par une fontaine face au port de plaisance, encadrée d'immeubles cossus et gorgée de cafés et restos.

Où manger ?

Bagno Gino (carte, **36**) : *via Tommaso Morgera Dottore, 49. Sur le front de mer. Tlj midi et soir. Bruschette et autres plats 6-10 €.* On a tout aimé chez Gino : sa baraque les pieds dans le sable, l'accueil simple et sympa, la vue sur mer et, surtout, ses *bruschette* gargantuesques. Suivez les habitués et optez pour la *bruschetta Gino* : une robuste tranche de pain aillé, noyée sous une montagne de tomates, jambon cru et parmesan. Appétits d'oiseau s'abstenir ! D'autres tartines, *pasta* ou salades à la carte, mais aucune ne détrône la spécialité du chef. Une adresse à prix mini, repaire des gens du coin. Notre coup de cœur sur l'île.

Il Focolare (carte, **37**) : *via Cretaio al Crocefisso, **Barano d'Ischia,** sur les hauteurs de Casamicciola. ☎ 081-90-29-44. • info@trattoriailfocolare.it • Pour motorisés seulement. À Casamicciola, tourner à gauche au rond-point de l'ancre, puis monter ; à nouveau à gauche et continuer sur env 3 km. Tlj, sauf mer et le midi lun-mar. Repas 25-40 €.* Il faut y croire pour atteindre ce chalet de montagne, après avoir traversé la forêt. Ici, on revendique le *Slow food* et on vénère les viandes, dont les lapins, la tradition d'Ischia. Et surtout, on travaille en famille : papa, maman, les 2 gars en cuisine et leurs filles en salle. Une famille lapins, qu'on vous dit ! Cela donne une ambiance cosy au coin du feu aux intersaisons, une vue du tonnerre, une carte saine et alléchante. Vin maison, mais attention à négocier les virages pour redescendre.

LACCO AMENO

À quelques kilomètres à l'ouest de Casamicciola, ce village actif est connu pour son champignon, *il Fungo,* un curieux rocher qui émerge de l'eau près du port. Voir aussi la villa Arbusto, qui appartint à Angelo Rizzoli, et la chiesa Santa Restituta, dont le site archéologique résume à lui seul l'histoire d'Ischia.

À voir

Villa Arbusto : *corso Angelo Rizzoli, 210. ☎ 081-333-02-88. Tlj 9h-17h en principe, sauf lun. Entrée : 5 € ; réduc.* Elle abrite un petit musée consacré au producteur de cinéma Angelo Rizzoli, son ancien propriétaire, et surtout un musée archéologique où l'on peut admirer, entre autres, « la coupe de Nestor », un vase rapporté de Rhodes au VIIIe s av. J.-C., portant des vers écrits en alphabet eubéen. Ce serait l'un des plus anciens exemples d'écriture grecque connus. Mieux vaut être passionné d'architecture.

Chiesa Santa Restituta : *sur la place centrale. Pâques-Toussaint, tlj sauf dim ap-m. Entrée : 3 € ; réduc.* Elle abrite dans ses sous-sols un intéressant site archéologique résumant à lui seul l'histoire d'Ischia : fours grecs des VIIe-IIe s av. J.-C., restes de basilique et de cimetière paléochrétiens, amphores, restes d'ateliers de tisserand et d'un moulin, etc. Au rez-de-chaussée, collections de santons, d'ex-voto anatomiques assez amusants, et la statue en bois de santa Restituta allongée (XVIIIe s) que l'on porte en procession le 16 mai.

À faire

– **Parco Negombo :** *baia di San Montano. ☎ 081-98-61-52. • negombo.it • Après Lacco Ameno en venant d'Ischia Porto, par le bus no 1 ou CS. Au croisement en « T », prendre à droite, puis à gauche (passer sous un portique crénelé). De mi-avr à mi-oct, tlj 8h30-19h. Entrée : 40-65 € selon le créneau horaire choisi.* L'un des parcs hydrothermaux les plus connus de l'île, coincé entre la montagne et la mer au fond d'une baie rocheuse, au bord d'une très jolie plage. L'entrée donne accès aux 15 piscines (dont une olympique), aux 2 bains turcs et à la plage, équipée de transats. Étonnante piscine *Kneipp,* passant soudainement de 40 à 15 °C. Bien entendu, on peut aussi s'offrir des soins divers qui feront vite monter l'addition : héliothérapie, drainage lymphatique, massages... Jardin exotique luxuriant aux 500 essences.

FORIO

2e localité de l'île, isolée à l'extrémité ouest des montagnes, à environ 10 km d'Ischia Porto. L'église Santa Maria del Soccorso, toute blanche, surplombe la mer du haut d'un promontoire, mais c'est dans les petites rues qu'il faut se perdre pour découvrir les nombreuses églises de quartier de cette grosse bourgade de marins, très vivante. Forio était en 1re ligne lors des attaques de pirates. C'est pourquoi on y observe encore la masse puissante de la *Torrione,* l'une des 16 tours qui protégeaient l'île contre les raids. On y passe volontiers une journée à déambuler dans ces jolies ruelles, bronzer sur sa plage de sable doré et profiter des agréables terrasses de cafés de la piazza Matteotti.

Où dormir ? Où manger ?

Bon marché

La Tinaia (carte, **38**) **:** *corso Matteo Verde, 39. ☎ 081-998-448. Tlj en continu. Antipasti et salades 4-10 €, pâtes et pizze 5-13 € ; repas env 15 €.* Notre meilleur plan à Forio et l'un des meilleurs de l'île. Dans cette grande arrière-cour, on s'abrite sous un parasol pour déguster une bonne cuisine, à moindres frais. Salades composées, *arancini* et croquettes de pomme de terre ouvrent l'appétit. Suivent d'excellentes *pizze* au feu de bois. Une adresse conviviale et sans prétention, comme on les aime.

De prix moyens à chic

Locanda Umberto a Mare (carte, **19**) **:** *via Soccorso, 2. ☎ 081-99-71-71. • umbertoamare.it@gmail.com • umbertoamare.it • Au pied de l'église Santa Maria del Soccorso. Ouv Pâques-Toussaint. Doubles 120-180 € (séjour min 3 nuits). Au resto gourmet, menu 50 € au déj et 79 € le soir. Plats à midi 13-27 € et 18-27 €*

LES ÎLES AU LARGE DE NAPLES

le soir. L'hôtel bénéficie d'un emplacement sans pareil, sur un éperon rocheux surplombant la mer. Autant dire que les chambres, chics, confortables (clim) et sobres, bénéficient d'une vue extraordinaire. Fait aussi restaurant chic et café avec petits plats simples dans des salles lumineuses, d'où le panorama sur la côte est toujours aussi fascinant. Délicieuse cuisine, particulièrement fine.

Da Peppina di Renato *(carte,* ***39****) : via Montecorvo, 112. ☎ 081-99-83-12. • info@trattoriadapeppina.it • Être véhiculé (ou en taxi) : 1re à gauche après le jardin botanique Ravino, puis montée raide sur env 2 km. Ouv le soir tlj sauf mer, plus le midi dim. Congés : nov-mars. Compter 25-40 €.* Une adresse qui se mérite, mais qui vaut vraiment le déplacement. Salles rustiques dans l'esprit des auberges d'antan, avec toutes sortes de vieilleries en déco et des bancs fabriqués à partir de têtes de lit anciennes. Ce resto typique, l'un des meilleurs de l'île, propose des plats préparés à partir des produits du potager et issus de l'élevage familial. Plusieurs spécialités à base de haricots, du lapin local, ainsi que des *pizze*. Laissez-vous guider par les patrons, vous ne serez nullement déçu. Du parking, superbe point de vue sur la côte.

À voir

Chiesa Santa Maria del Soccorso : belle petite église avec sa façade blanche et son palmier de carte postale. On y accède par des escaliers ornés de majoliques. Un peu une impression de bout du monde mexicain dans tout ça ! Voir à l'intérieur le beau plafond en carène de navire et les maquettes de bateaux de pêche offertes par les marins reconnaissants. Admirez le panorama sur la grande bleue depuis les terrasses.

À voir dans le coin

Giardini La Mortella : *via F. Calise, 45. ☎ 081-98-62-20. • lamortella.org • À 2-3 km, entre Lacco Ameno et Forio. Mal indiqué en haut d'une côte, suivre les panneaux « Madonna di Zaro », puis parcourir 1-2 km (plusieurs entrées possibles). Bus CS depuis Ischia Porto, CD depuis Forio ; arrêt Zaro. Avr-oct, mar, jeu et w-e 9h-19h. Compter 2h pour la visite. Entrée : 12 € ; réduc.* Grand parc privé, de 2 ha, né des petits soins très british d'un jardinier compositeur anglais (William Walton, 1902-1983), fou de jardinage. Plus de 800 espèces de plantes rares ou exotiques. La fondation William-Walton y organise chaque année en saison des concerts classiques et des représentations de théâtre.

Giardini Ravino : *via Principale Panza, 140/b. ☎ 081-99-77-83. • ravino.it • Env 1 km après Forio, vers le sud. Jardin sur la gauche dans un virage, parking sur la droite. De fin mars à mi-nov, ouv lun, mer, ven-sam 10h-18h. Entrée : 10 € (bien cher, mais c'est un jardin privé) ; réduc.* Le rêve de Giuseppe d'Ambra a pris forme dans les années 2000 : réunir dans un jardin sa collection de 4 000 cactus (250 espèces différentes) du monde entier. Un parcours à suivre dans un bel aménagement paysager, pour les amateurs, avec possibilité de se rafraîchir au bar lounge. Parmi les cocktails, on conseille celui aux cactus. Concerts de jazz-blues certains soirs en saison et appartements à louer dans le même complexe avec piscines thermales et accès au jardin.

SANT'ANGELO

Bordé d'une petite plage, un village de pêcheurs à flanc de colline mignon comme tout, très fréquenté par les touristes, notamment pour ses bains thermaux.

Des grottes, au creux de la falaise, sont squattées par de petits commerces, alors que les maisons d'un blanc éclatant, parfois taché d'une façade rose ou jaune, semblent grimper les unes sur les autres.
Le centre du village est entièrement piéton, on se gare à l'entrée dans des parkings *(env 2 €/h)*. Service éventuel de voitures électriques *(6 €/pers)*, tandis que des bateaux-taxis font la navette avec la plage de Maronti *(3 €/pers)* et ses sources chaudes, ou proposent des excursions vers les grottes alentour. En face du village, un immense promontoire rocheux, assez pittoresque, surplombe de sa masse une adorable marina et ses terrasses de cafés. On peut y grimper pour bronzer sur les rochers, à l'écart de la foule. On vous encourage à vous promener dans le village mais, mieux vaut être prévenu, ça grimpe sec !

Où dormir ?

Casa Garibaldi (carte, **20**) **:** *via Madonella, 52, ou via San Angelo, 26. ☎ 081-99-94-20. • casagaribaldi@libero.it • casagaribaldi.it • Bus CS, CD ou n° 1 depuis Ischia Porto jusqu'au parking des taxis. Puis monter sur la gauche, direction Serrara/Spingga Fumorale, et dépasser l'église et l'*Hotel San Michele*. Vos genoux ont tenu le coup ? Alors, détendez-vous, il ne vous reste que 200 m ! Congés : nov-mars. Doubles et studios 2 pers 80-90 €.* Certes, il faut marcher un peu (doux euphémisme...) pour rejoindre cette maison, mais ça vaut le coup. Car la vue depuis les terrasses communes aux mosaïques colorées et les balcons de certaines chambres est géniale ; elle embrasse la côte et la plage de Maronti. Comme l'ensemble est bien tenu, fonctionnel (surtout les studios) et confortable, malgré un mobilier un peu branlant, on aurait tort de s'en priver. Il y a même 2 piscines thermales (mais guère recommandées pour les enfants de moins de 14 ans, comme partout) et un coin sauna-jacuzzi. Cuisine à disposition, mais pas de TV dans les chambres. Bref, vous y serez comme un coq en pâte. Le matin, la terrasse avec ses cascades de bougainvillées, ombragée par une glycine dense, offre un cadre unique pour savourer son petit déjeuner.

ENTRE SANT'ANGELO ET ISCHIA

***Monte Epomeo* :** *on y accède par le village de Serrara Fontana (bus CS et CD). Ensuite, 1h de grimpette en plein soleil (départ du sentier indiqué dans le village) : penser au chapeau, à la crème solaire et à la bouteille d'eau !* Haut de 789 m, c'est le point culminant de l'île. Vue inoubliable sur Procida, Capri et le cap Misène. Petit snack où déguster une *bruschetta* et boire pour reprendre des forces.

***Barano d'Ischia* :** petite bourgade agricole perchée sur une colline *(bus CD)*. En contrebas, la belle plage de Maronti et, à proximité, les sources d'eau chaude Cavascura *(• cavascura.it/terme/ • ; 20 avr-20 oct, tlj 8h30-18h ; entrée payante)* et fumerolles sur la plage.

PROCIDA

• Carte *p. 189*

80079 ; 10 600 hab.
Avec ses 4 km², c'est la plus petite île de la baie de Naples, la moins fréquentée par les touristes et sans nul doute la plus charmante et la plus

secrète. En effet, il n'existe aucun grand hôtel qui permette aux agences de voyages d'y expédier leurs clients. Tant mieux !
Elle ressemble à un poulpe aux tentacules dépliés, vestiges de 5 cratères d'où l'île est née, il y a des millions d'années. 3 marinas se nichent dans ces tentacules : Marina Grande, où se trouve le débarcadère, Marina Corricella à l'est et Marina Chiaiolella au sud. On compte aussi une demi-douzaine de jolies plages, comme celles de Ciraccio. Enfin, tout à l'ouest, l'îlot de Vivara, formé des restes d'un ancien cratère, est un refuge d'oiseaux (accès payant et réglementé).
C'est *Marina Corricella* que l'on préfère. Cette petite enclave concentre toute une palette de maisons de pêcheurs aux couleurs pastel, admirablement éclairées par le soleil, dont l'architecture avec une entrée voûtée sur la façade est singulière. Tout le village semble fait d'un seul tenant. Il n'y a pratiquement pas d'espace entre les habitations, ponctuées çà et là de petites terrasses et d'escaliers. Sur le port, de petites darses où les pêcheurs calfatent leurs barques et réparent leurs filets. Pour un peu, on se croirait sur une île grecque ; même les chats gambadent pour faire illusion.
De la piazza dei Martiri, prendre tout droit direction « Belvedere » pour se perdre dans les ruelles du vieux centre historique de Terra Murata (la partie la plus haute de l'île). Au sommet, l'abbazia di San Michele Arcangelo abrite une chapelle souterraine, une bibliothèque du XVIIIe s et des plafonds en bois à caissons peints. Mais c'est aussi de ce quartier que l'on jouit de la meilleure vue sur le large et le joli port de Coricella depuis le fameux *belvedere.* Ce panorama illustre à lui seul les qualités de l'île : charmante et secrète.

ON TOURNE SUR L'ÎLE !

Les nombreux films tournés à Procida ont fait la renommée du lieu. Citons, par exemple, Le Facteur, *avec Philippe Noiret incarnant le rôle de l'écrivain chilien Pablo Neruda en exil, ou encore* Le Talentueux M. Ripley, *d'Anthony Minghella, avec Matt Damon. Des panneaux judicieusement placés sur l'île rappellent qu'à Procida on tourne souvent !*

Arriver – Quitter

➢ ***Naples-Procida :*** env 18 liaisons/j. dans les 2 sens. Départ depuis les débarcadères Beverello ou Porta di Massa, compter 30-60 mn de trajet selon bateau. Les *aliscafi* (bateaux rapides) partent de Molo Beverello, les *traghetti* (ferries) partent de Porta di Massa.

➢ ***Pozzuoli-Procida :*** env 15 liaisons/j. dans les 2 sens. Durée : 40 mn.

➢ ***Ischia-Procida :*** env 15 liaisons/j. depuis Ischia Porto avec *Caremar.* Et env 5 liaisons/j. depuis Ischia Casamicciola. Trajet : 25 mn en ferry et 15 mn en *aliscafo.*

Adresses et infos utiles au débarcadère

ℹ ***Ufficio del turismo*** *(carte) : via Roma, à la billetterie maritime. ☎ 081-896-09-52. • prolocodiprocida@libero.it • procida.net • Tlj 10h-13h en principe.* Se procurer notamment le plan *Procida a passi,* proposant des balades à pied, ou la *movie map* pour découvrir les lieux de tournage qui ont apporté à l'île sa petite notoriété.

🚌 ***Bus :*** *les bus partent sur le côté de l'église, à 200 m sur la gauche du port (dos tourné à la mer). Billet : 1,30 € avt le départ (valable 1h) ; un peu plus cher dans le bus. Billets à acheter aux guichets de la Caremar ou dans les bureaux de tabac.* Les déplacements sur l'île peuvent se faire par le biais des 4 lignes de la compagnie *EAV.* Les bus partent environ toutes les 20 mn. Chacune des lignes couvre une zone et aucune ne fait le tour de l'île. Le C1 fait une boucle vers l'ouest de l'île, en direction de Pozzo Vecchio, le C2 dessert Corricella et s'arrête près de Terra Murata. Le L1 et le L2 vont tous les 2 à Marina Chiaiolella en empruntant des chemins légèrement différents l'un de l'autre. Mais sans aucun doute, vos pieds sont le meilleur moyen pour découvrir l'île... Dernière option : le vélo, classique ou électrique, très populaire sur place.

Taxis : *à droite du débarcadère.*

■ ***Agence de voyages Miratour*** *(carte,* ***1****)* **:** *via Roma, 104. ☎ 081-896-80-89. Sur le port, en face de l'embarcadère. Tlj 9h-20h.* Prodigue des infos touristiques lorsque l'office de tourisme est fermé puisqu'il s'agit de la même équipe. Fait aussi consigne à bagages *(5 €/j. par bagage).*

■ ***Location de scooters et vélos :*** ***Sprint,*** *via Roma, 28. ☎ 081-896-94-35. 📱 339-865-96-00. • sprintprocida.com • En sortant du débarcadère, c'est après l'église. En saison, lun-sam 8h-20h, dim 9h-13h. Compter 25-30 €/j.* Un moyen sympa de découvrir l'île en toute liberté. Loue aussi des vélos *(10 €/j.)* et vélos électriques *(20 €/j.).*

■ ***Banques :*** *avec distributeur sur la via Roma, juste en face de l'embarcadère.*

Où dormir ?

LES ÎLES AU LARGE DE NAPLES

La plupart des hébergements sont ouverts de Pâques à fin octobre (parfois un peu plus) et rouvrent en fin d'année pour les romantiques qui viennent passer Noël sur l'île.

Campings

Il existe une poignée de campings sur l'île, dont le ***Camping Ciraccio*** : *via Salette, 16 (à côté du centre sportif). ☎ 081-896-94-01. • info@campingciraccio.com • campingciraccio.com • Ouv début juin-sept. Également des bungalows à louer (55-75 €/j.).*

Bon marché

Albergo Residence Tirreno *(carte,* ***12****)* **:** *via Faro, 34, quartier Starza. ☎ 081-896-83-41. • info@tirrenoresidence.it • tirrenoresidence.it • À 20 mn à pied du port ; remonter la via Libertà, prendre à droite la via Brandolini dans le 1er grand tournant, au bout à droite la via S.S. Annunziata, puis à droite la via Faro, c'est tt au bout à gauche. Doubles 30-60 €. Café offert sur présentation de ce guide.* Un ensemble de chambres et de studios disséminés dans un grand jardin avec quelques arbres fruitiers. Plusieurs terrasses sur les toits avec chaises longues et vue imprenable. Certains logements sont vieillissants, avec des douches riquiqui, mais bon confort tout de même, dans un environnement agréable avec de petites terrasses privées pour certaines chambres.

De prix moyens à chic

Auberge La Corricella *(carte,* ***13****)* **:** *via Marina Corricella, 98, à* ***Marina Corricella.*** *☎ 081-896-75-75. • info@hotelcorricella.it • hotelcorricella.it • À 15 mn à pied depuis le débarcadère ou bus C2 jusqu'à la piazza dei Martiri, puis descendre à pied sur la marina, vers la gauche. C'est la grande maison rose orangé avec portes et fenêtres vertes surplombant le port, tt au bout sur la gauche. Congés : de mi-nov à mi-mars. Doubles 80-150 €. Repas 35-40 €.* Hôtel appartenant à 2 frères qui proposent une dizaine de vastes chambres bien tenues, dont 4 en mezzanine pouvant accueillir jusqu'à 5 personnes. Tout confort : TV, frigo, clim... Superbes couchers de soleil en perspective depuis la terrasse, sans conteste la plus belle du port.

Hotel Crescenzo *(carte,* ***14****)* **:** *via Marina Chiaiolella, 33, à* ***Marina Chiaiolella.*** *☎ 081-896-72-55. • info@hotelcrescenzo.it • hotelcrescenzo.it • Du débarcadère, bus L1 ou L2. Resto ouv tlj midi et soir. Congés : 15 janv-15 fév. Doubles 70-120 €. ½ pens possible (min 3 j.). Repas complet env 30 €, sur la terrasse juste devant.* Très bien

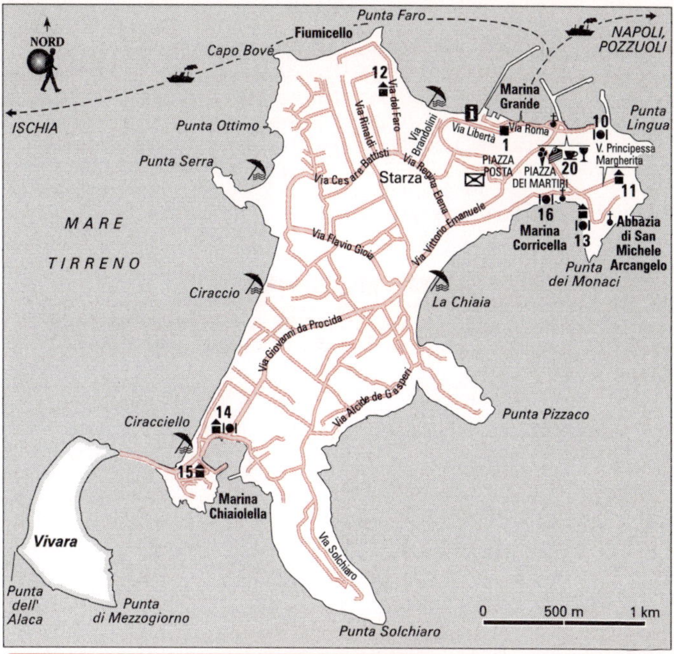

L'ÎLE DE PROCIDA

■ **Adresses utiles**

- Ufficio del turismo
- 1 Agence de voyages Miratour

Où dormir ?

- 11 Albergo La Vigna
- 12 Albergo Residence Tirreno
- 13 Auberge La Corricella
- 14 Hotel Crescenzo
- 15 La Tonnara

Où manger ?
Où déguster une glace ou une bonne pâtisserie ?
Où boire un verre ?

- 10 Sottosopra
- 16 Caracalè et La Gorgonia
- 20 Gelateria artigianale Cuore Azzurro et Dal Cavaliere

situé, face à la Marina Chiaiolella, cet hôtel abrite une dizaine de chambres toutes rénovées : parquet, salles de bains modernes... Nickel, certaines offrent une belle vue sur la mer et le charmant port. Une affaire familiale à l'accueil excellent. Côté resto, goûtez absolument les *spaghetti al ragù bianco* (ragoût de poisson) ou les pâtes aux calamars et citrons, les *pizze*... La carte entière est une valeur sûre.

La Tonnara *(carte, **15**)* **: *Marina Chiaiolella,*** *51/b. ☎ 081-810-10-52. • info@latonnarahotel.it • latonnarahotel.it • Du débarcadère, bus L1 ou L2. Ouv avr-oct. Doubles 90-160 €.* Facilement repérable sur le port avec sa longue façade jaune, cet ancien entrepôt de filets de pêche au thon a subi un sérieux lifting pour devenir un 4-étoiles cossu. Chambres modernes, tout confort, avec lits extra-larges, donnant soit sur le port (avec balcon), soit sur la mer. Rendez-vous sur la terrasse-solarium avec vue à 360° pour contenter tout le monde. Jolis tableaux sur les îles en guise de déco. Bon choix de restos à proximité. Une retraite privilégiée tout au bout de Procida.

De chic à très chic

Albergo La Vigna (carte, **11**) : *via Principessa Margherita, 42. ☎ 081-896-04-69. • info@albergolavigna.it • albergolavigna.it • Prendre une petite rue depuis la piazza dei Martiri. Doubles 90-200 €. Apéritif et petit déj offerts sur présentation de ce guide.* Pour vivre heureux, vivons cachés. Cette belle bâtisse flamboyante abrite des chambres soignées, d'excellent confort (clim, TV, minibar, coffre-fort...), revisitées avec une touche contemporaine. Mais la pépite ici, ce sont ces jardins suspendus abritant vignes, oliviers et arbres fruitiers. Tout au fond, à l'ombre des regards, quelques chaises regardent l'océan. Un petit paradis.

Où manger ? Où déguster une glace ou une bonne pâtisserie ? Où boire un verre ?

De prix moyens à chic

Sottosopra (carte, **10**) : *via Roma, 11, à* ***Marina Grande.*** *☎ 081-810-10-13. • l.badalucci@hotmail.it • À gauche du port (dos à la mer), après l'église. Mars-nov, tlj midi et soir ; déc-janv seulement le soir. Fermé en fév. Repas 25-35 €. Café offert sur présentation de ce guide... à savourer sur l'agréable terrasse.* Bien pratique pour grignoter un morceau avant de reprendre le bateau. On y concocte des plats simples mais bons : pâtes, salades, *antipasti* terre-mer...

Caracalè (carte, **16**) : *via Marina di Corricella, 62, à* ***Marina Corricella.*** *☎ 081-896-91-92. Tlj midi et soir, sauf mar. Plats 12-18 €.* Sur le port le plus photogénique de l'île, la table au bord de l'eau et l'esprit léger, on goûte ici du poisson, des crustacés et... du poisson ! Pourquoi chercher plus loin que le bout de sa barque ? Croquettes, *pasta,* tartare ou grillade, on décline la pêche du moment avec des recettes simples mais soignées, aux assaisonnements justes et à la cuisson parfaite. Légère déception pour les desserts, mais vous n'êtes pas venu pour ça.

La Gorgonia (carte, **16**) : *via Marina Corricella, 50, à* ***Marina Corricella.*** *☎ 081-810-10-60. • aniellobattinelli@alice.it • À 15 mn à pied depuis le débarcadère ou bus C2 jusqu'à la piazza dei Martiri, puis descendre à pied sur la marina, vers la gauche. Tlj midi et soir (sauf lun en basse saison). Congés : déc-fév. Repas complet 35-45 €. Digestif offert sur présentation de ce guide.* Une terrasse sur l'adorable port, le nez dans les chaloupes des pêcheurs, et une minuscule salle voûtée où jaillit la proue d'un navire, là où pendent des cordages. Au menu, du poisson en croûte de sel que l'on vous présente avant de le cuisiner, des gambas, du poulpe... frais évidemment, tout juste pêchés. Entre avril et juin, goûtez absolument la salade de citron : l'agrume est mariné avec de la menthe, de l'oignon et de l'ail. Mmmh !

Gelateria artigianale Cuore Azzurro (carte, **20**) : *via Roma, 45/A (à l'angle de la via Vittorio Emanuele), à* ***Marina Grande.*** *Tlj 9h30-22h (voire plus tard en été).* Dans cette échoppe toute carrelée de minimosaïques, on sert une bonne vingtaine de parfums, dont le fameux *fior di latte,* ou *Kinder Bueno* pour les plus affamés ! Les *granite* (glace pilée) sont tout aussi excellents. Petite terrasse sur la place.

Dal Cavaliere (carte, **20**) : *via Roma, 42, à* ***Marina Grande.*** *Tlj dès 6h.* En vitrine ou bien au frais dans le réfrigérateur, les alléchantes pâtisseries maison font de l'œil aux habitués. Goûter notamment à la *lingua di bue,* un feuilleté à la crème, au chocolat, au citron... à déguster en salle ou sur la grande terrasse face au port de plaisance, accompagnée d'un savoureux cappuccino coiffé d'une mosaïque de sucres colorés. Le soir, on change d'ambiance avec une terrasse bondée, des cocktails en-veux-tu-en-voilà et le foot à la télé pour les indéscotchables !

HOMMES, CULTURE, ENVIRONNEMENT

BOISSONS

Les appellations et les différents types de vins

L'Italie est devenue en 2009 le 1er exportateur de vin au monde, devançant ainsi la France. Depuis, les chiffres de vente des crus italiens ne cessent de progresser (environ 6 milliards d'euros), notamment grâce au succès grandissant des vins mousseux, comme le désormais célèbre *prosecco,* l'ingrédient incontournable du fameux *Spritz.* L'Italie produit des vins quasiment partout sur son territoire, mais plus de la moitié (52,5 %) est produite en Italie du Sud (Sicile et Sardaigne comprises). Les Pouilles se targuent même d'être la 1re région productrice d'Italie. C'est seulement au début des années 1960 que le gouvernement a tenté de mettre de l'ordre dans sa production viticole. Les *IGT (indicazione geografica tipica)* sont des vins de table régionaux. Les *DOC (denominazione di origine controllata)* sont des appellations d'origine contrôlée qui doivent être conformes à un cahier des charges rigoureux. Quant aux *DOCG (denominazione di origine controllata e garantita),* ils subissent une réglementation encore plus contraignante.
Il faut saluer les efforts entrepris pour augmenter la qualité du vin en Campanie, dans les Pouilles ou en Basilicate. Si vous ne voulez ni vous spécialiser dans la dégustation ni grever trop lourdement votre porte-monnaie, sachez que la plupart des restos proposent aussi du vin au pichet – *vino della casa* – souvent très correct et à prix démocratique.

Les vins de Campanie

Même si la Campanie n'est pas la 1re des régions productrices de vin, ceux qu'elle produit méritent toute notre attention. Ce qui les caractérise, comme dans les autres régions du Mezzogiorno, c'est le faible pourcentage d'appellations d'origine contrôlée (moins de 3 % contre 46 % pour la Toscane et 39 % pour le Piémont). 4 appellations ont droit à la *DOCG* (dont l'excellent *taurasi*), 18 à la *DOC.* En dehors du *lacrima christi,* qui appartient à l'appellation *vesuvio* (blanc ou rouge, il a beau provenir des pentes du volcan, il n'est pas exceptionnel), rares sont les vins de Campanie connus.
– 2 ***blancs*** méritent l'attention : le *greco di tufo* et le *fiano di avellino.* Le 1er, comme son nom l'indique, vient de Grèce, rappelant que la culture de la vigne et les techniques de vinification furent introduites par les peuples helléniques. Le 2d, qui vient de la province d'Avellino, nous plaît par sa richesse aromatique. Autres blancs à retenir : l'*asprinio d'aversa* (plus proche du cidre que du vin, selon Alexandre Dumas), qui est léger et désaltérant, et la *falanghina.*
– Côté ***rouges*** : le must du must est le *taurasi* (rouge puissant et parfumé, de garde), 1re *DOCG* de la région (dénomination ne concernant que les plus grands vins italiens comme le *chianti classico,* le *brunello di montalcino,* le *barolo...*). Il a par ailleurs l'immense avantage d'être encore abordable comparé à ses homologues nordistes, devenus pour certains carrément intouchables à moins de gagner à la loterie. Autres rouges à mentionner : les vins d'Ischia (au goût iodé), le *piedirosso o per'e palummo,* l'*aglianico del taburno* (riche, souvent fort bon et peu cher), le *falerno del massico* (un vin de grande garde que l'on consommait déjà à l'époque des Césars), le *solopaca...*

– Les **vins de table** abondent dans la région. Perdu dans la multitude, un rouge se débat pour sortir de l'anonymat : le *montevetrano,* une petite merveille. Quelques grands producteurs constituent une garantie de qualité : la « Villa Matilde » (*falerno del massico,* blanc ou rouge ; *vigna camarato,* bon rouge), la « Casa d'Ambra » (vins d'Ischia : *biancolella,* blanc, ou *per'e palummo,* rouge), l'« Azienda Mustilli » ou « Azienda Mastroberardino » (*fiano di avellino, greco di tufo, lacrima christi* et *taurasi*).

● ***vinsditalie.com*** ● Amateurs de vins, voici un site à consulter. Il permet de découvrir l'Italie à travers ses vins : des infos sur les appellations, la liste des vins par régions, le classement du *Gambero Rosso* (ouvrage de référence), des recommandations...

Les liqueurs

– ***Le limoncello :*** liqueur de citron (macération du zeste de citron une quinzaine de jours dans de l'alcool à 90°, et précipité dans un sirop de sucre). Il est consommé très frais comme digestif... un peu traître car titrant 35°. Les citrons retenus pour le *limoncello* doivent être non traités et très parfumés, ce qui est le cas sur toute la côte amalfitaine, qui en a fait sa grande spécialité. Le citron dit « d'Amalfi », de la taille d'un pamplemousse, est en effet particulièrement sucré et se prête à merveille à la fabrication du *limoncello.* Vous le trouverez partout dans la région, mais surtout sur la côte, car les boutiques pullulent. Essayez, si vous en avez l'occasion, de vous en procurer dans une famille qui le produit elle-même.

– ***Le rucolino :*** un *bitter* original à base de roquette *(rucola)* que l'on déguste à l'apéritif. On le trouve surtout sur l'île d'Ischia.

– ***L'amaro :*** à préférer en digestif plutôt qu'en apéritif, car un peu sirupeux. À base de gentiane à laquelle on ajoute du quinquina, des racines et des écorces d'orange pour la touche amère. Les plus connus sont l'*amaro lucano,* typique de la région de Basilicate, ainsi que l'*amaro del capo* de Calabre.

– Puis de nombreuses liqueurs faites maison en récoltant les fruits du jardin : le *mandarinetto* (mandarine), le *fragolino* (petite fraise), le *meloncello* (melon), le *nocino* (noix fraîches) ou encore le *liquore di ciliegie* (cerise).

La bière

Si l'on trouve facilement la blonde *Peroni* et les principales bières étrangères, il serait dommage de ne pas goûter aux bières artisanales produites dans le Sud italien.

Le café

Comme partout en Italie, le café (dites *cafffèèè* en avalant le « a » et en exagérant le « è ») est toujours servi fort. Tout le monde connaît l'incontournable *espresso,* mais profitez de votre séjour pour essayer d'autres saveurs. Certains le préféreront *ristretto* (serré), *lungo* (allongé) ou encore *macchiato* (« taché » d'une goutte de lait froid, tiède ou chaud). Le café au lait se dit *caffè latte.* Le fameux *cappuccino* est un *espresso* coiffé de mousse de lait, souvent délicieux même si parfois, dans les endroits les plus touristiques, il se transforme en un banal café au lait. À Naples, il faut déguster le *brasiliano,* un baby cappuccino, servi dans un verre et saupoudré de cacao. Certains *baristi* ajoutent même

CAFÉ SERVICE

À Naples, on livre le café... à domicile ! Il n'est pas rare de croiser un garçon de bar, en tenue et son plateau protégé par une cloche, s'en allant servir espresso et verres d'eau à des habitants du quartier ou à des commerçants.

quelques gouttes de liqueur de café. À moins que vous ne préfériez le *caffè nudo,* soit le nectar du café, le *shakerato* (frappé) ou encore le *caffè corretto,* c'est-à-dire « corrigé » d'une petite liqueur.
Quel que soit le café choisi, mieux vaut le boire debout au comptoir, en 2 gorgées, à l'italienne... Assis, il peut coûter jusqu'à 5 fois plus cher ! ***N'oubliez pas de passer d'abord à la caisse*** pour pouvoir présenter votre ticket au *barista...* car le risque, sinon, c'est de n'être jamais servi...

Le chocolat

La *cioccolata calda* est un chocolat chaud extrêmement onctueux, voire très épais (la cuillère tient quasiment toute seule debout). On dirait de la crème (et pour cause, on remplace le lait par de la crème fraîche)... Un vrai régal à la petite cuillère, et une foule de calories qu'il faut ensuite dépenser !

L'eau

À l'exception de certains petits restos de montagne ou de campagne où l'on vous pose d'emblée un pichet d'eau sur la table, l'eau du robinet n'est pratiquement jamais servie dans les restaurants. On vous propose systématiquement de l'eau minérale *liscia* (plate) ou *frizzante/gassata* (gazeuse). Demander l'*acqua del rubinetto* est plutôt mal vu, et ça vous catalogue illico *turista francese* (que l'on peut traduire par « touriste radin » !).
Globalement, l'eau du robinet est potable, même si elle n'a pas toujours très bon goût. À ***Naples,*** cependant, il est déconseillé de la boire, car certaines nappes phréatiques des environs de la ville sont encore souillées par des déchets toxiques enterrés illégalement.

CINÉMA

Le cinéma en Italie

Le cinéma naît en Italie comme en France en 1895. Cette année-là, un certain ***Alberini*** fait breveter une machine qu'il nomme *Kinetografo Alberini,* destinée à prendre, tirer et projeter des films. Alberini réalise la 1re fiction italienne, *La Presa di Roma,* diffusé à l'occasion de l'anniversaire de la prise de Rome, justement, le 20 septembre 1905. Le film a même été projeté sur la porta Pia ! La même année, on célèbre à Rome l'ouverture du *Moderno,* le 1er cinéma d'Italie. On assiste aussi à la naissance des 1res sociétés de production, telle la Cinès, ancêtre de la Cinecittà, créée en 1906. En 1908, le 1er film historico-épique italien est diffusé : *Les Derniers Jours de Pompéi*. Ainsi, en Italie, de plus en plus de salles de projection stables ouvrent leurs portes, une première en Europe. Ces salles sont mieux adaptées au format du long-métrage, qui s'installe en Italie avant la France.
La Première Guerre mondiale vient mettre un terme à cette ascension spectaculaire. Durant les années 1920, le cinéma italien traverse une terrible crise. L'arrivée du cinéma parlant, au début des années 1930, n'arrange rien : seuls 13 films sont produits en Italie en 1931 ! La relance s'opère grâce au soutien de l'État, avec la création à Rome de 2 institutions sacrées du cinéma italien : l'école *Centro Sperimentale* en 1935 et les immenses studios de Cinecittà en 1937 (à l'époque, des films de propagande fasciste sont à l'affiche). Les écrans italiens offrent alors essentiellement des produits aseptisés, les seuls tolérés par le régime fasciste, et qui le glorifient. Les années 1930 sont cruellement dépourvues de créativité artistique, malgré le nouvel élan économique donné par l'État fasciste.

Il faut attendre les années 1940 pour qu'apparaissent les signes d'un renouveau, lorsque des écrivains, journalistes et cinéastes appellent de leurs vœux une autre manière de concevoir le cinéma.

À Naples et dans le Sud

Né pendant la Seconde Guerre mondiale, le néoréalisme est un mouvement cinématographique qui a pour caractéristiques le tournage en décors réels, l'emploi d'acteurs non professionnels, et de présenter le quotidien en l'état. Initié par ***Roberto Rossellini,*** c'est à ***Vittorio De Sica*** qu'il doit d'être reconnu internationalement grâce au *Voleur de bicyclette* (oscar du meilleur film étranger en 1949) puis à *L'Or de Naples* (1954), qui narre la vie quotidienne des petites gens dans la capitale du sud de l'Italie, où le réalisateur passa son enfance. Selon lui, « Naples est une des villes les plus photogéniques et humaines du monde » ! Il y revient en 1964 pour tourner avec Marcello Mastroianni et Sophia Loren *Mariage à l'italienne,* un grand classique de la comédie italienne, qui raconte l'histoire d'un riche et frivole commerçant qui devient l'amant d'une ancienne prostituée, mère de 3 enfants cachés.
Parmi les autres films cultes du cinéma italien tournés à Naples et dans sa région, citons *Voyage en Italie* (1954) de ***Rossellini.*** L'histoire de la discorde d'un couple de bourgeois anglais (Ingrid Bergman et George Sanders) venu à Naples vendre la maison d'un oncle décédé. Superbes scènes d'Ingrid Bergman captivée et troublée par le génie des lieux : le Musée archéologique, le cimetière delle Fontanelle, l'antre de la Sibylle à Cumes, la Solfatara à Pouzzoles, les ruines de Pompéi...
Après des repérages infructueux en Palestine, le réalisateur ***Pier Paolo Pasolini*** choisit la Basilicate et la Calabre pour son *Évangile selon saint Matthieu* (1964). Capri et la côte amalfitaine servent de décor à ***Jean-Luc Godard*** en 1963 pour son fameux *Mépris* (avec Bardot et Piccoli), à ***Gérard Oury*** pour suivre le rocambolesque périple de Bourvil et Louis de Funès dans *Le Corniaud* (1965), dont certaines scènes se déroulent dans les sublimes jardins de la villa d'Este à Tivoli, puis à ***Billy Wilder*** pour *Avanti !* avec Jack Lemmon, en 1972. Mais de cette période, on retient surtout les grands « films-dossiers » de l'immense réalisateur napolitain ***Francesco Rosi*** (décédé en 2015) que sont *Main basse sur la ville, L'Affaire Mattei, Lucky Luciano* et *Cadavres exquis,* qui traitent du fléau de la mafia à Naples.
En 1994, l'île de Procida sert de cadre au film *Le Facteur,* dans lequel un jeune postier, incarné par un inoubliable Massimo Troisi, se lie d'amitié, et par là même s'initie à la poésie, avec Pablo Neruda (magnifique Philippe Noiret !) en exil sur la petite île. Un film d'une rare sensibilité, à voir absolument ! C'est sur cette même île que l'Américain Anthony Minghella pose ses caméras en 2000 pour son *Talentueux M. Ripley,* remake du fameux film de René Clément, *Plein Soleil.*
En 1999, George Lucas passe en Campanie, sur le site de Caserta, pour shooter quelques séquences de *La Menace fantôme,* le 1er opus de la série *Star Wars.* Tandis que Matera, en Basilicate, voit Mel Gibson tourner en partie son film polémique *La Passion du Christ* (2004).
Depuis le début des années 2000, le cinéma napolitain connaît son renouveau avec des réalisateurs ambitieux comme ***Paolo Sorrentino*** et ***Matteo Garrone.*** Le 1er, révélé par un prix du Jury à Cannes en 2008 avec *Il Divo,* fait encore sensation en 2013 avec *La Grande Bellezza* ; *Youth,* en 2015, est loin de soulever le même enthousiasme cannois. *Berlusconi et les autres*, en 2018, dépeint les années Berlusconi dans une ambiance déjantée. Avec *Gomorra,* Matteo Garrone décroche lui aussi un prix du Jury en 2008 pour un film choc sur les rouages de la mafia napolitaine, adapté du sulfureux livre de Roberto Saviano (voir la rubrique « Livres de route » dans le chapitre « Naples utile » en début de guide). Entretemps, *Gomorra,* tiré du roman de Roberto Saviano, est devenu une série à succès. Un autre film notable de Garrone est *Le Conte des Contes,* sorti en 2015. De genre fantastique, le film est adapté du recueil de contes du XVe s *Il Pentamerone* de Giambattista

Basile. Ce film sombre et cru mais poétique à la fois, a été nominé au festival de Cannes. En 2018, *Dogman*, l'histoire d'un toiletteur pour chiens dans un quartier pauvre de Naples, a reçu la palme du meilleur interprète grâce à Marcello Fonte. En 2019, il réitère sa collaboration avec Roberto Saviano en réalisant *Piranhas*. En 2020, c'est *Pinocchio* qu'il met en scène avec Roberto Benigni dans le rôle de Gepetto.
Parmi les réalisateurs contemporains qui mettent le sud de l'Italie en scène, retenez aussi le doux nom d'***Edoardo De Angelis*** ! Ce jeune quadra napolitain a déjà un petit florilège de films à son actif. C'est la comédie ***Mozzarella Stories*** (ça ne s'invente pas !), son 1er long-métrage, qui le lance en 2011. Le film est reçu avec enthousiasme par la critique. On le décrit comme vif, coloré, décadent, grotesque ou encore visionnaire. Mais le film qui fait la véritable différence est ***Indivisibili,*** en 2016. Ce drame est celui de sœurs siamoises, dont la mélodieuse voix est exploitée par leur père, qui les force à chanter dans diverses cérémonies. Les jeunes filles, exhibées comme des bêtes de foire, apprennent un jour qu'il est possible de les séparer... ce qui ne convient pas vraiment aux plans de leur famille. *Indivisibili* remporte pas moins de 6 prix, dont le David di Donatello du meilleur scénario original ! Plus récemment (2019), *Il traditore* (le traître) réalisé par **Marco Bellocchio** retrace l'histoire du célèbre Tommaso Buscetta, mafieux sicilien, repenti, après avoir brisé l'omertà, aide le juge Falcone dans sa lutte contre la *Cosa Nostra*.

Pour aller encore plus loin...

• *cinecitta.com* • En italien et en anglais. Site officiel du géant italien avec le box-office hebdomadaire, des infos et l'actualité du cinéma.
• *anica.it* • En italien. Le site de l'association du cinéma et de l'audiovisuel italiens possède une base de données qui remonte aux années 1905 *(• archiviodelcinemaitaliano.it •)*. Une mine d'or !

CUISINE

Caffè ? Trattoria ? Enoteca ? Ristorante ? Comment s'y retrouver ?

– Le ***caffè*** et la ***paninoteca.*** Pour le petit déjeuner léger qu'affectionnent les Italiens : *cappuccino* (ou *caffè*) et *cornetto* (un croissant fourré de chocolat, de crème ou de confiture) sur un bout de comptoir. On y vend aussi des gâteaux, des *panini* et des *tramezzini* (sandwichs triangulaires au pain de mie). Si vous vous asseyez, les prix grimpent forcément, sans parler des cafés avec terrasse stratégique...
– La ***rosticceria,*** qui correspond au traiteur français, vend des plats à emporter, mais on peut aussi se restaurer sur place.
– La ***tavola calda*** (une sorte de cantine) est un endroit où l'on sert une restauration rapide, offrant un nombre assez limité de plats déjà cuisinés à un prix très abordable.
– Dans une ***pizzeria,*** vous pourrez manger... des *pizze,* voyons ! Les vraies *pizzerie* possèdent un four à bois (quand bien même c'est de plus en plus réglementé en ville). À Naples, on la mange n'importe quand, ce qui n'est pas le cas du reste de l'Italie où l'on a plutôt tendance à la consommer le soir. Les restaurants peuvent aussi faire pizzeria, mais leur four n'est généralement allumé que le soir. À noter aussi que l'on peut acheter des parts de *pizze* dans certaines boulangeries *(panetterie).*
– La ***trattoria*** est un restaurant familial proposant une cuisine maison (*casareccia* ou *casalinga*). La carte offre un choix restreint de plats (une poignée d'entrées, 4 plats de pâtes, 3 ou 4 viandes ou poissons), garantissant généralement la fraîcheur de ce que l'on mange.

– Tout comme l'***osteria*** qui, à l'origine, était un endroit modeste où l'on allait pour boire et qui proposait 1 ou 2 plats pour accompagner la boisson... L'appellation a été reprise par des restaurateurs (parfois en ajoutant un « h » et un « a » – « *hostaria* » – pour faire plus chic) pour donner un goût d'antan tout en appliquant des tarifs moins modiques...
– Enfin, le ***ristorante*** correspond au resto au sens général du terme. Dans cette catégorie, on trouve tout et son contraire. Attention à ne pas vous laisser appâter par la déco, par la terrasse avec vue plongeante ou par les serveurs rabatteurs !
– Dans l'***enoteca,*** on y mange et on y boit. Les œnothèques sont en fait des bars à vins plébiscités par une population locale à laquelle les touristes se mêlent de plus en plus à l'heure sacro-sainte de l'*aperitivo,* dont on vous parle ci-après. Ces établissements s'enorgueillissent de leur riche sélection de vins, servis au verre ou à la bouteille ; leur choix de fromages et de charcuteries est tout aussi rigoureux. Certaines s'avèrent être carrément de véritables restos. Les *enoteche* ayant le vent en poupe, on en trouve désormais partout, à tous les prix, mais toutes ne sont pas recommandables.

Aperitivo

Cette heureuse tradition nous vient du Piémont, en Italie du Nord, inventée par les paysans qui, en rentrant des champs, grignotaient charcuterie et fromage avec un verre de vin en attendant que le repas soit prêt ! Celle-ci s'est ensuite déplacée vers les villes où, vers 18h (et jusqu'à 21h environ), certains établissements ont eu l'idée géniale de proposer une foule de plats typiques (tranches de saucisson ou mortadelle, crudités, olives, anchois marinés, *crostini* et fromages, etc.), accessibles dès le 1er verre payé. Peu à peu, tout le monde s'est emparé de la formule et, par endroits, devant le succès rencontré, les buffets se sont faits de plus en plus sophistiqués. Très souvent, le prix du verre a connu lui aussi une augmentation. Notez que dans le Sud, on accompagne souvent l'apéro de *taralli,* des biscuits salés en forme d'anneaux, à l'anis ou aux graines de fenouil. Et si vous vous demandez quelle est cette boisson orange que tout le monde boit, il s'agit du *spritz.* Originaire de Vénétie, ce cocktail à base de *prosecco* et d'Aperol (un apéro amer et peu alcoolisé) s'est propagé dans tout le pays et au-delà. Comme les Italiens intègrent facilement les mots anglais, l'*aperitivo* est aujourd'hui régulièrement appelé *happy hours (mamma mia,* tout fout le camp !).

Marchés alimentaires

Véritable institution, le *mercato* a lieu une à plusieurs fois par semaine. On y trouve les excellents produits du terroir local : charcuterie, fromages, vins, huile d'olive, miel, fruits, légumes, etc., mais aussi des petits traiteurs qui étalent d'alléchants *antipasti.* Idéal pour se constituer un pique-nique à prix juste, ou rapporter chez vous quelques souvenirs gourmands.

La cuisine italienne est très marquée régionalement, du fait de l'unification tardive du pays. Chaque région a ses recettes, ses spécialités, ses produits, et finalement chaque cuisine y est restée cloisonnée bien après 1870, à l'image de la variété des dialectes.

Aujourd'hui, avec le développement du tourisme, des transports, on assiste comme partout à l'émergence d'une cuisine plus générique, moins typique, ce qui

QUAND LA CUISINE FAIT RECETTE

Le 1er livre de recettes connu est celui d'un « Italien », le célèbre cuisinier officiel de l'empereur Tibère, Marcus Gavius Apicius, né vers 25 av. J.-C. Richissime et amateur de festins, il consacra sa vie et sa fortune à la recherche culinaire, parfois très excentrique !

n'empêche pas les Italiens de rester très fidèles à leur patrimoine culinaire. Ils en parlent de façon savante et avec passion.

Antipasti (hors-d'œuvre)

Constitués à l'origine de quelques olives ou de simples croûtons imprégnés d'huile d'olive et frottés d'ail, les *antipasti* se sont faits avec le temps plus variés, plus fins. De l'amuse-gueule qui accompagne le *vino bianco* à la solide entrée, le choix est large.

À Naples et dans les îles, beaucoup sont à base de poisson et de fruits de mer, comme les poulpes marinés, les *mazzancolle* (nom local des gambas), les fritures en tout genre, notamment les calamars *alla romana,* les *scampi fritti,* les *fiori di zucca fritti* (fleur de courgette, que l'on fourre d'une tranchette de mozzarella et d'une pointe d'anchois avant de l'enrober d'une pâte à beignet légère et de la faire frire).

Les légumes grillés, poivrons, aubergines ou courgettes, sont souvent présents au menu. Vous trouverez également boulettes et croquettes en tout genre, comme les *crocchè* de pommes de terre ou de poisson, et autres *supplì di riso,* boulettes de riz frites fourrées de la *provatura* (variante de la mozzarella). Toutes sortes de tartines *(bruschetta, crostini...),* d'omelettes (*frittata* ou *torta,* assez proche de la tortilla espagnole) et de fromages viennent compléter la liste. La *mozzarella in carrozza* est aussi très populaire. Il s'agit d'une sorte de pain perdu, un épais morceau de fromage local étalé sur une tartine, puis badigeonné de jaunes d'œufs battus et frit. Enfin, la charcuterie fait aussi partie des *antipasti* : coppa, *prosciutto,* le très recherché *capocollo* (tête de porc roulée) et *soppressata* (cervelas). Un beau programme de réjouissances !

Primo (1er plat)

Pasta et basta !

Naples, à bien des égards, peut être considérée comme la patrie de la *pasta secca.* Cicciano, Gragnano et Torre Annunziata, sur le golfe de Naples, sont en effet 3 bourgades renommées pour leurs fabriques de pâtes artisanales. C'est ici qu'à la fin du XIXe s une véritable industrie se mit en place, favorisant la diffusion à travers toute l'Italie des pâtes sèches qui voyagent mieux – il va sans dire – que la *pasta fresca.* Les Napolitains mangent le plus souvent cette dernière avec une sauce tomate ou encore *al forno,* sorte de tourte ou de timbale gratinée et farcie de mozzarella, de boulettes de viande et de *ragù* napolitain.

> **MARCO POLO A BIDONNÉ !**
>
> *Partout, on prétend que Marco Polo a rapporté les pâtes lors de son voyage en Chine. Des chercheurs, italiens bien sûr, prétendent avoir trouvé des machines à spaghetti dans les ruines de Pompéi. Un médecin de Bergame parle des pâtes dans un récit du XIIIe s, avant le voyage de Marco Polo. En espérant que tant d'interrogations ne vous coupent pas l'appétit !*

Pâtes et sauce tomate : une grande histoire d'amour

Pendant des siècles, les pâtes furent l'apanage des tables royales et aristocratiques. Il fallut attendre l'invention des pâtes sèches pour qu'elles se démocratisent et passent au rang d'aliment populaire. Sain, simple et nourrissant, le plat de pâtes mit néanmoins du temps à conquérir son public. C'est seulement à la fin du XVIIIe s, quand on eut l'idée d'associer tomates et pâtes, qu'elles connurent le succès. Il faut dire que l'alchimie est parfaite. La « pomme d'or », pourtant

Les pâtes courtes		Les pâtes longues	Les pâtes farcies
Gnocchi : pâtes courtes de forme oblongue. Préparées avec un mélange de farine et de pommes de terre. 	**Conchiglie** : pâtes concaves et striées en forme de coquillage. 	**Spaghetti** : longues et fines, elles raffolent des sauces à base d'huile, de tomates ou de crème… 	**Ravioli** : carré de pâte poché et farci de viande, de fromage ou de légumes. 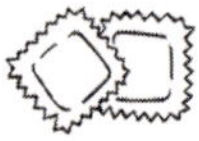
Rigatoni : courtes et creuses. Tubes striés, légèrement courbés. 	**Farfalle** : en forme de nœud papillon, d'où leur nom (*farfalle* signifiant « papillon »). 	**Tagliatelle** : larges et plates, à utiliser de préférence avec des sauces au beurre, à la crème et/ou aux légumes. 	**Tortellini** : plus grands que les raviolis, ils sont farcis avec un mélange de viande et de parmesan. *Tortellini* est le pluriel de *tortellino,* signifiant « petite tarte ». 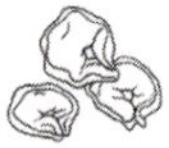
Orecchiette : pâtes courtes et grosses, typiques des Pouilles. Elles ont la forme de petites oreilles d'où leur nom. 	**Fusilli** : pâtes en spirale, originaires de Campanie. 	**Pappardelle** : 2 fois plus larges que les *tagliatelle*. 	**Cappelletti** : « petits chapeaux » en italien, ces raviolis farcis sont traditionnellement à la viande, et servis dans un bouillon. 
Penne rigate : version moderne de *maccheroni,* en forme de tubes striés aux extrémités biseautées. Elles représentent ¼ du marché, juste derrière les *spaghetti*. 	**Trofie** : préparées comme les *gnocchi* avec farine et pommes de terre, ces pâtes très fines sont originaires de Ligurie. À consommer avec du pesto, comme le veut la tradition locale. 	**Lasagne** : très célèbres, que l'on fait cuire au four (connues comme *lagane* dans le Sud). 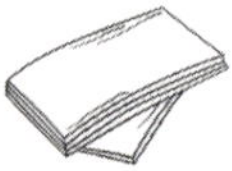	**Cannelloni** : en forme de larges tubes farcis de viande de 7 à 10 cm de long et de 2 à 3 de diamètre. 

rapportée des Amériques depuis le XVIe s, fit du même coup une entrée fracassante dans la cuisine italienne (le clergé européen l'avait jusque-là taxée de tous les maux : trop bon, trop rouge, ce ne pouvait être que le fruit du diable ! pire, du poison...). La magie de la sauce tomate, c'est qu'elle est la seule à s'accorder à toutes les pâtes, longues ou courtes, lisses ou striées, plates ou tarabiscotées. Surtout si elle

POURQUOI « TOMATE » SE TRADUIT PAR *POMODORO* ?

Les grands navigateurs découvrirent la tomate chez les Aztèques, au Mexique. Elle avait bien la forme d'une pomme et valait le prix de l'or, parce qu'elle était particulièrement difficile à conserver. D'où son surnom « pomme d'or ». Assez fade, il fallut plus d'un demi-siècle pour savoir l'utiliser en cuisine.

est préparée à partir du célèbre *pomodoro de San Marzano,* de petites tomates en grappe ayant le statut de légume AOC, c'est dire ! Cela dit, la lune de miel pourrait tourner au cauchemar depuis que l'on sait que la mafia des Pouilles s'est emparée de ce marché très juteux... en incorporant des tomates chinoises de piètre qualité dans les sauces.

Sur les côtes, on les assaisonne souvent de sauces à base de thon ou de *pesce azzurro* (sardines, anchois, maquereaux). À Naples, on peut les accompagner de *polipetti* (petits poulpes) *alla Luciana,* sauce tomate aillée. Les fameux *spaghetti alle vongole* sont agrémentés de palourdes ; dans la version *alla pescatora* ou *alla marinara,* on ajoute des moules et des encornets.

Maccheroni (macaronis)

Par ce mot d'origine grecque (*macarios* signifiant « heureux »), on désigne l'ancêtre de toutes les pâtes, un peu comme le mot « nouille » chez nous.

Les pâtes courtes

Il en existe une grande variété, plus de 500 aux dires des experts.

Les ***penne rigate,*** sorte de version moderne des ***maccheroni,*** représentent à elles seules près d'un quart du marché de la pâte sèche, juste derrière les *spaghetti.* Les ***fusilli*** (originaires de Campanie) sont le résultat d'évolutions techniques considérables. Au début, les *fusilli* étaient des cordons de pâte de blé dur enroulés en spirale autour d'une aiguille de fer. L'aiguille était retirée une fois la pâte sèche.

D'autres pâtes courtes et grosses typiques du Sud, comme les ***orecchiette,*** les ***strascinati*** (grandes oreillettes), les ***cavatelli,*** les ***cavatieddi*** ou les ***trofie,*** aiment les sauces à base d'huile (type pesto) ou de légumes, tandis que les courtes et creuses comme les ***rigatoni*** ou les ***conchiglie*** s'accommodent de sauces plus épaisses à la tomate et à la viande.

MACARONI... ET FIERS D'EN MANGER !

Les maccheroni, pâtes sèches typiques du Sud, représentent un aliment complet que les Italiens mangent volontiers au moins une fois par jour. Quelques chiffres : 100 g de pâtes cuites et salées apportent environ 370 calories. Si le taux de graisses (lipides) est très bas, les protéines et les vitamines présentes dans les pâtes sont insuffisantes. D'où l'importance de la sauce, de préférence celle à base de tomates (riches en antioxydants). À Naples, consommez local ! Préférez donc le ragù napoletano *(viande bovine et porcine à la napolitaine).*

Spaghetti (pâtes longues)

On les classe selon leur largeur.

– Les larges et plates : comme les ***fettuccine,*** les ***tagliatelle...*** À utiliser de préférence avec des sauces au beurre, à la crème, aux coulis de courgettes, de poivrons, de tomates... Les ***scialatielli,*** plates et épaisses, en version avec ou sans persil ajouté à la pâte, sont une spécialité de la Campanie. Les ***strangolapreti*** (littéralement, « étouffe-prêtre ») sont originaires de la Basilicate.

– Plus larges encore : des ***pappardelle*** jusqu'aux ***lasagne*** (connues comme *lagane* dans le Sud, et que l'on fait cuire au four).

SPAGHETTI ALLA PUTTANESCA

On dit que ce plat simple agrémenté d'ail, de piment, de câpres, d'olives noires, de tomates et d'anchois était préparé rapidement par les prostituées entre 2 clients. Une recette pour pimenter le quotidien !

– Les longues et fines : comme les ***linguine, linguinette, fettuccelle*** et bien sûr les ***spaghetti...*** Elles raffolent des sauces à base d'huile, mais sont finalement assez polyvalentes...
– Les ultrafines : les ***vermicelli, cappelletti*** (dites également ***cappellini,*** c'est-à-dire « fins cheveux »), ***capelli d'angelo*** (cheveux d'ange), que l'on utilise principalement en soupe et en bouillon.

Secondo (2^d^ plat)

Étant donné l'importance du *primo,* le plat de viande ou de poisson ne joue pas le même rôle que dans nos menus.

Le poisson et les fruits de mer

En Campanie, on retrouve la même simplicité dans les plats à base de poisson. Les ingrédients essentiels sont toujours l'ail, le citron, le poivre... Il existe une très grande variété de produits de la mer. On peut mentionner notamment les seiches, généralement farcies puis passées au four, les soupes de poisson, le poulpe... Le poisson est souvent vendu au poids.
Quant aux fruits de mer, palourdes *(vongole)* et moules *(cozze)* accompagnent parfaitement les plats de pâtes, en particulier les *spaghetti.* En Campanie, on trouve l'*impepata di cozze* ou moules vapeur poivrées. À Naples, il faudra goûter au *baccalà alla partenopea,* morue séchée et frite, accompagnée d'une sauce tomate, avec câpres et olives noires.

La viande

Dans la plupart des régions du sud de l'Italie, la viande bovine cède la place à l'agneau ou au porc. On retrouve néanmoins la viande de veau préparée au four, en paupiettes, en boulettes ou en brochettes, plus rarement en filet, et également dans l'incontournable *ragù.*
Le foie *(fegato),* les tripes *(trippa),* les côtes de porc (*cotoletta* ou *braciola*), le lapin *(coniglio),* le lièvre *(lepre)* apparaissent souvent sur les cartes.

I contorni (garnitures)

Les *secondi* sont souvent servis sans garniture. Il faut donc commander celle-ci à part et la payer en supplément. On vous propose, selon la saison, des pommes de terre, des légumes ou des salades, sans oublier la mythique tomate en grappe de San Marzano et les artichauts de la région de Paestum. Très souvent, il s'agit de légumes grillés et de salades cuites (*verdura cotta* ou *saltata in padella*). Ils ne sont pas toujours écrits dans les menus, mais ils sont préparés à la demande. Il faut aussi absolument goûter aux *friarielli,* un épinard local que l'on sert sauté et pimenté, ainsi qu'à la *parmigiana di melanzane,* des aubergines au four avec de la sauce tomate et de la mozzarella, qui peut constituer un plat en soi.

I formaggi (fromages)

– ***La mozzarella di bufala :*** la Campanie et le Latium (provinces de Latina et Frosinone, notamment) sont les 2 régions productrices de mozzarella de bufflonne. La plus réputée est cependant celle de Campanie, que l'on produit principalement dans les provinces de Salerno et de Caserta, mais aussi dans les provinces de Benevento et de Naples. Aussi vaut-il mieux choisir celle dont les emballages portent la mention « *Mozzarella di Bufala Campana* ». Elle se présente généralement sous forme de boules de 800 g, de *bocconcini* de 20 g ou encore de *trecce,* façonnée en forme de tresses. Elle est, bien entendu, omniprésente dans la cuisine napolitaine, à commencer par la pizza. Votre *mozzarella di bufala* sera

CARACTÉRISTIQUES DES PRINCIPAUX FROMAGES ITALIENS DU SUD	
Fromages frais	**Fromages affinés**
Mozzarella di Bufala : fromage à pâte filée à base de lait de bufflonne.	***Provolone :*** fromage à pâte filée en forme de melon, fabriqué à base de lait de bufflonne.
Burrata : fromage à pâte fraîche filée. Mozzarella remplie de crème à l'intérieur, le tout dans une poche de pâte filée fermée au sommet.	***Caciocavallo :*** fromage à pâte filée en forme de poire et fabriqué à partir de lait entier de vache. Son goût est très savoureux, il est délicat et très peu salé. Il diffère du provolone car il a une maturation plus courte et un goût moins prononcé.
Stracciatella : fromage à pâte fraîche filée fabriqué à base de lait de bufflonne ou de vache. Il s'agit de la partie crémeuse de la burrata ; la crème fraîche entière est mélangée aux filaments de pâte filée.	***Scamorza :*** fromage à pâte filée semi-crue, il appartient à la même famille que le caciocavallo. Il se distingue par sa couleur plus foncée lorsqu'il est fumé.
Ricotta : fromage frais et crémeux au goût très doux à base de lait de vache. On le fabrique en cuisant une deuxième fois le petit lait issu de la fabrication du fromage, (*ri-cotta* en italien signifie « recuit ») et en égouttant le caillé avant de le refroidir.	***Pecorino :*** fromage à pâte pressée cuite fabriqué à base de lait de brebis. Son goût est légèrement piquant et corsé. Il se décline en variantes provinciales ; dans le sud de l'Italie, on va ainsi trouver le pecorino crotese, leccese ou foggiano (pour n'en citer que quelques-uns).

meilleure encore si vous l'accompagnez d'un vin blanc de la région, le *falerno del massico.* À en croire Roberto Saviano et son livre *Gomorra,* les maîtres fromagers de Mondragone (nord-ouest) auraient défini une fois pour toutes ce qu'est une bonne mozzarella. Pour être digne d'être nommée ainsi, elle doit laisser en bouche un arrière-goût que les paysans appellent *'O Ciat'e bufala,* « le souffle de la bufflonne ». À méditer...

- ***La ricotta :*** fromage frais typiquement méridional que l'on consomme salé ou sucré. On la trouve dans la farce des pâtes (raviolis, cannellonis...) ou dans les desserts comme la *sfogliatella.* Elle se présente aussi en version dure, salée ou fumée, sous le nom de ***cacioricotta*** ou ***ricotta forte,*** que l'on sert chaude et légèrement fondue, après un passage au four, et que l'on peut aussi utiliser râpée sur les pâtes à la place du parmesan.
- ***Le provolone :*** fromage à pâte filée en forme de melon, fabriqué à partir de lait de bufflonne. Peu affinée, elle se corse avec le temps. Jeune, elle est souvent grillée *alla brace* et servie fondue en accompagnement de la charcuterie ou des salades. Elle existe aussi en version fumée.
- ***Le caciocavallo :*** fromage à pâte filée non affinée, propre au Mezzogiorno, en forme de gourde (ou de couille de cheval, pour respecter la traduction). Jeune, on l'apprécie dans les sandwichs, en salade ou pour des gratins ; plus vieux, il est râpé sur des pâtes.
- ***La scamorza :*** de la même famille que le *caciocavallo* et avec la même forme. Délicieuse en salade avec des tomates fraîches. Elle existe aussi en version fumée.

I dolci (desserts)

– ***La sfogliatella :*** il est difficile de trouver un Napolitain qui ne commencerait pas sa journée par un café et une *sfogliatella* servie généralement chaude et saupoudrée de sucre. Ricotta fraîche, cannelle, vanille, écorce d'orange, parfois des fruits confits... tels sont les ingrédients essentiels de la *sfogliatella* en forme de coquillage (aussi appelée *aragostina*) ou de demi-lune qui se présente en 2 versions : *riccia* (pâte feuilletée) ou *frolla* (pâte brisée).
– ***Le babà :*** un dessert napolitain que l'on doit – paraît-il – au roi de Pologne, Stanislas Leszczyński. Il se déguste avec une pointe de rhum ou, dans un registre plus gourmand, avec une crème au citron et imbibé de *limoncello.*
– ***La torta caprese :*** originaire de Capri, ce gâteau moelleux à base de chocolat et d'amandes pilées est un délice. Bien moins sucré qu'un brownie, il se laisse consommer sans modération.
– Beaucoup de desserts à base de miel, d'amandes et de ricotta. Ce sont des desserts rythmant l'année liturgique, comme la ***pastiera*** à Pâques (le fameux ***napoletano,*** à base de ricotta, œufs, blé et fleur d'oranger, dont chaque famille napolitaine garde jalousement le secret de fabrication) ou les ***mostacciuoli*** à Noël (biscuits durs en forme de losanges, au miel et aux épices). La ***zeppola di San Giuseppe*** (pour la Saint-Joseph, le 19 mars) est un chou en forme de couronne, fourré de crème pâtissière parfumée aux agrumes. Il existe, en outre, de nombreux fruits secs (figues, amandes, noix et noisettes...).
– Naples possède enfin une tradition de ***chocolatiers*** qui perdure.

I gelati (glaces)

Comment parler des *dolci* sans évoquer les glaces *(gelati),* si réputées ? Pour la petite histoire, on sait que la glace existait déjà en Chine et au Moyen-Orient bien avant notre ère : des glaces fruitées étaient servies aux banquets d'Alexandre le Grand. Les khalifes de Bagdad adoraient déguster des fruits mélangés à de la neige, appelant ce mélange *sharbet,* qui signifie « glaçon fruité » en arabe. C'est Marco Polo (encore lui) qui aurait rapporté cette trouvaille en Italie, et sa consommation se serait développée à la cour des Médicis à Florence sous le nom de *sorbetti,* grâce au bien nommé Bernardo Buontalenti.

La pizza

Gênes a son *pesto,* Rome sa *pajata* et Naples sa *pizza*. Elle naquit, il y a longtemps, dans les quartiers pauvres de Naples, où elle était la nourriture des dockers, la nourriture du pauvre. Par pizza, on entendait alors une galette servant à mesurer la température du four du boulanger. Puis on parla d'une pâte, agrémentée d'un petit quelque chose suivant l'état du placard du moment (huile, tomate, fromage...), que l'on roulait ensuite sur elle-même et qui constituait le casse-croûte du midi. La pizza appartient à la famille méditerranéenne des pains non levés.
Le label « Spécialité traditionnelle garantie » protège désormais la pizza napolitaine. Un cahier des charges strict est imposé à ses fabricants. Une vraie pizza doit ainsi être circulaire (ben oui !) et ne pas mesurer plus de 35 cm de diamètre. Elle ne doit pas non plus être extra-large, ni contenir de viande hachée ou de fromage dans sa croûte. Seules la *margherita* et la *marina extra* sont considérées comme d'authentiques *pizze* (pluriel de *pizza*) napolitaines.
Vous pourrez aisément trouver votre bonheur entre les spécialités de la Campanie comme la pizza *fritta,* farcie avec de la mozza, de la ricotta, des tomates et des lardons, la pizza *friarielli* (oseille et saucisses), pour les solides appétits, celle aux légumes grillés du jardin ou celle roquette-*bocconcini di mozzarella*

frais... Impossible de traverser Naples sans goûter à sa pizza ! Le secret de la pizza réside dans la manière d'étaler la pâte (à la main, bien sûr) en lui laissant un petit bord, et dans la cuisson de la pâte dans un four à 400 °C avec des pierres réfractaires. Elle sera ainsi croquante à l'extérieur et moelleuse à l'intérieur !

PIZZA ROYALE !

C'est en l'honneur de la reine Marguerite de Savoie, femme d'Umbert Ier (fin XIXe s), lors d'une réception, qu'un Napolitain, Raffaele Esposito, prépare une pizza spéciale. Sans ail évidemment, rapport à l'haleine ! On décida alors de rendre hommage à la nation nouvellement unifiée en évoquant le drapeau italien : tomate pour le rouge, mozzarella pour le blanc et basilic pour le vert. La margherita *était née.*

Le succès du *Slow food*

Ce mouvement culinaire (« écogastronomique » pour être plus précis), né en Italie en 1989 (le siège de l'association se trouve à Bra, dans le Piémont), défend les valeurs de la cuisine traditionnelle (mais plutôt celles des petites *trattorie* du terroir) et la sauvegarde des bons produits du terroir et des plats de tradition.
Ce retour du bien-manger et la volonté de préserver la biodiversité sont apolitiques. Le *Slow food* n'est pas contre la modernisation, à condition qu'elle soit au service du goût. L'idée est aussi de respecter la nature et d'attendre le bon moment pour apprécier un légume ou un fruit.

Ce mouvement a aussi son guide, dans lequel sont sélectionnées des adresses œuvrant dans cet esprit, des lieux où l'on travaille et respecte les produits du terroir, où l'on prend le temps de cuisiner et de savourer. Nombre de ces adresses proposent une cuisine très traditionnelle, d'autres se montrent plus inventives.
Pour plus d'infos sur ce mouvement, consulter le site internet : ● *slowfood.com* ●

Petit lexique culinaire

Acciughe	anchois
Aglio	ail
Al ferro	grillé
Arrosto	rôti
Baccalà	morue
Calamari	calamars
Casalinga, casareccia	comme à la maison, « ménagère »
Contorno	garniture de légumes
Costoletta	côtelette
Cozze	moules
Dolci	desserts
Frutti di mare	fruits de mer
Funghi	champignons
Gamberi	crevettes
Gelato	glace
In umido	en ragoût
Maiale	porc
Mandorle	amandes
Manzo	bœuf
Melanzana	aubergine
Nocciole	noisettes
Noci	noix
Ostriche	huîtres

Pane	pain
Panna	crème épaisse
Pomodoro	tomate
Ragù	sauce à la viande
Risotto	riz cuisiné
Sarde ou *sardine*	sardines
Seppia	seiche
Sgombro	maquereau
Spumone	glace légère aux blancs d'œufs
Torta	gâteau, tarte
Tortelli	raviolis farcis d'herbes et de fromage frais
Verdura	légumes
Vongole	palourdes ou clovisses
Zucchine	Courgettes

Pour aller plus loin

• ***lacucinaitaliana.it*** • En italien. Un site bien conçu et très exhaustif ! Des recettes à foison (de la plus traditionnelle à la plus inventive) classées par types de plats, de régions ou de produits. Articles sur l'actualité de la gastronomie italienne.

CURIEUX, NON ?

– Si vous voulez prendre un petit café ou un cappuccino au comptoir, comme de nombreux Italiens, il vous faudra d'abord payer et présenter le ***scontrino*** (ticket) avant de pouvoir consommer.
– Les Italiens ont l'habitude le matin d'avaler debout un ***café et croissant sur le zinc*** au lieu de prendre son temps devant un copieux petit déjeuner.
– N'oubliez pas la ***petite pièce de 10 cts*** quand vous avancez votre ticket sur le comptoir pour un *espresso,* sinon l'attente risque d'être plus longue.
– Vous passerez pour un touriste si vous commandez un ***cappuccino après 11h.***
– L'addition est presque toujours majorée du ***pane e coperto*** (1-3 € par personne).
– La ***pasta*** fait partie intégrante du repas : on la mange systématiquement en « *primo* », avant le plat principal.
– Dans la plupart des hôtels, un cordon – signalé par un discret panneau – pend au long du mur de la douche ou de la baignoire. Un dispositif de sécurité imposé par la loi, en cas de malaise : une traction déclenche une ***sonnerie à la réception.*** Mais vu le nombre de clients qui pensent que c'est le cordon de la ventilation, voire une corde à linge... il est plutôt rare que quelqu'un prenne la peine de se déplacer.
– Dans les églises, les sacristains sont souvent remplacés par des ***tirelires électriques*** (en général 1 €) pour éclairer les chefs-d'œuvre.
– ***Il pisolino*** (la sieste) fait partie des traditions italiennes depuis l'Antiquité (surtout vivace dans le sud du pays). L'été surtout, la ville s'endort après le déjeuner. Les boutiques ferment, la circulation ralentit et les travailleurs de la 6e heure (*sexta hora,* qui a donné « sieste ») sont l'exception. Le plus sage, après tout, serait pour le visiteur de suivre ce rythme réputé reconstituant pour l'esprit et le corps.

NON È VERO, MA CI CREDO !

« Même si ce n'est pas vrai, j'y crois ! », voici le rapport qu'entretiennent bon nombre de Napolitains avec les superstitions et les fétiches. Il n'y a pas que le 13 qui porte malheur, le 17 est aussi à éviter. La corne d'abondance rouge vif (en corail, en terre cuite ou même en plastique) est censée protéger contre le mauvais œil – la iettatura.

– ***La passeggiata*** (la promenade). Dans le Sud, entre 18h et 20h, la rue principale se gonfle d'une foule extraordinaire qui la monte et la descend en un rite immuable. On voit et on se fait voir, paré des vêtements à la dernière mode, tout en saluant et en dévisageant. Pour l'observateur étranger, c'est l'une des images les plus évocatrices de la vie citadine et surtout villageoise, du pittoresque en goguette, en quelque sorte ! La rue est avant tout un lieu social pour échanger les dernières nouvelles.
À Naples, on l'appelle *lo struscio,* un vieux terme qui désigne le fait de bien s'habiller pour être vu en société.

ÉCONOMIE

Situation napolitaine

Le faste d'une Naples riche et puissante, comme elle l'a été pendant près de 5 siècles grâce au commerce, est maintenant révolu. La ville garde cependant des vestiges prestigieux de cette époque, comme l'imposante piazza del Plebiscito.
Aujourd'hui, c'est l'***infiltration de la Mafia dans l'économie napolitaine*** qui demeure un vrai problème (voir plus loin la rubrique « Mafia »). À Naples, la Camorra règne. La Mafia est un fléau omniprésent, soutenue par les hommes politiques qu'elle a mis au pouvoir.
Drogue, prostitution, construction, contrefaçon, traitement des déchets... le poids économique de ces organisations criminelles est énorme. Elles décrochent régulièrement des appels d'offres publics ou privés. Leur technique ? Investir dans des entreprises légales afin d'exercer une emprise sur certaines industries. Mais leur pouvoir ne s'exerce vraiment que dans les régions dont les différents clans sont issus, comme la Campanie ou Naples. Cette mainmise de la Mafia explique en partie la frilosité des investisseurs à s'installer dans le Sud. Par ailleurs (et c'est une bonne nouvelle), les commerçants rackettés essaient de se « rebeller » et créent des mouvements « anti-*pizzo* »... à leurs risques et périls. Le parlement italien tente d'apporter toutefois une plus grande aide aux témoins, aux « repentis » et à leur famille.
Pour éviter le racket ou tout simplement le fisc, beaucoup d'habitants se sont tournés vers le travail au noir. À l'heure du paiement électronique, généralisé à toute l'Europe, c'est l'argent liquide qui règne en maître à Naples. Les travailleurs ne sont pas déclarés ou les heures supplémentaires non payées. L'***économie souterraine*** est un véritable fléau pour l'économie du Sud, car elle représente un gros manque à gagner pour l'État, et un manque de sécurité pour les travailleurs.
Enfin, situation classique, le Sud voit également beaucoup de ses jeunes diplômés « monter » vers Rome pour augmenter leurs chances de trouver du travail... Bref, ce ne sont malheureusement pas les soucis qui manquent pour le Mezzogiorno...
Les travailleurs étrangers, eux aussi poussés vers l'économie informelle, encouragent ainsi un système où la frontière entre le légal et l'illégal est de plus en plus opaque.
« Mais que fait la police ? » Pas assez, répondraient les Napolitains. Même si les arrestations des mafieux se multiplient, la police se fait rare sur le terrain.

La carte du tourisme

Le tourisme représentait avant la crise de la Covid-19 environ 10 % du PIB de l'Italie (contre 2 % pour l'agriculture) et le pays figurait à la 5e place du podium mondial (env 65 millions de visiteurs en 2019). C'était un beau palmarès ! Reste à espérer que la distribution tant attendue des vaccins permette un retour à la normale. D'autant que la Campanie en a bien besoin. Prisée par les touristes (français, anglais et allemands notamment), c'est une région qui souffre quand même un peu de son image, véhiculée par les histoires mafieuses qui font

régulièrement la une des journaux. Le séjour moyen du visiteur est de 3-4 jours dans la ville, poursuivi ensuite vers la côte amalfitaine, les îles ou le site archéologique de Pompéi. Il n'empêche que Naples recèle de nombreux atouts touristiques, climatiques, géographiques, culturels et culinaires, sans compter la proximité des sites archéologiques (20 mn en train suffisent pour rejoindre Pompéi ou Herculanum) et celle des îles du golfe de Naples (Capri, Ischia et Procida). Les vols *low-cost* en provenance de plusieurs villes européennes en font une destination facile et accessible.
Par ailleurs, au-delà de cette carte postale idéale, il est désolant de constater l'état dans lequel sont parfois les musées, les églises et autres sites culturels. Les coupes budgétaires, à l'origine de cette situation, sont un véritable bras de fer entre l'État, la région et la ville. Et c'est la culture qui en pâtit ! Faute de personnel, il est courant de trouver porte close ou de visiter un musée dont seulement la moitié des salles sont ouvertes... Heureusement, les retraités assurent bénévolement les visites et la surveillance des sites. Naples est une ville magnifique mais, à force de négligence, elle pourrait perdre de son éclat...

ENVIRONNEMENT

En Italie, les scandales écologiques sont nombreux et la main de la Mafia jamais bien loin (comme l'investissement massif dans les énergies renouvelables).

La question de la gestion des déchets à Naples et en Campanie

Ce problème grave est loin d'être réglé car on estime que Naples étouffe aujourd'hui encore sous 3 000, voire 4 000 t d'ordures. Pourtant, dès 1994, les autorités italiennes avaient tiré la sonnette d'alarme, décrétant un état d'urgence pour la gestion des déchets. En novembre 2010, la Commission européenne a même menacé de sévir contre l'Italie pour la contraindre à fermer et assainir les milliers de ***décharges illégales*** présentes sur son territoire. Condamnée plusieurs fois entre 2007 et 2012, l'Italie s'est vu infliger une amende de 40 millions d'euros en décembre 2014 pour la quarantaine de décharges illégales restantes. Mais en Italie, faute d'incinérateurs et face aux populations qui se mobilisent contre l'extension des décharges à ciel ouvert, la politique de traitement des ordures reste compliquée.
Surtout, dès les années 1980, la Camorra a compris que l'écologie représentait un secteur très lucratif, elle a diversifié ses activités en s'emparant du secteur du traitement des ordures, avec la complicité intéressée d'hommes politiques locaux. Aujourd'hui, grâce aux subventions de l'État et de l'Union européenne, ***le traitement des ordures est un marché plus lucratif que celui de la drogue*** ! Son chiffre d'affaires représentait 20,5 milliards d'euros, selon un rapport publié à Rome par l'organisation italienne de défense de l'environnement Legambiente. Comme le souligne Franco

LA MAFIA ET LES DÉCHETS

La gestion des déchets se révèle une activité idéale pour la Mafia : d'abord, elle emploie une main-d'œuvre peu qualifiée. Ensuite, les camions utilisés nécessitent des investissements lourds (argent recyclé). Le tri sélectif est payé cher... mais ne sera pas effectué à terme. Enfin, c'est encore la Mafia qui gérera la dépollution des sols.

Roberti, le procureur responsable de la lutte antimafieuse : « ***Pour la Camorra, les déchets sont de l'or.*** » Résultat, la région grouille de décharges sauvages et le désastre écologique s'exporte au-delà des frontières italiennes : c'est en Roumanie qu'on trouvera bientôt la plus grande décharge de Naples. Ceux qui trinquent, ce sont les populations, et l'environnement bien sûr. Odeurs pestilentielles, rats, sols et nappes phréatiques contaminés pour des siècles, empoisonnement du bétail. Une étude commandée par le parlement italien a confirmé en 2015 ce que tous craignaient, le taux de cancers est bien plus élevé que la normale dans la région de Naples, à proximité des décharges sauvages de déchets toxiques.
Pour répondre à la crise, le gouvernement a planifié la mise en place de ***nouveaux incinérateurs*** et décharges.

GÉOGRAPHIE

Si la Campanie est loin d'être la plus grande région d'Italie (12e sur 20), elle est la 2e la plus peuplée. Sa population, plutôt active, vit dans une région bordée par la côte amalfitaine à l'ouest et l'Apennin à l'est. Entre ces 2 frontières naturelles s'étendent des collines et des plaines aux cultures intenses. Façonnées par les cendres volcaniques (du Roccamonfina et du Vésuve), ces terres bénéficient d'un climat propice, d'installations séculaires et de la proximité de Naples. Ainsi on trouve d'intenses cultures de céréales, de vignobles, d'oliviers, mais aussi d'orangers, de citronniers et d'abricotiers.

HISTOIRE

Aux origines était la Grande Grèce (VIIIe s-IIIe s av. J.-C.)

Une vieille légende grecque raconte que les Centaures (mi-hommes, mi-chevaux) arrivèrent au ***pays des Sirènes*** (ce serait l'actuel golfe de Salerno). Subjugués par leurs chants, ils en oublièrent de boire et de manger, et moururent d'inanition. Homère parle des mêmes sirènes qui tentèrent de retenir ***Ulysse*** au cours de son interminable odyssée en Méditerranée. Suivant les traces d'Ulysse, les 1ers colons grecs (venus de Corinthe et d'Eubée) s'installent vers 775 av. J.-C. à Pithécusses (île d'Ischia, face à Naples).
Qui sont ces Grecs ? Souvent les vaincus des innombrables guerres, des victimes de la tyrannie, des survivants de famines, des cadets de famille à la recherche d'une nouvelle vie, des pionniers qui fuient leur pays et n'y reviendront jamais.
L'implantation de ces Grecs dans le sud de la péninsule s'accroît : ***Tarente*** (cité « spartiate »), ***Metaponte, Crotone, Sybaris*** (riche cité luxueuse et « voluptueuse »), ***Cumes, Locres*** et ***Rhegion*** (Reggio de Calabre) sont fondées dans la 2de moitié du VIIIe s av. J.-C. Les colons de ***Cumes*** (Cuma) créent ***Parthénopé*** (future Neapolis, qui deviendra ensuite Naples) sur la colline de Pizzofalcone, là où les flots avaient déposé le cadavre de la sirène Parthénope, au corps d'oiseau, désespérée de ne pas avoir séduit Ulysse...
Au VIIe s av. J.-C., des Achéens de Sybaris établissent à leur tour ***Poseidonia*** (les Romains la rebaptiseront Paestum) sur la côte tyrrhénienne (sud de Salerno). D'autres Grecs, de Phocée (ceux-là mêmes qui bâtirent Marseille), fondent ***Élée*** (Velia), où naîtra ***Parménide,*** l'un des pères de la philosophie grecque. Il est le 1er à découvrir la sphéricité de la terre avec ***Pythagore*** (« 1er maître universel » selon Hegel) qui, vers 530 av. J.-C., s'installe à Crotone.
Les Grecs introduisent en Italie du Sud la culture de la vigne et des oliviers. Ils construisent des cités autonomes dans des régions fertiles, proches de la mer. Ils apportent aussi leurs dieux, leurs rites, leur art et leur civilisation. Le génie grec

s'exprime dans l'architecture exceptionnelle des sanctuaires et des temples autour desquels la cité s'organise. L'agora de Sybaris est la plus vaste de la Grande Grèce. Une canalisation souterraine amène le vin jusqu'à la côte d'où il est ensuite exporté vers la Grèce...

Les rivalités entre cités grecques, les guerres contre les Samnites, la pression des Lucaniens, l'expansion des Romains (venus du Nord) vont peu à peu provoquer le déclin de la Grande Grèce. Rome conquiert Tarente en 272, Reggio de Calabre en 270 et Brindisi en 267. Ces conquêtes romaines marquent la fin de l'indépendance de la Grande Grèce, qui devient vassale de Rome.

CÉSAR BILINGUE

Comme beaucoup de membres de l'élite romaine, César parlait grec, et non latin comme le peuple. En revanche, il écrivit La Guerre des Gaules *en latin, pour que ce récit à sa gloire puisse bien être compris par tous.*

La domination romaine (IIe s av. J.-C. jusqu'au Ve s apr. J.-C.)

En 80 av. J.-C., Sylla, maître de l'Italie du Sud, impose l'organisation romaine à toutes les villes conquises. La via Appia et la via Latina relient le grand Sud à Rome, nouveau centre du pouvoir. Rome organise le pays à sa sauce.

Petite revue de détail : le gouvernement de la République romaine repose sur l'équilibre des pouvoirs, fruit d'un contrôle mutuel du Sénat, des magistratures et des assemblées populaires. Les magistrats (consuls, prêteurs, édiles, questeurs, prêtres, puis, à compter de 493 av. J.-C., les tribuns de la plèbe), élus par le peuple (comices centuriates et comices tributes), exercent le pouvoir exécutif sous la tutelle du Sénat, qui représente l'autorité permanente.

À l'extérieur, la République romaine étend peu à peu son pouvoir. À l'aube du IIIe s av. J.-C., elle exerce son autorité de la plaine du Pô à la mer Ionienne avant de lancer la conquête du Bassin méditerranéen, en commençant par la Sicile. En moins de 40 ans, Rome acquiert ainsi la Macédoine, l'Asie Mineure, l'Afrique du Nord, l'Espagne, et contrôle totalement la péninsule.

Les derniers soubresauts de la République

L'hellénisation des arts, de la langue, de la culture, ainsi que l'enrichissement des élites romaines et la montée des grandes familles plébéiennes creusent le fossé les séparant du peuple, ruiné par des guerres incessantes. Les grandes conquêtes ayant perturbé l'équilibre économique, Rome s'en va vers une grave crise sociale, qui causera la chute de la République. En 60 av. J.-C., 3 consuls, Crassus, Pompée et César, forment le 1er triumvirat ; pour César, la route vers le pouvoir est désormais ouverte. Nommé proconsul des Gaules en 59 av. J.-C., il dirige avec succès la campagne contre les Gaulois. De retour dans la cité, il entreprend une série de réformes tendant à rétablir un peu d'ordre et de justice en faveur du petit peuple et des paysans. Nommé dictateur à vie en l'an 44 av. J.-C., il aurait probablement instauré à Rome une démocratie à la grecque s'il n'avait pas été assassiné la même année par

CHAUVE QUI PEUT !

César était très préoccupé par la perte de ses cheveux. Il fit voter par le Sénat une loi l'autorisant à porter en permanence une couronne de lauriers, pour cacher sa calvitie. Un attribut certes honorifique mais surtout pratique. Il ramenait sur son front les rares cheveux qui lui restaient à l'arrière. Sa copine Cléopâtre, qui était de mèche, lui préparait une décoction à base de graisse d'ours et de souris grillées. Bonjour l'odeur !

une conspiration de jeunes aristocrates dont son propre fils adoptif, Brutus, qu'il reconnut avant de s'effondrer, victime de 23 coups de poignard.

Le 1er Empire

Après la mort de César, le monde romain connaîtra un moment de flottement avant qu'Octave (le futur empereur Auguste), le neveu de César, puisse s'imposer. Son principal rival, Marc-Antoine, ancien lieutenant du dictateur, maître de Rome après l'assassinat, sera définitivement battu à Actium en l'an 31 av. J.-C. Voir le péplum *Cléopâtre* de Joseph Mankiewicz, avec Liz Taylor et Richard Burton, qui retrace parfaitement cette tumultueuse histoire.

Pour la 1re fois, toutes les terres bordant la Méditerranée appartiennent à un même ensemble politique. Octave, à qui le Sénat décerne le titre d'*Augustus* le 16 janvier 27 av. J.-C., tente d'en faire un État unifié et d'y instaurer un ordre nouveau. Il commence par garantir les frontières et réorganiser l'administration des provinces. La longueur de son règne (47 ans !) lui permet d'édifier, lentement mais sûrement, la nouvelle civilisation impériale (lui et ses successeurs prendront le titre d'*Imperator* comme prénom).

PRÊTER SERMENT

Dans l'Antiquité, on prêtait serment en posant la main droite non pas sur la Bible, mais sur ses testicules. Voilà pourquoi les attributs masculins ont pour origine latine testis*, qui signifie « témoin ».*

Si les empereurs romains (César, Auguste, Néron, Caligula) résidaient à Rome, centre du pouvoir politique, ils possédaient ***des résidences d'été aux environs de Naples,*** à Baia dans la baie de Pozzuoli (Pouzzoles). C'était la « riviera impériale », et Baia fut le « Saint-Tropez » de la Rome des empereurs et de la cour. Tibère mena une vie de débauche dans sa villa de Capri...

Le « siècle d'Auguste » verra le triomphe de la littérature latine classique : Virgile (mort à Naples, son tombeau y est toujours), Tibulle, Properce, Ovide et Tite-Live.

L'âge d'or de l'Empire romain et son déclin

L'apogée de l'Empire romain se situe autour du règne des empereurs de la dynastie des Antonins : Nerva, Trajan, Hadrien, Antonin et Marc Aurèle, période qui va de l'an 96 à l'an 192 apr. J.-C.

En 180, le fils de Marc Aurèle, ***Commode*** – qui ne l'était pas du tout –, se tourne vers un régime absolutiste et théocratique. On assassine beaucoup à cette époque, et être empereur devient presque une garantie de ne pas mourir dans son lit. Commode sera d'ailleurs trucidé dans son bain le 31 décembre 192. Entre-temps, et ce depuis les dernières années du régime de Marc Aurèle, les Barbares s'agitent aux limites de l'Empire (Orient et Germanie), et certaines garnisons commencent à devenir nerveuses, allant parfois jusqu'à se soulever.

À partir des années 230 apr. J.-C., ***l'Empire subit un assaut généralisé de la part des Barbares*** du monde germanique, mais aussi du nouvel empire perse des Sassanides. À plusieurs reprises, Alamans, Francs, Goths et Perses ravagent les provinces, sans toutefois déstabiliser l'Empire. Avec Aurélien et les autres empereurs illyriens (268-285), l'Empire semble même retrouver un 2d souffle. Pour faire face à ces menaces extérieures, Dioclétien marquera le siècle en instaurant

POLTRON

*À l'époque romaine, les peureux qui ne voulaient pas aller à l'armée se mutilaient pour être inaptes à manier les armes. Ils se coupaient le pouce (*polex truncatus* = « pouce coupé »), d'où le mot « poltron ».*

la tétrarchie : 2 Auguste et 2 César se partageant le pouvoir sur l'empire trop étendu pour être (bien) dirigé par une seule tête.

Le Moyen Âge et les Lombards

Du nord de l'Italie, les ***Lombards*** descendirent jusqu'au sud en fondant le duché de Bénévent. Le duché comprenait, grosso modo, la région Campanie (à l'exception de la ville de Naples), la Basilicate, les Pouilles et la Calabre (sauf la pointe extrême de la Botte et celle du talon, qui appartenaient au royaume des Deux-Siciles).
Son duc, Arechi, ne se convertira jamais au christianisme, tout en faisant preuve d'une grande tolérance envers les communautés religieuses de la Lucanie. Alors, lorsque le ***Concile de l'an 731*** condamne les iconoclastes d'Orient, plusieurs moines basiliens s'exilent et trouvent asile dans la région. Ils développent ainsi l'économie et l'agriculture, laissées à l'abandon par le peuple guerrier. À partir de 774, grâce à l'intervention des Francs, les Lombards gardent ce territoire comme leur seul avant-poste en Italie. Le duché se fragmente peu à peu du fait des guerres de succession des Lombards.
Affaiblie, affamée, la région devient une proie facile pour les Sarrasins, qui conquièrent Taranto avant de se diriger vers l'intérieur (l'actuelle Basilicate). Pour se débarrasser des musulmans, le roi Ludovic II demande l'aide de Byzance, qui en profite pour reprendre le contrôle de la côte des Pouilles, de Salerno et du Bénévent ! Les Lombards deviennent un souvenir lointain... pendant que les moines et les Byzantins développent la culture de l'olivier et de la vigne.
Totalement fragmenté, il faudra attendre l'an 1000 et l'arrivée des chevaliers normands pour redonner une unité à ce grand territoire.

Charlemagne et son grand empire

L'an 771 voit l'avènement de ***Charlemagne,*** qui finit par écraser les Lombards et conquérir la moitié nord de l'Italie (774). Autoproclamé roi des Lombards, il sera sacré ***empereur d'Occident*** par le pape Léon III, le 25 décembre de l'an 800 (joli cadeau de Noël !). À la mort de Charlemagne, son fils Louis le Pieux hérite d'un territoire qui s'étend de la mer du Nord à l'Italie, et de l'Atlantique (plus l'Èbre sous les Pyrénées) aux Carpates (Elbe et Danube). Miné par les querelles intestines et une incapacité à lutter contre les raids vikings, cet empire carolingien est divisé en 843 entre les 3 petits-fils du grand homme à la barbe fleurie. Une fois le royaume de Lothaire Ier disparu (Lotharingie), ce partage est à l'origine de 2 pôles majeurs de l'Europe médiévale : le royaume de France et le Saint-Empire. Bien plus tard, Frédéric Ier Barberousse entérinera son héritage en prenant Naples en 1162, et en faisant reculer les hordes de Normands qui avaient envahi la région.
Par ailleurs, plusieurs cités s'organisent en minirépubliques indépendantes, gouvernées par une aristocratie « locale ». C'est dans cet état d'esprit de compétitivité que s'épanouit la Renaissance.

Le royaume de Sicile

C'est l'un des royaumes les plus anciens d'Italie et aussi l'un des plus étendus. Il fut, au fil des siècles, exploité tour à tour par de grandes puissances, comme la France ou l'Espagne.

Les Normands

À l'arrivée des Normands, le Mezzogiorno est miné par les conflits entre petits seigneurs locaux. ***Roger II de Hauteville*** profite de la situation géopolitique instable pour conquérir, peu à peu, toute l'Italie du Sud. En 1091, il chasse les musulmans de Sicile et, en l'an 1130, il se fait proclamer par le pape Anaclet II, roi de Sicile, des Pouilles et de Calabre. Le règne normand s'achèvera avec ***Frédéric II de Souabe.***

***Frédéric II de Souabe* (1194-1248)**

En 1197, le jeune Frédéric hérite du royaume de Sicile par sa mère et du Saint-Empire romain germanique par son père. Pas mal à l'âge de 3 ans ! Le royaume et l'Empire sont confiés à son tuteur, le pape Innocent III. Finalement couronné empereur en 1209, Frédéric II de Souabe se rend vite compte de l'étreinte du pape, très concerné par la politique ! Lié par une promesse à Innocent III d'entreprendre une croisade contre les Turcs, il profite de la mort du pape pour oublier son engagement, puis organise l'expédition mais l'annule prétextant une épidémie. Le nouveau pape, Grégoire IX, l'excommunie sur-le-champ (il le surnommait « l'Antéchrist », c'est dire !). Frédéric II obtient plus tard la levée de cette mesure... en capturant le pape. Ce jeu du chat et de la souris avec la papauté continuera durant tout le règne de Frédéric (il est excommunié 2 fois par Grégoire IX et une fois par Innocent IV !).
Frédéric II meurt le 13 décembre 1250. Il aura été un personnage « illuminé », en favorisant, à sa cour sicilienne, la littérature en langue vulgaire et le mélange de cultures entre chrétiens et musulmans.

***La dynastie des Anjou* (1268-1442)**

À la mort de Frédéric II, son royaume se partage entre son fils Manfred et son neveu Conradin de Souabe, qui continuent la politique anti-ecclésiastique de leur prédécesseur. Pour se venger, le pape Clément IV favorise la descente en Italie de ***Charles d'Anjou,*** le frère de Louis IX (Saint Louis, si vous préférez). Couronné en 1266, Charles Ier d'Anjou, nouveau roi de Sicile, écrase les troupes de Manfred à Bénévent. Pour mettre fin à la dynastie des Hohenstaufen en Italie du Sud, il fait décapiter Conradin, sur la piazza del Mercato à Naples. Cruel, le maître angevin emprisonne 30 ans durant les 3 fils de Manfred (Henri, Frédéric et Enzo) à ***Castel del Monte,*** puis à Naples.
Les Anjou règnent sur tout le sud de l'Italie. Ils demeurent à Naples au Castel Nuovo, que les Napolitains surnomment toujours le château angevin ***(Maschio Angioino).*** La cour des Anjou de Naples est l'une des plus brillantes d'Europe : le peintre Giotto y séjourne ainsi que le poète Pétrarque. Malgré la faveur papale, les Anjou perdent la Sicile en 1282, qui revient aux Aragon sous Pierre III. Dès lors, il y aura un royaume de Naples et un de Sicile.
Les Anjou restent au pouvoir à Naples jusqu'en l'an 1442, lorsque ***Alphonse d'Aragon*** reconquiert Naples en réunifiant le royaume.

***Le royaume de Naples sous la domination espagnole* (1504-1713)**

En 1504, le mariage de Ferdinand le Catholique avec Isabelle de Castille unit le royaume de Naples à celui d'Espagne. Naples (et le Sud) devient alors pour 2 siècles une province gouvernée par un vice-roi.
C'est une période de pauvreté pour le royaume, car la *Real Corona* ne fait que lui imposer de fortes taxes sans développer une politique économique. La ville de Naples s'agrandit de plus en plus, du fait des migrations dues à la famine dans le sud de la Botte. Surtout en Calabre, où la pauvreté est telle que ses habitants s'allient aux pirates turcs pour subsister. En 1516, à la mort de Ferdinand d'Aragon, Charles Ier d'Espagne, futur Charles Quint, devient roi de Naples sous le nom de Charles VIII. Il est l'ennemi juré de la France ! Face à la menace turque, Charles Quint fait construire, en 1535, tout au long de la côte, des tours pour veiller sur son royaume.
Le niveau de vie du peuple est, quant à lui, très bas et Naples connaîtra 2 épidémies de peste consécutives (en 1529 et 1530). Les conditions socio-économiques se détériorent de plus en plus. La révolte couve !

***La révolte de Masaniello* (1647)**

Le 7 juillet 1647, le peuple napolitain, exaspéré par les taxes incessantes du gouvernement espagnol, s'insurge sur la piazza del Mercato au cri de : « Vive le roi

d'Espagne, mort au mauvais gouvernement *(il malgoverno) !* » Pendant plusieurs jours, la colère populaire se reporte sur les nobles ; un comité des Révoltés s'organise et s'établit dans l'église del Carmine.
Emmenés par un jeune poissonnier, ***Tomaso Aniello, dit « Masaniello »,*** les *lazzaroni* (en v.f., des « canailles ») envahissent le palais royal, brûlent les dossiers du bureau des taxes et ouvrent les prisons. Inspiré par un prêtre, don Giulio Genoino, Masaniello oblige le vice-roi, duc d'Arcos, à accorder une Constitution populaire inspirée de celle de Charles V.
Le petit poissonnier commence à fréquenter les hautes sphères du pouvoir napolitain. Élu « capitaine général du très fidèle peuple », il donne des signes de déséquilibre mental, commande des exécutions arbitraires, tient des propos irrationnels. Certains historiens imaginent qu'il aurait été drogué lors de banquets avec les Espagnols ; d'autres, qu'il aurait simplement été dépassé par cette brusque ascension sociale. Le 16 juillet, après un discours insensé, en proie au délire, il fuit vers l'église del Carmine, où il est tué en embuscade : décapité, sa tête est apportée au vice-roi tandis que ses restes sont jetés dans les égouts. Toutefois, le peuple recompose son corps pour lui donner une juste sépulture. Ferdinand IV, un siècle plus tard, éparpillera de nouveau son cadavre pour éloigner l'adoration et les idées qu'il avait engendrées. Le fait est qu'il reste l'une des figures marquantes de la ville de Naples.

Naples au XVIIIe s : les Bourbons et les splendeurs du Baroque

L'âge des Lumières sous Charles III

En 1700, le duc d'Anjou, petit-fils de Louis XIV (un Bourbon, donc), monte sur le trône d'Espagne sous le nom de Philippe V. Les traités d'Utrecht (1713) et de Rastatt (1714) mettent fin à la guerre de Succession d'Espagne et donnent le royaume napolitain aux ***Habsbourgs d'Autriche.*** Ces derniers le conserveront jusqu'en 1734, quand Charles de Bourbon conquiert, grâce à sa mère, le vice-royaume et en proclame l'autonomie. Le même souverain devient Charles VII, roi de Naples, puis ***Charles III d'Espagne*** en 1759.
Pendant son règne sont prises quelques mesures réformistes, très appréciées par les historiens du XIXe s, essentiellement parce qu'elles remettent en cause le pouvoir du pape. Ce dernier prétendait que le royaume était vassal du Saint-Siège. Que nenni ! Conséquemment, les biens de l'Église seront soumis à impôts et les églises ne pourront plus offrir asile aux délinquants. La création à l'université de Naples d'une chaire d'économie, sans doute la 1re au monde, vaut à Charles III l'admiration des intellectuels... Que de chamboulements pour l'époque ! Il a un penchant pour l'immobilier, et l'argent de l'État servira à la construction de son palais à Capodimonte et de ses villas à Portici (son fils suivra sagement son exemple avec la Reggia de Caserta). C'est une période assez heureuse pour les Napolitains, qui ne subirent ni cataclysme naturel, ni famine, ni épidémie... Le paradis, en somme !

La République parthénopéenne de 1799

Quand le général Bonaparte lance sa campagne d'Italie le 11 avril 1796, il n'imagine pas qu'il sera à l'origine d'un bouleversement politique et stratégique.
En 1798, le ***général Championnet*** s'empare de Naples. Le roi Ferdinand IV et la reine Marie-Caroline se réfugient à Palerme (Sicile) sous la protection de la flotte britannique commandée par l'***amiral Nelson.*** En 1799, un gouvernement républicain d'orientation jacobine est proclamé à Naples après l'entrée des Français dans la ville. Le drapeau bleu-rouge-jaune flotte sur la ville. Championnet nomme un Conseil provisoire pour abolir la féodalité et établir une Constitution. Si la République parthénopéenne rencontre des partisans à Naples, la situation n'est pas si

facile dans le reste du royaume des Deux-Siciles. Championnet est bien apprécié des Napolitains : imaginez, il parle un bon italien et invoque San Gennaro, qui fait des miracles ! L'état de grâce ne dure pas. Le Directoire envoie Faipoult, qui inflige de nouveaux impôts et déclare que tous les biens de la Couronne, y compris Pompéi et Herculanum, appartiennent à la France... Le peuple est choqué. Le Directoire rappelle Faipoult et envoie Macdonald, qui méprise les Napolitains...
Dans le même temps, le ***cardinal Fabrizio Ruffo,*** avec l'accord du roi Ferdinand IV, débarque avec des soldats en Calabre. En identifiant les jacobins aux propriétaires terriens, il obtient l'aide du peuple et reconquiert la Basilicate et les Pouilles. Lorsque les troupes de Napoléon sont battues en Lombardie, les Français laissent les républicains de Naples et du Sud capituler, seuls qu'ils sont face au cardinal et à l'armée de la Santa Fede (Sainte Foi). Néanmoins, la capitulation n'est acceptée ni par l'amiral Nelson (qui avait appuyé les bateaux des Bourbons) ni par le roi. Nelson ordonne une répression atroce et vise l'élite de la société : savants, juristes, artistes, intellectuels, descendants des plus grandes familles de la noblesse napolitaine... Plus de 100 républicains sont décapités ou pendus, 1 100 condamnations à de lourdes peines de prison sont prononcées...
Parmi les victimes de cette répression, le musicien Cimarosa, qui avait composé l'hymne de la République parthénopéenne, échappe de peu à l'exécution et doit s'exiler à Venise...

***Naples et le Sud italien sous domination française* (1806-1815)**

En 1802, le traité d'Amiens prévoit le départ des Français de Naples, mais l'ambition napoléonienne sur l'Italie demeure vivace. Le roi bourbon Ferdinand IV revient à Naples après 3 années d'exil. Devenu empereur en 1805 sous le nom de Napoléon Ier, le maître de l'Europe s'autoproclame à Milan « roi de toute l'Italie ». Finalement, les coalisés contre la France (Angleterre, Autriche, Russie et Suède) quittent Naples, et le roi Ferdinand se retrouve seul à nouveau devant son ennemi juré. Il veut négocier avec l'empereur, qui refuse et envoie son frère Joseph à Naples.
En 1806, ***Joseph Bonaparte*** devient roi de Naples. Le roi bourbon se réfugie de nouveau en Sicile. Napoléon place ses hommes à la tête des villes conquises : Talleyrand à Bénévent, Macdonald à Tarente, Fouché à Otrante, Bernadotte à Pontecorvo, Oudinot à Reggio... Le beau-frère de Napoléon, ***Joachim Murat,*** succède à Joseph comme roi de Naples de 1808 à 1815. Il réorganise l'administration, construit de nouvelles routes, aime les Napolitains mais soumet le peuple à de trop lourds impôts pour l'entretien des armées d'occupation. Murat termine son éphémère carrière de souverain en s'alliant avec l'Autriche... donc contre la France et Napoléon. Il est fichu ! Écarté du trône après 1815, il gagne le maquis corse et tente de récupérer sa couronne perdue par les armes. En débarquant en Calabre, il est arrêté, condamné pour incitation à la guerre civile contre les Bourbons, condamné à mort et fusillé le 13 octobre 1815.

Le Sud italien : 3e puissance mondiale au XIXe s ?

En 1856, Naples et le royaume des Deux-Siciles furent déclarés « 3e puissance mondiale » par des experts européens. 9 millions d'habitants, près de 5 000 industries employant 51 % des actifs de la péninsule, une flotte marchande de 9 174 bateaux, et une réserve en or 2 fois supérieure à celle des autres États italiens tous réunis... La mortalité infantile la plus basse d'Europe, une vie culturelle intense avec 15 théâtres ouverts chaque soir à Naples. La prospère économie du Sud s'effondra après la réunification de l'Italie en 1860. Turin devint la capitale de l'Italie unifiée et Naples passa du statut de capitale d'un royaume à celui d'une ville secondaire. La mainmise du Nord provoqua en grande partie la ruine du grand Sud, la délocalisation des activités vers le Nord frappant de plein fouet cette puissante région.

Les lois régissant le royaume des Deux-Siciles furent abolies. Le maintien de l'ordre fut assuré par des anciens criminels amnistiés. Ce fut le début du déclin de l'Italie du Sud. L'immigration vers l'étranger devint, pour les plus pauvres, l'une des solutions pour échapper à ce marasme.

L'unité italienne et la mainmise du Nord sur le Sud

Camillo Benso ***Cavour*** crée en 1847 le journal *Il Risorgimento,* modéré et libéral. Appelé à jouer des rôles ministériels sous les rois Charles-Albert puis Victor-Emmanuel II, il devient le véritable maître de la politique piémontaise. Il fonde une société au sein de laquelle un autre jeune homme va très vite se distinguer dans cette marche vers l'indépendance : ***Garibaldi.*** Né à Nice en 1807, Giuseppe Garibaldi est contraint de s'exiler au Brésil en raison de ses sympathies politiques. Après ce séjour aux Amériques, où il prend part à une insurrection brésilienne et combat pour l'Uruguay, il revient en Italie d'abord en 1848, échouant militairement, puis en 1854, aux côtés de Cavour. Peu à peu se dessine la force qui va expulser les Autrichiens.

Le 14 janvier 1858 se produit un autre événement : la tentative d'assassinat de Napoléon III par Orsini. Avant d'être exécuté, Orsini écrit à Napoléon III pour le supplier d'intervenir en faveur de l'unité italienne. Impressionné par la teneur de la lettre, l'empereur conclut un accord avec Cavour : ***la France fournira 200 000 hommes pour aider à la libération, mais, en échange, le Piémont cédera la Savoie et le comté de Nice à Napoléon III.*** Un peu réticent au début, Cavour réalise plus tard la nécessité de ce sacrifice. En 1859, Garibaldi lève une armée de 5 000 chasseurs et vainc les Autrichiens à Varese et à Brescia. L'année suivante, il s'empare de la Sicile et de Naples grâce aux Chemises rouges, une armée formée de volontaires internationaux. Élu député par la suite, Garibaldi entrera en conflit avec Cavour au sujet de la cession du comté de Nice (et pour cause, c'est sa ville natale !) aux Français, puis à propos du problème des États pontificaux.

Les 1ers pas de la Botte (presque) unifiée

Victor-Emmanuel II est proclamé roi d'Italie en mars 1861. Son royaume comprend – outre le Piémont et la Lombardie – la Romagne, Parme, Modène, la Toscane, le royaume des Deux-Siciles, la Marche et l'Ombrie. Il reste le problème de la Vénétie et de Rome, laissé en suspens avec la mort de Cavour. Victor-Emmanuel II prend la tête de l'armée italienne pour tenter de récupérer Venise. C'est un échec cuisant, mais, par un extraordinaire tour de passe-passe diplomatique (et la défaite des Autrichiens à Sadowa contre les Prussiens), Venise est remise à Napoléon III qui, à son tour, la cède aux représentants vénitiens ! Après un vote de 647 246 voix contre 69, Venise intègre l'union italienne, et le roi Victor-Emmanuel déclare : « C'est le plus beau jour de ma vie : l'Italie existe, même si elle n'est pas encore complète... » Il fait allusion à Rome, que les Français, pas plus que le pape, n'ont l'intention d'abandonner... Le 18 juillet 1870, le XXIe concile œcuménique proclame l'infaillibilité du pape. Bien que l'armée française se soit retirée du territoire en décembre 1861, les forces pontificales se composent largement de Français.

Le 16 juillet 1870, Napoléon III a la malencontreuse idée de déclarer la guerre aux Prussiens, et, le 4 septembre, la nouvelle de la chute de l'Empire français parvient en Italie. Les troupes pontificales baissent les armes devant les Italiens, et Rome tombe dans l'escarcelle de la jeune nation. Le gouvernement italien propose un acte connu sous le nom de ***loi des Garanties papales,*** où l'Italie reconnaît l'idée d'une Église libre dans un État libre, la personne du pape étant considérée comme sacrée. Il lui est accordé annuellement une somme de 3 225 000 lires, les propriétés du Vatican et du palais du Latran, ainsi que la villa de Castel Gandolfo. Il peut aussi entretenir une petite force pontificale : les fameux gardes suisses.

De 1870 à nos jours

L'entrée dans le XXe s

Un régime parlementaire est institué. À peine 10 ans après la fin des luttes pour l'unité, la droite se retrouve en minorité et la gauche arrive au pouvoir. L'Italie connaît alors de grosses difficultés : le fossé économique et culturel entre le Nord et le Sud se creuse encore et toujours alors que 80 % de la population rurale est illettrée. Au début du XXe s, l'ouvrier italien est l'un des plus mal lotis d'Europe, pourtant il travaille plus qu'ailleurs, quand il peut travailler.
Avec l'unification, la croissance démographique connaît son taux le plus haut. C'est une période de forte émigration : de 1876 à 1910, 11 millions de personnes émigrent, surtout vers les Amériques (États-Unis et Argentine en tête).

Mussolini et l'Italie fasciste : 1922-1945

ET MUSSOLINI VOULUT FAIRE EXCOMMUNIER HITLER

Mussolini avait peur que le Führer n'envahisse les régions germanophones d'Italie du Nord. En 1938, il demanda au pape d'excommunier Hitler, qui était de religion catholique. Et puis les 2 leaders fascistes se rencontrèrent à Rome. Peu après, ils signèrent « le Pacte d'acier », entraînant l'Italie dans la guerre.

Pendant la Grande Guerre (1914-1918), l'Italie se range aux côtés de la France et de l'Angleterre contre l'Autriche-Hongrie et l'Allemagne. Au traité de Saint-Germain en 1919 elle obtient le Haut-Adige et le Trentin, Trieste, l'Istrie et quelques îles de Dalmatie. De nombreuses grèves, et une forte poussée nationaliste, entraînent une instabilité politique. ***Mussolini*** pointe le bec. Tout d'abord socialiste convaincu, Mussolini s'oppose farouchement à l'intervention de l'Italie dans la guerre. Il se rétractera fin 1914 pour s'engager dans l'armée, mais une mauvaise blessure le contraint à se retirer du conflit. En novembre 1921, il fonde le Parti national fasciste. Dans le même temps, les milices *squadristi* (les funestes Chemises noires) font régner un climat de terreur auprès de ses opposants (syndicalistes, socialistes et communistes). L'Italie au bord du chaos, le *Duce* exige du roi Victor-Emmanuel III qu'il lui laisse le pouvoir. Le roi accepte et lui confie la constitution d'un nouveau gouvernement. Mussolini entreprend alors la « marche sur Rome » (octobre 1922) avec ses Chemises noires. Dans un 1er temps, le *Duce* et les siens donnent l'illusion d'un retour au calme ; un simulacre de prospérité qui profitera surtout à la petite bourgeoisie. Mais Mussolini durcit rapidement le ton.
À la Chambre des députés (le 30 mai 1924), le socialiste Giacomo Matteotti, qui avait dénoncé les abus de pouvoir des fascistes durant les dernières élections, est enlevé puis assassiné. Devant l'indignation des députés de l'opposition, Mussolini assume les pleines responsabilités de l'assassinat et s'engage ouvertement dans la dictature. En novembre 1926, il établit définitivement un régime totalitaire : suppression des syndicats, censure de la presse et mise en place d'une police politique (l'OVRA). Mussolini rêve de rivaliser avec les grandes puissances coloniales en se taillant un vaste empire. Il s'engage alors dans la conquête de l'Éthiopie. Rejeté par les démocraties occidentales, Mussolini trouve en ***Hitler*** un frère d'armes. Beaucoup plus faible que son allié allemand, le régime fasciste italien rencontrera au sein du pays une résistance ouverte dès 1941-1942. Occupée par les Allemands, l'Italie sera la 1re des forces de l'Axe à subir l'assaut des Anglais et des Américains. Mussolini, qui tentait de s'enfuir par la Suisse, sera attrapé par des partisans italiens le 28 avril 1945, fusillé et pendu la tête en bas à une potence, sur une place de Milan. Averti le jour même de cette fin humiliante, Hitler aurait (selon le témoignage de Goering au procès de Nuremberg) immédiatement peaufiné son testament avant de se suicider le lendemain, 30 avril 1945.

L'après-guerre

À l'issue de la guerre, l'Italie se trouve dans une situation dramatique : usines, réseau des chemins de fer, villes en ruine... Devenue république par référendum en juin 1946, après l'abdication de Victor-Emmanuel III et la mise à l'écart de son fils Umberto II, l'Italie connaît une vie politique particulièrement agitée. En 60 ans (entre 1947 et 2008), 60 gouvernements différents se succèdent ! Il est vrai que la Ire République italienne a rencontré bien des difficultés : extrémisme de gauche ***(les Brigades rouges)*** mais aussi de droite, de type néofasciste, corruption généralisée affectant les rouages de l'État et ses responsables, scandales divers (la loge secrète P2 et ses relations avec les banquiers du Vatican), et on en passe... Sans parler des remous sociaux, de la crise économique... L'Italie semble ingouvernable, livrée aux jeux d'alliances et à ses retournements...

UN PEUPLE HÉROÏQUE

Face aux exactions nazies (exécutions, rafles, déportations), les Napolitains chassèrent les Allemands bien avant l'arrivée des Alliés. Les résistants prirent armes et munitions d'une caserne, et la guérilla se propagea rue par rue, quartier par quartier. Le 29 septembre 1943, les Allemands libérèrent leurs prisonniers en échange de la possibilité de quitter la ville.

Dans les années 1990, l'État, apparemment décidé à se faire entendre, engage des actions : rigueur économique, opération « mains propres » conduisant à un grand nettoyage de la vie politique. Le socialiste ***Bettino Craxi*** en fera les frais, l'ancien président du Conseil se réfugie en Tunisie pour échapper à la justice. Il y restera jusqu'à sa mort. Giulio Andreotti (décédé en mai 2013), autre ancien président démocrate-chrétien du Conseil, est blanchi, faute de preuves, de l'accusation d'« association mafieuse » dont il faisait l'objet. Mais sa carrière politique est morte et sa formation politique balayée.

L'Italie se débarrasse de politiciens corrompus et de nouveaux visages apparaissent. Umberto Bossi, fondateur de la ***Ligue du Nord,*** cherche à fanatiser les Italiens du Nord autour d'un concept de Padanie indépendantiste, « pays » aux frontières incertaines. Nommé ministre à 2 reprises par ***Silvio Berlusconi,*** il démissionne en 2012 de ses fonctions de dirigeant du parti, accusé de détournement de fonds publics... De nouvelles têtes donc... à défaut d'idées nouvelles. La gauche revient au pouvoir en 1996 avec la volonté d'inscrire sa politique dans la durée. Mais « l'Olivier » (nom de la coalition de gauche) est miné par les divisions internes, affaibli par le long exercice du pouvoir ainsi que par l'accomplissement de la marche forcée vers l'Europe.

Les années Berlusconi (2001-2011)

Silvio Berlusconi, ancien chanteur sur des bateaux de croisière, commence une carrière dans l'immobilier, et la poursuit avec la construction d'un empire médiatique qui modèlera l'image de l'Italie nouvelle. Début 1994, il s'engage en politique, en créant le parti de centre droit ***Forza Italia.*** Il gagne les élections en 1994, mais son gouvernement ne tiendra que 8 mois. Ce n'est qu'en 2001 qu'il parvient à nouveau au poste de président du Conseil, qu'il occupe jusqu'en 2006 puis à nouveau à partir de 2008, dans une atmosphère affairiste et décadente. Le *Cavaliere* démissionne finalement en novembre 2011, sous la pression conjuguée des marchés financiers et de son impopularité finale, des manifestations géantes organisées dans tout le pays marquant l'exaspération des Italiens vis-à-vis d'un chef de gouvernement mouillé, entre autres, dans le scandale du *Rubygate* et autres soirées privées *(Bunga bunga)*.

La comète Renzi

Avec la chute de Berlusconi, l'Italie entre en zone de turbulences. Sans avoir été élu, l'économiste libéral ***Mario Monti*** prend les rênes de l'État pour administrer

une cure d'austérité au pays. Jugeant sa mission accomplie, il démissionne 1 an plus tard. Organisées dans la foulée, les élections législatives ne voient pas se dégager de majorité claire.
En 2014, au terme d'une ascension fulgurante, ***Matteo Renzi*** s'empare du Parti démocrate, et obtient dans la foulée d'être désigné, à 39 ans seulement, plus jeune chef de gouvernement d'Italie. Surnommé *il Rottamatore* (« le démolisseur »), en référence à sa volonté d'envoyer la vieille classe dirigeante italienne à la casse, Renzi entend « réformer » en profondeur le pays. Tête de gondole de sa politique, le « ***Jobs act*** », censé introduire la flexicurité à l'italienne, affaiblit considérablement le droit du travail et lui vaut d'être taxé de Thatcher italien. Les électeurs ne semblent pas emballés, puisque son parti subit un violent revers aux ***municipales de juin 2016,*** qui voient le mouvement *Cinque Stelle* (nom du parti, pas selon notre notation !) emporter plusieurs communes, dont Rome et Turin. Le rejet est confirmé quelques mois plus tard, quand Matteo Renzi soumet un projet de modification constitutionnelle à ***référendum.*** Celui-ci se transforme (comme souvent) en « Êtes-vous pour ou contre la politique de Matteo Renzi ? » La réponse est sans appel : 59 % de contre. Renzi démissionne.

Crise politique et gouvernement « anti-système »

Le 5 mars 2018, l'Italie entre dans une crise politique sans précédent depuis l'après-guerre. Les élections législatives ne permettent pas à une majorité claire de se dégager et voient, pour la 1re fois, ***2 partis « populistes »*** arriver en tête du scrutin. D'un côté, une coalition de droite et d'extrême droite (La Ligue), emmenée par le sulfureux ***Matteo Salvini,*** anti-européen notoire et admirateur assumé de Donald Trump, et de l'autre le Mouvement 5 étoiles (M5S), formation plutôt classée à gauche, « anti-système » et « anti-élite », représenté par ***Luigi Di Maio.*** À la surprise générale, ces 2 partis que beaucoup de choses opposent réussissent à trouver un accord pour proposer au président de la République, Sergio Mattarella, un gouvernement dirigé par le juriste ***Giuseppe Conte.*** Officiellement, c'est un trio qui en tient les rênes : Giuseppe Conte donc, flanqué, sur sa gauche, de Luigi Di Maio aux Affaires économiques et sociales pour le M5S et, sur sa droite, de Matteo Salvini à l'Intérieur pour La Ligue.
Mais très vite, ***c'est Matteo Salvini qui impose son tempo.*** Tandis que Luigi Di Maio peine à faire prendre corps à son projet de revenu universel, le chef de La Ligue fait fructifier son fond de commerce, le ***rejet des personnes migrantes. Stratégie électoralement payante pour Matteo Salvini*** en tout cas, qui totalise, aux Européennes de mai 2019, 34 % de voix, alors que le M5S s'effondre (17 %). Le patron de La Ligue va-t-il dès lors chercher à se débarrasser de l'allié qui lui a permis d'accéder au pouvoir ?
Coup de tonnerre ! Salvini a subi un échec cuisant en août 2019 en précipitant la chute du gouvernement populiste ce qui l'a finalement conduit à sa perte.
Avec le gouvernement n° 2 de Giuseppe Conte, on assiste au retour des démocrates sur la scène politique.

Crise sanitaire mondiale : la Covid

En dépit des efforts à contenir la pandémie, Giuseppe Conte remet sa démission en février 2021. Le président Mattarella appelle alors Mario Draghi à la rescousse. Les italiens espèrent que « Super Mario » fera mieux que son successeur, et qu'il prendra des décisions fortes, pour contenir la grogne de certains, face aux inévitables répercussions socio-économiques de cette crise majeure.
Malgré plusieurs confinements à l'automne, le bilan est lourd avec plus de 129 000 morts (septembre 2021). Aujourd'hui, un espoir pour tous : les vaccinations massives qui ont déjà des retombées positives...

Principales dates historiques

– ***800 av. J.-C. :*** période étrusque.
– ***750 av. J.-C. :*** hellénisation du sud de la péninsule. C'est l'âge d'or de la Grande Grèce. Naissance de Rome.
– ***509 av. J.-C. :*** naissance de la République romaine.
– ***IVe-IIe s av. J.-C. :*** Rome conquiert et romanise progressivement l'Italie.
– ***24 août 79 apr. J.-C. :*** éruption du Vésuve, destruction de Pompéi et Ercolano.
– ***395 apr. J.-C. :*** partage de l'Empire romain par Théodose.
– ***476 apr. J.-C. :*** Odoacre renvoie les emblèmes impériaux à Byzance, et Romulus Augustule, âgé de 14 ans, part en exil à Naples (ville byzantine). Fin officielle de l'Empire romain d'Occident.
– ***VIe-Xe s :*** invasions des Barbares, des Byzantins et des Lombards.
– ***568 :*** fondation du duché de Bénévent par les Lombards.
– ***1130 :*** Roger II de Hauteville est proclamé roi de Sicile, Pouilles et Calabre.
– ***1209 :*** Frédéric II de Souabe (né en 1194 à Jesi) est couronné empereur et roi de Sicile par Innocent III.
– ***1248 :*** mort de Frédéric II.
– ***1268 :*** Charles Ier d'Anjou se proclame roi de Sicile.
– ***1282 :*** les Anjou perdent la Sicile, qui passe à Pierre III d'Aragon.
– ***1442 :*** les Aragon chassent les Anjou de leur possession napolitaine. Le royaume est unifié.
– ***1494 :*** les Français viennent en Italie recueillir l'héritage napolitain de Charles VIII. Une ligue anti-Français les oblige à rentrer en France.
– ***1504 :*** le mariage entre Ferdinand d'Aragon « le Catholique » et Isabelle de Castille transforme le royaume de Naples en une province espagnole.
– ***1647 :*** révolte de Masaniello à Naples contre les Espagnols.
– ***1734 :*** le royaume de Naples revient sous l'hégémonie des Bourbons, Charles de Bourbon se fait couronner Charles III, roi de Naples.
– ***1753 :*** construction du palais de Caserta par Charles III. Cet immense château veut rivaliser avec Versailles. C'est l'Escurial des Bourbons de Naples !
– ***1764 :*** publication de l'*Histoire de l'art dans l'Antiquité* de Winckelmann, inspirée par les découvertes archéologiques (Pompéi, Herculanum) en Campanie.
– ***1770 :*** naissance de Michele Pezza, dit « Frà Diavolo ». Ce bandit de grand chemin dirige une armée de criminels qu'il met au service des Bourbons en exil contre Napoléon.
– ***1799 :*** occupation française au cours de laquelle se répandent les idées d'unité nationale. Fuite du roi Ferdinand IV à Palerme et fondation de la République parthénopéenne, balayée quelques mois plus tard.
– ***1806-1814 :*** retour des Français sous l'Empire napoléonien. Joseph Bonaparte, puis Murat seront successivement rois de Naples. Avec le traité de Paris, c'est le retour des Autrichiens. 1ers soulèvements nationalistes.
– ***1848 :*** l'agitation règne dans toutes les villes. Charles-Albert Ier (Piémont) déclare la guerre à l'Autriche. Rétablissement des anciennes frontières, avec la signature d'un armistice. La répression est violente un peu partout. Venise résiste 1 an avant de capituler. Mais les Italiens ont pris conscience d'appartenir à une même patrie.
– ***1858 :*** Cavour rencontre Napoléon III à Plombières ; on discute de la future Italie.
– ***1859 :*** Napoléon III et Victor-Emmanuel II conduisent les armées franco- piémontaises. Après la victoire de Solferino, Cavour intègre la Lombardie au Piémont, puis les duchés d'Italie centrale. Pour remercier Napoléon III de son aide, Nice et la Savoie sont « données » à la France. Elles lui seront rattachées officiellement après plébiscite.
– ***1860 :*** c'est la montée du *Risorgimento.* Proclamation de l'unité italienne à la suite de l'expédition des Mille, ou Chemises rouges, conduite par Garibaldi.
– ***1870 :*** avec la défaite de la France face à la Prusse tombe le dernier obstacle pour faire de Rome la capitale du royaume d'Italie. La Ville éternelle devient donc

1re ville du jeune royaume. Le Mezzogiorno voit son retard économique et social s'accentuer, et le Nord sa prédominance (économique en tout cas) s'affirmer.
– ***1922 :*** la « marche sur Rome » de Mussolini ouvre l'ère fasciste.
– ***1924 :*** dictature fasciste de Mussolini.
– ***1929 :*** l'État italien et les États du Vatican trouvent un terrain d'entente ; la papauté recouvre sa souveraineté sur le Vatican et trouve en l'État italien un bel allié.
– ***1940 :*** entrée en guerre de l'Italie.
– ***1943 :*** campagne d'Italie.
– ***1945 :*** exécution de Mussolini et de ses ministres.
– ***1946 :*** plébiscite pour la République italienne, caractérisée par une forte instabilité ministérielle.
– ***1962-1965 :*** concile de Vatican II convoqué par Jean XXIII. Concile œcuménique en vue d'adapter l'Église catholique au monde moderne.
– ***1970 :*** fondation des Brigades rouges par Renato Curcio.
– ***1978 :*** Aldo Moro, enlevé par les Brigades rouges, est assassiné. Lois sur le divorce et l'avortement. Élection du pape Jean-Paul Ier, qui décède 1 mois après son intronisation. Karol Wojtyla, archevêque de Cracovie, entre en scène.
– ***1981 :*** tentative d'assassinat de Jean-Paul II, le 13 mai. La vie politique se stabilise avec les arrestations des chefs historiques des Brigades rouges.
– ***1987 :*** aux élections législatives, le Parti socialiste de Bettino Craxi obtient son meilleur score depuis 15 ans.
– ***1989 :*** le PCI amorce sa transformation en Parti démocratique de la gauche (PDS) sans la mention du mot « communiste ».
– ***1992 :*** élections législatives, avec une émergence de la « Ligue lombarde ». Démission du président Francesco Cossiga, qui laisse le pays sans chef pendant plusieurs mois. Assassinat des juges Falcone et Borsellino, à Palerme.
– ***1993 :*** l'enquête « Mains propres » sur la corruption liée aux partis politiques met en cause Bettino Craxi, secrétaire du Parti socialiste, et plus de 150 politiciens. Démission de plusieurs ministres.
– ***1994 :*** « révolution » en Italie avec le retour de la droite au pouvoir. Démission de Berlusconi en décembre, à la suite d'une manifestation géante dans les rues de Rome.
– ***Avril 1996 :*** véritable alternative depuis 1946. Victoire de la coalition de gauche, au nom prometteur de « l'Olivier », conduite par Romano Prodi.
– ***1998 :*** le 1er mai, l'Italie entre dans la zone euro à la suite des restrictions budgétaires menées par Prodi.
– ***2001 :*** en mai, élections législatives et sénatoriales ; Berlusconi devient président du Conseil.
– ***Mai 2006 :*** élection du sénateur de centre gauche, Giorgio Napolitano, au poste de président de la République. Il est le 1er président issu de l'ex-Parti communiste italien (PCI).
– ***2008 :*** l'affaire des déchets à Naples et, par ricochet, l'affaire de la mozzarella contaminée préoccupent toute la péninsule, bien plus que les scandales politiques.
– ***2011 :*** Berlusconi démissionne et laisse la place à l'économiste Mario Monti.
– ***Mars 2013 :*** élection du nouveau pape, François, argentin.
– ***Avril 2013 :*** Enrico Letta, nommé président du Conseil, forme un gouvernement de grande coalition.
– ***Février 2014 :*** Matteo Renzi obtient, par un vote de défiance du Parti démocrate, la démission contrainte d'Enrico Letta, et devient lui-même chef du nouveau gouvernement.
– ***Décembre 2016 :*** le 4 décembre, rejet par 69 % du référendum sur une révision de la Constitution. À l'origine du projet, Matteo Renzi démissionne le 7 décembre. Le 14 décembre 2016, ***Paolo Gentiloni*** (ex-ministre des Affaires étrangères) devient le nouveau chef du gouvernement.
– ***Avril 2017 :*** Renzi est réélu chef du Parti démocrate avec 71 % des voix.

– ***Juin 2017 :*** élections municipales. Nouveau revers pour Renzi, qui perd un bon nombre de villes.
– ***31 mai 2018 :*** nouveau gouvernement emmené par ***Giuseppe Conte*** avec la nomination du sulfureux ***Matteo Salvini*** (Ligue) comme ministre de l'Intérieur. Il apparaît comme l'homme fort d'une coalition inédite avec le M5S de Luigi di Maio.
– ***Mai 2019 :*** la Ligue de Matteo Salvini obtient 34 % des suffrages aux élections européennes, tandis que son partenaire de coalition, le mouvement Cinque Stelle, dégringole à 17 %. Tensions et coalition fragilisée.
– ***Août-septembre 2019 :*** retournement de situation. Échec de Salvini qui voulait provoquer des élections anticipées à son avantage. 2e gouvernement Conte avec une nouvelle coalition M5S-PD (parti démocrate de Paolo Gentiloni).
– ***Février 2020 :*** l'épidémie de Covid-19 éclate en Lombardie et se répand dans le reste du pays, entraînant une crise économique et sociale sans précédent.

LITTÉRATURE

Voici quelques grands noms de la littérature de l'Italie du Sud.
– ***Leopardi,*** poète majeur du XIXe s (magnifique *L'Éternité*), se fit connaître tardivement pour ses œuvres en prose, particulièrement pessimistes. Pour lui, seuls les idiots peuvent être constamment heureux.
– Jeune comédien, ***Eduardo De Filippo*** (né à Naples en 1900) se met à écrire ses propres pièces de théâtre, dont *Madame Philomène,* qu'il adaptera pour le cinéma, de même qu'une quinzaine d'autres œuvres, en langue napolitaine. Malgré une dimension burlesque, il n'en oublie pas le réalisme social, relevé d'une touche de fantaisie. En 2009, De Filippo entre à la Comédie-Française avec une pièce acclamée par la critique : *La Grande Magie.*
– Également amoureux de Naples, ***Luciano De Crescenzo*** en a décortiqué la vie quotidienne avec des portraits truculents dans *Ainsi parlait Bellavista* (1977). L'auteur a lui-même adapté le livre pour le cinéma.
– Parmi la nouvelle génération d'auteurs napolitains, on remarque ***Erri De Luca,*** dont la plupart des romans (courts, en général) ont été traduits en français. *Acide, arc-en-ciel* (1992) est le récit de la solitude de 3 hommes aux destins difficiles. Toujours dans un style dépouillé et empreint de poésie, plongez-vous dans *Trois chevaux* (1999), la confession d'un survivant qui a parcouru le monde avant de rentrer en Italie. *Montedidio* (2002) parle de ce quartier populaire de Naples, de ses traditions, à travers le récit d'un enfant pauvre des années 1950. Quant à *Dans le corps de Naples,* le 2e roman de ***Giuseppe Montesano,*** il met en scène la vie de 2 jeunes Napolitains qui veulent rester dans l'adolescence, attachés au corps de *mamma Napoli.* ***Michele Serio*** (*Pizzeria Inferno,* trad. française en 2003) raconte une Naples surréaliste en proie à une guerre entre mafieux et policiers.
– ***Ermanno Rea*** (né à Naples en 1920, mort à Rome en 2016). Le journaliste et écrivain, place son roman *Nostalgia* dans le quartier de La Sanità. Il y raconte l'histoire de 2 amis qui y ont grandi ensemble dans les années 1950, puis de leurs retrouvailles après de longues années de séparation à la suite d'un meurtre commis par l'un d'eux. Entre rires et larmes, Ermanno Rea nous offre 2 paysages différents de Naples, avant et au cœur de l'époque Camorra. Il a remporté le prix Viareggio en 1996 avec son roman autobiographique *Mystère napolitain.*
– ***Valeria Parrella*** (née en 1974 à Naples). On lui doit *Le Ventre de Naples* (Seuil, 2009), des nouvelles sur fond de crise sociale et de Camorra écrites dans un style percutant et émotif.
– ***Roberto Saviano*** (né en 1979 à Naples), écrivain-journaliste qui a sacrifié sa liberté pour révéler au grand jour les activités de la Mafia napolitaine. L'auteur de *Gomorra* et du *Contraire de la mort* est désormais placé sous protection policière permanente et doit vivre caché, car la Camorra a mis sa tête à prix. Ce qui ne l'a pas empêché de continuer à enquêter dans le milieu en publiant *Piranhas* en 2018

et *Baiser Féroce* en 2019, 2 romans sur les agissements de bandes de jeunes napolitains, issus de milieux défavorisés, prêts à tout pour rejoindre les clans camorristes. *Gomorra* et *Piranhas* ont été adaptés au cinéma avec succès.
– ***Elena Ferrante :*** cachée derrière un pseudonyme (et l'entend bien le rester malgré tous ceux et toutes celles qui cherchent à la démasquer), l'auteur serait née dans les années 1940. Après avoir publié 3 romans (dont l'excellent *Poupée volée*), elle a été propulsée par *L'amie prodigieuse (2011 à 2014)*, une saga en 4 tomes d'inspiration autobiographique. À travers l'histoire d'amitié entre 2 jeunes napolitaines Lenù et Lila, c'est surtout l'Italie du Sud des années 1950 à 1970 qu'elle tente d'analyser. Un succès planétaire traduit en 42 langues.

Auteurs étrangers

– ***Alphonse de Lamartine*** rend hommage à l'île d'Ischia avec *Graziella* (1852), une histoire d'amour entre la fille d'un pêcheur et un jeune noble. Entre les descriptions fleuries des jardins et l'évocation des souvenirs d'adolescence, Lamartine nous livre un roman poignant.
– ***Théophile Gautier*** se penche sur les sites archéologiques, avec sa nouvelle fantastique, *Arria Marcella : Souvenir de Pompéi* en 1852. On suit un jeune visiteur français qui, le temps d'une nuit, revient dans la ville à nouveau vivante.
– Dans un autre style, ***Patricia Highsmith*** situe à Naples et à Ischia son thriller *The Talented Mr Ripley* (1956). Ce roman policier raconte comment Tom Ripley décide de voler l'identité de son ami Dickie pour avoir la vie dont il a toujours rêvé. Le roman est surtout connu pour ses célèbres adaptations au cinéma : la 1re est française, produite en 1960 par René Clément, sous le titre de *Plein Soleil* (on y retrouve Alain Delon, Maurice Ronet, Marie Laforêt et Romy Schneider). La 2de réunit à l'écran Gwyneth Paltrow, Matt Damon, Jude Law et Cate Blanchett, sous la direction d'Anthony Minghella en 1999.

MAFIA

Étymologie de la Mafia

Selon certains, l'origine de la Mafia remonterait à très loin dans le temps, au moment de la conquête normande, lorsque se mit en place une société féodale. À moins que ce n'ait été sous la domination espagnole et son cortège d'injustices contre le peuple... Pour remédier à l'oppression exercée par les nobles, un mouvement clandestin se serait organisé : la *mûafât.* Un terme arabe venant de *mû* (courage) et de *afât* (protéger), transformé ensuite par l'usage en *mafia.* Quoi qu'il en soit, ce terme ne s'est diffusé qu'à partir des années 1860, et cette étymologie n'est pas du goût de tout le monde : « On a écrit à peu près n'importe quoi sur l'origine du mot *mafia.* Il n'est qu'une altération de *Mia Fida,* qui signifie : Ma Foi, ce en quoi je crois », propose de son côté Jacques Kermoal dans son livre *La Mafia se met à table* (Actes Sud). De toute façon, les principaux intéressés n'utilisent pas ce terme...

Un système hérité de l'époque féodale

La Mafia, qui joue depuis longtemps un rôle dans les coulisses du pouvoir, s'appuie alors sur un ***contrôle du territoire*** qui fait les affaires du nouveau régime. *Fattori, campieri, guardiani* et *curatoli* (régisseurs, miliciens paysans, gardiens et curateurs des domaines) obéissent à un chef qu'ils appellent *Vossià,* Votre Seigneurie, claire parodie des modes de l'ancien régime. L'***omertà,*** ou loi du silence, est une règle qu'aucun homme « digne de ce nom » ne saurait transgresser. D'où les assassinats de ceux qui parlent (aux forces de l'ordre, surtout), considérés comme des « sous-hommes ». Cette règle, parmi d'autres, est encouragée par une culture atavique que l'on retrouve un peu partout en Méditerranée. Mais l'*onorata società* (honorable société) dégénère au fil des années. Du contrôle du territoire, on passe à celui des consciences. La Mafia donne le travail ou ne le donne pas ; permet l'ouverture des commerces ou ne le permet pas. Et on en passe.

La Camorra, mafia napolitaine

D'une famille fraternelle de prisonniers au XIXe s, la Camorra est devenue l'une des plus redoutables organisations mafieuses en Italie. Le clan le plus puissant est le clan ***Casalesi.*** Au cours des années 1970, les petits clans agricoles qui gravitent autour du chef historique Antonio Bardellino décident de se regrouper. Ils ne se contentent plus de racket et d'appel d'offres, ils se lancent désormais dans le trafic de drogue. Le 8 décembre 1978, jour de l'Immaculée Conception, ils signent un pacte. Le cartel des Casalesi réunissant toutes les familles camorristes de la province de Caserte, dans l'arrière-pays napolitain, est né. Pour devenir les leaders, ils doivent prendre la place de Raffaele Cutolo, alors grand parrain de la cité parthénopéenne. Les Casalesi s'imposent dans le sang dans la région (plus de 1 000 morts en 30 ans !). Ils tiennent leur nom de Casal di Principe, leur fief près de Caserte. Cette commune est célèbre pour ses nombreux records : plus forte densité de voitures de luxe en Italie, taux d'homicides le plus élevé d'Europe, 17 conseillers municipaux sur 30 mis en examen pour connivence avec le clan.
La Camorra est présente dans tous les trafics de l'Administration (appels d'offres, racket, traitement des déchets) mais aussi dans la prostitution ou l'extorsion de fonds. Elle n'hésite pas à menacer de mort et à tuer tous ceux qui osent s'opposer à elle. Roberto Saviano, écrivain-journaliste, et Giulio Cavalli, acteur, vivent tous 2 sous la protection des carabiniers depuis qu'ils ont osé, l'un dévoiler les secrets de la Camorra, et l'autre se moquer d'elle.
La violence est aussi interne à la Camorra, comme en témoignent les règlements de comptes en série qui se déroulent au cœur de Naples. Après des années de relatif calme, certains quartiers sont dans la crainte d'une nouvelle guerre des gangs. La Camorra ne se limite pas au seul territoire napolitain et étend son réseau tentaculaire en France, en Espagne, en Allemagne, mais aussi en Écosse et au Maroc. De forts liens sont également tissés avec les cartels internationaux (mafias russes, yakuzas, triade chinoise, etc.) et, plus récemment, avec l'État islamique dans le cadre de trafics d'armes et d'œuvres d'art pillées en Libye.

Les femmes et la Mafia

La Camorra, comme toutes les autres organisations mafieuses, est essentiellement masculine. Parmi les 6 000 mafieux emprisonnés aujourd'hui en Italie, on compte seulement une centaine de femmes. Pourtant, les mères, les épouses et sœurs des mafieux jouent un rôle primordial. Surnommées les « nourrices », elles stockent la drogue et préparent les doses. Depuis le milieu du XXe s, c'est à la tête de ces mêmes organisations que l'on retrouve ces femmes, après l'arrestation de leurs proches. Parmi les plus célèbres camorristes figure Pupetta Maresca. En 1955, alors qu'elle a 16 ans et qu'elle est enceinte de 8 mois, elle abat à bout portant (15 coups tirés !) l'homme qui avait tué son mari, au beau milieu d'un bar à Naples. Elle devient la 1re des « capesses » (femme-boss) et reprend la tête de l'organisation sous le nom de Madame Camorra.

La lutte contre la Mafia

– ***L'État :*** au début des années 1980, l'État décide enfin de s'attaquer aux racines du mal, qui gangrène les rouages économiques, politiques et sociaux du pays. 2 entreprises sur 10 seraient contrôlées par des sociétés liées à des clans mafieux ! Les assassinats, au printemps 1992, des juges Falcone et Borsellino, organisés avec des moyens exceptionnels, montrent bien la détermination de

la Mafia et ses ramifications dans les plus hautes sphères politiques du pays. Mais avec ces coups d'éclat, la Mafia s'aliène une grande partie de l'opinion publique, lasse des tueries à répétition. Des actions de grande envergure sont organisées, comme l'***opération Mani pulite*** (mains propres), qui permet d'asséner de durs coups à la Pieuvre. Ainsi, l'assassin du ***juge Falcone,*** Salvatore « Toto » Riina, membre influent de la Mafia sicilienne, appartenant au clan des Corléonais, est capturé en 1993 à Palerme, puis condamné pour plus d'une centaine de meurtres (!). Sa possible libération pour raison de santé avait suscité l'émoi. Il est finalement mort en prison.
En 2005, un procès, baptisé « Spartacus », envoie en prison plus de 95 personnes, dont plusieurs parrains historiques du clan Calesi. Ce fut le procès le plus important depuis celui organisé par le juge Falcone. Depuis les arrestations en 2011 et 2012 de Massimo de Caterino, du sanguinaire clan des Casalesi, et de Michele Zagaria, la police italienne n'a pas faibli en arrêtant en 2014 Antonio Lo Russo, réfugié dans le sud de la France, ainsi qu'un ancien parrain historique, Pasquale Scotti, en 2015 au Brésil. Preuve que l'État ne connaît pas de relâchement dans sa lutte contre le cancer de la Mafia.
Toutefois, sous l'ère Berlusconi, l'Italie a connu un recul en matière de délits financiers, notamment pour les faux en bilan, la grande escroquerie, la banqueroute ou la corruption. Sur le plan international, il existe encore une inéquation du code de procédure pénale face aux changements de la Mafia. La lutte ne doit pas seulement se faire contre les armes mais également contre la « bourgeoisie mafieuse », celle qui s'infiltre dans l'économie.
– Les ***commerçants*** sont pour beaucoup d'entre eux soumis au *pizzo* (enveloppe prélevée par la Mafia en échange d'une protection). Alors, depuis 2005, Naples suit le modèle de Palerme, et voit dans ses rues défiler l'association « Addiopizzo » (initialement lancée par la FIA, la Fédération italienne de l'antiracket). Depuis, le mouvement a pris de l'ampleur, comme on peut le remarquer aux autocollants jaunes « Addiopizzo » sur les portes des restaurants. Ces efforts tendent à briser l'omerta, la loi du silence, même si elle règne encore en maîtresse sur les terres italiennes.
La police démantèle peu à peu les marchés sur lesquels la Mafia a la mainmise, comme celui du pain : les vendeurs ambulants et supermarchés se voyaient forcés d'acheter du pain sorti des boulangeries tenues par la Mafia. En juin 2017, ce monopole du pain est démantelé, lors de l'arrestation de 24 suspects.
– ***Le pape :*** depuis quelque temps, le Vatican se penche sur la question mafieuse, comme en témoigne le déplacement du pape François en mars 2017 dans le quartier de la Scampia, véritable fief de la Camorra. Il y dénonce la corruption, et la facilité de tomber dedans, mais aussi l'espoir et la joie propres à Naples qui permettront d'en sortir. Déjà, en 2014, il prononçait l'excommunication des mafieux en Calabre, touchant le point sensible de la relation Mafia-catholicisme. En effet, plusieurs rites mafieux s'en inspirent (baptême, parrainage, etc.), certains mafieux ont à leur disposition des chapelles privées, et de façon générale ils prient la Vierge Marie.

MÉDIAS

Votre TV en français : TV5MONDE, la 1re chaîne culturelle francophone mondiale

Avec ses 10 chaînes et ses 14 langues de sous-titrage et sa nouvelle plateforme numérique TV5MONDEplus, TV5MONDE s'adresse à 353 millions de foyers dans 198 pays du monde par câble, satellite et sur IPTV est présent dans plus de 3 millions de chambres d'hôtels. Vous y retrouverez de l'information, du cinéma, du divertissement, du sport, du documentaire... Préparez votre séjour grâce à son site voyage • *voyage.tv5monde.com* • et en voyage, restez connecté avec les applications et le site • *tv5monde.com* • Demandez à votre hôtel le canal de diffusion de TV5MONDE et contactez • *tv5monde.com/contact* • pour toutes remarques.

Presse et radio

2 grands quotidiens nationaux se partagent le gâteau : *Il Corriere della Sera* et *La Repubblica.* Mais il existe une myriade de journaux locaux (*Il Mattino* en Campanie, par exemple). La presse spécialisée talonne de près ces journaux généralistes puisque *La Gazetta dello Sport* arrive en 3e position des ventes (sur près de 90 titres, pour un lectorat qui oscille entre 5 et 6 millions) avec plus de 450 000 exemplaires. De même, le quotidien économique *Il Sole 24 Ore* diffuse à près de 400 000 exemplaires. Dans les kiosques, les librairies françaises, les centres culturels, vous trouverez une sélection des quotidiens et hebdomadaires français.
Il existe plus de 1 300 stations de radio, pour la plupart locales, réparties sur tout le territoire. La radio d'État, la *RAI (Radio Audizione Italia),* est toute-puissante, mais on compte aussi des dizaines de radios libres (qui sont, dans l'ensemble, très commerciales).

Télévision

On aurait pu quasiment glisser ce chapitre dans la rubrique « pollution visuelle », vu le peu d'intérêt que présente la télévision italienne. En Italie, difficile de parler télé sans évoquer le groupe *Fininvest* de « Monsieur Télévision », Silvio Berlusconi. Le monopole d'État ayant été levé en 1975, les chaînes privées ont envahi le petit écran.
Le groupe de la *Rai* pour la télévision et la radio d'État est tout-puissant mais connaît une sérieuse compétition de la part des chaînes privées, comme le groupe ***Mediaset.*** Notez que *Mediaset* est associé à la *Fininvest,* l'empire actionnaire de Silvio Berlusconi...
La ***Sky Italia*** est une plate-forme télévisuelle privée, un peu comme Canal + en France, à laquelle on paie un abonnement mensuel contre un large choix de séries, films, chaînes sportives, culinaires, etc. Un bon nombre des moins de 25 ans ne jure que par cette plate-forme.

PATRIMOINE CULTUREL

Infos pratiques

– ***Horaires :*** *chiuso,* ce petit mot italien signifiant « fermé », décore parfois la porte d'un musée qui devrait être ouvert... En matière d'horaires, la fantaisie, qui fait partie des charmes de l'Italie, n'est pas exclue ! Ils varient beaucoup selon la taille, la fréquentation touristique des villes et les moyens humains mis en place par les autorités locales. ***La plupart des musées sont fermés le lundi, mais certains le sont plutôt le mardi ou le mercredi.*** Bref, difficile de généraliser. Les églises, elles, sont normalement fermées à l'heure de la sieste entre 12h et 15h. Aujourd'hui, les musées subissent de plein fouet les restrictions budgétaires, ne vous étonnez donc pas de trouver certaines salles fermées (faute de personnel pour les surveiller) ou de devoir être accompagné par un gardien qui vous ouvrira les portes et la lumière, et les refermera derrière vous. Certains sont même tenus bénévolement par des retraités amoureux de leur patrimoine.
Grosso modo, les musées et sites nationaux sont ouverts de 9h à 19h (parfois plus tard en été et plus tôt en hiver !). Cependant, dans certaines villes, les musées et les sites ferment vers 14h.

De nombreux sites archéologiques à ciel ouvert sont aussi accessibles dès 8h30-9h, jusqu'à l'heure précédant le coucher du soleil.
- ***Entrée :*** les étudiants en histoire de l'art ou en architecture entrent souvent gratuitement dans les musées d'art de la plupart des grandes villes. En revanche, il faut pouvoir attester de vos études. Quoi qu'il en soit, les moins de 18 ans et les ressortissants de l'Union européenne jusqu'à 25 ans bénéficient soit de réductions, soit carrément de la gratuité dans la plupart des musées et sites nationaux ayant fait l'objet d'une subvention par la Commission européenne. Gardez donc toujours votre carte d'identité à portée de main.
- Par ailleurs, certaines villes proposent un système de ***pass*** donnant accès à leurs principaux sites culturels (avec les transports en commun parfois compris), mais renseignez-vous bien sur les heures d'ouverture des musées avant de l'acheter, car ce n'est pas toujours évident de le rentabiliser : les plages horaires se réduisant parfois à peau de chagrin, il n'est pas sûr que vous soyez capable de visiter 3 musées en même temps !
- ***Tenue dans les églises :*** une tenue correcte et un minimum de discrétion semblent parfois échapper à certains visiteurs, alors évitez shorts, marcels et jupes courtes, et éteignez vos téléphones portables.

Quelques noms de la peinture

- ***Mattia Preti ou le Chevalier calabrais*** *(1613-1699)* **:** originaire de Taverna, en Calabre, il arrive à Rome vers 1630, où il découvre probablement la peinture du Caravage. Il continue son voyage en Italie du Nord, ce qui le rapproche aussi de la peinture émilienne des frères Carrache et de la peinture vénitienne de Titien. En 1653, à Naples, il réalise beaucoup de fresques et de retables, tout en devenant une personnalité de renom de la ville. Ses peintures inspirées par les malheurs de la peste (1657-1659) sont très impressionnantes, d'une expressivité presque romantique, tout comme les fresques de l'église de San Pietro à Maiella. Ses plus grandes réussites restent toutefois les 2 banquets : *Balthazar* et *Absalon,* aujourd'hui au musée de Capodimonte. En 1661, il s'installe à Malte, où il devient le peintre officiel des chevaliers de l'Ordre.
- ***Luca Giordano*** *(1632-1705)* **:** originaire de Naples, il voyage à Rome, Florence, Venise et même Madrid, où il travaille pour les seigneurs de son temps. C'est l'artiste qui incarne l'esprit baroque de l'époque, néanmoins inspiré par les peintres vénitiens comme Titien et Véronèse. D'une grande virtuosité, on le dénomme *Luca fa presto* (en v.f., « Luc-fait-vite ») pour son éclectisme et sa maîtrise de la technique. Ses œuvres les plus importantes sont les fresques de la chapelle du trésor à San Martino (1704), les *Marchands chassés du Temple* à Saint-Philippe-Neri et les peintures *L'Enlèvement d'Europe, Lucrèce et Tarquin,* ainsi que *Cléopâtre.*
- ***Francesco Solimena*** *(1657-1747)* **:** en 1674, il s'installe à Naples, où il commence sa carrière de peintre. Il ouvrira sa propre académie, qui deviendra le centre de ralliement de la vie artistique du royaume. Tout en travaillant à Naples, il est souvent sollicité par d'autres monarques et va même jusqu'à refuser l'invitation de Louis XIV. Quelle impertinence ! Son art s'inspire beaucoup des travaux de Luca Giordano, mais l'exubérance du baroque est allégée par des tendances plus classiques. Place alors aux nuances délicates des figures allongées des fresques de la *Chute de Simon le Mage* de l'église de Saint-Paul-Majeur, ou aux fresques du Gesù Nuovo d'*Héliodore chassé du Temple.*

Petite chronologie artistique

- ***1328 :*** Giotto arrive à Naples.
- ***1330-1331 :*** à Naples, Giotto peint les fresques de l'*Apocalypse* dans l'église de Santa Chiara et le cycle des *Hommes et Femmes célèbres* dans la chapelle palatine du Castel Nuovo.

– ***1607 :*** le Caravage est à Naples, où il reste aujourd'hui 3 peintures de lui.
– ***1632 :*** naissance de Luca Giordano à Naples.
– ***1657 :*** naissance de Francesco Solimena.
– ***1657-1659 :*** Mattia Preti réalise la *Scène de la peste de 1656.*
– ***1684 :*** les *Marchands chassés du Temple* à Saint-Philippe-Neri, de Luca Giordano.
– ***1690 :*** Solimena peint la *Chute de Simon le Mage* dans l'église de Saint-Paul-Majeur.
– ***1704 :*** Giordano peint la chapelle du Trésor à San Martino.
– ***1705 :*** mort de Luca Giordano.
– ***1725 :*** *Héliodore chassé du Temple,* de Solimena, dans l'église du Gesù Nuovo.
– ***1747 :*** mort de Francesco Solimena.

PERSONNAGES CÉLÈBRES

Littérature

– ***Giordano Bruno*** *(1548-1600)* **:** ce philosophe est originaire de Nola, en Campanie. Frère dominicain, il reste 11 ans au monastère de San Domenico Maggiore, à Naples, avant de renoncer à ses vœux et de partir en Europe en tant que professeur de philosophie ambulant. Homme mystique, il commence à s'intéresser à la numérologie, à l'astronomie et à l'alchimie. Dans son *De la causa, principio y uno,* il expose sa croyance dans un univers infini. Toutefois, l'ouvrage ne s'allie pas beaucoup aux dogmes de l'Église, qui l'accuse illico presto d'hérésie. Il revient en Italie (sans qu'on connaisse la raison de son retour risqué), où l'Inquisition le rattrape et l'emprisonne pendant 8 ans. Avant que la sentence ne tombe, la cour lui demande, pour avoir la vie sauve, de renier ses convictions, mais il répond : « Peut-être ceux qui m'ont jugé ont plus peur [de la sentence] que celui qui la reçoit. » Le 16 février 1600, il est brûlé vif sur le campo dei Fiori à Rome.
– ***Raffaele Nigro*** *(né en 1974)* **:** cet écrivain est originaire de la Basilicate. Dans *Les Feux du Basento,* il aborde le thème de la république paysanne.
– ***Matilde Serao*** *(1856-1927)* **:** représentante de l'école vériste napolitaine, elle esquisse dans son *Ventre de Naples* un portrait réaliste de la société napolitaine, et plus précisément de sa bourgeoisie.
– ***Carlo Bernari*** *(1909-1992)* **:** dans son roman *Tre operai,* ce précurseur du néoréalisme met en scène des personnages issus de la classe ouvrière. L'action a pour cadre les villes de Naples, Crotone et Tarente, et pour contexte temporel la période de l'après-guerre.

Cinéma

– ***Francesco Rosi*** *(1922-2015)* **:** l'œuvre cinématographique de ce Napolitain s'est inscrite dans le mouvement des productions critiques. Ses « films-dossiers » ont toujours dénoncé avec force les agissements de la mafia napolitaine et la corruption des politiciens. Disciple du néoréalisme, il pensait que le cinéma devait faire réfléchir les spectateurs et non seulement les divertir. Disparu maintenant, qui va prendre la relève de ce cinéma engagé ? Peut-être ces chefs de file de grand talent que sont ***Nanni Moretti*** (celui du *Caïman*), ***Matteo Garrone*** *(Gomorra, Reality)* ou ***Paolo Sorrentino*** *(Il Divo, La Grande Bellezza),* qui auscultent aussi la société italienne mais sur un mode plus métaphorique, grotesque ou franchement poétique.
– ***Totò*** *(1898-1967)* **:** comédien italien des plus connu, ***Antonio De Curtis,*** qui a fait près de 120 films, fait partie des grands noms de la comédie sociale.

– ***Massimo Troisi*** *(1953-1994)* **:** cet acteur napolitain connaît un succès important au théâtre du San Carluccio, où il met en scène des sketchs de la vie quotidienne. Fort de son expérience, il se lance en 1981 dans l'écriture cinématographique avec le film *Ricomincio da tre,* dont il est réalisateur et acteur. Ce comique mélange l'humour à la mélancolie de l'existence, pour exprimer le goût *dolce-amaro* (doux-amer) de la vie. Il meurt peu avant la fin du tournage du *Facteur (Il Postino),* son plus beau rôle.
– ***Ettore Scola*** *(1931-2016)* **:** ce réalisateur et scénariste campanien s'est fait connaître à travers le monde entier avec ses films comme *Une journée particulière* (1977), ou encore *Nous nous sommes tant aimés* (1974). Ancien membre du Parti communiste italien, ministre de la Culture d'un cabinet fantôme en 1989, Ettore Scola pose un regard politique sur la société italienne, la peignant avec humour et précision.

Musique moderne

– ***Almamegretta*** **:** le nom de ce groupe phare, vénéré par toute la jeunesse napolitaine et plus généralement du sud de la péninsule, vient du latin vulgaire et signifie « âme migrante ». Ce qui traduit bien l'idée d'un continuel déplacement d'une culture à une autre que ces musiciens revendiquent. Les Almamegretta se sont imposés dès 1992 dans le paysage musical italien, et ce grâce à l'appui d'artistes aussi célèbres que Pino Daniele et Lucio Dalla. Les textes de leurs chansons, uniquement écrites et interprétées en napolitain, prônent un antiracisme militant et relatent les souffrances des peuples de tous les « Sud » du monde. Musicalement, leurs influences sont plutôt reggae, voire ragga et parfois même trip-hop (ils ont fait la connaissance du groupe Massive Attack).
– Plus récent, le groupe ***24 Grana*** mélange le Napoli Sound aux rock, dub et reggae. Puis, tout aussi engagés que les Almamegretta, les auteurs-compositeurs ***Alan Wurzburger*** et ***Daniele Sepe,*** ainsi que le groupe de musique pop à thématique sociale ***E' Zezi.***
– ***Pino Daniele*** *(né à Naples en 1955, mort à Rome en 2015)* **:** l'ambassadeur de la musique napolitaine par excellence. Ce guitariste jazzy était aussi populaire en Italie que l'est en France Jean-Jacques Goldman, avec une vingtaine d'albums derrière lui depuis ses débuts, en 1981. Son cheval de bataille était la recherche de la « méditerranéité », à laquelle il n'hésitait pas à mêler des sons afros et latinos. D'ailleurs, Pino Daniele a très tôt été influencé par la world music, puisqu'il eut l'immense honneur d'ouvrir le concert de Bob Marley au stade San Siro de Milan, en 1980. Depuis, de nombreux artistes de tous horizons, tels que la chanteuse Noa ou encore le groupe Simple Minds, ont collaboré avec lui, et, contre toute attente, l'américain et l'hébreu se marient à la perfection à la langue napolitaine.
– ***Edoardo Bennato*** *(né en 1946)* **:** cheveux noirs bouclés, lunettes de soleil, harmonica à la bouche et guitare au bras, voici un des rockers napolitains les plus grands et les plus aimés par la critique (mais pas que !). Auteur, compositeur et interprète, Bennato est aussi le 1er musicien italien à avoir participé au célèbre *Montreux Jazz Festival* en 1976.
– ***Massimo Ranieri*** *(né en 1951)* **:** de la même génération que Daniele et Bennato, ce chanteur très populaire s'éloigne cependant des rythmes blues et rock de ses congénères pour représenter un autre visage de Naples, avec une musique plus romantique et traditionnelle. En 1988, il remporte le Festival de Sanremo (Festival de la chanson italienne) avec sa célèbre chanson *Perdere l'amore*.
– ***NCCP (Nuova Compagnia di Canto Popolare)*** **:** ce groupe se forme en 1970 en voulant récupérer et diffuser les valeurs authentiques du peuple de la Campanie. Ses albums regorgent de vitalité et d'énergie, puisque ses membres reprennent de vieilles chansons paysannes. Ce qui prouve que la musique napolitaine est tout aussi mouvementée que sa danse, la *tarantella*.

Musique classique

– Dans un tout autre registre, classique cette fois-ci, mentionnons le Napolitain pur jus ***Enrico Caruso*** *(1873-1921)*, probablement le ténor le plus talentueux de tous les temps, qui avait sa suite réservée à l'année à l'hôtel *Excelsior Vittoria* de Sorrento. Lucio Dalla popularisa Caruso au travers d'une chanson du même nom reprise par Pavarotti. En 2007, de rares enregistrements du maître datant de 1907 furent révélés par la bibliothèque-musée de l'Opéra de Paris.

– Plus loin dans le temps, aux XVIIe et XVIIIe s, Naples vit également naître le compositeur baroque et claveciniste virtuose ***Domenico Scarlatti*** *(1685-1757)*, contemporain de Bach et de Haendel. Autre compositeur né à Aversa, près de Naples, ***Domenico Cimarosa*** *(1749-1801)* fut très demandé par les cours européennes. La tsarine Catherine II de Russie l'invita à Saint-Pétersbourg, où il vécut 4 ans, obtenant même la citoyenneté russe (il n'y a pas que Depardieu !). Il fut aussi le plus engagé des musiciens italiens, prenant partie contre les Bourbons pour la République parthénopéenne. Cimarosa s'exile à Venise, où il meurt.

N'oublions pas un autre génie napolitain de la musique, ***Giovanni Battista Pergolesi*** *(1710-1736)*. Originaire des Marches, élève précoce à Naples dès l'âge de 12 ans, ce compositeur a laissé des opéras et des œuvres religieuses (dont le *Stabat Mater*). Il meurt très jeune (à 26 ans) de la tuberculose, à Pouzzoles (plaque tombale dans une église de cette ville).

Sport

– ***Diego Armando Maradona*** ***(1960-2020) :*** les Napolitains lui vouent un culte presque hérétique, il n'est pas rare de voir sa photo à côté de celle de San Gennaro... Surtout, ne leur dites pas que c'est exagéré, ils risquent de s'emporter ! La star argentine a été adoptée par les Napolitains, qui le considèrent comme la chair de leur chair. Il faut dire que le « pibe de oro » a amené le club de Naples aux plus hauts sommets (2 fois champion d'Italie en 1987 et 1990, et champion d'Europe en 1989) pendant que la ville était dans l'une de ses périodes les plus sombres. Si l'on voulait faire de la psychologie de comptoir, on pourrait dire que les victoires au foot étaient les seules réjouissances des Napolitains à l'époque, cela expliquant leur amour pour Diego, qui n'est pas tellement reconnaissant : il doit toujours 37 millions d'euros (!) au fisc italien. Emporté par une crise cardiaque en novembre 2020 en Argentine, cela n'a pas empêché les napolitains de lui rendre un vibrant hommage/

SAINT MARADONA ?

Le grand joueur n'eut pas une vie exemplaire : il a été condamné à 2 ans de prison avec sursis (il tira sur des journalistes !). Et pourtant, il a droit à sa petite chapelle sur la piazzetta Nilo de Naples. Son effigie a pris la place de celle du Christ. Sa mort en novembre 2020 n'a fait qu'accroître sa popularité dans le cœur des napolitains.

– ***Fabio Cannavaro*** *(né en 1973)* **:** né à Naples, il débute dans les sélections de jeunes de l'équipe napolitaine alors que Maradona est au sommet de sa gloire. Tout au long de sa carrière riche en titres (et en tacles !), ce défenseur rugueux portera successivement les maillots de Parme, de la Juventus ou encore du Real Madrid. Mais c'est avec l'équipe nationale, dont il devient le capitaine en 2004, qu'il remportera le plus beau des trophées : la ***coupe du Monde 2006*** face... à la France de Zidane. Dans la foulée de cette victoire, Cannavaro gagne le prestigieux Ballon d'Or, titre honorifique décerné au meilleur joueur évoluant en Europe. Il est l'un des rares défenseurs à avoir obtenu cette récompense, trustée habituellement par les joueurs offensifs et les buteurs.

POPULATION

À en croire les recensements, le vieillissement de la population touche la péninsule de façon alarmante. En 2019, le nombre de naissances ne cesse en effet de baisser. Avec un taux de fécondité particulièrement faible (1,34 enfant par femme), un taux de croissance démographique négatif depuis 2015 et une espérance de vie qui s'allonge (86 ans pour les femmes, 81 ans pour les hommes), ***la moitié de la population italienne risque d'avoir plus de 65 ans dans un quart de siècle*** ! Le changement des mentalités est l'une des principales causes de ce déclin démographique. La famille nombreuse a perdu son aura chez des jeunes qui commencent à travailler de plus en plus tard et qui, face à la difficulté à trouver un logement, restent chez papa-maman jusqu'à la trentaine bien avancée. À cela s'ajoutent le déclin religieux et l'augmentation du nombre de femmes à exercer un emploi. Mais si les nouvelles conditions de vie font qu'il y a de moins en moins de bébés, l'enfant reste roi dans ce pays culturellement maternel.

– ***Inégalités hommes-femmes :*** si la crise a favorisé la réduction de l'inégalité hommes-femmes dans la majorité des pays européens, ce n'est pas le cas dans le sud de l'Italie, et en particulier à Naples. Les chiffres parlent d'eux-mêmes : 12 % de chômage pour les femmes à Naples, contre 10 % pour les hommes (chiffres de 2015). Une image archaïque de la femme s'en dégage, favorisée par la présence de l'Église dans la vie politique italienne. Les entreprises font moins confiance aux femmes qui risquent de quitter leur emploi après la naissance d'un enfant (c'est le cas d'un tiers des femmes). L'économie régionale en crise et la tradition font ainsi barrage à l'emploi pour les Napolitaines. Pour contrer cette crise de l'emploi féminin, des associations sont créées pour favoriser ce retour sur le marché du travail, mais il est évident que le changement des mentalités est encore trop lent.

– ***Les Napolitains et la religion :*** les Napolitains ont la particularité de mêler le profane et le sacré dans leurs coutumes religieuses. Par exemple, le quartier de La Sanità abrite un cimetière datant de la grande peste de 1656 (qui a causé la mort de 200 000 personnes), où un culte païen s'est développé. 40 000 crânes, alignés sous les voûtes du cimetière, font l'objet d'un rituel, se voient attribuer un nom et une identité, après avoir été soigneusement nettoyés. On ne compte plus le nombre de niches à l'effigie de saints ou de madones dans les petites rues. Difficile de passer à Naples sans entendre parler du miracle de San Gennaro (son sang se liquéfierait 3 fois par an dans la chapelle qui lui est dédiée) !

Quant à l'immigration, elle progresse régulièrement, plus de 5 millions de résidents étrangers actuellement, ce qui développent le racisme et une méfiance chez une partie de la population italienne...

SITES INSCRITS AU PATRIMOINE MONDIAL DE L'UNESCO

UNESCO
Organisation des Nations Unies pour l'éducation, la science et la culture

En coopération avec le
Centre du patrimoine mondial

Pour figurer sur la liste du Patrimoine mondial, les sites doivent avoir une valeur universelle exceptionnelle et satisfaire à au moins un des 10 critères de sélection. La protection, la gestion, l'authenticité et l'intégrité des biens sont également des considérations importantes.

Le patrimoine est l'héritage du passé dont nous profitons aujourd'hui et que nous transmettons aux générations à venir. Nos patrimoines culturel et naturel sont 2 sources irremplaçables de vie et d'inspiration. Ces sites appartiennent à tous les peuples du monde, sans tenir compte du territoire sur lequel ils sont situés.

Pour plus d'infos : ● whc.unesco.org ●

– ***Le centre historique de Naples :*** inscrit en 1995. Naples a su conserver l'héritage des différentes cultures qui ont imprégné la ville (influences grecque, romaine, normande et espagnole). De nombreux et remarquables monuments napolitains en sont les témoins.

– ***Les zones archéologiques de Pompéi, Herculanum et Torre Annunziata :*** inscrites en 1997. Impressionnants vestiges des villes de Pompéi et d'Herculanum, englouties après l'éruption du Vésuve de 79 apr. J.-C. Également les superbes peintures murales bien conservées de la villa d'Oplontis de Torre Annunziata.

L'ITALIE, CHAMPIONNE DU MONDE

Sur les presque 1 000 sites répertoriés par l'Unesco au Patrimoine de l'humanité, l'Italie remporte la 1re place avec une bonne cinquantaine de monuments ou lieux. La France n'est pas si mal placée, avec 45 au compteur !

STREET ART

Naples a le vent en poupe et développe, depuis quelque temps, un projet inédit de requalification urbaine pour ses quartiers et ses banlieues.
On connaît Naples au charme décadent et populaire. La ville s'impose désormais comme une des principales scènes européennes du *street art,* accueillant des artistes de renom parmi lesquels Banksy, BLU, Cyop & Kaf ou encore le Français Zilda.
Ces artistes transforment les murs vétustes de Naples en toiles magnifiques où sont peints sujets et personnages parmi les plus célèbres, épousant de façon originale et toujours cohérente le tissu urbain et social de la ville.
C'est le cas, par exemple, des peintures réalistes de Jorit Agoch : natif de Naples, ce jeune *street artist* a réalisé des fresques très connues comme celle de Maradona (la peinture murale du *Pibe de Oro,* la plus grande au monde !) ou encore celle intitulée *Être humain,* qui représente le visage d'un enfant (elle se trouve sur la façade jouxtant celle de Maradona, dans la banlieue de San Giovanni a Teduccio). Mais c'est aussi le cas des quartiers espagnols, où on peut admirer les travaux de Cyop & Kaf, ou du Largo Ecce Homo, avec les portraits du chanteur-symbole de la ville Pino Daniele réalisés par Zemi et Raffo.
De l'art de rue engagé aux œuvres plus mystiques ou humoristiques, Naples se dévoile sous un autre jour... toujours colorée et pleine de vie, rendant un bel hommage à l'âme complexe et dynamique de la cité parthénopéenne.

TARENTELLE

L'origine de cette danse reste mystérieuse. Il y a bien une tarentelle napolitaine, comme il en existe une dans les Pouilles, une en Calabre et une en Sicile, aux cadences tout aussi effrénées, interprétées par un orchestre de cuivres, vents, cordes et tambours (y compris le *tamburello* : l'instrument qui donne le rythme). L'interprétation rurale du phénomène associe *tarentelle* et tarentule, cette araignée des champs dont la piqûre produirait une sorte de fureur bachique qui pousse à danser. Le *tarantismo,* maladie qu'on impute à la morsure, est ainsi censé guérir par le pouvoir de la musique et de la transe ouvrant la voie à un autre état de conscience.
Dans son livre *Italie du Sud et Magie,* le célèbre ethnologue italien Ernesto De Martino situe l'origine de la danse dans une petite chapelle de la localité de Galatina (Pouilles). Il s'agirait d'un rituel de dépossession d'origine païenne que l'on pratiquait au milieu de la nuit dans les lieux de culte (églises, chapelles) et seulement en présence de la famille de la personne à « libérer » de l'emprise d'un sentiment de

culpabilité ou de honte plutôt que du venin d'un insecte. Des sources ecclésiastiques approuvent également, dès le XIVe s, ces rituels de danse thérapeutique lors des fêtes religieuses. Le 28 juin, pour la Saint-Paul à Galatina, on assiste encore à des danses exécutées par des malades sur la place de l'église dans une sorte d'imploration afin d'obtenir la guérison collective.

Après une période de déclin, ces danses, considérées comme trop traditionnelles et donc obsolètes, connaissent une période de renaissance, et de plus en plus de jeunes s'intéressent à ce mode d'expression propre à leur région. De nos jours, plusieurs groupes de musique populaire du sud de l'Italie ont remis au goût du jour la *taranta* et la *pizzica* (une variante de la région du Salento) en récupérant non seulement l'aspect folklorique et cathartique, mais aussi le côté contestataire de la tarentelle des aïeux.

les ROUTARDS sur la FRANCE 2021-2022

(dates de parution sur • *routard.com* •)

Découpage de la FRANCE par le ROUTARD

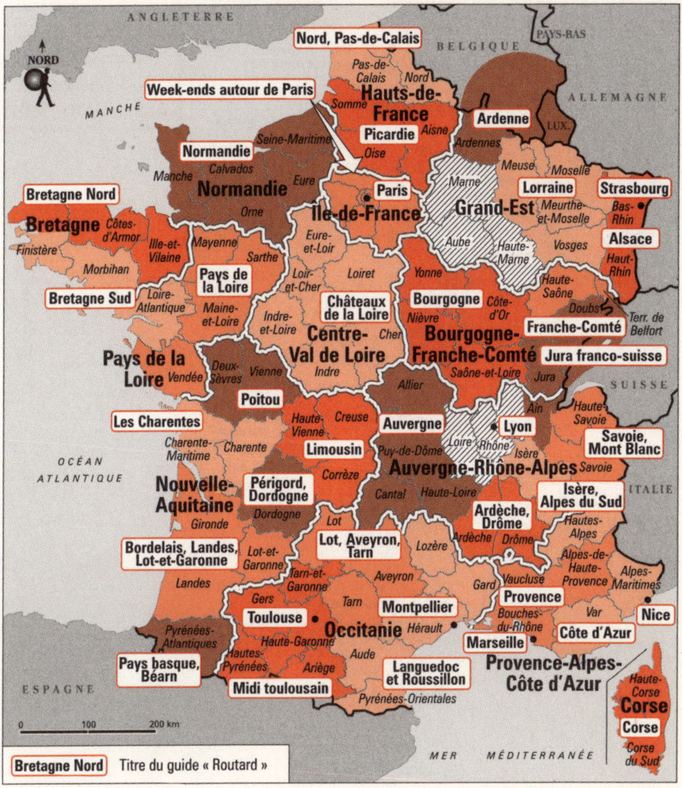

Autres guides sur la France

- Nos meilleurs campings en France
- Nos meilleures chambres d'hôtes en France

Autres guides sur Paris

- Paris
- Paris balades
- Restos et bistrots de Paris
- Le Routard des amoureux à Paris
- Week-ends autour de Paris

Le Routard à vélo

- EuroVelo6
- La Bourgogne du Sud à vélo
- La Flow Vélo
- La Loire à Vélo
- La Vélodyssée (Roscoff-Hendaye)
- Le Canal des 2 mers à vélo
- Paris Île-de-France à vélo
- ViaRhôna
- Les plus belles escapades à Vélo en France

les ROUTARDS sur l'ÉTRANGER 2021-2022

(dates de parution sur • *routard.com* •)

Découpage de l'ESPAGNE par le ROUTARD

Découpage de l'ITALIE par le ROUTARD

Autres pays européens

- Allemagne
- Angleterre, Pays de Galles
- Autriche
- Belgique
- Bulgarie
- Crète
- Croatie
- Danemark, Suède
- Écosse
- Finlande
- Grèce continentale
- Hongrie
- Îles grecques et Athènes
- Irlande
- Islande
- Madère
- Malte
- Norvège
- Pays baltes : Tallinn, Riga, Vilnius
- Pologne
- Portugal
- République tchèque, Slovaquie
- Roumanie
- Suisse

Villes européennes

- Amsterdam
- Berlin
- Bruxelles
- Budapest
- Copenhague
- Dublin
- Lisbonne
- Londres
- Moscou
- Naples
- Porto
- Prague
- Saint-Pétersbourg
- Stockholm
- Vienne

les ROUTARDS sur l'ÉTRANGER 2021-2022

(dates de parution sur • **routard.com** •)

Découpage des ÉTATS-UNIS par le ROUTARD

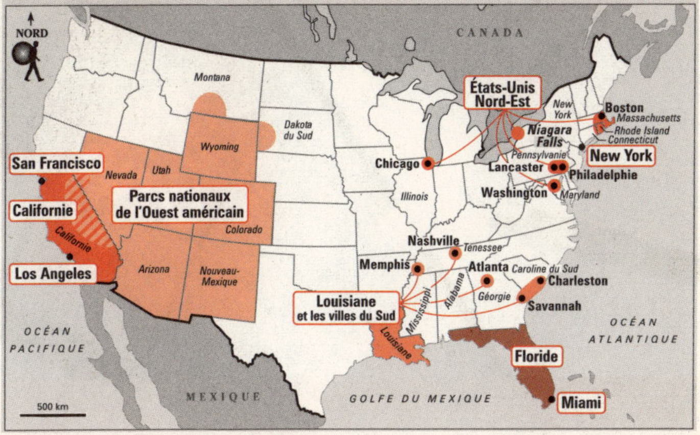

Autres pays d'Amérique

- Argentine
- Brésil
- Canada Ouest
- Chili et île de Pâques
- Colombie
- Costa Rica
- Équateur et les îles Galápagos
- Guatemala, Belize
- Mexique
- Montréal
- Pérou, Bolivie
- Québec et Ontario

Asie et Océanie

- Australie côtes est et nord + Red Centre
- Bali, Lombok
- Bangkok
- Birmanie (Myanmar)
- Cambodge, Laos
- Chine
- Hong Kong, Macao, Canton
- Inde du Nord
- Inde du Sud
- Israël et Palestine
- Istanbul
- Jordanie
- Malaisie, Singapour
- Népal
- Shanghai
- Sri Lanka (Ceylan)
- Thaïlande
- Tokyo, Kyoto et environs
- Turquie
- Vietnam

Afrique

- Afrique du Sud
- Égypte
- Kenya, Tanzanie et Zanzibar
- Maroc
- Marrakech
- Sénégal
- Tunisie

Îles Caraïbes et océan Indien

- Cuba
- Guadeloupe, Saint-Martin, Saint-Barth
- Île Maurice, Rodrigues
- Madagascar
- Martinique
- République dominicaine (Saint-Domingue)
- Réunion

Guides de conversation

- Allemand
- Anglais
- Arabe du Maghreb
- Arabe du Proche-Orient
- Chinois
- Croate
- Espagnol
- Grec
- Italien
- Japonais
- Portugais
- Russe
- G'palémo (conversation par l'image)

Livres-photos/Livres-cadeaux

- La France de Stéphane Bern (**nouveauté**)
- Voyages
- Voyages : États-Unis
- Voyages : France
- Voyages : Italie
- Road Trips Monde
- Road Trips en France (**nouveauté**)
- 120 coins secrets en Europe
- 50 voyages à faire dans sa vie
- 1 200 coups de cœur dans le monde
- 1 200 coups de cœur en France
- 52 week-ends dans les plus belles villes d'Europe
- 52 week-ends coups de cœur en France
- 52 escapades nature en France (**nouveauté**)
- Cahier de vacances du Routard

Nous tenons à remercier tout particulièrement Loup-Maëlle Besançon, Thierry Bessou, Gérard Bouchu, François Chauvin, Grégory Dalex, Fabrice Doumergue, Cédric Fischer, Carole Fouque, Nicolas George, Michelle Georget, David Giason, Claude Hervé-Bazin, Emmanuel Juste, Dimitri Lefèvre, Fabrice de Lestang, Romain Meynier, Éric Milet, Pierre Mitrano, Jean-Sébastien Petitdemange, Thomas Rivallain et Jean Tiffon pour leur collaboration régulière.

Brice Andlauer
Jean-Jacques Bordier-Chêne
Agnès Debiage
Coralie Delvigne
Jérôme Denoix
Tovi et Ahmet Diler
Clélie Dudon
Sophie Duval
Alain Fisch
Bérénice Glanger
Adrien et Clément Gloaguen
Sébastien Jauffret
Alexia Kaffès
Augustin Langlade
Jacques Lemoine
Aline Morand
Louis Nagot
Caroline Ollion
Martine Partrat
Odile Paugam et Didier Jehanno
Céline Ruaux
Prakit Saiporn
Nejma Tahri Hassani
Alice Tonasso
Caroline Vallano

Direction: Sidonie Chollet
Direction éditoriale: Élise Ernest
Édition: Matthieu Devaux, Olga Krokhina, Gia-Quy Tran, Julie Dupré, Emmanuelle Michon, Pauline Janssens, Amélie Ramond, Margaux Lefebvre, Julie Wood et Ionah Vasseur
Ont également collaboré: Dorica Lucaci et Alba Bastida Díaz
Cartographie: Frédéric Clémençon et Aurélie Huot
Contrôle de gestion: Jérôme Boulingre et Yannis Villeneuve
Secrétariat: Catherine Maîtrepierre
Fabrication: Nathalie Lautout et Audrey Detournay
Relations presse: COM'PROD, Fred Papet. ☎ 01-70-69-04-69.
• *info@comprod.fr* •, Martine Levens (Belgique) et Maureen Browne (Suisse)
Direction marketing: Stéphanie Parisot, Élodie Darty et Charlotte Brou
Couverture : le-bureau-des-affaires-graphiques.com
Silhouette du Routard : Clément Gloaguen (d'après Solé)
Maquette intérieure: le-bureau-des-affaires-graphiques.com, Thibault Reumaux et npeg.fr
Contact Partenariats : Jérôme Denoix • *jeromedenoix@gmail.com* •
Contact Partenariats et régie publicitaire: Florence Brunel-Jars
• *fbrunel@hachette-livre.fr* •

INDEX GÉNÉRAL

LISTE DES CARTES ET PLANS

UNE PANDÉMIE INOUÏE !

Depuis toujours, ***Le Routard* se plaît à dénicher hôteliers et restaurateurs** qui accueillent nos lecteurs avec sourire et professionnalisme. Malgré toute notre vigilance, certains d'entre eux auront malheureusement fermé quand ce livre sortira. De même, les horaires et modalités d'accueil de certains sites et musées auront été momentanément modifiés. Cette terrible **pandémie de Coronavirus** a, on le sait, des conséquences importantes pour tous les professionnels du tourisme. **Nous sommes de tout cœur avec eux !**

Remarque importante aux hôteliers et restaurateurs

Les enquêteurs du *Routard* travaillent dans le plus strict anonymat. Aucune réduction, aucun avantage quelconque, aucune rétribution n'est jamais demandé en contrepartie. Face aux aigrefins, la loi autorise les hôteliers et restaurateurs à porter plainte.

Avis aux lecteurs

Le Routard, ce n'est pas comme le bon vin, il vieillit mal. On ne veut pas pousser à la consommation, mais évitez de partir avec une édition ancienne. Les modifications sont souvent importantes.
Les réductions accordées à nos lecteurs ne sont jamais demandées par nos rédacteurs afin de préserver leur indépendance. Les hôteliers et restaurateurs sont sollicités par une société de mailing, totalement indépendante de la rédaction, qui reste donc libre de ses choix. De même pour les autocollants et plaques émaillées.

Avec routard.com, choisissez, organisez, réservez et partagez vos voyages !

✓ Rejoignez la plus grande communauté francophone de voyageurs : **plusieurs millions d'internautes.**

✓ Échangez avec les routarnautes : forums, photos, avis d'hôtels.

✓ Retrouvez aussi toutes les informations actualisées pour choisir et préparer vos voyages : près de 300 guides destinations, une centaine de dossiers pratiques et un magazine en ligne pour découvrir tous les secrets de votre destination.

✓ Enfin, comparez les offres pour organiser et réserver votre voyage au meilleur prix.

Les **Routards** *parlent aux* **Routards**

Faites-nous part de vos expériences, de vos découvertes, de vos tuyaux et de vos coups de cœur. Aidez-nous à remettre l'ouvrage à jour. Indiquez-nous les renseignements périmés. Faites profiter les autres de vos adresses nouvelles, combines géniales... On adresse un exemplaire gratuit de la prochaine édition à ceux qui nous envoient les meilleurs courriers, pour la qualité et la pertinence des informations.
Quelques conseils cependant:
– Envoyez-nous votre courrier le plus tôt possible afin que l'on puisse insérer vos tuyaux sur la prochaine édition.
– N'oubliez pas de préciser l'ouvrage que vous désirez recevoir, ainsi que votre adresse postale.
– Vérifiez que vos remarques concernent l'édition en cours et notez les pages du guide concernées par vos observations.
– Quand vous indiquez des hôtels ou des restaurants, pensez à signaler leur adresse précise et, pour les grandes villes, les moyens de transport pour y aller.
Si vous le pouvez, joignez la carte de visite de l'hôtel ou du resto décrit.
En tout état de cause, merci pour vos nombreux mails.

122, rue du Moulin-des-Prés, 75013 Paris

● *guide@routard.com* ● *routard.com* ●

Routard Assurance *2021*

Enrichie au fil des années par les retours des lecteurs, *Routard Assurance* reste l'assurance voyage référence des globe-trotters. Tout y est inclus, même la **Covid** : frais médicaux, assistance rapatriement, bagages, responsabilité civile... Avant votre départ, appelez *AVI* pour un conseil personnalisé. Besoin d'une **attestation Covid**, d'un avis médical, d'une prise en charge dans un hôpital ? Téléchargez l'appli mobile *AVI International* pour garder le contact avec *AVI Assistance* et disposer d'un vaste réseau médical à travers le monde. *AVI Assistance* est disponible 24h/24 pour une réponse en temps réel. De simples frais de santé en voyage ? Envoyez les factures à *AVI* dès votre retour, ils vous remboursent sous une semaine. *Le Colisée Gardens, 10 avenue de l'Arche, CS 70126, 92419 Courbevoie Cedex. ☎ 01-44-63-51-00. ● routard@avi-international.com ● avi-international.com ● Ⓜ La Défense.*

Édité par Hachette Livre (58, rue Jean-Bleuzen, CS 70007, 92178 Vanves Cedex, France)
Photocomposé par Jouve (1, rue du Docteur Sauvé, 53100 Mayenne, France)
Imprimé par Jouve Print (Quai n° 2, 733, rue Saint-Léonard, BP 3, 53101 Mayenne Cedex, France)
Achevé d'imprimer : janvier 2022
Collection n° 13 - Édition n° 02
47/5140/3
I.S.B.N. 978-2-01-787151-4
Dépôt légal : janvier 2022

PAPIER À BASE DE FIBRES CERTIFIÉES